"十二五"普通高等教育本科国家级规划教材

新编21世纪法学系列教材

总主编 曾宪义 王利明

简明证据法学

第四版

Law of Evidence

主　编　何家弘　张卫平
副主编　高家伟　李学军　刘品新

撰稿人（以姓氏笔画为序）
刘昊阳　刘品新　李学军　吴丹红
何家弘　张　斌　张卫平　房保国
高家伟　郭小冬　廖　明

中国人民大学出版社
·北京·

编审委员会

总序

曾憲義

在人类文明与文化的发展中，中华民族曾作出过伟大的贡献，不仅最早开启了世界东方文明的大门，而且对人类法治、法学及法学教育的生成与发展进行了积极的探索与光辉的实践。

在我们祖先生存繁衍的土地上，自从摆脱动物生活、开始用双手去进行创造性的劳动、用人类特有的灵性去思考以后，我们人类在不断改造客观世界、创造辉煌的物质文明的同时，也在不断地探索人类的主观世界，逐渐形成了哲学思想、伦理道德、宗教信仰、风俗习惯等一系列维系道德人心、维持一定社会秩序的精神规范，更创造了博大精深、义理精微的法律制度。应该说，在人类所创造的诸种精神文化成果中，法律制度是一种极为奇特的社会现象。因为作为一项人类的精神成果，法律制度往往集中而突出地反映了人类在认识自身、调节社会、谋求发展的各个重要进程中的思想和行动。法律是现实社会的调节器，是人民权利的保障书，是通过国家的强制力来确认人的不同社会地位的有力杠杆，它来源于现实生活，而且真实地反映现实的要求。因而透过一个国家、一个民族、一个时代的法律制度，我们可以清楚地观察到当时人们关于人、社会、人与人的关系、社会组织以及哲学、宗教等诸多方面的思想与观点。同时，法律是一种具有国家强制力、约束力的社会规范，它以一种最明确的方式，对当时社会成员的言论或行动作出规范与要求，因而也清楚地反映了人类在各个历史发展阶段中对于不同的人所作出的种种具体要求和限制。因此，从法律制度的发展变迁中，同样可以看到人类自身不断发展、不断完善的历史轨迹。人类社会几千年的国家文明发展历史已经无可争辩地证明，法律制度乃是维系社会、调整各种社会关系、保持社会稳定的重要的工具。同时，法律制度的不断完善，也是人类社会文明进步的显著体现。

由于发展路径的不同、文化背景的差异，东方社会与西方世界对于法律的意义、底蕴的理解、阐释存有很大的差异，但是，在各自的发展过程中，都曾比较注重法律的制定与完善。中国古代虽然被看成是“礼治”的社会、“人治”的世界，被认为是“只有刑，没有法”的时代，但从《法经》到《唐律疏议》、《大清律例》等数十部优秀成文法典的存在，充分说明了成文制定法在中国古代社会中的突出地位，唯这些成文法制所体现出的精神旨趣与现代法律文明有较大不同而已。时至20世纪初叶，随着西风东渐、东西文化交流加快，中国社会开始由古代的、传统的社会体制向近现代文明过渡，建立健全的、符合现代理性精神的法律文明体系方成为现代社会的共识。正因为如此，近代以来的数百年间，在西方、东方各主要国家里，伴随着社会变革的潮起潮落，法律改革运动也一直呈方兴未艾之势。

从历史上看，法律的文明、进步，取决于诸多的社会因素。东西方法律发展的历史均充分证明，推动法律文明进步的动力，是现实的社会生活，是政治、经济和社会文化的变迁；同时，法律内容、法律技术的发展，往往依赖于一大批法律专家以及更多的受过法律教育的社会成员的研究和推动。从这个角度看，法学教育、法学研究的发展，对于法律文明的发展进步，也有着异常重要的意义。正因为如此，法学教育和法学研究在现代国家的国民教育体系和科学研究体系中，开始占有越来越重要的位置。

中国近代意义上的法学教育和法学研究，肇始于19世纪末的晚清时代。清光绪二十一年（公元1895年）开办的天津中西学堂，首次开设法科并招收学生，虽然规模较小，但仍可以视为中国最早的近代法学教育机构（天津中西学堂后改名为北洋大学，又发展为天津大学）。三年后，中国近代著名的思想家、有“维新骄子”之称的梁启超先生即在湖南《湘报》上发表题为《论中国宜讲求法律之学》的文章，用他惯有的富有感染力的激情文字，呼唤国人重视法学，发明法学，讲求法学。梁先生是清代末年一位开风气之先的思想巨子，在他的辉煌的学术生涯中，法学并非其专攻，但他仍以敏锐的眼光，预见到了新世纪中国法学研究和法学教育的发展。数年以后，清廷在内外压力之下，被迫宣布实施“新政”，推动变法修律。以修订法律大臣沈家本为代表的一批有识之士，在近十年的变法修律过程中，在大量翻译西方法学著作，引进西方法律观念，有限度地改造中国传统的法律体制的同时，也开始推动中国早期的法学教育和法学研究。20世纪初，中国最早设立的三所大学——北洋大学、京师大学堂、山西大学堂均设有法科或法律学科目，以期“端正方向，培养通才”。1906年，应修订法律大臣沈家本、伍廷芳等人的奏请，清政府在京师正式设立中国第一所专门的法政教育机构——京师法律学堂。次年，另一所法政学堂——直属清政府学部的京师法政学堂也正式招生。这些大学法科及法律、法政学堂的设立，应该是中国历史上近代意义上的正规专门法学教育的滥觞。

自清末以来，中国的法学教育作为法律事业的一个重要组成部分，随着中国社会的曲折发展，经历了极不平坦的发展历程。在20世纪的大部分时间里，中国社会一直充斥着各种矛盾和斗争。在外敌入侵、民族危亡的沉重压力之下，中国人民为寻找适合中国国情的发展道路而花费了无穷的心力，付出过沉重的代价。从客观上看，长期的社会骚动和频繁的政治变迁曾给中国的法治与法学带来过极大的消极影响。直至70年代末期，以“文化大革命”宣告结束为标志，中国社会从政治阵痛中清醒过来，开始用理性的目光重新审视中国的过去，规划国家和社会的未来，中国由此进入长期稳定、和平发展的大好时期，以这种大的社会环境为背景，中国的法学教育也获得了前所未有的发展机遇。

从宏观上看，实行改革开放以来，经过二十多年的努力，中国的法学教育事业所取得的成就是辉煌的。首先，经过“解放思想，实事求是”思想解放运动的洗礼，在中国法学界迅速清除了极左思潮及苏联法学模式的一些消极影响，根据本国国情建设社会主义法治国家已经成为国家民族的共识，这为中国法学教育和法学研究的发展奠定了稳固的思想基础。其次，随着法学禁区的不断被打破、法学研究的逐步深入，一个较为完善的法学学科体系已经建立起来。理论法学、部门法学各学科基本形成了比较系统和成熟的理论体系和学术框架，一些随着法学研究逐渐深入而出现的法学子学科、法学边缘学科也渐次成型。1997年，国家教育主管部门和教育部高校法学学科教学指导委员会对原有专业目录进行了又一次大幅度调整，决定自1999年起法学类本科只设一个单一的法学专业，按照一个专业招生，从而使法学学科的布局更加科学和合理。同时，在充分论证的基础上，确定了法学专业本科教学的14门核心课程，加上其他必修、选修课程的配合，由此形成了一个传统与更新并重、能够适应国家和社会发展需要的教学体系。法学硕士和博士研究生及法律硕士专业学位研究生的专业设置、课程教学和培养体系也日臻完善。再次，法学教育的规模迅速扩大，层次日趋齐全，结构日臻合理。目前中国有六百余所普通高等院校设置了法律院系或法律本科专业，在校本科学生和研究生已达二十余万人。除本科生外，在一些全国知名的法律院校，法学硕士研究生、法律硕士专业学位研究生、法学博士研究生已经逐步成为培养的重点。

众所周知，法律的进步、法治的完善，是一项综合性的社会工程。一方面，现实社会关系的发展，国家政治、经济和社会生活的变化，为法律的进步、变迁提供动力，提供社会的土壤。另一方面，法学教育、法学研究的发展，直接推动法律进步的进程。同时，全民法律意识、法律素质的提高，则是实现法治国理想的关键的、决定性的因素。在社会发展、法学教育、法学研究等几个攸关法律进步的重要环节中，法学教育无疑处于核心的、基础的地位。中国法学教育过去二十多年所走过的历程令人激动，所取得的成就也足资我们自豪。随着国家的发展、社会的进步，在21世纪，我们面临着更严峻的挑战和更灿烂的前景。“建设世界一流法学教育”，任重道远。

首先，法律是建立在经济基础之上的上层建筑，以法治为研究对象的法学也就成为一门实践性很强的学科。社会生活的发展变化，势必要对法学教育、法学研究不断提出新的要求。经过二十多年的奋斗，中国改革开放的前期目标已顺利实现。但随着改革开放的逐步深入，国家和社会的一些深层次问题，比如说社会主义市场经济秩序的真正建立、国有企业制度的改革、政治体制的完善、全民道德价值的重建、环境保护和自然资源的合理利用等等，也已经开始浮现出来。这些复杂问题的解决，无疑最终都会归结到法律制度的完善上来。建立一套完善、合理的法律制度，构建理想的和谐社会，乃一项持久而庞大的社会工程，需要全民族的智慧和努力。其中的基础性工作，如理论的论证、框架的设计、具体规范的拟订、法律实施中的纠偏等等，则有赖于法学研究的不断深入，以及高素质人才特别是法律人才的养成，而培养法律人才的任务，则是法学教育的直接责任。

其次，21世纪是一个多元化的世纪。20世纪中叶发生的信息技术革命，正在极大地改变着我们的世界。现代科学技术，特别是计算机网络信息技术的发展，使传统的生活方式、思想观念发生了根本的改变，并由此引发许多人类从未面对过的问题。就法学教育而言，在21世纪所要面临的，不仅是教学内容、研究对象的多元化问题，而且还有培养对象、培养目标的多元化、教学方式的多元化等一系列问题，这些问题都需要法学界去思考、去探索。

中国人民大学法学院建立于1950年，是新中国诞生后创办的第一所正规高等法学教育机构。在半个多世纪的岁月中，中国人民大学法学院以其雄厚的学术力量、严谨求实的学风、高水平的教学质量以及丰硕的学术研究成果，在全国法学教育领域处于领先地位，并开始跻身于世界著名法学院之林。据初步统计，中国人民大学法学院已经为国家培养法学专业本科生、硕士生、博士生一万余人，培养各类成人法科学生三十余万人。经过多年的努力，中国人民大学法学院形成了较为明显的学术优势，在现职教师中，既有一批资深望重、在国内外享有盛誉的法学前辈，更有一大批在改革开放后成长起来的优秀中青年法学家。这些老中青法学专家多年来在勤奋研究法学理论的同时，也积极投身于国家的立法、司法实践，对国家法制建设贡献良多。

有鉴于此，中国人民大学法学院与中国人民大学出版社经过研究协商，决定结合中国人民大学法学院的学术优势和中国人民大学出版社的出版力量，出版一套“21世纪法学系列教材”。自1998年开始编写出版本科教材，包括按照国家教育部所确定的法学专业核心课程和其所颁布印发的《全国高等学校法学专业核心课程基本要求》而编写的14门核心课程教材，也包括法学各领域、各新兴学科教材及教学参考书和案例分析在内，到2000年12月3日在人民大会堂大礼堂召开举世瞩目的“21世纪世界百所著名大学法学院院长论坛暨中国人民大学法学院成立五十周年庆祝大会”之时，业已出版了50本作为50周年院庆献礼，到现在总共出版了80本。为了进一步适应高等法学教育发展的形势和教学改革的需要，最近中国人民大学法学院与中国人民大学出版社决定将这套教材扩大为四个系列，即：“本科生用书”、“法学研究生用书”、“法律硕士研究生用书”以及“司法考试用书”，总数将达二百多本。我们设想，本套教材的编写，将更加注意“高水准”与“适用性”的合理结合。首先，本套教材将由中国人民大学法学院具有全国影响的各学科的学术带头人领衔，约请全国高校优秀学者参加，形成学术实力强大的编写阵容。同时，在编写教材时，将注意吸收中国法学研究的最新的学术成果，注意国际学术发展的最新动向，力求使教材内容能够站在21世纪的学术前沿，反映各学科成熟的理论，体现中国法学的水平。其次，本套教材在编写时，将针对新时期学生特点，将思想性、学术性、新颖性、可读性有机结合起来，注意运用典型生动的案例、简明流畅的语言去阐释法律理论与法律制度。

我们期望并且相信，经过组织者、编写者、出版者的共同努力，这套法学教材将以其质量效应、规模效应，力求成为奉献给新世纪的精品教材，我们诚挚地祈望得到方家和广大读者的教正。

2006年7月1日

序　言

王利明

法学教育是高等教育的重要组成部分，是建设社会主义法治国家、构建社会主义和谐社会的重要基础，并居于先导性的战略地位。在我国社会转型的新世纪、新阶段，法学教育不仅要为建设高素质的法律职业共同体服务，而且要面向全社会培养大批治理国家、管理社会、发展经济的高层次法律人才。近年来，法学教育取得了长足的进步，法科数量增长很快，教育质量稳步提高，培养层次日渐完善，目前已经形成了涵盖本科生、第二学士学位生、法学硕士研究生、法律硕士研究生、法学博士研究生的完整的法学人才培养体系，接受法科教育已经成为莘莘学子的优先选择之一。随着中国法治事业的迅速发展，我们有理由相信，中国法学教育的事业大有可为，中国法学教育的前途充满光明。

教育的基本功能在于育人，在于塑造德才兼备的高素质人才。法学教育的宗旨并非培养只会机械适用法律的“工匠”，而承载着培养追求正义、知法懂法、忠于法律、廉洁自律的法律人的任务。要完成法学教育的使命，首先必须认真抓好教材建设。我始终认为，教材是实现教育功能的重要工具和媒介，法学教材不仅仅是法学知识传承的载体，而且是规范教学内容、提高教学质量的关键，对法学教育的发展有着不可估量的作用。

第一，法学教材是传授法学基本知识的工具。初学法律，既要有好的老师，又要有好的教材。正如冯友兰先生所言：“学哲学的目的，是使人作为人能够成为人，而不是成为某种人。其他的学习（不是学哲学）是使人能够成为某种人，即有一定职业的人。”一套好的教材，能够高屋建瓴地展示法律的体系，能够准确简明地阐释法律的逻辑，能够深入浅出地叙述法律的精要，能够生动贴切地表达深奥的法理。所以，法学教材是学生学习法律的向导，是学生步入法律殿堂的阶梯。如果在入门之初教材就有偏颇之处，就可能误人子弟，学生日后还要花费大量时间与精力来修正已经形成的错误观念。

第二，法学教材是传播法律价值理念的载体。好的法学教材不仅要传授法学知识，更要传播法律的精神和法治的理念，例如对公平、正义的追求，尊重权利的观念。本科、研究生阶段的青年学子，正处在人生观、价值观形成的阶段，一套优秀的法学教材，对于他们价值观的塑造和健全人格的培养具有重要意义。

第三，法学教材是形成职业共同体的主要条件。建设社会主义法治国家，有赖于法律职业共同体的生成。一套好的法学教材，向法律研习者传授共同的知识，这对于培养一个接受共同的价值理念、共同的法律思维、共同的话语体系的法律共同体，具有重要的作用。

第四，法学教材是所有法律研习者的良师益友。没有好的教材，一个好的教师或可弥补教材的欠缺和不足，但对那些没有老师指导的自学者而言，教材就是老师，其重要作用是显而易见的。

长期以来，在我们的评价体系中，教材并没有获得应有的注重，对学术成果的形式优先考虑的往往是专著而非教材。在不少人的观念中，教材与创新、与学术精品甚至与学术无缘。其实，要真正写出一部好的教材，其难度之大、工作之艰辛、影响之深远，绝不低于一部优秀的专著，它甚至可以成为在几百年甚至更长的时间内发挥作用的传世之作。以查士丁尼的《法学阶梯》为例，所谓法学阶梯，即法学入门之义，就是一部教材。但它概括了罗马法的精髓，千百年来，一直是人们研习罗马法最基本的著述。日本著名学者我妻荣说过，大学教授有两大任务：一是写出自己熟悉的专业及学术领域的讲义乃至教科书；二是选择自己最有兴趣、最看重的题目，集中精力进行终生的研究。实际上，这两者是相辅相成的。写出一部好教材，必须要对相关领域形成一个完整的知识体系，还要能以深入浅出的语言将问题讲清楚、讲明白。没有编写教材的基本功，实际上也很难写出优秀的专著。当然，也只有对每一个专题都有一定研究，才能形成对这个学术领域的完整把握。

虽然近几年我国法学教育发展迅速，成绩显著，但是法学教育也面临许多挑战。各个学校的师资队伍和教学质量参差不齐，这就更需要推出更多的结构严谨、内容全面、角度各有侧重、能够适应不同需求的法学教材，为提高法学教学和人才培养质量、保障法学教育健康发展提供前提条件。

长期以来，中国人民大学法学院始终高度重视教材建设。作为新中国成立后建立的第一所正规的法学教育机构，中国人民大学法律系最早开设了社会主义法学教学课堂，编写了第一套社会主义法学讲义，培养了新中国第一批法学本科生和各学科的硕士生、博士生，产生了新中国最早的一批法学家和法律工作者。中国人民大学法律系因此被誉为“新中国法学教育的工作母机”。半个多世纪以来，中国人民大学法学院为社会主义法制建设培养了大批优秀的法律人才，并为法学事业的振兴和繁荣作出了卓越贡献，也因此成为引领中国法学教育的重镇、凝聚国内法律人才的平台和沟通中外法学交流的窗口，并在世界知名法学院行列中崭露头角。为了对中国法学教育事业作出更大的贡献，我们有义务也有责任出版一套体现我们最新研究成果的法学教材。

承蒙中国人民大学出版社的大力支持，我们组织编写了本套教材，其中包括本科生用书、法律硕士研究生用书、法学研究生用书和司法考试用书四大系列，分别面向不同层次法科教育需求。编写人员以中国人民大学法学院教师为主，反映了中国人民大学法学院整体的研究实力和学术视野。相信本套教材的出版，一定能够为新时期法学教育的繁荣发展发挥应有的作用。

是为序。

2006年7月10日

第四版前言

2014年10月召开的中国共产党第十八届四中全会通过的《中共中央关于全面推进依法治国若干重大问题的决定》提出，要建设中国特色社会主义法治体系，要建设社会主义法治国家。诚然，我们不能期望通过一次会议就实现法治，但是这次会议有可能成为中国法治发达史中的一座里程碑，而关键还要看四中全会决定的具体内容能否在未来数年内得到践行。

四中全会之后，“让法治成为信仰”的说法颇为流行。有人还借美国法学家哈罗德·伯尔曼（Harold J. Berman，1918—2007）之口，声称“要让法律成为信仰”。我以为，法律是不能被信仰的，因为法律都是现实的条文，不可能尽善尽美，是需要不断修改完善的。譬如，我国《宪法》第1条规定：“中华人民共和国是工人阶级领导的、以工农联盟为基础的人民民主专政的社会主义国家。”这一表述是否科学准确地阐明了当下中国的国家性质？我不是政治学专家，不敢妄加评论，但是总感觉这是特定历史条件下的言说，如今似乎已不合时宜。众所周知，专政是以暴力为支撑的。许多国家的历史经验都表明，专政可以维持社会的稳定甚至达至国家的强大，但是不能实现社会的和谐。在当下中国，我们经常看到各种各样的暴力，官对民的暴力，民对官的暴力，民对民的暴力。因此中国人的目标就是要构建和谐社会，而“专政”的说法显然不符合这一目标。另外，这种表述也有些自相矛盾，因为在任何“专政”之下都不可能实现真正意义上的“人民民主”。全国人大应当选适当时机修订《宪法》中的这一表述。其实，任何一个国家的现行法律中都有这样或那样的缺陷，甚至存在违背法之精神的恶法。这样的法律怎么可以成为人民的信仰呢？

伯尔曼教授在《法律与宗教》（梁治平译，三联书店1991年版）一书中说过这样一句话：“法律必须被信仰，否则它将形同虚设。”（The law must be believed in，or it will exist in name only.）他也确实在该书中论及了法律与信仰的关系。他认为，在犹太教和基督教里，法律被理解成上帝之爱、信仰和神思的一个方面，因此“没有信仰的法律将退化为僵死的教条”。然而，他的本意并不是要把法律作为一种信仰。我以为，在上面这句话中，believed in的意思就是“相信”或“信真”，将其翻译为“信仰”恐怕是小词大译，而且会以讹传讹。

信仰是人类心灵深处的产物，是人们对生命、对生活、对世界所持有且必须捍卫的根本信念。信仰往往是超越社会现实的价值追求，甚至是偏离人类理性的超验真理。现实社会中的法律显然不具有这样的属性，因而不可能成为信仰的对象。但是，法律必须被人们相信，否则就无法发挥规范人们行为的功能。我想，这才是伯尔曼教授要表达的意思。其实，中国古代法家人物商鞅在两千多年前就提出过类似的观点。他认为法治有三个基本要素，即法、信、权。其中的“信”，就是指百姓对法律的相信和信任，或曰“信法为真”。由此可见，法律应该被相信，但是不能被信仰。

那么，法治能够被信仰吗？我的回答是肯定的。但是，它不能作为大众的信仰，只能作为小众的信仰。法治是建立在良法和善法基础上的社会形态，其基本信条是法律至上和人人平等。法治的主要目标不是“治民”，而是“治官”。当然，老百姓也要守法，但是对于法治来说，更为重要的是国家官员必须严格按照法律规定去行使手中的权力。一言以蔽之，法治的要旨是“治官限权”。由此推见，为官者一般都不会真心喜欢法治，更不会信仰法治。按理说，老百姓应该喜欢法治，因为老百姓是法治的受益者。在社会生活中，老百姓无权无势，自然希望有一套公平的法律来保护其权利。但是，法治并不具有宗教的品质，不可能成为普罗大众的信仰。让老百姓都把法治作为信仰就像让所有官员都把法治作为信仰一样是极为天真的。

诚然，在许多国家中都有一些信仰法治并推行法治的官员，但那往往只是少数。我以为，真正应该信仰法治的人是法律人，包括法官、检察官、律师和法学教师。法律人应该以法治为职业追求。虽然法律人不可能都像古希腊的法学家苏格拉底那样去以身殉法，但是法律人应该为实现法治的理想而奋争和求索。对于承担司法职能的法官和检察官来说，信仰法治尤为重要，唯此才可以摈弃“长官至上”的思维习惯，并培养“法律至上”的司法观念。

推行法治有两个基本环节：其一是立法，其二是施法。无法律当然无法治，有法律也未必有法治。衡量一个国家的法治发展水平，最重要的标准不是立法，而是施法。习近平主席指出：“法律的生命在于实施。如果有了法律而不实施，或者实施不力，搞得有法不依、执法不严、违法不究，那制定再多的法律也无济于事。”因此，四中全会确定的目标是建设“法治体系”，而且强调“法律的生命力在于实施”，要“实现科学立法、严格执法、公正司法、全民守法”。“全民守法”的目标并不是让全体国民都信仰法治，而是让大家养成法治的行为习惯。其实，“全民守法”是不可能实现的。在一个国家中，如果有80%的公民养成守法习惯，那就是相当法治了。在当下中国，具有守法习惯的公民大概还不足20%，人们对交通法规的态度就是很好的例证。

那么，如何才能让人们养成守法的行为习惯呢？先哲有言，国无常强，无常弱；奉法者强则国强，奉法者弱则国弱。所谓“奉法者强则国强”，就是说，如果在一个国家里，遵纪守法的人能够成为强势群体，那么这个国家就能保持强大；所谓“奉法者弱则国弱”，则是说，如果在一个国家里，遵纪守法的人属于弱势群体，老老实实按规则做事的人总成为吃亏倒霉的群体，那么这个国家就不能保持强大。当下中国面临的主要问题之一就是奉法者不强。因此，中国要建成现代法治国家，就必须创建“奉法者强”的社会行为环境，以使越来越多的人养成法治行为习惯。而这一进程必须通过自上而下和上行下效来完成。当各种享有特权的车辆无视交规的时候，普通市民不可能遵守交规。当政府官员都不把宪法当回事的时候，普罗大众也不可能敬畏宪法。因此，领导干部必须率先垂范，社会中守法的人才会愈来愈多。大多数官员和百姓都养成法治习惯之时，就是中国实现法治之日。

证据法是法律体系的组成部分。证据法的实施情况也在一定程度上反映了一个国家法治的发展水平。

何家弘

2016年8月写于北京世纪城痴醒斋

编写说明

在过去十年内，证据法学在中国有了长足的发展。一方面，理论研究不断向纵横两个方向拓展；另一方面，学术研究成果不断转入司法实践。于是，证据法学成为了中国法学领域内引人注目的“显学”，相关的专著和教材也成为了法学出版界的“热点”。仅本人主编的与证据法学有关的著作就有三四十部。在编写这些著作——特别是教材——的过程中，以及在给不同对象讲授证据法学的过程中，我逐渐加深了对证据法学知识体系的认识，也逐渐认识到“因人施教”在证据法学教育中的重要性。

证据法学是博大精深的，其知识体系中既有深奥的哲理也有实用性规则和方法。不同的学生，对证据法学具体知识的需求也会有所不同。然而，由于我国目前的证据法学教材体系大同小异，所以无论是实务型学生还是研究型学生，无论是本科生还是研究生，学习的内容基本相同。特别是对法学本科生和法学研究生的教学来说，教材内容基本重复，未能体现本科教学与研究生教学的连续性和差异性。因此，我便有了给法学本科生和研究生分别编写证据法学教材的想法。去年，我主编了一部面向法学研究生的教材——《证据法学研究》（中国人民大学出版社 2007 年 1 月出版），因此就决定把本书编写成一部面向本科生的兼顾基础性和实用性的教材。同时，为了提高初学者对证据法学的兴趣，我们吸收了“案例教学法”的优点，每章的内容针对学生在学习过程中可能产生的问题设计，而且通过案例展开由浅入深的讨论。这既体现了我们编写这部《简明证据法学》的宗旨，也体现了我们在教材编写形式上的一种尝试。我相信，讲授证据法学的教师和学习证据法学的学生都会喜欢这部教材的。

中国人民大学法学院
证据学研究所　所长
何家弘
2007 年 3 月写于北京世纪城痴醒斋

编写分工

本教材的编写分工如下（以编写章次为序）：

刘品新（中国人民大学法学院教授、法学博士）：第一、十五章；

何家弘（中国人民大学法学院教授、法学博士）：第二、六章；

张　斌（四川大学法学院教授、法学博士）：第三章；

吴丹红（中国政法大学副教授、法学博士）：第四、十一章；

高家伟（中国政法大学教授、法学博士）：第五、十四章；

刘昊阳（中国民航管理干部学院副教授、法学博士）：第七章；

李学军（中国人民大学法学院教授、法学博士）：第八章；

张卫平（清华大学法学院教授、法学博士）：第九、十三章；

郭小冬（天津师范大学教授、法学博士）：第十章；

房保国（中国政法大学副教授、法学博士）：第十二章；

廖　明（北京师范大学刑事法律科学研究院副教授、法学博士）：第十六章。

目　录

第一章　证据法在何处 …… 1
一、认定案件事实离不开证据法 …… 2
二、证据法的基本模式 …… 3
三、证据法的不同含义 …… 5
四、证据法的渊源 …… 5
五、证据法的选择适用 …… 9
第二章　什么是证据 …… 11
一、古代人如何查明案件事实 …… 14
二、如何理解“证据”一词的基本含义 …… 16
三、证据都是真实的吗 …… 17
四、如何理解证据的真实性问题 …… 18
五、如何给法律事务中的证据下定义 …… 21
六、诉讼中使用的证据应该具备哪些基本特征 …… 21
第三章　证据有哪些法定形式 …… 26
一、证据的法定形式概述 …… 27
二、我国法律规定的证据形式 …… 29
第四章　证据有哪些分类 …… 40
一、言词证据与实物证据 …… 41
二、原始证据与传来证据 …… 43
三、直接证据与间接证据 …… 45
四、控诉证据与辩护证据、本证与反证 …… 46
第五章　什么是司法证明 …… 50
一、司法证明有哪些特点 …… 52
二、司法证明有哪些分类 …… 59
三、什么是证明对象 …… 62
四、刑事诉讼的证明对象有哪些 …… 66
五、民事诉讼的证明对象有哪些 …… 69
六、行政诉讼的证明对象有哪些 …… 71

第六章　司法证明应该遵循哪些原则 …… 75
一、实事求是原则 …… 78
二、遵守法制原则 …… 79
三、人权保障原则 …… 81
四、证据裁判原则 …… 83
五、直接言词原则 …… 85
六、公平诚信原则 …… 87
七、法定证明与自由证明相结合的原则 …… 88
第七章　司法证明的一般方法是什么 …… 92
一、证明方法的历史发展 …… 93
二、逻辑推理的证明方法 …… 96
三、司法认知 …… 98
四、推定 …… 100
五、小结 …… 101
第八章　如何取证 …… 103
一、何为取证 …… 105
二、取证应遵循怎样的规则并满足哪些要求 …… 107
三、如何寻找、发现、获取证据 …… 121
四、如何固定、保管证据 …… 129
第九章　如何举证 …… 134
一、举证责任的含义 …… 134
二、举证责任的承担 …… 137
第十章　如何质证 …… 140
一、质证的概念及意义 …… 141
二、质证的模式 …… 144
三、质证的主体 …… 146
四、质证的客体 …… 147
五、质证的内容 …… 149
六、质证的程序 …… 150
七、质证的方式及法律效果 …… 151
第十一章　法官如何认证 …… 153
一、认证的概念 …… 154
二、认证方式 …… 156
三、认证原则 …… 157
四、认证规则 …… 159
第十二章　刑事诉讼有哪些特殊的证明规则 …… 162
一、刑事证据规则的性质和功能是什么 …… 163
二、有毒的树结出的果实有毒吗——非法证据排除规则 …… 169

三、你有权保持沉默吗——不被强迫自证其罪规则 …… 179
四、只有口供能够定案吗——补强证据规则 …… 194
五、"直接来自马嘴"——传闻证据规则 …… 199
六、文书材料必须提交原件吗——最佳证据规则 …… 207
七、"亲亲相为隐"具有合理性吗——证人特权规则 …… 211
第十三章　民事诉讼有哪些特殊的证明规则 …… 222
一、举证时限制度 …… 223
二、证据交换制度 …… 224
三、证明对象与无需证明的事实 …… 226
四、人民法院调查收集证据 …… 230
五、民事诉讼中举证责任的承担 …… 231
第十四章　行政诉讼有哪些特殊的证明规则 …… 235
一、行政诉讼的证明责任为什么由被告承担 …… 236
二、证明被诉行政行为合法性的证据应当来自何处 …… 239
三、行政诉讼原告是否应当承担一定的证明责任 …… 246
四、行政诉讼的证明标准有哪些特点 …… 250
第十五章　如何审查评断证据 …… 253
一、审查评断证据的内容 …… 254
二、审查评断证据证明力的标准 …… 255
三、单一证据证明力的审查评断 …… 256
四、全案证据证明力的审查评断 …… 265
第十六章　如何确定司法证明的标准 …… 269
一、证明标准的概念 …… 270
二、证明标准的性质 …… 272
三、证明标准的多元化 …… 274
四、英美法系国家的证明标准 …… 277
五、大陆法系国家的证明标准 …… 279
六、我国的证明标准 …… 280

第一章

证据法在何处

引　言

找法是适用法律的基本功，寻找证据法更具有特殊的意义。作为一个致力于案件事实认定的专门法律部门，证据法在两大法系不同国家有着不同的模式。我国的证据法模式接近于大陆法系，它指的是通过一定法律形式表现出来的、用于调整证据运用活动的规范体系，可以划分为法律、法律解释、部门规章、国际条约与其他规范性文件等层面。在个案中选择合适可用的证据法条款，既要结合案情，也要立足于现有的证据法体系。

关键术语

证据法　证据法律规范　证据法的成文法化　当事人主义的证据法　职权主义的证据法　证据法渊源

【案例】

甲系沈阳一家制药公司的董事长，乙系丹东一家汽贸公司的业务员。两人究竟是老相识，还是素昧平生？两人之间十多年前有无一笔借款关系？随着 2004 年 11 月 8 日一起催要借款及利息之诉的提起，前述争议成为甲乙双方在庭上唇枪舌剑的焦点，也成为横亘在法官面前的一道道难题。

乙诉称："1993 年的时候，我们在北京回沈阳的火车上相识。两人越唠越好，大有相见恨晚之感。此后每回来沈阳办事，我都会找大哥（甲）吃饭，叙叙旧。1993 年 12 月的一天，在我们再次相聚时，大哥突然向我诉苦，说工作中遇到麻烦，想向我借 5 万元钱。出于对朋友的信任，我二话没说就把钱借他了。没想到，后来他就不与我联系了。我找到他家，发现他已搬家了。此后，我一直在找他，直到 2004 年年初才找到。可是他不承认有此借款，我只好打官司要钱。"乙向法庭提交了一张甲签字的借条，其中载明"借到人民币现金 5 万元"。

对此，甲颇感惊诧："我根本就不认识乙，何来向他借款！"一时间，他也被这张离奇的欠条搞迷糊了。不过，甲很快就想起自己的确曾在十年前有过 5 万元的借款，但那是向原单位借的，并早已还清了……对于欠条的来由，甲辩称："1993 年时，我在一家科研单位的微生物研究室担任主任。当年 12 月，研究室的研究项目经国家相关部门批准，指定在××医科院进行临床试验。我向单位小金库借款5万元，作为临床试验经费并由此向单位出具借条。但这笔钱全用在科研上，账也早就核销了。后来我听说单位小金库被查，账目送到了纪检部门。但这借条不知何故跑到了乙的手里。”

看来借条是客观存在的，而对借条来源双方却各执一词。那么，到底谁说的是真话呢？诉讼中应当如何探查案件真相？

解答这一切，不妨从案件事实的认定与证据法的关系谈起。

一、认定案件事实离不开证据法

前述甲乙间的纠纷是一起非常普通的案件。从争议性质来说，它可以归入民事借款纠纷的范畴，案由可以确定为“借款合同纠纷”；从诉讼程序来说，它属于民事一审，但不排除之后启动民事二审、甚至民事再审的可能性。因此，本案的司法处理既要遵守《民法通则》、《合同法》等实体法的规定，也要适用《民事诉讼法》等程序性规范。但是，仅仅援引这两类法律显然是不够的，因为关于甲是否借款的案件事实已经消逝，而认定案件事实是适用实体法的前提。那么，如何认定案件事实？除了严格适用程序法以外，自觉接受证据法的规制更是必不可少的。

一般来说，实体法是规定和确认主体权利义务关系的法律，程序法是规范司法和执法活动的过程和方式的法律；实体法规定人们的权利义务“是什么”，程序法规定这些权利义务“如何”实现或保障。而证据法是一条连接实体法与程序法的有效纽带，它一方面保证程序法的运行不偏离对案件事实的认定，另一方面又确保依据实体法作出的裁决不背离正当性。概言之，**实体法、程序法与证据法可谓现代法治国家的三大法律支柱，三者须臾不可分离，相互之间也不可替代。**正是从这个意义上说，现代司法活动本质上都是人类遵循法定程序、揭示案件真相进而定分止争的专门性活动。其中，实体法的核心目的是追求实体正义，程序法的核心目的是实现程序正义，而**证据法的核心目的则是保障发现真实**。

若仅就“还原”过去的案件事实而言，证据法具有不容置疑的部门法地位。这一定位的形成也是人类法制史漫长演变的结果。在人类社会早期，由于人的认识能力很不发达，而不同地域、不同民族的古人普遍相信无所不知的神灵，所以那一时期流行各种各样的神誓法、神判法等“请神告知真相”的做法。当时，既没有证据与证明的概念，更遑论现代意义上的证据法。后来，随着人们认识能力的提高，以及神灵裁判的权威性下降，人们便转向“自己发现真相”。然而，由于主持司法活动的司法人员并未亲历案件发生的过程，因而他只能依靠案件流传下来的“痕迹”，即“用证据说话”。

证据本身不能向人们如实地讲述案情，人们需要依靠其中所蕴含的信息来“恢复”案情。作为一种案件资源，证据通常是十分有限的，其中所蕴含的信息还不可避免地会产生主观性和误差。“案件发生在前，司法活动在后，证据为媒”，这个模式决定了司法证明活动必然存在局限性。**如何最大限度地消除依靠证据判断事实的不确定性，这使得人们研究运用证据的内在规律变得必要；如何保证依靠证据判断事实的活动符合法治精神中公正、人权、效率和秩序等价值取向，这又使得人们研究运用证据的外在规则变得必要。**这样一来，一个不同于实体法、程序法的法律部门——证据法的产生和发展，就成为一种必然和必要。

具体来说，本案中哪些材料可以用作证据？有关的证据是否符合法律要求而可以被提交法庭？被提交法庭的证据能否证明案件事实？如果未能证明案件事实，应由哪一方当事人承担败诉的法律责任？等等，有关此类问题的内容在当今各国法律体系中至关重要，且实际上自成一体。它们不可能完全为实体法、程序法所吸收，而是构成一个独立部门法的独特调整对象。

二、证据法的基本模式

在当今各个法治国家，证据法都具有不可撼动的重要地位，这并不意味着证据法在世界范围内有着统一的模式。事实上，**在不同法系国家，甚至在同一法系的不同国家，证据法都呈现出式样各异的风格。**有的国家以成文证据法为主，有的则以证据判例法为主；有的制定有单独的证据法典，有的则是分散在实体法、程序法之中；有的是不分诉讼形态而统一适用的证据法，有的则是不同诉讼类型分离的证据法；若就某一具体的证据规则如非法证据排除规则、传闻证据排除规则等而言，不同国家的含义也不一致……这些差异的形成，既与不同国家的法治发展史不同有关，也同各国现行各具特色的法律体系相适应。

英美法系的证据法模式以英、美两国为代表。作为这一法系的发源地，英国在 14 世纪实行由“知情陪审团”向“不知情陪审团”的诉讼制度演进的时候，证据成为审判的中心，从而使证据法迈向独立有了可能和必要。为规范司法证明的活动，减少证据运用方面的混乱，法律必须对证据问题作出明确的规定，一系列证据规则应运而生。从 15 世纪到 17 世纪，英国的法律相继确立了传闻证据规则、文书证据规则、证人资格规则、强制作证规则、证言特免权规则等；18 世纪，律师在法庭上对证人进行询问和交叉询问的规则逐渐形成；19 世纪是英国证据法不断改革的时代，各种援用至今的证据判例不断产生；20 世纪以来，英国的立法机关颁布了数量众多的关于证据的法律、法规，使证据法从单一的判例法系统逐渐转变为判例法和成文法相结合的系统。而且，自从 17 世纪以来，英国移民者把证据法带进世界各地的英属殖民地，并成为美国等国证据法形成的基础；后来经过几个世纪的发展，美国成为英美证据法的集大成者，对世界各国证据法产生了更为深远的影响。**就现状而言，几乎英美法系的所有国家都有自己的成文证据法与判例证据法，且以成文证据法为主，因为证据成文法本身是证据判例法原则和规则的法典化。**这是英美法系在证据法领域不同于其他部门法领域的一大特色。

与此同时，**英美法系的诉讼制度强调当事人之间的对抗，相应地其证据法也实行当事人主义的模式。**这主要表现为：其一，多数证据规则不具有强制性，即只在当事人援引证据法的规则时，证据法才发生法律效力。例如，在美国的一些州，双方当事人的律师可以在正式的审判开始之前，就某项证据规则的不适用达成协议，在这种情况下该证据规则对双方当事人都不具有约束力。其二，很多证据规则尤其是可采性规则完全须通过律师及时主张才得以适用。在法庭上，证言和物证等通常都是通过证人作证的方式导入的；对于一份证据是否属于传闻、意见或者是否为原件、是否属实等，几乎完全取决于律师在直接询问和交叉询问中发问的内容和方式；律师必须及时对违反证据规则的发问方式和发问内容提出反对，否则他将不能以采用该证据违反证据规则为由提出上诉。其三，当事人及其律师是证据与证明活动的主导，他们可以使用一切手段收集、筛选和保全证据，可以事先让证人知晓那些可能在交叉询问中出现的提问，可以就证人出庭后在证人席上的行为举止提出建议，或者使用其他类似的方式“教练”庭上作证技术，可以挑选和准备鉴定专家。

大陆法系的证据法模式以法、德、俄等欧洲大陆国家为代表，高度的成文法典化是其共同特点。早在12世纪开始，欧洲大陆国家就开始实行纠问式诉讼制度，当时的法律对司法人员收集和使用证据没有任何限制性规定。为规范司法证明活动，大约在16世纪欧洲大陆国家相继确立了法定证据制度，如罗马帝国1532年的《加洛林纳法典》、法兰西王国1670年的《刑事法令》、奥地利1853年的《刑事诉讼法》和俄罗斯1857年的《帝国法规全书》就是这种证据法的代表。而且，欧洲大陆国家的证据法自诞生之初，便是与程序法、乃至实体法混同在一起的。虽然自18世纪开始，欧洲大陆国家相继变革为自由心证的证据制度，但证据法与程序法、实体法混同的状况未发生过实质性改变，一直延续至今。例如，当今法国的证据法条款散见于《民法典》、《民事诉讼法典》、《刑事诉讼法典》以及《行政司法法典》等成文法典中，德国、俄罗斯的情况大同小异。这一立法例使得欧洲大陆国家一直未出现英美法系通行的专门的成文证据法典，也未出现英美法系庞杂的证据法判例。但是，大陆法系各国最高司法机关与欧洲人权法院等国际司法机构作出的证据法判例，已开始对证据问题的解决发挥不容忽视的指导作用。这是一种新出现的趋势。

同职权主义诉讼模式相适应，欧洲大陆国家的证据法也带有明显的职权主义色彩。首先，这些国家的证据规则具有当然的强制性。遵循证据规则是法官不得推脱的责任，证据规则不得因单方弃权而被替代，也不得经由双方协商而被改变；各种证据规则都是自动地在诉讼活动中发生作用的，律师是否主张或认可都不是适用证据规则的前提。其次，这些国家的法官享有自由参与证明的职权和职责。为探求事实真相而作出正确的裁判，主持审判的法官要阅读案卷，决定证人作证的顺序，传唤并询问证人，甚至还要负责出示一部分证据。虽然法律并不禁止当事人的律师进行调查，但是他们与潜在证人的接触通常被认为是不可取的，一旦这种接触被发现，就会降低证人证言的可信度。律师为证人出庭做准备也遭到强烈反对，而且在某些国家会导致证据证明力受损的危险。鉴定人由法院指定，而且法官会指示其应该在专业意见中回答的问题。

需要特别指出的是，两大法系证据法模式的差异客观存在，并不意味着每一法系内部的证据法模式是当然一致的，也不意味着两大法系之间没有共性。其实，**无论是英美法系的证据法，还是大陆法系的证据法，都有一些亚模式存在。**例如，英美法系国家多采取统一证据法的模式，而英国却单独颁行有《1968年民事证据法》、《1984年警察与刑事证据法》、《1995年民事证据法》以及《1999年青少年审判与刑事证据法》等，走的是刑事证据法与民事证据法分立的道路；大陆法系国家的证据法条款集中规定在刑事诉讼法、民事诉讼法等程序法之中，而法国、瑞士则在《民法典》等实体法中规定了重要的证据规范。又如，在对非法证据的取舍方面，两大法系不同国家的规定就存在不同的流派，有的非常宽容，如瑞典只在刑讯逼供等极端情况下排除非法证据，有的是交由法官酌情裁量，如英国《1984年警察与刑事证据法》赋予法官依据既定标准自由裁量非法证据的权力，还有的非常严格，如比利时就采用严厉的"毒树之果"之类的排除措施。

随着近半个世纪以来法律全球化趋势的推动，以及受联合国《公民权利和政治权利国际公约》、《欧洲人权公约》等国际条约的影响，两大法系的证据法还呈现出日益融合靠拢之势。这一趋势最初出现在第二次世界大战后，当时欧洲大陆的主要国家主动引入了带有英美法系特征的一些证据规则；而由于当事人主义对抗制在一定程度上消退，所以英美法系的证据法开始考虑减少律师主导证明活动的权利，而适当借鉴大陆法系的事实认定机制。特别是在探讨如何更有效地借助科学证据认定案件事实方面，两大法系的走向是一致的。

三、证据法的不同含义

从字面上看，证据法可以被解读为有关证据与证明的法律规范。但是，由于世界各国证据法的模式差异很大，所以人们在理解证据法的含义时所面对的困难并不一样，得出的结论也有差异。

一般来说，**英美法系的证据法概念比较明确、简单，指的是除去实体法、程序法中所规定的证据条款之外的法律规范**，有时甚至被限定为这些国家的成文证据法典，如美国的《加利福尼亚州证据法典》、《联邦证据规则》和英国的《1995 年民事证据法》、《1999 年青少年审判与刑事证据法》等。由于这些成文证据法典的调整范围往往主要针对证据的可采性问题与证明责任问题，而很少牵涉其他方面，所以英美法系的证据法基本上等同于证据规则，属于一种狭义上的证据之"法"。而**大陆法系国家对证据法的理解相对自由，通常将其实体法、程序法、判例以及其他法律法规中关于证据与证明的规定统称为证据法**，这显然是一种广义的证据法观念。

我国目前尚未制定出国家一级的专门证据法典，更接近于大陆法系的模式。因此，尽管在学术界人们对证据法的理解不尽相同，但从立法或司法层面来看，却是普遍认同广义观，即通过一定法律形式表现出来的、用于调整证据运用活动的规范体系。**它主要针对证据能力、证明力、证明标准、证明责任等实体性证据问题，而通常不包括取证、举证、质证与认证中的程序性证据问题，以便能够同实体法、程序法有效地区分开来；它不是指某一部成文证据法典，而是指不同层次法律规范所涉及的相关条款。**

这一规范体系可以划分为核心、交叉和边缘三个领域。核心领域是指能够凸显证据法特质，只有证据法才能调整的事项；交叉领域是指由证据法和实体法、诉讼法重叠调整的事项；边缘领域是指本质上不属于证据法规范，但与证明直接有关，对证据法的施行起支撑或者保障作用的规范，如伪证罪、司法鉴定体制、物证技术鉴定规程等事项的规定。其中，重中之重是**证据法的核心领域，具体包括证据法的基本概念（如证据、证据材料、证明、证明责任、证明对象、证明标准、推定、司法认知等）、基本原则（如证据裁判原则、自由心证原则、直接言词原则、客观真实原则、利益衡量原则等）、证据规则（即有关区分定案证据和证据材料的证据可采性规则，有关证据证明力大小的采信规则，以及证据的种类和分类规则）以及证明规则（即有关证明对象的确定、证明责任的分配、证明标准的适用的一般性规则）等。**[①] 这也是本书关注的重点。由于证据法的核心领域十分庞杂，梳理其法律渊源便尤为重要。

四、证据法的渊源

任何国家的证据法渊源都与其法律体系存在密切关系。依照我国现行《宪法》和《立法法》的有关规定，我国社会主义法律渊源主要包括宪法、法律、法律解释、行政法规、部门规章、地方性法规、政府规章和其他规范性文件等。**当前我国没有单行的证据法，相应地，证据法的**

---

① 参见高家伟：《论证据法的体系和法典化》，载何家弘主编：《证据学论坛》，第 8 卷，63 页，北京，中国检察出版社，2004。

渊源是一个多层次的法律规范体系。这一体系依重要程度不同，可以划分为如下若干个层面：

（一）法律层面

在我国，由全国人民代表大会通过的基本法律及由全国人民代表大会常务委员会通过的一般法律是反映国家意志的主要证据法渊源。例如，《刑法》、《民法通则》、《海商法》、《领事特权与豁免条例》、《侵权责任法》等实体法，《刑事诉讼法》、《民事诉讼法》、《行政诉讼法》、《行政处罚法》、《海事诉讼特别程序法》和《仲裁法》等程序法，以及《电子签名法》、《道路交通安全法》和《治安管理处罚法》等综合性专门法律，都含有许多有关证据与证明的法律条款。如果这些条款是规范实体性证据问题的，便可以被纳入证据法的范畴（作不完全列举如图1—1所示）；反之，如果这些条款仅仅是规范程序性证据问题和其他关联问题的，则不宜被纳入证据法的范畴，如《刑法》第305～308条、第311条只是规定有关证据犯罪的条款。

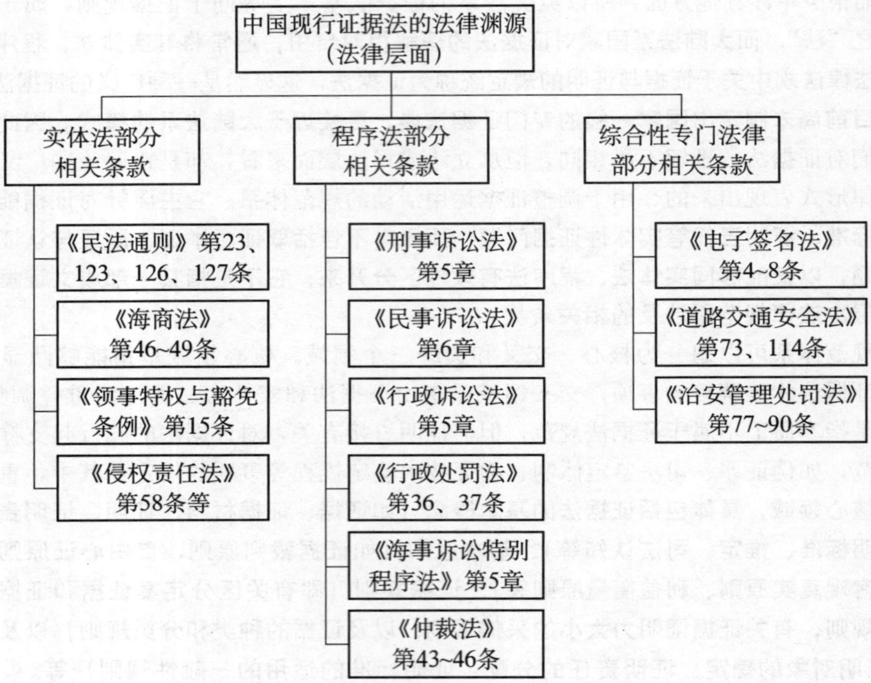

图 1—1

（二）法律解释层面

为了贯彻执行我国的前述法律，全国人民代表大会常务委员会及最高人民法院、最高人民检察院分别颁行了**一些综合性的立法解释和司法解释**，如《关于适用〈中华人民共和国刑事诉讼法〉的解释》、《人民检察院刑事诉讼规则（试行）》等，其中**含有许多极具操作性的证据法律规范**。特别是最高人民法院施行的《关于民事诉讼证据的若干规定》（以下简称《民诉证据规定》）、《关于行政诉讼证据若干问题的规定》（以下简称《行诉证据规定》）以及最高人民法院等五院部施行的《关于办理死刑案件审查判断证据若干问题的规定》（以下简称《办理死刑案件证据规定》）、《关于办理刑事案件排除非法证据若干问题的规定》（以下简称《非法证据排除规定》)，更是迄今为止最为翔实的证据规则。① 另外，最高人民法院和最高人民检察院还分别针对司法实践中的个案及其中的典型证据问题，制定过**一些证据方面的单行司法解释**。它们**也是重要的证据法渊源**，摘要列举如图 1—2 所示。

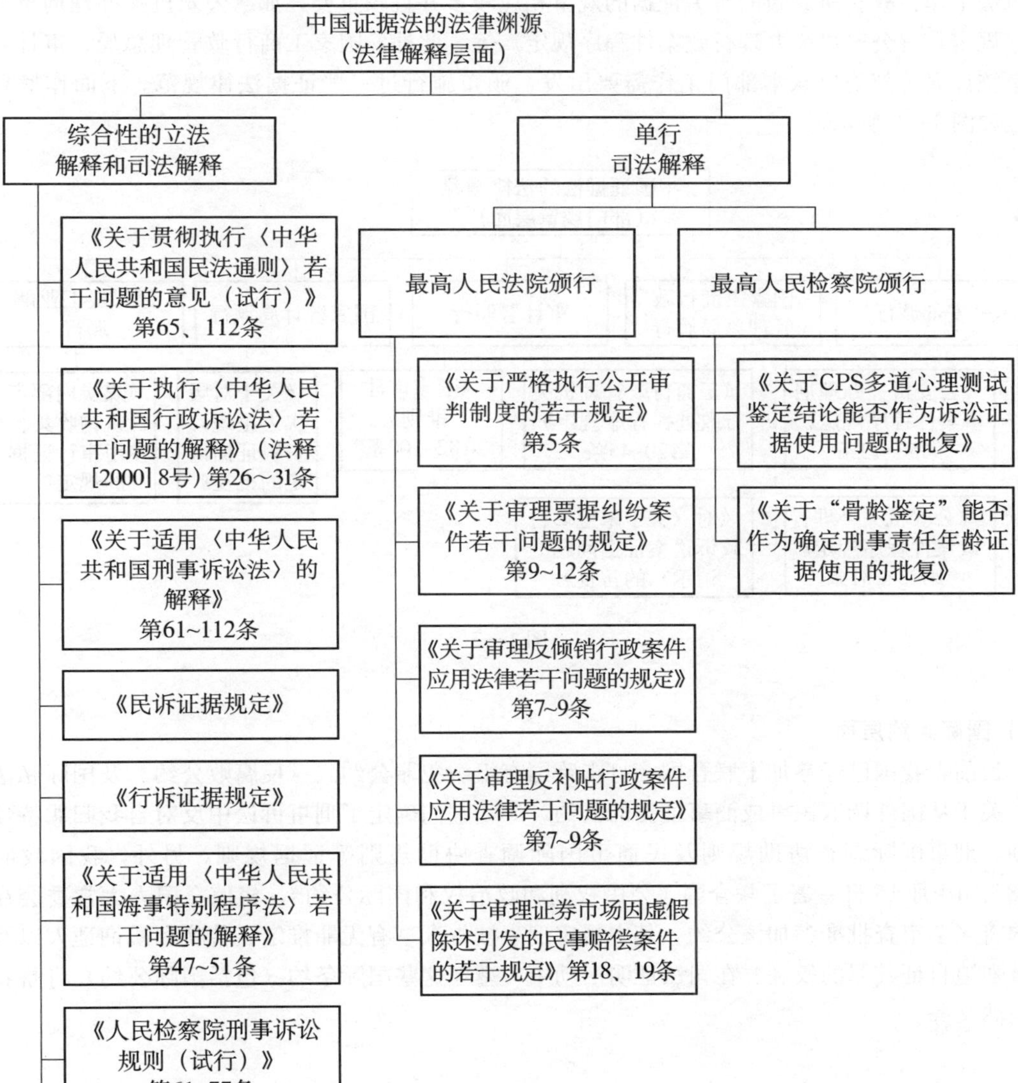

图 1—2

① 《办理死刑案件证据规定》和《非法证据排除规定》的许多内容为《关于适用〈中华人民共和国刑事诉讼法〉的解释》和《人民检察院刑事诉讼规则（试行）》所吸收，有学者据此认为这两个证据规定事实上已经失效。这是一种学术观点。

（三）部门规章层面

这主要是指由国务院各部委颁布的有关适用证据的规范性文件。它们为我国行政机关开展法律活动提供了基本标尺与保障。在这些部委中，由于公安部主管同刑事违法犯罪作斗争的主要执法工作，故它所颁布的有关证据的规章相应较多并且较重要，如《公安机关办理刑事案件程序规定》、《公安机关办理行政案件程序规定》等。此外，国家工商行政管理总局、审计署及国家统计局等部委也从本部门工作需要出发，颁布施行过一些证据法律规范。下面作摘要列举，如图 1—3 所示。

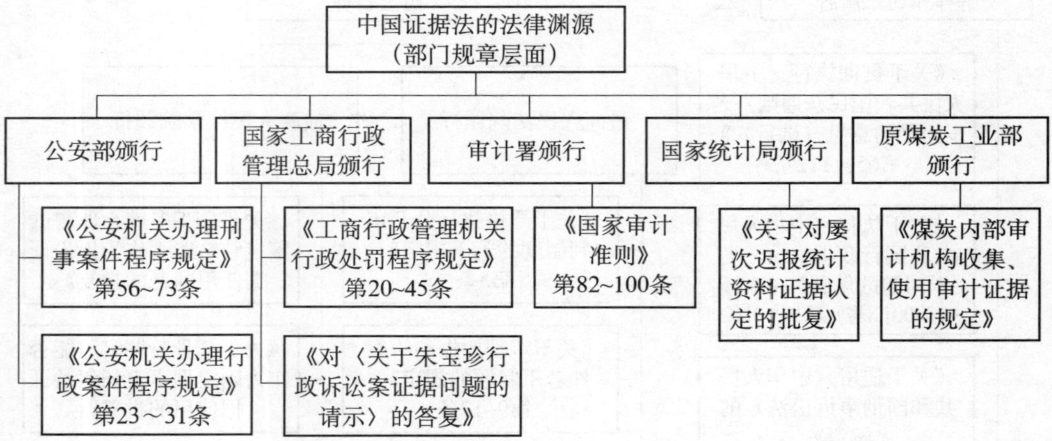

图 1—3

（四）国际条约层面

目前，我国已经参加了联合国《打击跨国有组织犯罪公约》、《反腐败公约》及国际私法会议《关于从国外调取民事或商事证据的公约》等，它们确定了刑事诉讼中反对自我归罪特免权规则、刑事国际调查协助规则及民商事国际调查协助规则等证据规则。另外，我国政府于 1998 年 10 月 15 日签署了联合国《公民权利和政治权利国际公约》，相信全国人大常委会在不久的将来会审查批准参加该公约，其中规定刑事被告人享有无罪推定、传唤和质询证人以及不得被强迫自证其罪的权利。在司法证明活动中，遵守这些国际条约（包括国际公约）将是我国的当然义务。

（五）其他规范性文件层面

除了前述规范以外，我国的证据法渊源还包括各省级人大、政府颁布的地方性规范文件，也包括地方各级司法机关颁布的地方性证据规则。这些规范性文件针对性强，但面临着将被清理的问题。

前者主要集中在依法行政复议、依法税务稽查以及解决劳动争议等证据问题突出的领域，如海南省、云南省、辽宁省的《行政复议证据规则》、辽宁省大连市《地方税务局税务稽查案件证据规则（试行）》以及山东省《劳动人事争议仲裁证据规则》、安徽省《劳动争议处理证据规则》、江苏省《劳动人事争议仲裁证据审核暂行规则》、浙江省《关于劳动争议仲裁证据若干问题的规定》、江西省《劳动争议仲裁证据审核规则（试行）》等。

后者是我国近年来推行证据制度改革而逐步试点的产物，在当前证据制度转型时期亦具有极为重要的地位，其中既有全面规范三大诉讼活动的地方性证据规则，如江苏省《关于刑事审判证据和定案的若干意见（试行）》、四川省《关于规范刑事证据工作的若干意见（试行）》、湖北省《关于刑事证据若干问题的规定（试行）》、山东省《民事诉讼证据规则（试行）》等，也有专门用来调整某一种证据行为的地方性证据规则，如广东省《民事、经济纠纷案件庭前交换证据暂行规则》、广东省深圳市《民事诉讼庭前交换证据规则》、福建省莆田市《民事证据调查令实施规则》等。

综上可见，我国现行的证据法律规范虽然已经构成一个框架体系，但仍然相当不完善：不仅缺乏必要的核心条款，而且普遍效力等级不高、可操作性仍不太强。要改变这一状况，证据立法必将是今后很长一段时间内我国法治建设的重点。而在证据立法取得根本性突破之前，如何确定和选择合适可用的证据法条款，亦将是司法人员和当事人在个案中面临的一项艰巨任务。

五、证据法的选择适用

在证据法领域“找法”的具体做法有很多，但基本思路无外乎两条：一是结合具体案情，确定需要解决的证据法问题，以此为联结点；二是结合现有证据法体系，确定可适用的法律条款，必要时正确化解法律条款间的冲突。

回到本章前面的案例，争议问题主要是原、被告（甲、乙）两人之间是否存在着借款关系。不难看出，围绕这一问题将涉及证明对象、证明责任、证明标准、证明方法与证据的定义、可采性、证明力等证据法规范，而且这些证据法规范限于民事诉讼方面。因此，本案中需要选择的证据法规范就包括《民事诉讼法》、《民诉证据规定》以及有关的地方性规范等。如果双方或一方当事人传唤证人出庭作证，本案将适用有关证人证言的规定；如果双方或一方当事人要求进行笔迹鉴定，本案将适用有关司法鉴定的规定；如果双方或一方当事人提出通过测谎解决，则本案还将涉及测谎结论能否作为民事诉讼的证据等；依此类推。

实际上，经过庭审法官发现：(1) 乙虽然自称与甲认识，但他不知道甲的个人情况、家庭情况，比如在什么单位工作、具体家庭住址；(2) 乙自称与甲喝过很多次酒，却回答不出甲的酒量如何；(3) 法官再三要求乙讲述借款经过，乙一概以“记不清了”等语言搪塞；(4) 甲找到小金库借款批准人陈某充当证人，其出具的证言证明，在其批准下甲于 1993 年 12 月从本单位小金库借取 5 万元现金，用于临床试验，并证实乙所出具的借条与甲从小金库借取 5 万元的借条应为同一份，只不过乙出具的借条被其剪裁过；(5) 借条上方的确有被裁剪的痕迹，借条未写明具体的借款人与借款用途，只写了“借到人民币现金 5 万元”；(6) 对于被裁剪的借条，甲也给出了自己的解释，“当时我报账后，借条应贴在账目上，如果乙是从账目上撕下借条，就可能把借条上方标有单位名称的‘抬头’撕掉，从而使借条没有了‘抬头’”；(7) 当然，甲虽找到其单位工作人员证明此款系向单位所借且账目已核销，却无法证明该借条是如何到乙处的……最终法官判定，乙提交的证据存在不合情理之处，甲举出的证据形成一个完整的证据链，后者的证明力远远高于前者，判决驳回乙的诉讼请求。这一判决大体上反映了个案中适用证据法规范的基本规律。

问题与思考

1. 如何理解证据法的独立法律部门地位？

2. 两大法系的证据法模式有何不同？

3. 以证明责任、证人证言、电子证据等为主题，列举我国有关这些内容的分支法律渊源。

4. 结合我国地方证据规则的发展，阐述我国证据立法的思路。

阅读文献

1. 张卫平．民事证据法必要性之考量．法商研究，2001（3）

2. 江伟，吴泽勇．证据法若干基本问题的法哲学分析．中国法学，2002（1）

3. 陈学权．关于证据立法微观模式的思考——从刑事诉讼法再修改的角度来观察．政法论丛，2004（5）

4. 冯俊伟．行政复议证据立法的地方经验——以23个省、市的立法为分析样本．山东社会科学，2014（8）

5. 蒋铁初．中国古代判决的事实依据——以清代为例兼与法定证据的比较．南京大学法律评论，2013（4）

6. 中国证据法网．www.evidencelaw.net

第二章

什么是证据

引　言

证据是人们熟悉的概念。无论是在日常生活中还是在法律事务中，人们都经常使用这一语词。在日常生活的语境下，我们似乎都知道什么是证据，但是在严谨的法律语境中界定证据的内涵与外延却不是一件简单的事情。证据都必须是真实的吗？在诉讼活动中使用的证据应该具备哪些基本特征？如何确定诉讼证据的资格条件，以确定什么样的材料可以获准进入该种诉讼的大门？这些都是需要认真研究才能解答的问题。

关键术语

证据　诉讼证据　可采性　关联性　合法性　客观性　证据资格　证据能力　证据的采纳标准

【案例】　杨乃武与“小白菜”冤案

清朝末年，在浙江省余杭县城里住着一对母女，以裁缝为生。女儿毕秀姑生得洁白秀丽，人送别号“小白菜”。小小县城，出此美女，难免招蜂引蝶，并惹出不少“桃色流言”。她自恃貌美，看不上凡夫粗汉，而大家子弟又看不上她的出身和名声，结果是高不成低不就，二十多岁仍未出嫁。她心中倒有一个情人，名叫杨乃武。此人出身于书香门第，相貌英俊，文才出众，在当地也算得上小有名气的风流才子。不过，他经常包揽诉讼，且恃才傲物，因此得罪了一些地方士绅和纨绔子弟。他比秀姑年长八岁，已有妻室。两人虽有来往，但并无不正当关系。杨乃武曾想娶秀姑做妾，但秀姑之母不愿让独养女儿做人偏房，故好事未成。后来，杨乃武的妻子病故，他便想娶秀姑续弦，但其父和胞姊坚决反对，只好作罢，另娶后妻。秀姑年龄日长，又有流言蜚语，其母心急，就在媒婆冯许氏的撮合下，强把女儿嫁给了当地做豆腐的葛品连，故秀姑又得了一个雅号——“豆腐西施”。葛品连年过三十，家境贫寒，相貌平庸，体弱多病。秀姑虽然看不起品连，但已成婚，倒也相安无事。没想到，婚后一年半，品连暴病身亡。

此时，杨乃武已考中举人，在当地名声大振，地方士绅公子都愿与他交往。余杭县令刘锡彤的儿子刘子翰亦然。他托人结交杨乃武，却因杨乃武自视清高而碰了一鼻子灰，遂记恨在心。另外，刘子翰也曾看中秀姑的姿色，想方设法勾搭，未能得逞，又听说秀姑与杨乃武有情，心中自有一番醋意。当他得知葛品连的死讯之后，不禁喜出望外，认为这是陷害杨乃武与“小白菜”的天赐良机。他首先找到葛品连的母亲，怂恿她去县衙告状；然后借吃饭之机向其父刘县令讲述“杨乃武和‘小白菜’通奸杀夫”的传闻。刘县令不信，心存疑惑，待日后收到诉状，见所言相同，便立即同意开棺验尸。刘子翰事先买通了负责验尸的仵作沈详，后者便在验尸中作弊。例如，他见尸体口鼻间有少量血迹，就报称“七窍流血”；见指甲灰暗，就报称“甲色青黑”；用银针刺进死者咽喉检验时见针上颜色略黑，按规定应擦净再验，但他即刻报称“验得死者确系中毒毙命”。虽然当时在场的衙役沈彩泉提出“死者眼耳无血”和“银针只暗不黑”等不像中毒死亡的疑问，沈详最后还是在验尸报告——“尸格”上填写了“中毒死亡”的结论。

见到验尸报告，刘县令即令衙役将葛毕氏（“小白菜”）带到县衙，升堂问案。他在堂上看到葛毕氏，心想：如此美貌女子，嫁了个粗陋男人，肯定会有奸情。他以此成见问案，但葛毕氏不承认通奸弑夫之事。于是，刘县令传证人过堂，包括原告葛品连之母、葛毕氏之母、媒婆、邻居王心培等人。这些人的话虽不能证明葛毕氏通奸弑夫，但可以证明葛毕氏和杨乃武有私情，而且葛毕氏与丈夫的感情不好。然后，刘县令下令用刑，葛毕氏承受不了，只好供认。拿到这份供词，刘县令便提审杨乃武，但后者不仅不供，而且自恃有功名在身，相当傲慢。按规矩，刘县令须呈请学台斥革杨乃武的举人身份，方可刑讯。与此同时，有人因嫉恨杨乃武的才华和清高而联名保甲住户上呈，说杨乃武平素行止不端，且目无法纪，引起邻里公愤，要求严加惩办。刘县令态度更加坚定，待其功名被革除之后，再次聆讯杨乃武，并用大刑，但后者始终不认。

刘县令认为基本证据齐备，只缺杨乃武口供，但案情重大，不宜过分刑讯，故决定解送杭州知府审理。知府陈鲁听了案情，也认定是葛毕氏和杨乃武通奸谋害亲夫，但需要证实一些细节。在堂上，已被刑讯吓破胆的葛毕氏胡乱攀供，称于八月二十四日与杨乃武见面密谋杀夫，后杨乃武于十月五日给她送来砒霜。对于这些说法，杨乃武辩称：八月二十四日自己正在省城参加考试，十月五日自己则在南乡岳父家商讨立继一事，而且都有人证。陈知府不信，动用大刑。府衙的刑具比县衙多且酷，杨乃武坚持不住，屈打成招。陈知府问他在何处购得砒霜，他胡乱说了一个东乡“钱记爱仁堂”药铺。拿到供词，陈知府很得意，命令刘县令即刻去取买砒霜的证词。

刘县令回去之后，带着亲信师爷章抡香一起来找那药铺的掌柜钱宝生，问他有没有卖过砒霜给杨乃武。钱宝生当即否认，说自己根本不认识杨乃武，而且自己卖药给谁都是有账可查的。章师爷便请钱宝生到县衙去说话。在县衙里，刘县令以礼相待，章师爷则明言让他提供伪证。钱宝生开始不同意，后来刘县令给他出具了一张保证此案与他无关也不会让他与杨乃武对质的文书，他才在供状上具结画押。见到这份证据，陈知府再次提审杨乃武，杨乃武却死不承认，一再喊冤，结果陈知府只好让书办写好供词，让衙役趁杨乃武受刑昏迷之时按上手印。最终据此定案，呈报巡抚：葛毕氏谋杀亲夫，拟凌迟处死；杨乃武夺妻杀夫，拟斩首示众。

图 2—1

说明：在中央电视台“今日说法”栏目 2003 年“十一特别节目”中，何家弘教授在模拟古代审判的“杨乃武与‘小白菜’离婚案”中扮演主审县官。

图 2—2

杨乃武与“小白菜”一案几经复审，但都在地方，而且主审官吏与原案有牵连，自然无法翻案。后来，受创办不久的上海《申报》和社会舆论的影响，众京官上书获得当时执掌朝政的皇太后慈禧亲准，将该案交由刑部重审，并在京城重新开棺验尸。虽然尸体的皮肉俱腐，仅剩骨殖，但根据法医古籍《洗冤集录》上的检验标准，确认葛品连并非中毒死亡，因此“小白菜”与杨乃武合谋毒杀亲夫一说纯属子虚乌有。历时三年，该案终于平反昭雪。

图 2—3

一、古代人如何查明案件事实

在杨乃武与“小白菜”涉嫌杀人案中，一审判决的依据包括：葛品连之母、葛毕氏之母、媒婆冯许氏、邻居王心培、药铺掌柜钱宝生等人的证言，仵作的验尸报告，保甲住户的联名上书，以及两名被告人的口供。由于中国古代奉行“定罪必取输服供词”和“无供不录案”的原则，所以审理案件的官员经常使用刑讯来获取被告人的认罪供词。那么，按照现代证据法律原则，上述材料是否都可以作为证据在诉讼中使用，是否都可以作为定案的根据呢？在回答这个问题之前，我们有必要简要介绍一下古代人是如何查明案件事实或争议事实的。

人类最初在解决社会成员之间的纠纷或处理案件的时候，一般由氏族或部落的酋长或长老根据自己的经验和良知来评断当事人和知情人的陈述并认定案件事实，犹如现代家庭中父母裁断子女纠纷的方式。在评断时，酋长或长老对当事人品行的成见往往起着重要的作用，因此难免出现一些错判。随着社会生活的扩展，社会成员之间的纠纷增加，需要社会组织作出裁判的案件增多，而且纠纷和案件的情况也越来越复杂，这些都增加了错判发生的概率。一些受到错误判决影响的社会成员便不顾酋长或长老的权威，对裁判的结论提出质疑甚至挑战。然而，司法裁判是需要权威的，没有权威的司法是没有生命力的。既然人的权威不足以维持司法裁判的权威，司法者就只能求助于神的权威，于是，各种各样的“神明裁判”就应运而生了。

所谓“神明裁判”，即让当事人在神灵面前做某种行为或接受某种考验，然后根据行为或考验的结果或其过程中表现出来的征象来判定案件事实。神明裁判都是以一定的宗教信仰为基础的，因此，在不同国家的历史上，神明裁判的形式也是各不相同的。“神明裁判”又称为“折磨考验法”（Trial by Ordeal）。这种折磨或考验通常都在由神职人员主持的宗教仪式下进行。古代巴比伦人在审理案件的时候经常采用“水审法”。按照《汉谟拉比法典》中的有关规定，如果某自由民的妻子被人告发有通奸行为，但是她自己不承认，那么法官就会命令人把该女子扔到河里去。如果那个女子沉到水里去，就证明她有罪；如果她没有沉下去，而是浮在水面上，就证明她无罪。不过，古代日耳曼人采用的“水审法”的检验标准恰恰相反。诉讼当事人被从膝盖处绑起来，然后用一根绳子系在腰部，慢慢地放入水中。根据他的头发长度在绳子上打一个结，如果他的身体沉入水中的深度足以使那个绳结没入水中，就证明他是清白的；否则就证明他是有罪的。其依据是洗礼教派的“圣洁之水”不能容纳有罪之躯。古印度的《摩奴法典》中规定，如果法官依证言和物证不能确认案件事实，则可以用“神明裁判”来审查证据和认定案件事实。作为《摩奴法典》之补充的《那罗陀法典》第102条明文规定了八种“神明裁判”的方法，包括火审法、水审法、秤审法、毒审法、圣水审、圣谷审、热油审和抽签审。

无论在哪一种形式的“神明裁判”过程中，司法人员的基本职能并不是查明案件事实并在此基础上适用法律，而只是扮演裁判仪式主持人的角色。从这个意义上讲，那时的法庭并不是为查明案件事实而设立的司法机构，而是请求神灵揭示案件事实的工具，是为获得“神明示意”所设置的带有强烈宗教色彩的场所。例如，古希腊人就认为，司法裁判的职责不能掌握在人的手中，而只能掌握在诸神的手中；法官之所以能够就案件作出裁决，是因为他们有神的帮助。于是，司法裁决被认为是神的旨意。**在“神明裁判”的审判方式下，当事人不是用证据和理由的陈述去说服法官接受其诉讼主张，而是祈求神灵来支持其诉讼主张的正当性。换言之，神明的示意不是证据，而是对案件事实的认定。**

随着人类社会的发展和人类认识能力的提升，“神明裁判”逐渐退出了司法证明的历史舞台。公元11世纪，欧洲一些国家开始建立比较稳定的政府。这些政府自然而然地寻求能够保护其利益的各种手段，包括司法手段。于是，司法审判不再被视为对个人纠纷的裁判，而是作为国家统治者控制民众行为和镇压反政府活动的工具。统治阶级开始对那些结果难以预料的非理性的“神明裁判”方法感到不满，要求司法人员在审判中行使更大的决定权。例如，国王作为一个国家的封建主要求地方贵族交出一定的财产或土地，但是地方贵族对此产生异议并诉诸法院。在这种审判中，国王当然不愿意听凭难以预料的“神明”来作出裁判，从而开始越来越多地介入司法过程，让他能够控制的人担任证明的主要角色，如传唤若干名了解案件情况的人进行询问，然后由其任命的司法官在证人证言的基础上作出裁决。在刑事审判中，这种变化表现得尤其明显。过去，追诉罪犯一直被认为是被害人及其亲属的事情。被害人及其亲属甚至可以对当场抓获的罪犯自行处罚。随着政府权力的增长，这种原始的“司法”活动受到了限制。被告人必须被押送到正式审判场所接受正式审判，然后才能受到处罚。而且，政府官员在必要时可以越过被害人去主动抓捕罪犯并进行审判。在这种司法活动中，人证的作用自然越来越重要。

当然，“神明裁判”被废止的真正原因还在于人类认识能力的提高。随着科学的进步和社会实践的发展，人们越来越对“神明裁判”方法的合理性和可靠性产生了怀疑。于是，“神明裁判”在人们心目中的权威性开始降低。在英国法令明确禁止在审判中使用“神明裁判”方法之前，人们就已经失去了对这种裁判方法的信赖。例如，1164年的“克拉灵顿法令”规定，在“神明裁判”中被判无罪的被告人必须在40天内离开其生活的地区。这就是说，即使神明裁定被告人无罪，但是如果当地百姓仍然相信其是罪恶之人，他必须被放逐他乡。由此可见，当时人们对待“神明裁判”的结果已经有了相当广泛的怀疑甚至抵触的心态。

虽然神明裁判方法具有浓厚的宗教色彩，但是在欧洲首先公开反对这种做法的却是教会。1215年，欧洲天主教拉特兰大教会明令禁止在其宗教法庭的审判中使用“神明裁判”。随后，欧洲许多国家也相继废除了“神明裁判”。例如，法兰西王国是在1260年明令废除的；罗马帝国是在1290年废止的；英国也是在1290年通过法令禁止的。13世纪末，“神明裁判”基本上退出了欧洲司法审判的历史舞台。

毫无疑问，“神明裁判”不是科学的司法证明方法，它是人类社会早期发展阶段的产物，是与人类当时的认识能力和水平相适应的。一方面，由于人类还没有掌握科学地认定案件事实的方法和手段，只好求助于神灵的帮助；另一方面，“神明裁判”的基础是人们对神灵的信仰和崇拜。在现代人的眼中，“神明裁判”方法是荒唐甚至滑稽的，但是在古代人的眼中，那些方法却是神圣和可靠的。因此，“神明裁判”有助于提升司法判决的权威性。就当时的社会而言，具有权威性的判决比具有科学性或合理性的判决更为重要，因为当时人们对合理和正义等观念的理解都会屈从于对神的信仰和崇拜。由此可见，“神明裁判”在当时社会中不仅具有存在的必然性，也具有存在的必要性。

“神明裁判”是一种“非证据裁判”方式，换言之，司法裁判的依据不是证据，而是神的示意。在“神明裁判”中，神通过“水审”、“火审”等考验的结果告知裁判者——同时也告知了当事人和民众——谁是有罪者或者谁是应该败诉的一方。司法裁判不是依据证据作出的，而是依据神的示意作出的，真正的裁判者是神。**当“神明裁判”退出历史舞台之后，人类断案的方式逐渐由“非证据裁判”转向“证据裁判”，即司法证明必须以证据为本源，司法裁判必须以证据为根据。**不过，在很长的历史时期内，非证据因素也经常影响着司法裁判的结果，例如，在杨乃武与“小白菜”涉嫌杀人案中，刘县令那“美女嫁丑夫定有奸情”的主观推断和当地居民关于杨乃武品行的“联名上书”就都不应属于证据的范畴。那么，究竟什么是证据呢？下面，我们就考察一下“证据”一词的基本含义。

二、如何理解“证据”一词的基本含义

“证据”一词在汉语中的准确起源已经很难查考。唐代文豪韩愈在《柳子厚墓志铭》中曾经写下了“议论证据今古，出入经史百子”① 的名句。然而，其中的“证据”是动词，意为“据史考证”或“据实证明”。在古汉语中，证据二字往往是分开使用的。其中，“证”字犹如现代的证据，但多指人证；“据”字则意为依据或根据。例如，《唐律·断狱》中就多有“据众证定罪”之用语。及至清代，法律中仍有“众证明白，即同狱成”的规定。20世纪初，随着白话文的推广，证据二字才越来越多地合并为一个词使用，而且多出现在与法律事务有关的文字之中。例如，南京临时政府于1912年3月2日颁布的《大总统令内务、司法两部通饬所属禁止刑讯文》中规定：“不论行政司法官署，及何种案件，一概不准刑讯。鞫狱当视证据之充实与否，不当偏重口供。其从前不法刑具，悉令焚毁。”② 这可以视为后来在我国颇为流行的“重证据，不轻信口供”之办案原则的发端。

现在，“证据”已经是汉语中常用的语词之一。诚然，人们在日常生活的非法律事务中也使用这一概念，但是，由于它在法律事务中具有特别重要的地位和特别高的使用频率，所以它

---

① 《辞海·语词分册》，373页，上海，上海辞书出版社，1979。

② 转引自陈一云主编：《证据学》，77页，北京，中国人民大学出版社，1991。

仍然在很大程度上属于专门的法律术语，以至于人们一听到这个词就会首先联想到案件、纠纷、调查、审判等法律事务中的问题。《辞海》中对证据的解释是："法律用语，据以认定案情的材料。"从这个意义上讲，人们在日常生活的非法律事务中使用证据一词时，实际是在借用法律术语。

由此可见，证据首先是或者主要是法律领域的专门用语。人们在日常生活中对证据一词的理解也是以法律领域的概念为基础的。人们在讨论证据概念问题时必须从这两个字的基本含义出发，不应片面强调法律用语和人们日常生活用语的差异，不应偏离人们在长期形成的语言习惯中对证据一词的理解去再造什么"法律证据"或"司法证据"的概念。

从汉语的字词结构来理解，证据就是证明的根据。这是对证据一词最简洁、最准确的解释，也是人们在日常生活中普遍接受的证据的基本含义。由此可见，证据一词并没有真假善恶的价值取向。好人可以使用证据，坏人也可以使用证据。无论你要证明的是什么，也无论你证明的根据是什么，只要你按照一定的规则把甲用做证明乙的根据，甲就是证据。就真假的两值观念而言，"根据"一词是中性的，它可真可假，也可以同时包含真与假的内容。诚然，在法律上界定证据的概念，可以使用更为具体、更为明确的语言，但是不应偏离这一用语本身所具有的基本含义。语词的基本含义是人们在长期使用该语词的过程中约定俗成的。如果抛开这一点，就会背离语言的使用规律。

三、证据都是真实的吗

中华人民共和国成立以后，随着人民司法制度的建立，证据问题也逐渐受到人们的重视。当时人们对证据问题的研究及有关的论述主要集中在证据的意义或重要性上，还没有深入到证据的概念和特征等理论问题。不过，当时的一些法规性文件在强调要重视证据调查的同时，也谈到了什么是证据的问题。例如，中共中央在 1955 年作出的关于肃清暗藏的反革命分子的指示中说道："不漏掉一个反革命分子和不冤枉一个好人，分别是非轻重，根本的办法是依靠证据。证据就是人证和物证。证据也有真假之分，所以要经过鉴定。"①

1979 年 7 月 1 日，第五届全国人民代表大会第二次会议通过了新中国的《刑事诉讼法》。该法第 31 条规定："证明案件真实情况的一切事实，都是证据。"这是我国法律首次对证据一词作出的明确解释。1989 年的《行政诉讼法》和 1991 年的《民事诉讼法》，以及 1996 年修正的《刑事诉讼法》都明示或默示地接受了这一解释。于是，我国学者多年来把它作为界定证据概念的法律依据，得出"证据就是证明案件真实情况的事实"这样的证据定义。② 对于这条法律规定的含义，我们还将在后面做进一步的讨论。

在"证据就是证明案件真实情况的事实"这一定义中，核心词是"事实"，因此可以将其简化为"证据即……事实"。这一定义与前文谈到的证据语词的基本含义之间的区别就在于它把"根据"改成了"事实"。这一改变的用意是显而易见的，即要强调证据的真实性，因为"事实"与"根据"有着不同的性质。就证据是否属实的价值取向而言，"根据"是个中性词，

---

① 巫宇甦主编：《证据学》，60 页，北京，群众出版社，1985。

② 参见江伟主编：《证据法学》，206 页，北京，法律出版社，1999。

而“事实”则站在真实一方，把一切不属实的东西都排除在证据的范畴之外。一言以蔽之，“不属实者非证据”！

诚然，“根据”一词确实有些抽象。学者在界定证据的概念时要对其进行解释和说明无可非议，但是不能偏离其本意。比方说，用“依据”、“凭据”等近义词代替“根据”就不会改变词意；用“材料”、“手段”等同样没有真假价值取向的中性词说明“根据”也不会造成使用中的混乱与矛盾。（至于“材料”和“手段”等词能否准确全面地表达“根据”一词的内涵，则另当别论。）但是，一旦改变了原来词语的属性，用具有真假价值取向的“事实”代替本来没有真假价值取向的“根据”，就会背离该语词的原意并造成使用上的混乱和矛盾。例如，1996年《刑事诉讼法》第42条在列举了物证、书证等7种证据之后，又明确指出：“以上证据必须经过查证属实，才能作为定案的根据。”如果按照“不属实者非证据”的观点界定证据的概念，那么这条法律规定显然就是自相矛盾的。试问：既然证据都是“真实的”事实，既然不属实的东西都不是证据，那么还有什么必要去“查证属实”呢？已经肯定是事实的东西却还要让人去审查它是不是事实，岂不荒唐！由此可见，把证据界定为“证明案件真实情况的事实”，难以自圆其说。

四、如何理解证据的真实性问题

上述法律中的界定与“证据”一词的基本含义之间的分歧，归根结底是以认识论为基础的证据真实性问题，其焦点在于是否只有属实的东西才能叫做证据。对于这个问题，我们可以从司法实践和认识论两个方面来进行讨论。

（一）从司法实践来看，“不属实者非证据”的观点无法成立

众所周知，无论是在刑事案件还是在民事案件中，无论是在经济纠纷还是在行政诉讼中，当事人提交司法机关的证据和司法机关自己收集的证据都是有真有假的，因此才需要认真地审查评断。按照“不属实者非证据”的观点，这些当事人提交的和司法机关收集的证据显然就不能称为“证据”了，因为它们都存在着不属实的可能性。

实践经验还告诉我们，不仅当事人提供的和司法机关收集的证据中有真有假，即使司法机关审查判断之后用做定案根据的证据中也会有真有假，否则就不会有冤假错案了。有时，法官采信的证据被后来的事实证明为假；有时，法官决定不予采信的证据又被后来的事实证明为真。

例如，在一起合同纠纷案件中，一审法院的法官请笔迹专家对合同上的字迹进行了鉴定。但是后来经过对案件中各种证据的综合评断，法官认为该鉴定意见不符合案件中的真实情况，未予采信。我们能因此说该鉴定意见就不是证据吗？否！它当然是证据，只是没有被该法官采信而已。事实上，该案的上诉审法院后来又采信了该鉴定意见，将其作为二审推翻原判的根据。如果因为一审法官没有采信该鉴定意见就说其不是证据，那么二审法官采信之后它怎么又变成了证据？同一样东西，一会儿是证据，一会儿不是证据，而且仅仅以法官是否采信为标准。这不仅否定了证据的客观性，而且否定了证据的统一确定性。其结果必然是证据理论上的自相矛盾与司法实践中的混乱。

人非圣贤，孰能无过？法官不是“神仙”，怎能要求他们在审查评断证据时不犯任何错误？即使在那些还没有被发现为冤假错案的判决中，以及在法官们正在作出和将要作出的判决中，难道就肯定没有内容不属实或者不完全属实的证据吗？对这个问题，每位诚实的法官恐怕都很难作出“肯定没有”的回答。而按照“不属实者非证据”的定义，这些被法官采信但是有可能不属实的证据自然也就不能称为“证据”了。

严格地说，在任何一起案件的定案依据中都存在着证据不完全属实的可能性。而且就每一个具体证据来说，其中也存在着不完全属实的可能性。例如，证人证言往往都不是百分之百属实。法官在决定采信一份证言的时候往往也知道该证言的内容只是基本属实。那么，证言中不属实或可能不属实的部分还是不是证据呢？如果对此问题作出否定的回答，那么一份证言就同时既是证据又不是证据，而提供该证言的人就既是证人又不是证人了。这显然是一种很难被人们接受的结论。

于是，人们就被“不属实者非证据”的定义带入一种非常尴尬的境地。以刑事案件的诉讼过程为例：当事人和证人提供的证据可能不属实，不能称为证据；侦查人员收集的证据也可能不属实，也不能称为证据；检察人员提交审判的证据还可能不属实，还不能称为证据；一审法院认定的证据仍然可能不属实，仍然不能称为证据；二审法院……这样一来，证据何在？证据岂不成了人们在现实生活中可望而不可即的东西！

（二）从认识论的角度来看，“不属实者非证据”的观点也难以立足

辩证唯物主义认为，世界是可知的，人类是有能力认识一切客观真理的。但是，这并不等于说世界上的事物对每个具体的人来说都是可知的，并不等于说每个具体的人都有能力认识客观真理。这就是可知论的相对性。恩格斯在《反杜林论》中指出：“一方面，人的思维的性质必然被看作是绝对的，另一方面，人的思维又是在完全有限地思维着的个人中实现的。这个矛盾只有在无限的前进过程中，在至少对我们来说实际上是无止境的人类世代更迭中才能得到解决。从这个意义来说，人的思维是至上的，同样又是不至上的，它的认识能力是无限的，同样又是有限的。按它的本性、使命、可能和历史的终极目的来说，是至上的和无限的；按它的个别实现情况和每次的现实来说，又是不至上的和有限的。”①

人们对证据和案件事实的认识都属于认识的“个别实现”，都是“在完全有限地思维着的个人中实现的”，都是不可能无限期、无止境地进行下去的，因此就每一个具体案件来说，人们对证据和案件事实的认识都不是“绝对真理”，都只能是“相对真理”。换言之，人们对每个具体案件和具体证据的认识都不是百分之百的“属实”，而只是在不同程度上的“属实”。承认这一点，证据才不会仅仅存在于“理想的王国”里，才能具有现实的意义。

司法和执法活动中面临的证据错综复杂，而且对证据的收集和使用要受时间、空间等多方条件的限制，因此司法人员和执法人员对证据的认识便不可避免地带有一定的局限性和模糊性。其实，案件中的证据问题并不像人们想象的那么简单。在有些人的心目中，似乎案件事实总是泾渭分明的，案件中的证据总是一清二白的。他们喜欢或者习惯于用非此即彼、非真即假、非对即错、非黑即白的思维方式看待案件事实和有关的证据。在他们眼中，一件证据要么

---

① 《马克思恩格斯选集》，2版，第3卷，427页，北京，人民出版社，1995。

就是真的，要么就是假的，绝对不能处于可真可假、半真半假的状态；一个事实认定结论，要么就是对的，要么就是错的，绝对不应出现或对或错、有对有错的情况。

然而，这是一种形而上学的思维习惯。恩格斯在《自然辩证法》一书中指出，“一切差异都在中间阶段融合，一切对立都经过中间环节而互相转移，对自然观的这样的发展阶段来说，旧的形而上学的思维方法不再够用了。辩证的思维方法同样不知道什么严格的界线，不知道什么普遍绝对有效的‘非此即彼!’，它使固定的形而上学的差异互相转移，除了‘非此即彼!’，又在恰当的地方承认‘亦此亦彼!’，并使对立通过中介相联系”①。实践经验告诉我们，人们在通过证据认定案件事实的时候经常要不可避免地面临那种非黑非白的“灰色地带”。我们在司法实践中面对的证据往往是有真有假的，甚至是半真半假的。

为了解释立法规定与司法实践在证据真实性问题上的矛盾，有些学者把证据分为广义证据与狭义证据，前者有真有假，后者都是真的；还有些学者把证据分为证据事实和证据材料，前者都是真的，后者可真可假。从表面上看，这样的划分似乎解决了立法定义与司法实践脱节的问题，但是，只要不把证据说成是“天堂”里才有的东西，这两种观点就仍然无法回避由司法人员查证属实的证据是否就可以肯定是“证明案件真实情况的事实”的问题。如果说“广义证据”或“证据材料”只要一经过审判人员的“加工和提炼”就都变成了绝对属实的证据，那么侦查人员、检察人员以及仲裁、公证、行政执法和行政监察等人员会有何感想？其实，无论称“狭义证据”还是“证据事实”，都不能保证审判人员在审查评断证据的时候绝对不出现任何误差。

另外，上述划分赋予证据一词两种颇不相同的解释，就使得我国诉讼立法中的有关规定陷入了“偷换概念”或者违反同一律的尴尬境地，因为诉讼法本身在使用证据这一术语时并没有作出这种划分。法律并没有说证明案件真实情况的一切事实，都是“狭义证据”或“证据事实”；也没有说以上“广义证据”或“证据材料”必须经过查证属实，才能作为定案的根据。上述两种解释等于说，法律起草者们在使用“证据”这一概念时一会儿用的是“广义证据”，一会儿用的是“狭义证据”；一会儿说的是“证据事实”，一会儿说的是“证据材料”。立法者们恐怕很难接受这番“好意”，因为他们绝不愿意承认自己在起草法律时居然犯下了这么简单的逻辑错误。

顺便说一句，用“诉讼证据”的概念也不能解决证据是否必须属实的问题。诉讼证据当然是指在诉讼活动中使用的证据，或者说是被法庭采纳的证据。但是，人们并不能因此得出诉讼证据都一定属实而其他证据则有真有假的结论。证据法学研究的对象以诉讼中使用的证据为主但不仅是诉讼证据，也包括非诉讼证据，如仲裁中使用的证据，调解中使用的证据，公证中使用的证据，行政执法中使用的证据，等等。人们可以把证据划分为诉讼证据和非诉讼证据，还可以进一步把诉讼证据划分为刑事诉讼证据、民事诉讼证据和行政诉讼证据等。然而，这些划分的子项都应该具有母项的基本特征。人们不能说证据有真有假但诉讼证据都是真实的。其中的道理显而易见，无须赘述。

① 《马克思恩格斯选集》，2版，第4卷，318页，北京，人民出版社，1995。

五、如何给法律事务中的证据下定义

法律必须以严谨的逻辑为基础，因此需要对使用的专门术语进行准确的定义。**所谓法律事务中的证据，就是指证明案件事实或者与法律事务有关之事实存在与否的根据。无论这些“根据”是真是假或半真半假，它们都是证据。无论这些“根据”是否被法庭采信，它们都是证据。**至于这些“根据”的具体表现形式或存在形式，那就是有关法律中列举的物证、书证、证人证言、当事人陈述、勘验检查笔录、鉴定意见、视听资料、电子数据等。

需要说明的是，证据和定案根据是一对既有联系又有区别的概念。一般来说，定案根据都是证据；但是证据并不一定都能成为定案根据。这里所说的“定案”不仅指审判人员的判决，也包括仲裁、公证、行政执法、行政监察等人员就有关事实作出的裁决和认定。虽然他们“定案”的标准和要求并不完全相同，但是工作性质大同小异。他们对于自己收集或他人提供的证据都要根据有关的规则进行审查评断，然后从中筛选出他们认为可靠的证据作为“定案”的根据。那些未能被他们采信的证据，也仍然是证据，只是未能成为定案根据而已。

总之，诉讼中使用的证据应该是真实的，但是现实中的证据并不一定都是真实的。2012年修改后的《刑事诉讼法》修正了过去的表述，使诉讼法中关于证据概念的表述更为合理。该法第48条规定：“可以用于证明案件事实的材料，都是证据”。根据这条规定的精神，我们可以把证据的概念界定为“可以用于证明案件事实的材料”。

六、诉讼中使用的证据应该具备哪些基本特征

虽然证据不仅存在于诉讼活动之中，但是诉讼活动对证据的要求是最为严格的，因此，研究诉讼中使用的证据应该具备哪些基本特征，可以使我们更准确地理解证据的概念。就诉讼过程而言，证据存在于三个阶段：没有进入诉讼程序的证据；进入诉讼程序的证据；作为定案根据的证据。我们在上面已经分析过证据与定案根据的关系，这里则主要讨论没有进入诉讼程序的证据与获准进入诉讼程序的证据之间的关系。所谓诉讼证据的基本特征，就是证据进入诉讼活动的“门槛”。只有具备了这些基本特征的证据才可以获准进入诉讼的“大门”。诚然，刑事诉讼、民事诉讼、行政诉讼为证据设立的“门槛”并不完全相同，但是有一些基本要求是相通的，包括证据的关联性、证据的客观性和证据的合法性。

（一）证据的关联性

证据的关联性或相关性，指的是证据必须与需要证明的案件事实或争议事实具有一定的联系。因为只有具有关联性的事物之间才可能具有证明关系——有关联才能证明，无关联则不能证明，所以关联性是证据的自然属性。从哲学的角度来说，客观事物之间的联系是普遍的和绝对的。任何两个事物之间都存在着一定的联系，只不过联系的形式和性质各不相同。严格地说，即使在所谓“风马牛不相及”的事物之间，人们也总可以找到某种联系。例如，在澳大利亚的一只蝴蝶扇动翅膀的动作与太平洋上台风的形成之间也存在着某种微弱但绝对不可否认的联系，因为它们至少都产生了空气的震动；城市的汽车与乡村的树木之间似乎是毫无关联的，

但是仔细分析，人们仍然可以从环境保护、生产生活、物质成分等许多方面找出二者之间的联系。从这个意义上讲，任何证据与任何案件事实之间都具有关联性，因为它们至少都是共同存在于这个宇宙之中的物质。例如，在杨乃武与"小白菜"涉嫌杀人案中，"小白菜"的母亲说，杨乃武曾想纳其女儿为妾，但她没有同意。从普遍联系的角度来说，这件事与杨乃武被指控的杀人事实之间也存在着联系——尽管这是一种很遥远的联系。但是，这种普遍联系的观点显然不能作为诉讼活动中采纳证据的标准，而只能作为我们研究和理解证据关联性的出发点。

从诉讼证明的角度来说，关联性要求每一个具体的证据必须对待证事实具有实质性证明意义。换言之，一个证据的使用必须对证明案件事实或争议事实有确实的帮助，因此又可以称为证据的"证明性"。但是，证据对案件事实的"证明性"有大有小，有强有弱，而诉讼证明活动要受多种因素的限制，不可能无限期、无范围地进行下去，所以作为诉讼活动对证据的基本要求，关联性必须达到一定的程度或水平。司法人员在评价证据的关联性时一般要考虑两个方面的因素：一个是时间和人力的耗费是否允许采纳该证据；另一个是该证据的采纳是否会给证明带来不必要的干扰或混乱。

具体来说，司法人员可以采取"三问法"：第一问：这个证据能够证明什么事实？第二问：这个事实对认定案件中的主要事实或解决争议问题有没有实质性意义？第三问：法律对这种证据的采纳有没有限制，如对品格证据或传闻证据的限制等？通过回答这三个问题，司法人员就可以比较准确地把握具体证据的关联性了。例如，在杨乃武与"小白菜"涉嫌杀人案中，当地居民关于杨乃武品行的"联名上书"是否具有诉讼所要求的关联性呢？假设那份"联名上书"中所说的"杨乃武平素行止不端，且目无法纪，引起邻里公愤"等内容是真实的，它能够证明什么呢？它能够证明杨乃武不是好人。但是，证明了"杨乃武不是好人"的事实，对于证明他投毒杀人的案件主要事实具有实质性意义吗？回答应该是否定的，因为二者之间的关联性过于遥远，证明性过于微弱。简言之，一个人不是好人，一个人"平素行止不端，且目无法纪，引起邻里公愤"，并不能因此就证明他实施了投毒杀人行为。如果这种证据都获准进入诉讼的"大门"，那么不仅会造成诉讼时间和资源的浪费，而且会不恰当地干扰司法人员对案件事实的判断和认定。另外，有些国家的法律还明确规定这类品格证据在诉讼中不具有可采性。

证据的关联性可以有很多种表现形式，证据与案件事实之间的关联程度也可以有很多层次。其中，有些是直接联系，有些是间接联系；有些是必然联系，有些是偶然联系。因此，获准进入诉讼"大门"的证据的证明价值或证明力也有所不同。另外，人们对证据关联性的认识也会受到科学技术等因素的影响。一些过去被认为没有关联性的东西，随着科学技术的发展，有可能就具有了关联性。例如，过去人们不知道在人的血压、呼吸频率和皮肤电阻等生理变化与人的说谎行为之间有关联，但是后来的科研成果证明二者之间具有一定的联系，于是这些心理和生理测试的数据与有关人员陈述是否属实的问题，就具有了关联性。总之，证据的关联性问题貌似简单，其实很复杂。

（二）证据的客观性

证据的客观性是指证据应该具有客观存在的属性，或者说，证据应该是客观存在的东西。无论是在刑事诉讼还是民事诉讼抑或行政诉讼中，获准进入诉讼"大门"的证据都必须具有客观存在性。具体来说，证据的客观性应该包括两个方面：第一，证据的形式必须具有客观性，或者说，证据必须是人们可以某种方式感知的东西。无论是物证、书证，还是证人证言、鉴定意见，都必须有其客观的外在表现形式，都必须是看得见摸得着的东西。如果对案件有关情况的反映仅存在于某人的大脑之中，没有以证人证言或当事人陈述等形式表现出来，那它就无法进入诉讼的“大门”。诚然，人脑本身就是物质的高级存在形式，存在于人脑中的信息也具有一定的客观性，但是这种存在形式目前还是他人无法认知的，因此不符合采纳证据的客观性要求。第二，证据的内容也应该具有客观性，或者说，证据应该是对客观事物的反映。虽然这种反映可能会有错误和偏差，但是它必须以客观事物为基础。纯粹的主观臆断，毫无根据的猜测，以及梦幻中的情节和迷信邪说的咒语，即使被当事人提交到法庭，也不符合诉讼对证据的基本要求。例如，在杨乃武与“小白菜”涉嫌杀人案中，那些因“小白菜”貌美便猜测其有“风流韵事”的流言蜚语以及“美女嫁丑夫定有奸情”的主观臆断，就都不具有诉讼证据的客观性。

我们说证据应该具有客观性，并不是说证据就是纯粹客观的东西。实际上，所有证据都是人的主观认识与客观事物相结合的产物。因此，证据也具有主观性。例如，当事人陈述和证人证言显然是有关人员主观上对客观存在的案件事实的认识结果；勘验检查笔录和鉴定意见都是由人作出的，其中当然也包含有主观的因素。严格地说，任何形式的证据都具有一定的主观性。有人以为，物证就是纯客观的证据，其中没有任何主观因素。这种理解并不准确。某个作为物证的物品自身固然可以说是客观的东西，但是该物品自己却不能在案件中发挥证明作用。一方面，一件物品只有与有关人员的行为联系起来才能够成为案件中的证据。例如，在一起入室盗窃案件中，一把螺丝刀经犯罪人在作案过程中使用才成为该案中的证据；一个纽扣由作案人遗留在现场上才成为该案中的证据。另一方面，任何物品要想证明案件中的有关事实还必须依赖于有关人员的活动。例如，某杀人案现场有一把带血的匕首。它自己能够证明案件事实吗？否！首先要有人将它从现场提取并作为证据；然后要有人对它进行检验或辨认，以便确定它与案件事实或嫌疑人的联系。只有当有关专家通过对刀上的血痕或尸体伤口的鉴定确认它就是致被害人死亡的那把凶器，或者有关证人通过辨认确认它就是某个嫌疑人的刀时，它才能发挥证明的作用。而在这一过程中，它不可避免地会“染上”有关人员的主观因素。证据是证明的根据，而证明是人的主观活动，因此，凡是进入证明活动的证据都不同程度上具有了主观性。明确这一点，对于我们在司法实践中正确使用证据具有重要意义，因为证据的主观性正是司法人员依靠证据认定案件事实时可能发生错误的根源之一。在杨乃武与“小白菜”涉嫌杀人案中，仵作的验尸报告就是一个极好的例证。

（三）证据的合法性

诉讼是一种法律适用活动，因此在诉讼中使用的证据应该符合法律的有关要求，这就是证据的合法性。证据的合法性体现的是证据的法律特征或社会特征，是国家基于一定的价值考量而赋予证据的特殊规定性。虽然证据的基本功能是证明案件事实，但是在制定证据合法性规则的时候，我们不能仅仅考虑证明案件事实的需要，还要考虑法治的需要、司法公正的需要和保障人权的需要。在现代法治国家中，强调诉讼证据的合法性具有重要意义，特别是在刑事诉讼之中。

证据的合法性以法律的规定为前提和标准。没有法律的有关规定，就无法考察证据的合法性。法律的规定不同，检验证据合法性的标准也不同。一方面，在不同国家或不同历史时期的法律制度下，证据的合法性可能具有不同的内容。譬如，在封建社会的法律制度下，通过刑讯获取的被告人供述具有合法性，但是在现代法治国家中，通过刑讯获取的被告人口供就不具有合法性。在杨乃武与“小白菜”涉嫌杀人案中，司法官员的刑讯逼供并不违反当时的法律规定，因此，通过刑讯获得的被告人口供就是合法的证据，可以进入诉讼的“大门”。但是我国现行法律明确禁止刑讯逼供，因此通过刑讯获得的口供不具有合法性，就不能进入诉讼的“大门”。另一方面，对于不同的诉讼活动来说，证据合法性的含义也会有所不同。例如，按照我国最高人民法院的司法解释，在民事诉讼中，窃听取得的证据被视为非法证据，不得作为证据使用。[①] 但是我国的刑事诉讼法律中没有这种禁止性规定，所以按照有关程序进行窃听取得的证据就具有合法性。诚然，法律规定是可以修改的，证据合法性的内容也是可以改变的。

具体来说，证据的合法性应包括以下内容：第一，证据的主体必须符合有关法律的规定。例如，我国的法律法规对鉴定人的资格条件作出了一些限制性规定，因此那些不具备鉴定人资格的人作出的鉴定意见就不能作为证据使用；基于同样的理由，行政机关超越其法定权限收集的证据，亦属于主体不合法的证据，也不能作为证据使用。第二，证据的形式必须符合有关法律的规定。例如，我国刑事诉讼法规定鉴定意见和勘验检查笔录上必须有鉴定人员或勘验检查人员的签名盖章，因此那些没有上述人员签名盖章的鉴定意见和勘验检查笔录就属于形式不合法的证据；另外，如果法律规定证明某种民事关系存在的证据必须以书面形式，或者必须经过公证，那么不具备相应形式的证据也属于不合法的证据。第三，证据的收集程序必须符合法律的有关规定。例如，我国刑事诉讼法对于搜查和扣押的程序都有明确规定，如果侦查人员没有按照有关程序搜查或扣押，那么所获得的物证或书证就不具有合法性；我国行政诉讼法规定被告人在诉讼过程中不得自行向原告和证人收集证据，如果作为行政诉讼被告人的行政机关这样做了，那么其收集的证据也因程序不合法而不能使用。第四，证据的收集方法或提取手段必须符合法律的有关规定。例如，我国刑事诉讼法禁止刑讯逼供，因此使用刑讯手段提取的被告人口供就不具有证据的合法性；我国刑事诉讼法还禁止使用威胁、引诱、欺骗等方法收集证据，因此采用上述方法收取的证人证言也不具有证据的合法性。

诉讼证据应该具有合法性，但是，不具备合法性的证据也还是证据。例如，我们不能因为一把带有被害人血迹的匕首是非法搜查所获得的，就说它不是证据；也不能因为被告人供述是刑讯逼供的结果就说它不是证据。它们都是证据，只不过是一般不能在诉讼中被采纳的证据而已。另外，对于不具有合法性的证据，是不是一律不准许进入诉讼的“大门”？从理论上讲，诉讼活动应该合法，诉讼活动中使用的证据也都应该合法，因此凡是不具有合法性的证据就都应该被排除在诉讼大门之外。但是在司法实践中，不具备合法性的证据多种多样，既包括主体不合法和形式不合法，也包括程序不合法和手段不合法，而且导致证据不合法的原因也是多种多样的，既包括行为人的主观故意和过失，也包括外界的干扰和条件等情况。总之，非法证据也需要区别对待。对于这个问题，本书在后面还会有专门的讨论。

在研究证据的基本特征时，我们有必要介绍几个相关的概念。其一，证据资格（compe-

① 参见最高人民法院《民诉证据规定》第68条及起草说明。

tency of evidence，又译为“证据能力”或“证据的适格性”），即诉讼活动中被采纳的证据所必须具备的基本条件或必须满足的基本要求。其二，证据的可采性（admissibility of evidence），即证据符合法律规定的资格条件而可以在诉讼中被采纳的属性。其三，证据的采纳标准，即在诉讼活动中准许证据进入诉讼“大门”的标准。这几个概念的内涵与诉讼证据应该具有的基本特征相似，只是表述的角度有所不同而已。

问题与思考

1. 如何理解证据的基本含义？
2. 如何理解证据的真实性？
3. 如何理解证据的关联性？
4. 如何理解证据的客观性？
5. 如何理解证据的合法性？
6. 如何理解证据资格、证据的可采性、证据的采纳标准等概念之间的关系？

阅读文献

1. 张晋红，易萍．证据的客观性研究．法律科学，2001（4）
2. 何家弘．让证据走下人造的神坛：试析证据概念的误区．法学研究，1999（5）
3. 梁玉霞．什么是证据——反思性重塑．见：何家弘主编．证据学论坛．第3卷．北京：中国检察出版社，2001
4. 裴苍龄．论证据资料．法律科学，1998（1）
5. 肖建国．证据能力比较研究．中国刑事法杂志，2001（6）
6. 邢怀柱．刑事诉讼证据能力初探．现代法学，1996（1）
7. 何家弘．论证据的基本范畴．法学杂志，2007（1）

第三章

证据有哪些法定形式

引　言

我国《刑事诉讼法》第48条规定："证据包括：(一) 物证；(二) 书证；(三) 证人证言；(四) 被害人陈述；(五) 犯罪嫌疑人、被告人供述和辩解；(六) 鉴定意见；(七) 勘验、检查、辨认、侦查实验等笔录；(八) 视听资料、电子数据。"我国《民事诉讼法》第63条、《行政诉讼法》第33条也有类似的规定。这是三大诉讼法对于证据形式问题的法定规制，因此称之为证据的法定形式。学界一般认为，进入诉讼程序的证据材料只有符合三大诉讼法规定的形式，才能作为证据使用。

关键术语

证据的法定形式　物证　书证　证人证言　当事人陈述　鉴定意见　视听资料　电子数据　笔录类证据（非法定形式证据）

【案例】

A公司总经理一审被认定犯有职务侵占罪，判处有期徒刑11年。被告人对一审判决不服，认为自己没有侵占公司钱款，只是调用部分资金到自己名下的另一个公司B，属于自己所有的公司之间的借款，没有犯罪。在二审中，被告人不仅向法庭出示了各种财务会计账册，还提交了某几位著名的刑法学专家对此问题所出具的"法律意见书"，以及B公司以公司名义开具的款项转账证明，以证明自己的行为没有犯罪。二审法庭认为，"法律意见书"和B公司"转账证明"不符合我国《刑事诉讼法》规定的法定证据形式，不能作为定案根据。被告人出具的其他证据不充分，上诉理由不予支持，裁定维持原判。

对于此案，我们至少可以提出三个问题：(1) 在我国司法实践中，证据为什么需要具有法定形式？(2)"法律意见书"和B公司"转账证明"类似于我国《刑事诉讼法》中规定的法定形式——鉴定意见和证人证言，但法官为什么说这两者不符合鉴定意见和证人证言的证据形式？(3) 对于司法实践中出现的这些材料，是否都应像上述二审法庭一样，不予认定其证据效力？

要解答这三个问题，我们需要了解证据的法定形式的概念、意义，以及证据各种法定形式的主要特点和证明原理。

一、证据的法定形式概述

（一）证据的法定形式的概念

证据的法定形式，是立法者根据证据的存在和表现形式所作的法律划分，可以简称为“证据在法律上的划分”。学界有时也用“证据的种类”这一概念，来指称证据的法定形式，以和证据法学中的另一概念——证据的分类相区别。证据的分类，是指为加深对证据的认识，在学理上按照不同的标准将证据划分为不同的类型，简称为“证据在学理上的划分”。

证据的种类与证据的分类存在着区别，主要表现为，前者是一种立法规定，因而具备法律规范的特征，如具有法的效力（证据必须符合法定的表现形式才能作为定案根据）、法的稳定性（非经立法不能随意变动证据的法定形式）和划分标准与角度的单一性。**后者不是一种立法规定，只是一种学理分类，**因而不具备法律规范的特征。学者可以根据自己的研究需要，从不同的角度、按照不同的标准对证据进行分类研究。显然，这样的学理分类是没有法律效力的。

（二）我国证据法定形式的特征

我国对证据种类的规定主要见之于三大诉讼法。《刑事诉讼法》第 48 条规定证据有下列八种：“（一）物证；（二）书证；（三）证人证言；（四）被害人陈述；（五）犯罪嫌疑人、被告人供述和辩解；（六）鉴定意见；（七）勘验、检查、辨认、侦查实验等笔录；（八）视听资料、电子数据。”《民事诉讼法》第 63 条规定：“证据包括：（一）当事人的陈述；（二）书证；（三）物证；（四）视听资料；（五）电子数据；（六）证人证言；（七）鉴定意见；（八）勘验笔录。”《行政诉讼法》第 33 条规定：“证据包括：（一）书证；（二）物证；（三）视听资料；（四）电子数据；（五）证人证言；（六）当事人的陈述；（七）鉴定意见；（八）勘验笔录、现场笔录。”

上述规定主要有以下特征：

第一，证据种类的数量较多。如果把《刑事诉讼法》规定的“被害人陈述”与“犯罪嫌疑人、被告人的供述与辩解”都视作当事人的陈述，那么，我国三大诉讼法有关证据种类的规定都可归为八种，即物证、书证、证人证言、当事人陈述、鉴定意见、视听资料、电子数据和笔录型证据。其他国家规定的证据种类则数量不多。如美国《联邦证据规则》规定的证据形式主要有言词证据、实物证据和司法认知三种，日本《刑事诉讼法》规定有被告人供述、证人证言、勘验、鉴定和书证五种，德国《民事诉讼法》规定有勘验、证人证言、鉴定、书证和讯问当事人五种。

第二，证据种类比较具体、细致。以言词证据为例，英美国家将被告人、被害人、一般证人、专家证人都称为证人，他们所作的陈述都表现为言词形式，须接受交叉询问并适用传闻证据规则，因此都称作证人证言。而法国、德国等大陆法系国家则根据陈述主体不同的法律地位、在查明案件事实中具有的不同证明价值，将言词证据划分为被告人的供述与辩解、一般证人证言和鉴定人证言三种形式。在这些国家，被告人不能作为证人，鉴定人也不能作为证人，这三者泾渭分明。我国规定的言词证据则更为具体、细致，将被害人从一般证人中分离出来，视被害人陈述为与被告人的供述与辩解、一般证人证言和鉴定人证言并列的证据种类，从而形成四种言词证据。

第三，专门用法条列举。我国三大诉讼法都是专门运用法条，对司法实践中常见的证据表现形式进行详尽地列举，这在两大法系国家并不多见。英美法系国家注重对证据的相关性和合法性的审查，证据只要具有相关性、取证方法和程序合法，就具有证据能力，并不要求证据必须符合法定的表现方式。大陆法系国家则主要基于证据调查方法的考虑，才对证据形式规定一定的法定要求。不同的证据形式意味着不同的证据调查方法。对于我国这种规定证据种类的方式，学界和实务界持批评意见的较多，主要集中在：（1）不存在统一的划分标准，各个证据种类外延之间可能存在交叉；（2）列举没有采用“其他证据形式”等具有包容性的词语，使得整个证据种类体系呈现封闭型外观，难以容纳新生的证据形式；（3）有些证据种类（如当事人陈述、视听资料、勘验笔录）是否具有独立的证据地位值得进一步研究；（4）专门规定证据的种类对司法实践意义不大。

（三）我国证据的法定形式的由来

我国有关证据形式的规定主要继受苏联的证据制度。其中，苏联的“诉讼形式许可规则”，对我国有关证据种类的立法影响甚大。所谓“诉讼形式许可规则”，指所有的材料必须具有法定诉讼形式，才能进入诉讼程序作为证据使用。“诉讼形式许可规则”的确立，与证据概念的理解有紧密联系。苏联莫斯科大学特列乌什尼科夫在其专著《苏联民事诉讼中的证据与证明》（李衍译，西南政法学院诉讼法教研室编译室印行）中写道：证据有逻辑证据与诉讼证据之分，逻辑证据具有一定的结构，是“其他已经查明的情况和认为符合真实的判断”，而诉讼证据，“就是那些与案件有联系的、能够直接或间接证实对正确处理案件有意义的事实的、通过法律规定的诉讼形式（证明手段）表达出的、依照严格规定的程序收集和审查清楚的事实材料”。“诉讼证据是一个统一的概念，在这个概念中，作为内容的事实材料，同作为诉讼形式的证明手段是相互联系起的……首先，诉讼证据有它的内容，也即有关诉讼事实（法律事实、证据事实）的材料，这种材料具有关联性；其次，又有它的诉讼形式，在法律中称为证明手段；第三，具有规定的对证据材料以及证明手段本身进行收集和审查的程序。这三种特征说明了诉讼证据的法律性质。除掉证据的任何一个方面，就等于取消了整个证据”。这样，“如果说诉讼证据的关联性是由证据内容的质所决定的，也即决定于证据中是否有足够的能够证实或者否定对审判有意义的事实材料，那么，证据的许可性，则是与证据的诉讼形式有关的，也就是决定于诉讼证明手段的性质，而不管证据中的材料内容如何”。**简言之，苏联学者认为证据概念是内容、形式和取证程序三者的统一，抽掉其中任何一方面都不行。**我国有关证据种类规定的理论与实务，深受这种理论的影响，认为证据必须符合法定的形式才能作为定案根据。最高人民检察院在 1999 年 9 月 10 日作出的《关于 CPS 多道心理测试鉴定结论①不能作为诉讼证据使用的批复》，就是一个明显的例证：最高人民检察院认为，CPS 多道心理测试（俗称测谎）结果不符合刑事诉讼法规定的鉴定结论形式的要求，不属于《刑事诉讼法》规定的证据种类。为此，CPS 多道心理测试鉴定结论只能作为侦查的辅助手段。

---

① 在 2012 年《刑事诉讼法》修改以前，鉴定意见的称谓是“鉴定结论”。

（四）我国证据的法定形式的作用

我国证据的法定形式之作用，除了前述的法定必要性以外，在证据法上还表现为要明确特定形式证据的提出方法、质证规则和审查判断要领。

不同证据具有不同的提出方法，其根本原因在于这些证据具有不同的证据生成方式。证人证言的生成是基于证人对于案件事实的亲身感知，书证的生成是基于民事、经济流转活动的报道与处分，物证的生成是基于特定物在民事、刑事案件中的作用，鉴定意见的生成是基于专家对案件中专业问题的解答，视听资料的生成是基于音像技术对案件事实的实时记录，电子数据的生成是基于电子设备对数字信息的存储……这样，证人证言的提出需要口头的方法，书证的提出需要书面宣读的方法，物证的提出需要原物或者照片展示的方法，鉴定意见的提出需要专家报告的方法，视听资料的提出需要录音带、录像带或数字的方法，电子数据的提出一般需要检查报告、鉴定报告等方法说明电子数据的生成过程。

证据的不同提出方法，决定了它们具有不同的质证规则。例如，证人证言的提出应当是口头的方式，那么证人口头表达的，是他们对案件事实的亲身感知。这种感知是事后的、记忆的、主观的、不完全的，因而需要当事人对其进行详细的质证，以此来明确证人证言的可靠性——对证人的询问规则也就由此形成。与此相对应，书证的提出应当是基于书面的方法，对书证的质证就不应当采用证人证言的询问规则，而应当采用表征书证可靠性的形式证明力与实质证明力关系的特定规则。反过来讲，书面证言，由于本身并不是书证，也不能采用书证的质证规则，而应当采用证人证言的质证规则。因此，不同证据依其不同的法定形式，具有不同的质证规则，这是证据法定形式最主要的作用。

证据的不同质证规则，决定了对它们具有不同的审查判断重点。例如，证人证言的审查判断，主要考察证人的感知、记忆、表达和诚信能力；书证的审查判断，主要考察书证的来源是否可靠、书证的格式条款是否完备，以此明确书证内容的真实性；物证的审查判断，主要考察物证与案件事实的关系、物证的来源；鉴定意见的审查判断，主要考察鉴定所依赖的原理是否可靠，方法是否有效，对检测样品的操作是否规范；视听资料的审查判断，主要考察音像材料的原始性和完整性；电子数据的审查判断，主要考察电子数据的提取技术和方法，以判断其是否真实。

二、我国法律规定的证据形式

（一）物证

物证是指以其物质存在的固有特征发挥证明作用的物品或者痕迹，有广义与狭义之分。广义的物证等同于实物证据的概念，包括书证、视听资料等一切以实物形式表现出来的证据，狭义的物证则不包括书证和视听资料。作为我国法定证据形式之一的物证属于狭义的物证。

对于物证，要注意以下三点：

第一，物证必定是一种不依赖于主观意识而独立存在的客观实在物，人们可以感知到它的存在。至于该实在物的大小、多少、轻重、形状、颜色、空间方位、内部结构、外部特征等，并不影响物证的成立。小到毛发、纤维、金属粉末，大到飞机、轮船、火车，甚至依靠仪器和警犬识别的特定人身或物品散发出的气体样本，如酒气、毒品气味、枪支或爆炸物的气味，只要能够独立存在，具有证明价值，都可能成为物证。相反，不能够独立存在的一些现象和状态，不能成为物证。例如人的精神状态、心理状态和意识活动。

第二，物证的证明价值是通过其客观存在的特征实现的。物证客观存在的特征，可以表现为存在的时空环境、外部属性和内部特征等多个方面。**物证要实现其证明价值，一般要经过两个环节。一是要通过自身的存在证明待证事实的存在，二是要通过自身的存在证明受审查主体的存在，从而将受审查的主体与待证事实联结起来。**以犯罪现场遗留的指纹为例，一方面指纹在犯罪现场，证明遗留了该指纹的人到过犯罪现场；另一方面指纹经鉴定是王某遗留的。那么根据该指纹证据，可以完成“王某到过犯罪现场”的证明。物证的前一步证明一般通过现场勘验、填写物证保管记录来完成（参见表 3—1），后一步证明很多时候需要借助一定的科学技术手段，或者当事人的辨认。

表 3—1　　证据保管记录的正面与反面示例

日　期	公　司	案　号
是否得到许可	许可人签名	证据标签号
证物描述		
证据接收者		签名

源位置	日　期	时　间	原　因	目的位置	保管人签名
现　场	5/30/2000	9：00AM	保管	123 房间一号柜	
123 房间一号柜	5/31/2000	10：53PM	分析	某证物分析室	
某证物分析室	5/31/2000	11：48PM	送回	123 房间一号柜	

第三，物证的摄影相片或者模型与物证本身具有一定的区别。在诉讼中，有些物证的原物由于各种原因无法长期保存，如易腐烂变质的物品、犯罪现场遗留的指纹、脚印等，遇有这种情况，需要用照相、制作模型等方法来提取。这种物证的摄影相片或者模型只是固定、保存原物的一种方法。尽管它们能够发挥一定的证明作用，如证明某物品或者痕迹在犯罪现场存在；或者发挥与原物几近相同的证明作用，如现场获取的指纹模型或照片，但它们与原物仍然具有一定的区别。物证本身的证明作用一般是客观的、可靠的，而摄影或者制模方法的不当，则有可能影响物证证明作用的客观性和可靠性。

物证有两个重要的证据属性：（1）物证的证据价值需要人去发现和认识。由于物证是客观存在物，自己不会说话，因而需要经过人的能动作用去发现、识别和认识，研究它与案件事实的联系，从而明确其证据意义，发挥证明作用。因此，物证又被称为“哑巴证据”。**（2）物证一般都属于间接证据。**物证的“哑巴”性质决定了物证不能自己直接走向法庭证明案件事实，必须与其他证明手段结合起来，才能发挥证明作用。因此物证一般都属于间接证据。例如，上文所谈到的指纹证据，必须与指纹的鉴定意见结合起来，才能证明某人到过犯罪现场。

物证可以从不同的角度进行分类。按照形态的不同，可分为固体物证、液体物证和气体物证；按照体积和质量大小不同，可分为巨体物证、常体物证和微体物证；按照鉴定时所用的科学方法的不同，可以分为物理物证、化学物证和生物物证；按照证明案件事实所依据的特征不同，可以分为形象特征物证、成分特征物证、习惯特征物证和气味特征物证。不同的物证分类方法，可以加深我们对物证的认识。

（二）书证

书证是指以文字、符号、图像等记载的内容来证明案件事实的文件或者其他物品。广义的书证还包括录音、录像、多媒体图像、计算机资料等以记载的内容证明案件事实的视听资料。由于我国明确规定视听资料是与书证并列的证据种类之一，所以本处讨论的书证不包括前述视听资料。

书证的典型表现形式是书面文件，如合同、借据、账单、书信、遗嘱、票据、日记、证件、标语等。**记录有特定文字、符号的其他物品，如果是以其记载的内容来证明案件事实，同样可以归入书证。**如墓碑、壁画、广告牌、宣传栏等。

但是，具有书面文件形式的材料，不一定都是书证。其有可能成为其他的证据形式，这需要看这份书面材料起证明作用的那一部分和主要内容是什么。例如，对一份书面材料，需要通过笔迹鉴定确定书写人是谁，那么这份书面材料实际上是通过其外部特征——书写人的笔迹——来起证明作用，因此它是物证；如果它记录的是证人、被害人或者被告人的陈述，那么它就是各类言词证据（的书面形式）；如果它记录的是鉴定过程和结果、现场勘验经过和结果，那么它的证据表现形式是鉴定意见或者现场勘验笔录。

与物证相比，书证的证明具有优势，主要表现在书证的内容与待证事实间的关联直接、显著、易于判断，往往能起到直接的证明作用，而物证的证明作用一般是间接的。在形式上，书证以文字或文字结合其他符号、图形为表达方式，记载于一定的载体上；在内容上，这些文字、符号、图像或其组合均表达一定的思想、意志。基于文字本身形与义的统一，人们总是能够识其形且明其义。因此，书证本身即能显示出它与待证事实是否有关联、关联的程度，于是书证的证明力极易判断。可以形象地讲，书证能自己说出与待证事实的关联。**同时，对书证的变造、伪造与篡改更容易被发现。**书证的内容通过书写工具记载于物质载体，包括纸张、金属、木材、石材、布匹、塑料等材料，书写工具、记录载体都具有较强的稳定性，文字一经写于载体上，文字所表达的思想内容也就被固化在载体上从而获得一种稳定的状态，其证明力因而也具有稳定性，不会因为时间发生改变。

审判实践中出现的书证，常见的有原本（或原件）、副本、誊本（誊写件）、摘录本（摘录件）和复制本（复印件）等不同说法。原本即书证的原始存在方式，如双方当事人签署的原始合同、书写的借据。副本是与正本相对应的概念，它与正本的区别仅仅在于法律效力的特别约定，副本和正本都是原本，如企业营业执照。誊本是用手写或者打印的方式忠实反映原本全部内容的书面证据，例如张三对李四书稿的全文抄写或者电脑录入。摘录本是指对原本部分内容的摘录。复制本是指形式和内容与原本完全相同的复印文本。书证的原本是当事人从事各项法律活动的即时反映，因而具有最为直接、最为可靠的证据价值。**因此证据法上存在“提交书证原则上应提交原本，否则书证不可采”的规则，此规则即英美证据法中有名的“最佳证据规则”。**在诉讼中使用誊本、摘录本或复制本，需要具备三个条件：（1）原本客观存在，或者曾经存在；(2) 具有不能提交原本的充分理由，如原本遗失、原本在对方当事人手上、原本属于国家保存的重要档案或者文件等；(3) 誊本、摘录本和复制本是对原本的准确反映。这三个条件都需要证据证明。

书证可以有不同的分类。根据内容的表现形式不同，可分为文字书证、符号书证和图形书证；根据是否由国家机关或公共职能机构依其职权而制作，可分为公文书证和私文书证；根据内容的性质和功能不同，可分为处分性书证和报道性书证。不同类别的书证，其证据运用规则存在差别。

(三) 证人证言

证人证言是指证人就自己所知道的案件事实情况向公安司法机关所作的陈述。证人有广义与狭义之分。广义的证人包括诉讼当事人、鉴定人和勘验检查人，狭义的证人仅指了解案件事实情况的第三人。我国诉讼法所规定的，属于狭义的证人范畴。

证人证言有口头、书面、录音录像等形式。口头形式是证人在审判阶段以口头叙述的方式向法庭提供的证言。他人对证人陈述的转述不构成这里所说的证人证言口头形式。书面形式则与口头形式相对，指在审判阶段证人由于各种原因没有出庭，向法庭提交的是证人在审判以前自己书写的证言、公安司法机关调查证人时所做的询问笔录、询问的录音、录像材料等。**证人作证应以口头形式为原则。书面或录音、录像形式的证人证言，必须符合证言可信性保障条件，才能作为定案根据。**英美国家最为复杂、最为重要的证据规则——传闻法则，绝大部分都是关于对转述、书面形式的"证人证言"如何采纳的规定。

证人资格是证人证言具有证据能力的前提。依照我国法律的有关规定，证人资格包括两个方面：

第一，证人必须是亲身感知案件事实情况的人，他可就他感知的情况作证。凡不是亲身感知案件情况的人，不能作为证人。例如，转述证人证言的第三人，由于对于证人证言的内容没有亲身感知，因而没有作证资格。但他可就"证人向他讲过案件情况"这件事情作证，道理与前面一样，他对此事有亲身感知。

第二，证人必须是能够辨别是非、能够正确表达意思的人。我国法律对此有相应规定，生理上、精神上有缺陷或者年幼，不能辨别是非、不能正确表达的人，不能作为证人。对于这条规定，要注意"生理上、精神上有缺陷或者年幼"和"不能辨别是非、不能正确表达"两个条件必须同时满足。如果生理上、精神上有缺陷或者年幼，但是具有辨别能力和表达能力，仍具有证人资格。例如，年幼的儿童可就他所能辨识和理解的案件情况作证。

证人必须是自然人。单位或者法人不属于证人的范畴，因为它们不具有证人资格。自然人可以代表单位或法人提供证言，但是在这种情况下，作为证人的是单位或法人的代表，不是单位或法人。如果以单位或法人的名义出具证明文件，如婚姻、学历、住房、纳税证明，那么这些证明文件属于书证，不属于书面证言。不过，目前司法实践中出现了很多以单位名义开具的、属于单位职权范围以外的其他证明材料，如本章开头案例所述的B公司开具的"转账证明"，对于这种"不规范"的单位证明有没有证据能力，存在一些争论，说法不一。

与物证、书证相比，证人证言有两个重要的特点：一是**主观性较强，比较容易受到人的主观因素影响。**证人证言的形成过程包括感知、记忆和表达三个阶段。因而证人的感知能力、记忆能力和表达能力都会影响证言的真实性。除此以外，证人对特定主体或者事项有主观倾向，可能存在隐瞒或者作伪证的情况，这属于证人的诚信问题。证人证言主观性所带来的一个直接结果，就是证人证言可能前后不一致，发生变化，如证人对在侦查阶段作出的证言，在庭审阶段不认账（俗称“翻证”）或者作出改变。为此，需要在法庭上对证人所作陈述进行质证。**二是生动、直观和直接。**证人证言的内容总是与案件事实的一部分或全部相联系，证人最清楚部分或全部案件事实的细枝末节，因而能够就待证事项进行详细的陈述，给人以身临其境的感觉。而且在案件事实发生过程中，很多情况下不可能留下物证或者书证，因而证人证言就具有书证、物证无法比拟的优势，对于案件事实的证明更为直接。

（四）当事人陈述

当事人陈述是指诉讼当事人就他们亲身感知的案件情况，在诉讼中向人民法院所作的陈述。在民事诉讼和行政诉讼中，诉讼当事人包括原告、被告、第三人、共同诉讼人、诉讼代表人；在刑事诉讼中，尽管诉讼当事人包括犯罪嫌疑人、被告人和被害人，但鉴于《刑事诉讼法》将犯罪嫌疑人、被告人的供述与辩解看作与被害人陈述并列的证据种类，因此刑事诉讼中的“当事人陈述”具有自身的特点。通常意义上的当事人陈述，系指民事诉讼、行政诉讼中的诉讼当事人所作的陈述，不包括刑事诉讼中的“被害人陈述”和“犯罪嫌疑人、被告人的供述与辩解”。为行文方便，本书将刑事诉讼中的“被害人陈述”与“犯罪嫌疑人的供述与辩解”放在一起论述。

当事人是一种广义的证人，当事人陈述是一种广义的证人证言。如前文所述，只有我国和俄罗斯将当事人陈述从证人证言中分离出来单独构成一个证据种类，英美法系国家和大陆法系国家一般将当事人陈述归入证人证言这一类。我国作出这样规定的主要理由在于：当事人与案件有直接的利害关系，他们作出的证言有可能避重就轻，只利于他自己，因而，尽管当事人对于案件事实情况有直接感知、最为了解，但仍然需要在其证明力的判断上特别予以注意。

在行政诉讼和民事诉讼中，如何把当事人的主张、当事人对于案件事实的辩解和当事人对于案件事实的陈述区分开来，目前法律和司法实践中没有一个统一的规定和标准。在司法实践中，当事人陈述的案件事实，实际上混同在当事人提出的主张和相互的辩解之中。法官在审判过程中，也是将当事人陈述的案件事实与他们的主张、辩解放在一起来考虑，并没有刻意地区别这三者。有鉴于此，有的学者主张取消当事人陈述这种证据种类，将其放在证人证言之中。

不过，民事诉讼中有一类比较重要的当事人陈述需要专门提出来，即当事人一方作出的不利于己、只有利于对方当事人的事实陈述。在民事诉讼理论中，这被认为是自认的一种。除了这种对案件事实的自认以外，民事诉讼中还有一种对诉讼请求的自认。本书只涉及前一种自认。由于自认往往产生特定的法律效果，如免除对方当事人在自认事项上的举证责任、推定当事人自认的事实为真实、当事人对自认的事实不得反悔等，因而需要特别规定自认的构成要件。**根据现有的法律和司法解释，构成自认应具备四个条件**：（1）主体条件：自认的主体只能是当事人；（2）时间条件：自认的时间只能在诉讼过程中，诉讼外的自认不具有免除对方当事人举证责任的效力；（3）内容条件：自认的内容是对于己不利的案件事实的承认；（4）意思条件：自认主体的意思表示必须真实。

在刑事诉讼中，被害人陈述在内容、形式、功能等方面与证人证言有很多类似之处。但是由于被害人直接受犯罪行为的侵害，对犯罪嫌疑人、被告人的憎恶情绪或害怕情绪强烈，有可能夸大犯罪行为侵害程度或者侵害后果的严重程度，甚至编造一些案件事实，因而具有更强的主观倾向性甚至虚假的成分，需要法官适时辨别。

此外，刑事诉讼中还有一种特殊的“当事人陈述”——**犯罪嫌疑人、被告人的供述与辩解，是指犯罪嫌疑人、被告人就有关案件事实情况向公安司法机关所作的陈述，可以简称为“口供”。口供一般分为供述、辩解和攀供三种情况。**供述指承认自己有犯罪行为的陈述，辩解指否认自己有犯罪行为或者犯罪行为较轻的陈述，攀供指对他人犯罪行为的检举和揭发。攀供不是一种证据种类，可以视具体情况归入不同的证据种类。如果攀供是检举揭发同案犯在本案中的共同犯罪行为，攀供属于口供的一种；如果攀供是检举揭发同案犯或者其他人在其他案件中的犯罪行为，而且攀供者本人不是那个案件的犯罪嫌疑人或被告人，攀供应归入证人证言。与被害人陈述一样，**口供的主观倾向性较强，虚假的成分居多。**不过，由于犯罪嫌疑人、被告人是犯罪案件的亲身经历者，最为了解案件情况，因而**口供一般能直接证明案件事实，在刑事诉讼中具有重要的证据价值和法律地位。**在法定证据制度时期，口供甚至被称作“证据之王”。

（五）鉴定意见

现行《刑事诉讼法》、《民事诉讼法》和《行政诉讼法》均将原先“鉴定结论”修改为“鉴定意见”，使得表述更加合理。鉴定意见是指具有鉴定资格的专业人员就案件中的专业问题向司法机关提供的专家意见。鉴定意见是司法机关查明案件事实的重要依据。但是，鉴定意见不是对案件事实的客观记录或描述，而是鉴定人员在观察、检验、分析等科学技术活动的基础上得出的主观性认识意见。这与证人证言及下文的笔录类证据有重要的区别。对于鉴定意见，要注意以下三点：

第一，鉴定意见所针对的问题是超出常人（包括法官）经验和知识以外的专业问题。如杀人工具上的指纹比对、现场提取生物样本的DNA分析、服用某种药物是否产生生理残疾、交通肇事车辆的车速测量、特定文件书写人的确定等，对于这些问题法官在审判中无法凭借自己的经验和常识进行正确的认定，需要相关领域的专业人员利用其专业知识加以解决。因此，鉴定意见在一定程度上弥补了法官判断案件事实时经验和知识的不足，有助于其形成对案件的正确判断。当然这也对鉴定人提出了要求：其一，鉴定人必须是在某个科学技术领域内具有专门知识、能够解答案件中专门问题的人；其二，鉴定人必须是具有相关领域鉴定资格的专业从业人员。

第二，鉴定意见所依据的标准是相关领域的科学知识。凡鉴定意见，都是相关领域的专业人员在一定科学原理的指导下，运用相应的检验方法，在遵守相应操作规程的基础上作出的。一言以蔽之，**鉴定意见是科学原理、检验方法和具体操作三者之间的结合。因而，科学原理是否可靠、检验方法是否得当、具体操作是否规范，对鉴定意见的证明力有重大影响。**法官审查判断鉴定意见是否科学、是否可以作为定案根据，也要从原理、方法和操作三个方面来看。顺便说明一点，鉴定机构的行政级别并不是判断鉴定意见是否科学的标准。当然，行政级别越高的鉴定机构，如国家级和省级鉴定机构，其人力、物力和财力的配备比市、县一级的鉴定机构更具优势，因而所作的鉴定意见一般更为客观。

第三，鉴定意见的最终表现形式是专家意见。在所有言词证据中，只有鉴定意见通过“意见”这样一种具有较强主观判断成分的形式表现出来。其他言词证据，如证人证言、当事人陈述，强调证人、当事人必须基于亲身的观察、感知来作证、陈述，如果对案件情况发表意见，则被认为是对法官裁判权力的冒犯而不可采。不过，鉴定意见呈现出来的“意见”，不是基于通常经验、常识的评断，而是专业人员依据相应科学原理、运用相应方法得出的专家分析意见，因而在“意见”这种主观形式之下，又有客观性和科学性的内容。

具有鉴定资格的专业人员通常称作鉴定人。鉴定人有自然人和机构之分。我国法律规定，要从事司法鉴定业务，鉴定人应当取得司法鉴定许可。这有两层含义，就机构而言，根据《司法鉴定机构登记管理办法》第 2 条、第 11 条，司法鉴定机构必须取得司法鉴定许可证才能从事鉴定业务；就个人而言，根据《司法鉴定人管理办法》第 2 条、第 4 条，从事鉴定业务的鉴定人一般要取得鉴定人职业资格证书。

在我国，鉴定意见以鉴定文书为载体。鉴定文书是鉴定委托、鉴定过程和鉴定结果的书面表达方式，是鉴定人将鉴定所依据的资料、鉴定的步骤与方法、鉴定的依据与标准、分析得出的数据图像等用文字和图片的形式表述出来的一种法律文书。它有鉴定书、检验报告书或鉴定意见书等形式。作出肯定或否定鉴定意见的为鉴定书，叙述检验过程和检验结果的为检验报告书，提供倾向性、可能性分析意见的为鉴定意见书。鉴定书是基本法律文书，其他各类均为派生性文书。

（六）视听资料

视听资料通常理解为借助录音、录像、电子计算机以及其他高科技手段记录的信息证明案件事实的证据。我国 1982 年《民事诉讼法（试行）》首次以法律的形式肯定了视听资料的名称和证据地位；随后，1990 年颁行的《行政诉讼法》、1991 年颁行的《民事诉讼法》和 1996 年修改后的《刑事诉讼法》，相继在行政诉讼、民事诉讼和刑事诉讼中正式确立视听资料为法定证据形式，使得录音、录像证据和计算机证据以及其他高科技形式证据能够被依法运用于诉讼实务。

与其他的证据种类相比，对于视听资料的内涵和外延时至今日依然存在争论。主要原因在于：视听资料不像鉴定意见、口供那样表现为单一种类的证据，它实际上是一个“口袋”证据，包括录音、录像、计算机贮存资料和其他高科技形式的证据，自身构成了一个证据体系。这一体系无法用统一的标准予以识别与认定。例如，录音、录像和电影摄影资料是以声音、图像及其组合动态再现案件事实过程的证据，具有生动、直观、形象的特点，这就与计算机贮存资料有着明显的区别，如果计算机贮存资料完全是以文字、符号、图形形式表现出来，则它更像一份书面材料，不具有录音、录像资料生动、形象的特点。以高科技形式表现出来的卡类支付工具、雷达扫描资料等，与录音、录像资料也没有共同的特征。因而，视听资料更像是一个具有高科技形式外表的证据综合类别。

视听资料有广义与狭义之分。广义的视听资料包括录音、录像、计算机贮存资料以及以其他高科技形式表现出来的证据，狭义的视听资料只包括录音、录像、电影摄影资料（可统称为音像证据），其共同特征是以声音、活动影像及其组合感性再现案件事实的过程。与其他证据种类相比，音像证据是对案件事实的动态展现，具有生动、形象、直观的特点，人们可以亲闻其声、亲见其人、亲观其事，有身临其境的感觉。同时，音像证据可以纤毫毕现地展示案件事实发生的经过和细节，具有其他证据形式无法比拟的优势。目前，有学者建议将视听资料拆分成“音像证据和电子计算机证据”两个部分，这样便于建立相应的证据运用规则。

无论是广义还是狭义的视听资料，都可以看作是针对待证案件事实的“描述”。因而凡不是针对待证案件事实的或者针对案件事实不是运用“描述”方法的，都不属于视听资料。前者如用多媒体的方式出示书证、物证时提供的计算机音像资料，或者对证人、犯罪嫌疑人的询问、讯问录像，这些材料并没有针对书证、物证、证人证言、口供涉及的案件内容，因而不构成视听资料。后者如中子活化分析结果，这是以一定中子源照射下规定时间内的γ计数来表示的特定物品理化特征的参数类资料，中子活化分析针对案件事实，是运用“分析”而非“描述”的方法，因而属于鉴定意见而非视听资料。

值得一提的是，鉴于视听资料反映的主要是客体的声音特征和形象特征，因此其证明价值需要具体情况具体分析：有时视听资料本身就是案件事实的构成要素，如贩卖淫秽物品案件中的黄色光盘，这种情况下视听资料具有直接认定案件事实的证明价值；有时视听资料只是证明某些案件事实的手段，如记录某公司制作盗版录音带或录像带的照片和视频。此外，根据现行《关于适用〈中华人民共和国刑事诉讼法〉的解释》第101条的规定，视听资料这种证据有了新的证明价值，即视听资料不仅可以凭借自身的直观、便利、高效的特点来反映案件事实或者经过，还具有证明侦查机关的取证行为是否存在刑讯逼供等非法取证方式的意义。

（七）电子数据

电子数据是现行《刑事诉讼法》新增加的一种法定证据形式，之后现行《民事诉讼法》和现行《行政诉讼法》均增列了电子数据。电子数据作为一种证据形式，是指借助现代信息技术或电子设备形成的一切证据，或者以电子形式表现出来的能够证明案件事实的一切证据，例如：电子邮件、电子数据交换、网上聊天记录、博客、微博客、电子签名、域名等。

电子数据又被我国很多学者称为电子证据，电子证据有广义与狭义之分。狭义的电子证据仅指数字式的证据，即通过信号的离散状态的各种可能组合所赋予各种数值或其他信息的方法来承载信息内容的电子证据；广义的电子证据还包括模拟式电子证据，即通过信息中的具有某些特征的具体数值或量来记载信息内容的电子证据。同传统证据形式相比，电子证据可以说是将各种传统证据部分地剥离出来而组成的一种新的证据形式，例如电子物证、电子书证、电子视听资料、电子证人证言、电子当事人陈述、电子鉴定意见、电子勘验检查笔录。

根据不同的标准可以将电子证据划分为不同种类，主要有以下几种类型：（1）根据所依存的信息技术不同，分为电子通信证据、计算机证据、网络证据和其他电子证据。电子通信证据主要包括电传资料、传真资料、BP机记录、手机录音录像证据、IP电话记录等；计算机证据是随着电子计算机技术的发展而产生的计算机文件证据、计算机输出物与计算机打印物等证据；网络证据则是基于前两种技术的融合而产生的新型证据，例如电子邮件、电子数据交换、电子聊天记录、电子博客等。（2）根据形成机制不同，分为电子设备生成证据、电子设备存储证据和电子设备混成证据。电子设备生成证据是指完全由电子计算机等设备自动生成的证据，其最大特点是完全根据计算机等设备的内部命令来运行，不掺杂人的意志；电子设备存储证据是指纯粹由电子计算机等设备录制人类的信息而得来的证据，其内容是由人工录制而成，因此其真实性受人为因素的影响较大；电子设备混成证据是指由电子计算机等设备录制人类的信息后，再根据背部指令自动运行而得来的证据，这种电子证据兼具以上两种电子证据的特征。(3) 根据内容和功能的不同，分为数据电文证据、附属信息证据和系统环境证据。电文证据是指电子数据本身，即表达电子数据主体信息内容的那部分数据，如 E-mail 中的主体数据；附属信息证据是指对数据电文生成、存储、传递、修改、增删而引起的记录，如电子系统日志，其功能是证明电子数据内容是否真实，是否存在改动痕迹等；系统环境证据是指数据电文运行所处的硬件和软件环境，即某一电子数据在生成、存储、传递、修改、增删的过程中所依靠的计算机环境，如软件的版本或者硬件的配置信息。

电子证据的特征。电子证据最重要的证明价值在于：其利用高科技的电子设备存储或录制了案件事实，特别是在计算机案件中电子证据的证明作用是传统证据无法取代的。这是因为电子证据具有无形性、快速传递性、稳定性与安全性。(1) 电子证据的无形性。电子证据是以电子形式存储在各种电子介质上的，这与传统证据有很大区别，即无论是上文中提到的何种电子证据，人类的肉眼都是无法识别的，此其一；其二，既然人类无法自己看到电子证据本身的内容，那么就需要一定的解码设备，就是说，电子证据的无形性决定了对其的解读是间接式的。解读或解码的过程离不开计算机及其他设备，因此计算机及其他设备是否正常运行对电子证据的可采性有很大影响。(2) 电子证据的快速传递性。一般来说，传统证据只能在物理空间传递，如通过人工交接的方式进行，这种方式的传递效率显然低下。而电子证据本质上是一种信息，可以通过虚拟空间传递，如发送电子邮件，显然这种传递方式可以在瞬间将数据信息传递到世界任何角落，其传递效率惊人。(3) 电子证据的稳定性与安全性。我国有学者认为电子证据具有脆弱性，容易失真且不易被发觉。其实不然，国内外的大量案例表明，极少数电子证据容易被篡改或删除，更多的电子证据则难以篡改或删除。因此，大多数电子证据都是以系统数据的形式存在于计算机等设备中，对它们的造假很难且容易被发现。司法实践中，造假者尽管会删除或变造那些简单、看得见的电子证据或痕迹，但不可能完全删除或变造那些看不见的电子证据；尽管可能删除或变造个别电子证据或痕迹，但不可能完全删除或变造案件中大量的乃至全部的电子证据或痕迹。更重要的是，造假绝不会天衣无缝，很多计算机后台数据是无法轻易改动的。

(八) 笔录类证据

笔录是公安司法人员以及法律工作者在证据调查时所作的各种记录。司法实践中的笔录种类很多，例如刑事侦查阶段形成的侦查笔录，就有讯问犯罪嫌疑人笔录、询问证人和被害人笔录、搜查笔录、勘验笔录、检查笔录、侦查实验笔录、辨认笔录、对质笔录、复验复查笔录 9 种。我国法律仅规定若干特定的笔录属于证据之列。《刑事诉讼法》规定了勘验、检查、辨认、侦查实验等笔录，《民事诉讼法》规定了勘验笔录，《行政诉讼法》规定了勘验笔录、现场笔录。这些笔录可称为证据笔录，其他笔录为非证据笔录。

笔录类证据的共性是，公安司法人员在进行执法或者司法活动时，按照相应的规则和格式，对所见所闻的临场即时记录。例如刑事诉讼中的勘验、检查笔录，是侦查人员和司法人员对可能与犯罪有关的场所、物品、人身、尸体进行勘验、检查时所作的记录；民事诉讼中的勘验笔录，是人民法院指派勘验人员对与案件争议有关的现场、物品或者物体亲自进行查验、拍照、测量时所作的笔录；行政诉讼中的现场笔录，是行政执法人员在当场处罚或进行其他处理时所作的笔录。

笔录类证据证明待证事实具有综合性、客观性、规范性的特点。其综合性表现在，笔录类证据是通过文字、现场绘图、现场照相或现场录像的方式，综合反映有关场所的多种证据的组合情况，包括物证之间的关系及物证与周围环境之间的关系等。其客观性表现在，笔录类证据都是对有关人、物、场所的状况及勘验、检查活动或现场执法活动的客观记载，具有"实况"记录的性质。其规范性表现在，制作笔录必须符合相应的规则要求，如制作者只能记录自己看到、听到或以其他方式感知的事实情况，不能记录自己的分析、推测和判断，对笔录的格式有共同的规定，制作笔录的用语和签名也有相应的要求。

问题与思考

1. 如果强调证据的本质属性是相关性，有没有必要规定，证据必须符合法定的形式才能作为定案根据？

2. 日本的证据学理论将认定案件事实素材的人或物称作证据方法，将通过证据方法获得的内容叫证据资料。根据证据方法的不同，把证据分为人证（口头证据）、物证（证据物）和书证（证据文书），由此建立相应的证据调取和收集规则。这种立法规定与我国的列举式规定有什么区别？有什么优点和缺点？

3. 我国司法实践中经常出现指纹证据、DNA 证据、笔迹检验证据等所谓的科学证据。科学证据应当属于《刑事诉讼法》规定的哪一种证据形式？应归入物证、鉴定意见还是具有科学技术外表的视听资料？

4. 当事人陈述这类证据有没有独立存在的必要，是否应当归入证人证言？

5. 如果一证人在庭审中推翻了自己在庭前所作的书面陈述，法庭应当相信庭上的证人证言还是庭前的书面证言？如果刑事审判中，证人由于惧怕被告人报复，只愿意在庭前提供书面证言而不出庭作证，法官应怎样调查庭前书面证言的真实性？

6. 英美证据法中并不存在视听资料这种证据形式，而是将其看作类书证，适用与书证同样的证据调查规则，这种做法能不能适用于我国司法实践？

7. 勘验、检查笔录和鉴定意见能不能构成独立的证据种类？

阅读文献

1. 何家弘，刘品新．证据法学．北京：法律出版社，2013. 第六章

2. 张斌．视听资料研究．北京：中国人民公安大学出版社，2005. 第一、二章

3. 黄维智．鉴定证据制度研究．北京：中国检察出版社，2006. 第一、二章

4. 李军．民事诉讼的书证问题研究——以合同诉讼为例．成都：西南财经大学出版社，2006. 第二章

5. 周湘雄．英美专家证人制度研究．北京：中国检察出版社，2006. 第一章，第二章第

一、二节

6. 裴苍龄．论证据的种类．法学研究，2003（5）

7. 雷建昌．论我国刑事证据分类模式的缺陷及其完善．法律科学，2004（3）

8. 张斌．论科学证据的概念．中国刑事法杂志，2006（6）

9. 刘品新．论电子证据的定位——基于中国现行证据法律的思辨．法商研究，2002（4）

第四章

证据有哪些分类

引 言

证据的分类与证据的种类不同，证据的种类是指证据的法定形式，在我国由诉讼法规定，即为本书前一章所述八种证据；而证据的分类并非法律上的规定，而是在学理上按照各种标准对各种证据进行区分，通常采取两分法。证据的分类有助于对司法实践中出现的各种证据形态进行专门化、理论化研究，寻找其共同特征和运用规律，为研究司法证明的方法、证据规则和证明力等问题打下基础，也对办案人员收集、审查、判断证据，认定案件事实有着重要的指导作用。本章主要介绍中外证据法理论上几种常见的证据分类：言词证据与实物证据、原始证据与传来证据、直接证据与间接证据、控诉证据与辩护证据、本证与反证等。

关键术语

证据分类　言词证据　实物证据　原始证据　传来证据　直接证据　间接证据　控诉证据　辩护证据　本证　反证

【案例】

我国台湾地区首例性骚扰案发生在1995年。原告甲是一家旅行社的业务员，遭到被告乙（公司副总经理）多次性骚扰，后因甲不愿“配合”而遭到乙在工作上的种种刁难，甚至要求甲离职。甲向台北地方法院提起民事诉讼，请求乙给付损害赔偿新台币50万元。甲提出的证据，一是自己在“巴塞隆纳KTV松山店”遭到乙性骚扰当天的日记（甲有多年写日记的习惯），二是KTV松山店消费明细存根联及“限制级”影片影碟封底，证实甲曾与乙在该KTV消费，三是甲提供的银行复函一份，证明当天确与乙在某餐厅用餐一事，在消费存根上亦有乙的签名，四是有人证明甲曾在案发后向女性同事两人及其他友人提及曾在事发当日被乙性骚扰的事实。被告人则提出两名对其有利的证人，证实其与原告的交往属于工作上的正常关系。台北地方法院认为，虽然在本案中并无在场证人可提供直接证据，但仍应斟酌间接证据（消费明细表及信用卡签名等）及情况证据（日记记载与对友人的倾诉等），经过推理，来形成心证认定事实。因此，法院认定被告确实对原告实施了性骚扰行为。

在上述案例中，既出现了一些证据种类，如书证、物证、证人证言、被害人陈述及被告人供述和辩解，也出现了证据的分类，如直接证据和间接证据。**证据的分类，又称学理分类，是在对证据进行理论研究的过程中对证据进行的学理划分。**对证据进行理论分类的做法肇始于英国证据法学家边沁，他在《司法证据原理》一书中把证据分为实物证据和人的证据，自愿证据和强制证据，言词证据、宣誓证据和书证，直接证据和间接证据，原始证据和传来证据等。后来，为了对证据进行类型化的研究，对证据进行分类的做法为各国证据法学者所继承，只是在具体的分法上不尽相同。目前，通常为我国学界所承认的证据种类划分有言词证据与实物证据、原始证据与传来证据、直接证据与间接证据、控诉证据与辩护证据、本证与反证等。

一、言词证据与实物证据

根据证据的表现形式不同，可以将证据分为言词证据和实物证据。凡是表现为人的陈述，即以言词作为表现形式的证据，是言词证据；凡是表现为客观存在的物体，即以物品或痕迹作为表现形式的证据，是实物证据。实物证据不等于物证，而比物证范围大。在我国法律规定的几种证据中，证人证言、被害人陈述、犯罪嫌疑人、被告人供述和辩解、鉴定意见都属于言词证据；物证、书证、勘验、检查笔录、视听资料和电子数据则属于实物证据。

如何区分这两类证据？为什么通常由书面文件记载的鉴定意见属于言词证据，而书证却属于实物证据呢？其实，记录的媒介并不是判断两类证据的唯一依据。言词证据和实物证据的区别主要表现在：第一，两者的表现形式不同。前者是以语言表现的，具有人的主观性；后者是以物质表现的，具有一定的客观性。第二，两者的形成过程不同。前者经过主体感知、判断、记忆、表达等过程，后者经过发现、提取、保存、鉴定等阶段。第三，两者的证明价值不同。前者与案件待证事实的关联较为明显，可以全面、动态、直接地证明案件事实；后者与待证事实的关联并不一定明显，通常是局部、静态、间接地证明案件事实。鉴定意见虽然常常以书面形式记载，但它还是以人的主观表达为内容，只是把鉴定人的言词固定了下来，必要的时候还是需要鉴定人出庭作证。书证则是较为客观地存在着，要经过发现、提取、保存和鉴定等环节，具有实物证据的特征。

基于上述特点，言词证据和实物证据的收集、运用也需要分别遵循一些规则。言词证据受陈述主体影响较大，因此要注意其自愿性和真实性。收集言词证据，一般以口头询问的方式进行，由陈述者进行自然陈述，或者以提问的方式进行，但不得进行诱导和暗示，更不得采用刑讯逼供、威胁、利诱、欺骗等非法的手段。由于主体在感知和陈述的时候，会存在无意或者有意的偏差，因而在审查言词证据的时候要注意其不真实的可能，此外还要区分因记忆遗忘、表达错误而产生的不实陈述与故意作虚伪陈述的情形。例如，2010 年 12 月 25 日发生在浙江乐清的“钱云会案”，争议最大的就是证人证言和犯罪嫌疑人供述的真实性，警方为此还专门进行了测谎作为审查判断的参考。在日本电影《罗生门》中，我们可以发现，对于同一个案件事实，被告人的陈述、证人的陈述和被害人的陈述有着各自不同的版本，足见言词证据的易变性和复杂性。因此，在对抗式诉讼中，通常要通过交叉询问来揭示言词证据的虚假性。我国诉讼法也规定，审查言词证据时，原则上应当由陈述者当庭作出口头陈述，经双方质证、查证属实之后才能作为定案的根据。（参见图 4—1）

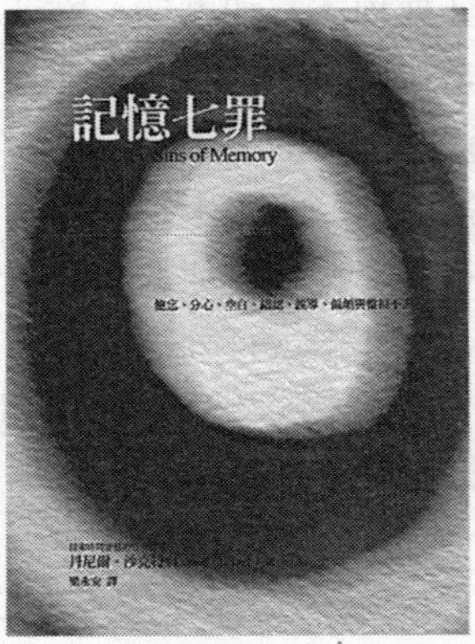

图 4—1　《记忆七罪》繁体中文版书影

说明：哈佛大学心理学系主任 Daniel L. Schacter 在《记忆七罪》中列举了记忆的七宗罪：健忘、失神、空白、错认、暗示、偏颇、纠缠。

实物证据因为以物质作为载体，受人的主观影响相对较小，所以更为客观、可靠。但实物证据本身不能证明案件事实，它需要主体去发现、提取和运用，在这个过程中就不可避免地会掺杂人为因素，甚至会“说谎”。例如，美国辛普森案中的重要证据——血手套就因为取证手段不合法而被认为存在警察“栽赃”的嫌疑，最后被法庭排除。因此，在收集实物证据的时候，需要注意程序的规范化，避免证据受到“污染”，防止其信息源因自然原因和人为原因发生变化，做到保存证据链条的完整性。固定和保存实物证据的方法要合法、规范，对证据材料所作的鉴定要严谨、科学，运用实物证据的程序要严格遵循程序法的规定，这样才能最大限度发挥其证明力。很多实物证据的提出，还会以言词证据作为手段，例如由警察出庭作证说明发现物证的过程，由鉴定人员出庭陈述对某书证的鉴定意见。因此，实物证据的客观性只是相对的，难以完全避免主观因素的干扰。即使被称为“科学证据”的指纹，也有出错的可能（参见图 4—2）。2002 年 1 月，美国联邦法院法官波拉克在一个重大判决中，对指纹的科学性进行了否定。他认为，专业指纹鉴定人员无法将误差量化，两份指纹是否相符取决于鉴定人员的主观判断。诚然，实物证据在很多时候比言词证据稳定、可靠，但并不意味着实物证据的证明力天然地优于言词证据。审查实物证据时，应当注意有无伪造、变造或者自然失真的情形，还要注意收集实物证据的专业人员的素质和技术设备水平，对于存在争议的实物证据，要经过质证、查证属实之后才能作为定案的根据。

本章所引案例中，原告所提的证据四是言词证据，证据一、二、三都是实物证据。被告所提的证据也属于言词证据。法官虽未直接否定上述言词证据的证明力，但显然较为重视其他实物证据的证明力，并最终以原告所提的实物证据作为定案的根据。

我国三大诉讼法并未对实物证据和言词证据的证明力作出明确规定。《民诉证据规定》第 77 条规定，“物证、档案、鉴定结论、勘验笔录或者经过公证、登记的书证，其证明力一般大于其他书证、视听资料和证人证言”，如果由此认为实物证据的证明力大于言词证据，则是不科学的。旧刑事诉讼法的司法解释只规定非法取得的言词证据应当排除，未涉及实物证据。2010 年 7 月施行的《非法证据排除规定》第 14 条规定了非法物证、书证的补证和排除，规定

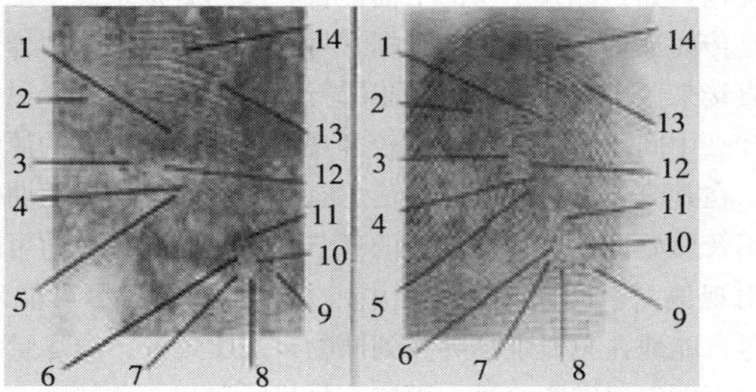

图 4—2

说明：在英国发生的一起重大案件中，犯罪现场留下的指纹（左）和被告人雪莉·麦凯的指纹（右）曾被认定为相同，因而造成冤案。

物证、书证的取得明显违反法律规定，可能影响公正审判的，应当予以补正或者作出合理解释，否则，该物证、书证不能作为定案的根据。现行《刑事诉讼法》第 54 条规定的非法证据排除规则，针对非法取得的言词证据和实物证据采取了不同的处理：前者应当予以排除，后者在可能严重影响司法公正的情况下应当予以补正或者作出合理解释，只有在不能补正或者作出合理解释时才予以排除。

二、原始证据与传来证据

按证据是否来源于案件事实，可将证据分为原始证据与传来证据。原始证据，又称“原生证据”，是指直接来源于案件事实或从原始出处获得的第一手证明材料。传来证据又称“派生证据”，是指经过复制、转抄、转述等中间环节的证据。前者是在案件事实的直接作用或影响下形成的，如：犯罪现场遗留的作案工具、与案件有关的各种文件的原件、被害人的陈述、现场目击者提供的证言等。后者并非直接来源于案件事实或原始出处，而是经过了转手或转述的第二手材料，如：各种物证和视听资料的复制品，各种书证的抄件、副本和复印件，证人转述他从别人那里听到的情况等。

那么，是否原件就是原始证据，复制件就是传来证据呢？原始证据和传来证据的划分标准是证据的来源，而非形式。复制品并不一定就是传来证据。被查处的盗版光碟虽然是复制品，但因直接来源于盗版行为，故仍属于原始证据；物证因为体积庞大无法搬上法庭，根据该物体制作的模型或者照片，虽然是复制品，但实际上也是原始证据。因此，不能光看表现形式，而是要注意分析证据是否直接生成于案件中有关的行为或活动，是否与案件事实之间存在原始性关联。例如，传真信件和电子邮件从形式上看，的确具有复制的性质，很难说它们属于原件，但在实践中，传真信件和电子邮件往往就是作为原件使用的，甚至电子邮件可能根本就没有书面形式的原件。因此，只要传真信件和电子邮件是案件中相关行为的直接产物，它们就属于原始证据。此外，需要注意的是，传来证据不同于“传闻证据”，后者是指于法庭外所作的用来证明其所述内容为真的陈述，即庭外陈述。因为分类依据不同，两者不能混淆。传来证据不一定是传闻证据，如：提交法庭质证的书证的复印件，虽然是传来证据，但不是传闻证据。原始证据也可以是传闻证据，如：证人手写的书面证言，虽然直接来源于证人，但如果该证人不出庭的话，该证据就是传闻证据。关于传闻证据，将在本书后面章节中详述。

由于原始证据直接来源于案件事实，是犯罪行为、违法行为或者民事行为直接造成的，与待证事实之间没有什么中间环节，因而能比较客观地反映案件事实的原貌；传来证据是由原始证据所派生出来的，在其流转的过程中原始信息有可能被遗漏或被扭曲，所以，传来证据的可靠性和证明力通常不及原始证据。证据流转的环节越多，信息失真的可能性就越大，对案件事实的认定就更容易出现偏差。因此，在实践中，办案人员应当尽可能地去查找、收集原始证据。对于物证，应尽可能地在犯罪现场寻找到原物，对于书证，应尽量获得文件的原件；对于证人和被告人，法官不能仅仅审阅笔录，而应该尽量听取口头陈述。

英国证据法学家吉尔伯特最早提出“最佳证据规则”，表达了原始证据优于传来证据的观点，该原则后来被机械化适用，导致英美证据法甚至一度禁止使用传来证据。但过于强调原始证据，忽视传来证据的作用，会使得审判中能够使用的证据大为减少，影响对事实的认定。而且，原始证据比传来证据证明力大并不是绝对的。有时，传来证据的证明力甚至有可能会大于原始证据。例如，目击犯罪现场的一位年迈证人，把自己的所见所闻详细告知其两个女儿，在法院开庭的时候，老人因严重的记忆力下降而不能重述，两个女儿的陈述此时就可能更可靠。因此，法律不能硬性规定原始证据的证明力比传来证据大，而应当参酌具体案情，由法官作个案的认定。在重视原始证据的同时，也不能忽视传来证据的作用，因为传来证据不但可以成为查找原始证据的线索和向导，而且可以成为保存原始证据的方式，并成为证明案件事实的重要佐证，甚至在特定情形下代替原始证据。尤其是，随着现代科学技术的迅速发展，传来证据的一些缺点也被逐渐克服，所以完全禁止使用传来证据也没有必要。不过，科技的发展也带来了另外一个问题，即对于传来证据真实性的判断，具有了更高的难度。

《办理死刑案件证据规定》第 8 条规定的“原始证据优先规则”，就是最佳证据规则在我国司法解释中的体现：首先，据以定案的物证应当是原物。只有在原物不便搬运、不易保存或者依法应当由有关部门保管、处理或者依法应当返还时，才可以拍摄或者制作足以反映原物外形或者内容的照片、录像或者复制品。物证的照片、录像或者复制品，经与原物核实无误或者经鉴定证明为真实的，或者以其他方式确能证明其真实的，可以作为定案的根据。原物的照片、录像或者复制品，不能反映原物的外形和特征的，不能作为定案的根据。其次，据以定案的书证应当是原件。只有在取得原件确有困难时，才可以使用副本或者复制件。书证的副本、复制件，经与原件核实无误或者经鉴定证明为真实的，或者以其他方式确能证明其真实的，可以作为定案的根据。书证有更改或者对更改迹象不能作出合理解释的，书证的副本、复制件不能反映书证原件及其内容的，不能作为定案的根据。

在运用传来证据时，需要遵循以下几个原则：第一，必要性原则。证据应当提供原物或者原件，只有在提交原物或者原件确有困难或不可得时，才能根据法律规定提交传来证据。最高人民法院《民诉证据规定》第 10 条规定：“当事人向人民法院提供证据，应当提供原件或者原物。如需自己保存证据原件、原物或者提供原件、原物确有困难的，可以提供经人民法院核对无异的复制件或者复制品。”第二，追溯来源原则。传来证据的提出，必须说明来源，来源不明的传来证据不得作为定案的根据。通常，提供证据的复制件、复制品、照片、录像及副本、节录本应当附有关于制作过程及原件、原物存放何处的说明，并由制作人签名或盖章。第三，严格查证原则。必须认真审查传来证据的真实性，对可能产生的误传、矛盾必须仔细甄别，查证属实后才能采用。《民诉证据规定》第 70 条规定，一方当事人提出的书证、物证和视听资料的复制件，只要与原件、原物核对无误，人民法院应当确定其证明力。第四，减少环节原则。在同等情况下，尽量采用流转环节少的传来证据。《民诉证据规定》第 77 条规定："人民法院就数个证据对同一事实的证明力，可以依照下列原则认定……原始证据的证明力一般大于传来证据……"《行诉证据规定》第 63 条也规定："证明同一事实的数个证据，其证明效力一般可以按照下列情形分别认定……原始证据优于传来证据。"如前所述，原始证据证明力优于传来证据并不是绝对的，但同一种证据，流转环节少的证据的证明力优于流传环节多的证据，则通常可以成立。

三、直接证据与间接证据

根据证据与案件主要事实的关联性，证据可以分为直接证据和间接证据。凡是能够单独地、直接地证明案件主要事实的证据，称为直接证据；凡是不能单独、直接进行证明，而需要与其他证据相结合才能证明案件主要事实的证据，称为间接证据（circumstantial evidence)，又译作情况证据、旁证。所谓的"主要事实"，通常认为是指案件中的关键性事实，在刑事诉讼中为被追诉人是否实施了被指控的犯罪事实，在民事诉讼中为当事人之间争议的民事法律关系是否发生、变更和消灭，在行政诉讼中则为所争议的具体行政行为是否合法以及所依据的事实是否存在。目击证人看到案发经过之后，就犯罪事实所作的陈述，就是直接证据。而间接证据通常证明的是与主要事实相关的事实，凡是只能证明案件事实的某一个侧面或者某一个环节，需要与其他证据结合使用才能证明案件事实的为间接证据。例如，在刑事案件中，被告人的犯罪动机、计划和准备行为、犯罪时的能力、犯罪机会、犯罪工具等，都需要大量的间接证据来证明。现场发现的一枚嫌疑人指纹、血滴、脚印，死者指甲缝里发现的衣服纤维，就是很重要的间接证据，是构成证据链条的重要环节。

直接证据与间接证据相比，有以下几个特点：第一，直接证据具有直观性。由于直接证据能直接证明案件主要事实，不需要借助其他证据进行逻辑推理，因而一经查证属实，就可以直接作为定案的根据，证明过程比较简单。第二，直接证据多为言词证据。因为案件的证明环节很多，能最大限度地对整个过程进行展示的，往往是直接感知了案情者提供的言词证据。但也不排除很多间接证据是通过言词证据形式表现的，只是物证、书证作为间接证据的情形更普遍。第三，直接证据往往比间接证据数量少，更难获得，特别是在刑事案件中，获得自愿的、真实的直接证据不大容易，而且稳定性较差，可能会受外界影响而发生变化。

直接证据在认定案件事实中举足轻重，但不能因此低估间接证据的作用。首先，由于直接证据不易获得，很多案件只能从间接证据入手，运用间接证据的推理达到发现事实真相的目的。因而，间接证据可以作为调查整个案情的向导。其次，间接证据可以佐证直接证据，判别直接证据的可靠性。直接证据受主观因素影响较大，很有可能失真，因此可以根据间接证据来印证直接证据真实与否以及证明力的大小。再次，间接证据证明力不一定小于直接证据。间接证据具有一定的客观性，几个间接证据联合起来，在逻辑上形成证明的链条，就可以相当甚至超过一个直接证据的证明力。当然，间接证据是间接地证明案件的事实，没有直接证据来得直观，也就意味着使用间接证据更为复杂。相对于直接证据而言，任何一个间接证据，都只能从某一侧面证明案件事实的某个部分或者某个情节，不能单独证明案件的主要事实。这要求人们在提供、审查、判断和运用间接证据时，更加慎重。

在运用间接证据时，需要注意以下几点：第一，应当注意间接证据所证明的事实与案件本身要有内在的关联性，这种关联是客观存在的，否则该材料就不能成为案件的间接证据。以本章所引的我国台湾地区首例性骚扰案为例，被告人提出的两名有利证人虽然能证明被告人与被害人平时是工作关系，但这只是表明两者之间的身份，与事发当天是否存在性骚扰行为并无内在的关联性，因此不能作为证明被告人没有动机的间接证据。第二，据以定案的每一个间接证据都应当查证属实。如果其中一个间接证据不确实，就会影响整个证据链条的证明力。在前述性骚扰案中，作为间接证据的消费明细表及信用卡签名等都是较为客观的证据，都经过了查证属实。第三，运用间接证据证明案件事实，必须有足够的数量，形成一个完整的、闭合的证明锁链，在逻辑上具有严密性。前述性骚扰案的几种间接证据，在数量上和质量上都基本达到了上述要求，在逻辑上也形成了证明体系。第四，各个间接证据之间必须衔接，协调一致，都是围绕着案件中的一个主要事实加以证实，间接证据之间没有矛盾，基本上可以排除其他可能性。前述性骚扰案的间接证据不存在什么矛盾，基本上也排除了被害人栽赃陷害被告人的可能。第五，应当结合全案进行综合性的分析，既能从正面证实案件的事实真相，又能从反面排除虚假成分，从而得出唯一可靠的结论。这属于事实审理者的认证，审理者如果认为间接证据已经可以形成逻辑链条，得出唯一可靠的结论，就可以认定原告主张事实的存在。

《办理死刑案件证据规定》第 33 条规定了间接证据的定案规则，即在“没有直接证据证明犯罪行为系被告人实施，但同时符合下列条件的可以认定被告人有罪：（一）据以定案的间接证据已经查证属实；（二）据以定案的间接证据之间相互印证，不存在无法排除的矛盾和无法解释的疑问；（三）据以定案的间接证据已经形成完整的证明体系；（四）依据间接证据认定的案件事实，结论是唯一的，足以排除一切合理怀疑；（五）运用间接证据进行的推理符合逻辑和经验判断”。

最高人民法院《民诉证据规定》第 77 条对认证的参照性标准作了如下规定：“直接证据的证明力一般大于间接证据”，这条规定虽然对于法官认证有一定的指导作用，但也有误导的可能。直接证据多为言词证据，如一方当事人的陈述。间接证据多为实物证据，例如双方当事人签署的合同、通话记录、银行取款记录等。如果承认实物证据的证明力通常大于言词证据，就不能承认直接证据的证明力一般大于间接证据，因为这是矛盾的。在很多情况下，间接证据的证明力其实都大于直接证据，而不是相反。因此，硬性规定直接证据和间接证据的证明力大小，可能会适得其反。

四、控诉证据与辩护证据、本证与反证

在刑事诉讼中，以证据的证明作用为划分标准，可以把证据分为控诉证据与辩护证据。能够证明犯罪事实存在，证明犯罪嫌疑人、被告人有罪或者罪重、加重刑事责任的证据，是控诉证据；能够否定犯罪事实存在，证明犯罪嫌疑人、被告人无罪或者罪轻、减轻刑事责任的证据，属于辩护证据。控诉证据一般是由控诉人指控的时候提出，目的是让法院作出有罪判决或

者加重处罚；辩护证据一般是由犯罪嫌疑人、被告人及其辩护人在进行辩护的时候提出，目的是让法院作出无罪判断或者减轻处罚。但是，并不是说控方提出的证据都是控诉证据，辩方提出的证据都是辩护证据，应当根据证据的内容和作用进行判断。例如，被告人自愿作出的认罪供述，就是控诉证据；而控方提交的被告人正当防卫的证据，就是辩护证据。如果犯罪嫌疑人自首，那么其自首情节就是辩护证据，自首后交代的犯罪事实是控诉证据。具体说来，证明被告人实施了被控犯罪行为和指控的犯罪事实存在的证据是控诉证据，反之为辩护证据；证明被告人具有过错（故意或过失）和应当负刑事责任的证据属于控诉证据，反之为辩护证据；证明被告人行为具有社会危害性和刑事违法性的证据属于控诉证据，反之为辩护证据。当然，这种划分不是绝对的，同时包括控辩两方面内容的证据可能具有双重属性。而且，控诉证据和辩护证据在一定条件下也可以互相转化。但是，这种转化并不是证据本身的变化，而是人们对证据作用的认识发生了变化。

区分控诉证据和辩护证据的意义，在于注意不同证明作用的证据，全面、客观地收集和运用证据，防止主观片面性。根据刑事诉讼证明责任的原则，收集和提出辩护证据是被告人的权利而不是义务，因此，即使被告人未提出辩护证据，也不能当然作出不利于被告人的推断；而公诉机关则不仅要收集控诉证据，也要收集有利于被告人的辩护证据，并在适当的时候向被告人展示，以达到平等武装的效果。现在实践中存在的问题是，重视控诉证据而轻视辩护证据，甚至不把辩护证据当作证据。例如，被告人曾经在侦查阶段作了有罪供述，检察机关提交了笔录作为控诉证据，以证明被告人的犯罪行为，但是被告人在庭审中翻供，提出了自己无罪的辩解，被告人的当庭陈述往往被当作“认罪态度不好”，却没有意识到这其实也是证据，是被告人提出的辩护证据，而且因为公开的法庭上不存在违法取证的可能，所以这种证据更应当具备证据能力。因此，审判机关在对被告人定罪的时候，要检验控诉证据是否确实、充分，并排除辩护证据中的合理疑点，特别要对被告人的辩解这种辩护证据给予足够的重视。根据刑事诉讼证明标准，控诉证据只有达到确实、充分或者排除合理怀疑的证明程度，才能给被告人定罪；而辩护证据则只要达到具有合理怀疑的程度，就可以判定被告人无罪。

传说纳斯瑞丁在第一次做裁判官的时候，曾经有过这么一桩趣事：他很认真地听完原告陈述的理由，说：“你说得很有道理，你是对的。”当他又详细地听完被告陈述的理由后，忍不住又说：“你说得也很有道理，你也是对的。”旁边的书记员迷惑了，问纳斯瑞丁：“他们俩说的相反，总不能都是对的吧？”纳斯瑞丁脱口而出：“啊！你是对的！”

与此分类一脉相承的是，在民事诉讼和行政诉讼中，根据证据与当事人主张的事实的关系，可以将诉讼证据分为本证和反证。本证是指能够证明当事人主张的事实存在的证据。反证是指能够证明对方当事人主张的事实不存在的证据。区分本证与反证的关键在于提出的证据是用来支持己方所主张的事实，还是反驳对方所主张的事实，支持己方事实主张的证据为本证，反驳对方事实主张的证据为反证。例如，工商管理局在处罚经营户制售变质食品的违法行为时，举出的消费者陈述、现场勘验笔录和食品质量鉴定意见，就是本证；经营户提出的消费者购买食品的时间正值该店停业期间，所检验的食品并非在该店购买，并举出相应的停业证明、本店食品的货号和相关人证，即为反证。本证和反证所要证明的事实是互相抵消关系，必有一方为假。那么，是否原告提出的就是本证，被告提出的就是反证呢？不能一概而论。两者的划分同提出证据的人在诉讼中的地位虽有联系，但不能根据证据提出者的诉讼地位来确认，原告提出的证据不一定都是本证，被告提出的证据也不一定都是反证。例如，原告主张被告借款未还，以借据为证据，该借据属于本证。如果被告提出证据证明该借贷关系不成立，该证据就是反证。如果被告主张借款已清偿完毕，并出示原告给他的收据，该收据仍然属于本证。因为被告对主张对方的权利已经消灭的事实有证明责任。如果原告否定被告主张的事实，并提出证据，该证据则属于反证。所以，不仅原告为了证明自己主张的事实而提出的证据是本证，而且被告为了证明作为答辩的基础事实存在，履行其举证义务所提出的证据也是本证。双方都可以提出支持己方主张的本证，也可以提出反驳对方主张的反证。从根本上说，本证与反证的划分是与举证责任密切相关的。承担举证责任的一方所提供的证据通常是本证，而另一方提供的反驳证据则为反证。

区分本证和反证，主要是强调了诉讼双方当事人的举证责任，也为法庭质证和法官认证提供了理论依据。在法庭上，通常由主张事实一方先提出本证，然后由否认事实一方提出反证，再然后进行质证。在质证中，直接询问是为了证实有利于己方的材料，以证明自己的主张或争执的事实存在，而反询问则旨在削弱对方证据的可靠性和真实性，反驳对方的主张。采用交叉询问的质证方式，可以使提出本证和反证的任何一方都及时、有效地质疑对方的主张和证据，对方也可作出辩护性的反驳，从而使争议的事实和证据的真伪得以显现和披露，为法官认证打下基础。由于本证与反证不可以同时为真，但可以同时为假，因而，在认证过程中当认定其中的一个证据成立时，其对应的另一个证据就必然不成立；当认定其中的一个证据不成立时，并不必然可以得出其对应的另一个证据成立的结论，这时候另一个证据的真假是不明的，需要当事人进行进一步的举证来予以证明。只有把本证与反证放在一起进行综合认证，才能对其证明力作出正确的认定。

从证明程度上看，本证必须完成对案件真相的证明才算尽到举证责任；如果本证仅使案件事实处于真伪不明的状态，那么法院仍应认定该事实不存在，不利诉讼后果由应负举证责任的当事人承担。而反证的目的在于推翻或削弱本证的证明力，故使本证的待证事实陷于真伪不明的状态，即可达到提出反证的目的。如果反证部分推翻本证，这时候的判决在结果上就具有双重性：主张者的诉讼请求部分被确认，部分被驳回，亦即主张者并非全部胜诉，反对者并非全部败诉。而在相对一方未提出反证的情况下，如果原告提供的本证不能完全证明案件事实，客观上也会导致法官对案件作出事实真伪不明的判断，法官将判决驳回原告的诉讼请求。这种情况通常在被告缺席的判决中出现。

从总体上看，本证与反证的划分对判决结果的影响既有程序上的，也有实体上的。从程序上看，这种划分有利于当事人主义庭审方式的实现，增强抗辩性；从实体上看，判决的结果实际上是本证与反证力量对比结果的反映，这种对比是判决的基础和前提。这种程序价值和实体价值的结合，是司法公正得以最终实现的根本保障。

问题与思考

1. 对证据进行学理分类的意义何在？

2. 若同时规定“实物证据证明力一般优于言词证据”，“直接证据证明力一般优于言词证据”，就逻辑上说，存在矛盾吗？为什么？

3. 法律规定一种证据的证明力大于另一种证据有何利弊？

4. 试举例说明如何根据间接证据证明案件事实。

阅读文献

1. 陈浩铨．刑事证据一分为三论．政治与法律，2005（3）

2. 黄凯斌．间接证据理论的分析．中山大学学报论丛，2004（4）

3. 龙宗智．证据分类制度及其改革．法学研究，2005（5）

4. 吴丹红．证据法的批判与建构——边沁的证据法思想及其启示．环球法律评论，2006（6）

5. 吴丹红．证据法学的启蒙．证据科学，2007（1）、（2）

6. 崔敏．刑事证据理论研究综述．北京：中国人民公安大学出版社，1990

7. 高家伟，邵明，王万华．证据法原理．北京：中国人民大学出版社，2004

8. ［美］乔恩·R·华尔兹．刑事证据大全．何家弘等译．北京：中国人民大学出版社，2004

9. ［美］李昌钰．让证据说话．吴丹红译．北京：中国政法大学出版社，2012

10. William Twining. *Rethinking Evidence*，*Exploratory Essays*. 2nd Edition. Cambridge University Press，2006

11. Adrian Keane. *The Modern Law of Evidence*. 6th Edition. Oxford University Press，2006

第五章

什么是司法证明

引 言

司法证明是指诉讼当事人在法官的主持下，按照法定的程序和规则，通过举证和质证来反驳不利于自己的事实主张，追求有利于自己的裁判结果的法律行为。与科学研究、日常生活等领域中的证明行为相比较，司法证明行为具有规范性、对抗性、时效性、相对性等诸多特点。司法证明有多种多样的表现形式，可以从分类的角度加以认识。完整意义上的一个司法证明行为需要具备主体、客体、标准、程序、规则、后果等多个结构要素，其中证明的客体是证明行为所指向的对象，也就是那些具有法律裁判的意义，因存在争议而需要当事人通过举证和质证予以证明的案件事实，刑事诉讼、民事诉讼和行政诉讼的证明对象在构成要素和认定规则等方面是一致的，但在具体内容上则是不同的，需要分别把握。

关键术语

司法证明　科学证明　严格证明与自由证明　积极证明与消极证明　自向证明与他向证明　证明对象　程序法事实　证据事实　要件事实　免证事实

【案例】

美国的伊利诺伊州高级法院于1978年审理了这样一起案件：被告是一位医生，他要动手术切除原告的甲状腺。切除甲状腺的危险是会使再生的喉部神经受损，因为再生喉部神经穿过甲状腺，而神经受损可能会导致病人失声。解决这个问题的一个方法是发现这些神经，并在切除甲状腺之前分离它们。但本案的原告以前接受过手术和治疗，出现了许多结疤组织，被告没有去找这些神经，而是做了一个广度的切除，以避开神经可能会出现的区域。但不幸的是，被告还是切除了那些神经，导致原告的声带萎缩。初审法院判定被告胜诉，上诉法院维持初审法院的判决，最后原告上诉到伊利诺伊州最高法院。原告的专家意见是贝格医生的证词，他检查了原告，发现原告的声带萎缩。他说，“我觉得可以接受的实践标准是，在任何情况下医生都必须确定和保住再生喉部神经”。他认为，在手术中存在着各种选择，但在再生的喉部神经左边迂回做切除的手术不是一个合适的选择。不过，他承认自己的看法属于“个人意见”，而不是一般性的结论。在法庭审查这份意见的时候，被告方律师问贝格医生，有没有外科医学院告诉学生：当碰到粘连物的时候可以迂回神经？贝格医生的回答是："我所在的医学院没有教过；但是我不知道别的医学院或者其他培训中心怎么样，我只能够代表我自己发表我的看法。"被告律师向贝格医生读了一段医学教科书上的话，这段话是说，"故意暴露喉部神经"问题在医学界存在着大量不同的看法。教科书的总结是，在每个手术中，医生应该发现最适合他自己的方法。贝格医生说他不完全同意这个说法，但是他也表明，"是否暴露神经"取决于手术情况、医生所使用的技术和医生注意的程度。

审理本案的大法官克鲁辰斯基说，医疗失当诉讼中的一个重要因素是衡量医生行为的"注意标准"。按照本州的规则是，原告必须通过专家的证词来一般性地确定这个注意的标准。原告要证明，依照这个标准，医生是笨拙的且有过失，而他的笨拙和过失使原告受到了伤害。当然，如果一个外行都能够看出医生或者推断出医生明显存在着过失，那么这也是判定医生过失的标准。前者称为医疗专家证词标准，后者称为"普通常识"标准或者"拙劣过失"标准。大法官说，为了保证专家证词更加准确和更加有效，在法庭上有必要对专家的证词进行审查。因此，专家的鉴定是可以质疑的证据，而不是实质性的证据。在本案中，原告指出，他的专家证词应该是实质性的证据，但是大法官认为这种说法在本辖区和现阶段不适用。原告有义务证明被告医生是医疗失当，但是他没有成功地证明这一点。原告提出的专家贝格医生只是提出了他自己对这个问题的看法，而没有提出一个可以被普遍接受的医疗注意标准或者技术标准。反观被告医生的证词，他却成功地确立了这个注意的标准。他说，原告事前做过甲状腺手术，接受过治疗，因此分离他的喉部神经不是一个明智的做法，更保险的方法是避开喉部神经可能出现的区域。对此，另外一个叫作华士的医生也同意。对于原告专家的证词，被告称切除甲状腺之前确定和暴露再生喉部神经只是一个一般性的前提，但是，面对一个曾经做过手术和接受过治疗的病人，这个一般性的前提并不总是好的和应该遵循的程序。

大法官克鲁辰斯基总结说，原告仅仅举出一个医生的专家证词，称被告医生的做法不同于这个医生，这是不够的，因为医学不是精确的科学。它更像是一种职业，这个职业注定了在既定程序的框架内要应用个人的判断。不同的意见可以并存，也都可以称之为尽到合适的注意义务。基于上述的理由，大法官的最后结论是维持下级法院的判决。

在证据法上，本案中值得思考的一个问题是：司法证明与科学证明之间的区别与联系。科学证明针对的是自然客观事实，亦即案件事实作为一种纯粹客观的存在而发生、变化和消灭的自然过程及其内在规律。**司法证明针对的是社会规范事实，其中蕴含着某种价值判断和规范判断，其重点在于案件事实的发生过程在法律上的意义**，亦即对相关法律规范的发现、选择、解释和适用的特殊意义，尤其**在于关系人在事实发生过程中的作用，在于关系人的角色地位、主观状态及可归责性。**在本案中，司法证明的这一特点表现在被告是否尽到作为医生的"合理注意"义务这一事实成为案件事实争议的焦点。从法律的角度来看，只要被告尽到了合理注意的义务，就是没有过错的，即使手术在客观上的确出现了偏差或者不良的后果，在法律上也不构成侵权行为，赔偿责任不成立。如果我们将视角转换到科学证明的角度，就有可能得出相反的结论。这是因为，**科学证明的着眼点是事实背后蕴含的自然规律或者社会规律，它所关注的焦点是事物本身的自然过程，也就是说，客观的规律是如何在事实或者事件的发生过程中得到体现的。**从这个角度来看，被告作为医生尽到了职业上的合理注意义务，在主观上是没有过错的，但他给原告实施的手术不符合医学的规律，给原告造成了难以恢复的人身损害，是失败的、违反科学的，因此从纯粹科学的角度来看是有失误的，至少是有缺陷的。本案中，原告的举证是从科学证明的角度进行的，而被告的反驳则是从司法证明的角度进行的。法官最终选择了司法证明的角度，支持了被告的事实主张。

一、司法证明有哪些特点

对司法证明的特点可以从多个角度认识。下面先指出司法证明与科学证明、生活证明之间的区别与联系，了解司法证明的一些外在属性，在此基础上再总结司法证明的内在属性。

科学证明是指科学家针对特定的主题，通过实地考察、科学试验和数理分析等方法，证明特定的假设是否符合自然或者社会规律的研究活动。在自然科学和社会科学领域都存在着证明，在某种意义上甚至可以说，自然科学和社会科学的一切研究活动都是证明，都具有查明事实真相的属性。正是在这个层面上，司法证明与科学证明联系起来了。那么，两者之间存在哪些区别呢？

首先，证明的对象不同。**科学证明的主要对象是在特定自然现象或者社会生活现象之中所蕴含的自然规律和社会规律，属于规律证明；而司法证明的主要对象是当事人因权利义务而发生争议的法律事实，这些法律事实表现为外在直观的自然现象或者社会生活现象，本质上属于现象证明。**这种区分当然不是绝对的，在科学证明领域，科学家在证明特定的观点或者假设时也需要澄清相关的事实，不过，对科学家而言，事实只是规律在特定条件下发生作用的表现形式，是一种纯粹的自然现象或者社会存在。对事实中所蕴含的人类主观因素，科学家是从纯粹事实的角度来理解的，因为科学家关注的主题不是事实本身蕴含着什么样的社会价值，而是事实中蕴含着什么样的规律，事实是用来发现或者证明规律的一种根据。司法证明的情况正好相反。作为司法证明主体的当事人所关注的核心问题是涉及权利义务争议的特定行为或者事件是否存在；如果存在，那么，它被赋予的法律意义又是什么。在司法证明领域，规律也具有重要的意义：规律是分析、认定事实的一种依据，例如自然科学定律，其意义在于是否能够证明特定的事实成立或者不成立。当事人的事实主张符合规律，就更有可能被法官认定为成立；反之，不然。例如，在司法证明领域，已经经过科学家证明的自然科学定律是司法证明的根据，而不再是证明的对象。

其次，证明的方法不同。科学证明的方法多种多样，其中最有特色的是假设与试验。科学家在展开证明活动之前，可能会根据已经有的研究成果设想出特定的结论，然后针对结论展开试验活动。试验成功的，即表明原先的设想是符合规律的，有关的结论因而成为科学上的某种定律。试验失败的，即表明原先的设想不符合规律或者不具备条件，特定的设想即被否定或者修正，试验需要继续进行，直到假想被证明为成立为止。司法证明的方法也是多种多样的，其中最有特色的是举证、质证与认证。司法证明的结论是在当事人举证和质证的过程中逐步形成的，最终表现为法官的认证结论。法官的认证结论不能在证明活动结束前形成，更不能在证明活动开始前形成，否则，就是先入为主了。就此而言，**科学证明是研究性、探索性的，本质上是面向未来的设想而进行的积极能动的事实发现活动；而司法证明则是规范性、演绎性的，本质上是面向过去而进行的消极被动的事实还原活动。**当然，这种区分也不是绝对的，逻辑、经验等思辨的方法在科学研究和司法证明领域中都广泛地被应用，现代司法本身也呈现出越来越能动积极的特征。现代科技越来越深入地渗透到司法证明活动中，假设和试验的证明方法在司法证明活动中也显得越来越重要了，这方面的典型就是诸如“侦查实验”、“专家证言”、“鉴定意见”等证据类型。

再次，证明的标准不同。科学证明的真实标准是自然自在的客观规律。科学家进行试验的目的是证明设想的结论是否符合特定的规律。所谓的试验成功，就科学家而言，意味着原先的设想是符合规律的，正确地反映了规律的内容、条件和作用形式。事先的假想只是科学家对特定的自然规律或者社会规律的模糊、初步的认识，是否准确、客观，是通过试验成果来证明的。因此，对科学家而言，那种独立存在的、不以人的意志为转移的规律，就是真实的标准所在。与此不同，司法证明的标准是人们通过法律预先设定的，是指当事人举证和质证活动所形成的事实认定结论是否能够达到法律所要求的确定性程度。如果达到了，法官就会依法作出肯定性的认定结论；反之，不然。对司法证明的主体而言，真实的标准是法官用来测量当事人事实主张的确定性程度与法律规定应当达到的确定性程度之间距离的标尺，在很大程度上是用来调整当事人权利义务关系的手段，公正与效率等诸多法律价值的冲突与协调是司法证明标准的特殊内涵所在。就此而言，司法证明本质上属于正义价值导向的主观真实的证明，而科学证明本质上属于规律导向的客观真实的证明。

又次，证明的程序不同。科学证明的程序表现为研究的思路或者路线，表现为试验的操作规程或者手册。不同的学科领域有不同的操作规程，但是共同之处是调整人与物之间关系的科学规范，是指导人们如何发现物质规律的法则，是单向度、非对抗性质的。与此不同，**司法证明的程序表现为当事人和法官应当遵循的行为规范，是调整人与人之间的权利义务关系的准则，是多向度、对抗性质的。**司法证明过程也涉及人与物之间的关系，例如物证的调取与保管，也需要遵循科学的操作规程；科学证明的过程也涉及人与人之间的关系，例如科学家之间的分工协作。但是，这些方面都不是它们各自的本质组成部分。就此而言，司法证明程序本质上是协调人与人之间关系的规范过程，而科学证明程序本质上是协调人与物之间关系的研究过程。

最后，证明的主体不同。无论是科学证明还是司法证明，主体都是人，问题是，人在不同的领域和程序里扮演的是什么样的角色，追求的是什么样的目的，采取的是什么样的立场，遵循的是什么样的规则。科学证明的主体是科学家，他们是价值无涉、立场中立的研究者，发现和证明规律是科学家所追求的核心的、首要的目的，也是证明的根本意义所在；至于研究成果所产生的经济、社会和法律等方面的利益及其分配，不是科学家本身作为一种特殊的职业群体所（应）关注的重点，科学研究活动有着天然的客观真实的趋向。因此，科学家所追求的和遵循的都是科学，也只能是科学。与此不同，司法证明的主体是当事人，他们基于原告、被告、第三人的身份启动和参加证明程序，目的是获得某种法律上的利益，他们的立场是以个人的利益为本位的，他们的主张是以个人的利益为导向的。对他们而言，真实的意义在于公正有效地分配他们之间的权利义务，而这一点又是在他们的对抗与争议中逐步形成的，他们遵循的只能是法律。法官的价值导向、当事人立场的偏好性、证明过程的对抗性等因素决定了司法证明的过程更有可能偏离客观真实。因此，对主持司法证明活动的法官而言，兼听则明、偏信则暗是必然的要求。

上文的比较分析已经在某些方面触及了司法证明与生活证明之间的区别。这里所说的生活证明，是指人们在日常生活中进行的一般证明活动，它与司法证明的主要区别表现在规范性方面。司法证明是一种受法律调整、产生法律效果的行为，证明的对象、范围、方法、标准和后果等都由法律事先作明确的规定。什么样的人以什么样的角色进入什么样的程序，以什么样的方式活动，都是有限制的。在法律规范的具体适用方面，法官享有一定的裁量权，享有自主判断的空间，但也要由法律划定边界。日常生活中的证明没有法律上的意义，法律不作调整，当事人是否打算证明，证明什么，如何去证明，得出什么样的证明结论，都由当事人自己决定，不存在法律上的限制。因此，在日常生活中，证明的含义也是多种多样的，有的时候是指求证的行为，有的时候是指求证的材料；证明的方法也是多种多样的，其中最为重要的是经验证明，当事人在日常生活中最常应用的是自己的生活阅历，是感性的经验。就此而言，**生活证明本质上是感性的、体验性的，而司法证明本质上是理性的、规范性的。**

【案例】

在美国曾经发生如下一起涉及过错原则的案例：被告看见有两只狗在打架，遂用一根 4 英尺长的棍子试图将两只狗分开，结果狗在互打的过程中冲向被告。被告后退而背对着原告，扬起手里的木棍想打狗。由于木棍高举过肩，不幸打中了原告的眼睛。原告对被告提起侵权行为诉讼。被告请求法官引导陪审团：如果被告尽到了通常的注意义务，而原告却没有注意，那么原告将不能得到补偿。法官给出的引导是："如果被告打狗是一个必要的行为或者在当时的情况下是他有义务去做的行为，并且他采用了合适的方式，那么，只要他在打狗的时候尽到了通常的注意，他就在本案中不承担侵权赔偿责任。相反，如果他没有义务将狗分开，并且用棍棒打狗在当时情况下不是必要的，结果干涉了原告，那么被告要对此结果承担责任。但是，如果被告明显采取了特别程度的注意，而事故仍不可避免，那么，他将不承担责任。陪审团对前述词语不要以严格的法律意义来理解，而应当是以通常的意义来理解。"陪审团在此引导下作出了有利于原告的判决，被告提起了上诉。

上诉法官认为这是一个涉及"殴打"的不法侵害的诉讼。按照传统的普通法，一旦有人证明自己遭受了他人的"直接暴力"，不法侵害诉讼即告成立，而无须考虑侵害行为的合法性与过错性。但是本案上诉法官提出了新的思路，指出本案原告需要证明被告具有主观的过错。这就是说，如果伤害是不可避免的、被告的行为也是无可指责的，那么他将不承担赔偿责任。如果伤害行为纯属偶然事故，那么，被告也不承担赔偿责任。上诉法官使用了"特别注意"一词强调构成过错标准的注意和谨慎程度，特殊紧急状况会要求运用较高的注意程度以防止危险。与被告承担特别注意义务相对应，原告应当承担自己履行了"适当注意"义务的举证责任。本案的直接证据和间接证据，都证明被告的侵害行为显然合法——被告是在防御狗侵害的危险，而不是要故意打击和伤害原告。本案中，被告不存在过失、粗心或者欠缺谨慎的情况，而原告却没有提出充分的证据来证明自己履行了合理注意的义务，因此原告不能获得补偿。上诉裁判决定重审。

本案中值得注意的问题是：司法证明与生活证明之间的区别与联系。有鉴于陪审员是来自民间的非法律专业人士，一审法官向陪审团所作的引导词以日常生活中的经验判断为立足点，强调日常经验、普通常识和一般情理的应用。而上诉法官的二审裁判则以法律职业的规范理性判断为立足点，综合应用了经验判断、价值权衡、规范解释和逻辑推理等方法。陪审团按照一般的生活情理判断，被告为了保护自己的合法权益而致使原告遭受身体伤害，在原告的受害与被告的受益之间存在直接的因果关系，本着“利之所归，损之所归”的公平原则，被告应当承担赔偿责任。上诉法官并没有直接否定陪审团按照日常生活经验来认定案件事实的合理性因素，而是指出陪审团的事实认定不全面，忽略了侵害行为的合法性分析，其中尤其是忽略了过错的分析：(1) 侵害行为在实体法上的合法性。被告举起棍棒打击朝自己扑咬过来的狗，在法律性质上属于保护自己合法权益的防御行为，是合乎人类本能的合理反应，而且在面临遭受狗侵害的紧急情况下，被告没有注意身后是否有人的特别注意义务。(2) 受害人在实体法上的注意义务。任何公民都承担合理注意的义务，本案受害人也承担一般的合理注意义务。(3) 不履行举证责任的不利诉讼后果。本案原告没有提供证据证明自己履行了合理的注意义务，没有履行作为原告的举证责任，因此应当承担不利的诉讼后果。基于这几点理由，上诉法官裁定重审本案。

从本案可以看出，人们在日常生活中用来证明的经验和情理只是司法证明的一种知识来源，除此之外，司法证明还需要综合应用逻辑推理、价值权衡、规范分析等法律思维方法。作为一种能动积极的公共秩序矫正和建构行为，司法证明的影响范围远远大于个人日常生活中的证明行为，需要更加专业的知识来支撑，需要更加严格的程序规则来约束。一言以蔽之，司法证明源于生活证明而远远高于、难于生活证明。

接下来可以对司法证明的特点作如下的归纳与总结：

1. 规范性。这是司法证明与其他一切种类的证明活动的首要区别所在。除了主体、范围、方式、标准等事先由法律明确规定之外，司法证明规范性的一个重要表现是后果与责任。当事人是否按照法定的程序和方式参与证明程序，举证和质证是否达到了法定的证明标准，直接决定着法官对事实认定的结论是否对当事人有利。对此，最高人民法院《民诉证据规定》第 2 条规定：“当事人对自己提出的诉讼请求所依据的事实或者反驳对方诉讼请求所依据的事实有责任提供证据加以证明。没有证据或者证据不足以证明当事人的事实主张的，由负有举证责任的当事人承担不利后果。”如果当事人实施了隐匿主要证据、妨害证人作证等证明妨害行为，司法机关除了依法追究其行政和刑事责任之外，对本案的事实也要作出不利于当事人的认定。例如《民诉证据规定》第 80 条规定：“对证人、鉴定人、勘验人的合法权益依法予以保护。当事人或者其他诉讼参与人伪造、毁灭证据，提供假证据，阻止证人作证，指使、贿买、胁迫他人作伪证，或者对证人、鉴定人、勘验人打击报复的，依照《民事诉讼法》第一百零二条[①]的规

---

① 对应于现行《民事诉讼法》，即第 111 条。

定处理。”

2. 对抗性。这是司法证明在程序方面的重要特征。按照学界现在的通说，司法证明的主体是原告、被告、第三人等当事人，他们在法官的主持下，围绕着事实争议，进行举证和质证活动。事实争议产生的根本原因在于当事人之间利益的纷争，这种利益纷争的解决，是通过特定的诉讼证明程序进行的。当事人以诉讼对抗的方式，从各自不同的角度提出证据，阐明各自的事实主张，而法官正是在当事人争议和对抗的过程中逐步接触和认识案件事实，形成有关的事实认定结论。对抗性并不排除当事人就特定的事实争议达成共识，恰恰相反，只有通过公正、公开的对抗过程，当事人才有机会充分阐述自己的观点，了解和理解对方当事人的观点，通过自认、承认等方式消除事实争议，为人民法院作出事实认定奠定基础。对此，最高人民法院《行诉证据规定》第 65 条规定：“在庭审中一方当事人或者其代理人在代理权限范围内对另一方当事人陈述的案件事实明确表示认可的，人民法院可以对该事实予以认定。但有相反证据足以推翻的除外。”

对抗性是证明与查明的主要区别所在。所谓查明，是指公安司法机关依职权或者应申请，行使法定职权，单方面进行调查取证，以探明案件事实的活动。查明的方式可以是书面的，也可以是口头的；可以自己进行，也可以委托其他机关进行；可以是公开的，也可以是秘密的；可以是主导性的，例如侦查，也可以是补充性的，例如民事诉讼中人民法院应当事人申请调查取证，还可以是核对性的，例如行政诉讼中人民法院依职权调查取证。

在主体、程序和性质方面，证明与查明存在明显的区别。查明是公安司法机关单方面进行的职权性活动，而证明是当事人在诉讼对抗的过程中行使举证的权利、履行举证的义务的活动。查明的程序是由公安司法机关主导的、单方判断决定型程序，而证明的程序是当事人主导的、双方对抗型的程序。

在证明的对象和标准方面，查明与证明可能是复合的、同一的，这就意味着，当事人证明的事实往往也是需要查明的事实，而当事人证明所达到的标准也就是法官作出事实认定的证明标准。证明与查明之间还存在补充、核对、替代的关系，公安司法机关的取证可以用来补充、核对当事人的举证，甚至可能取代当事人的举证，例如当事人没有能力取证但能够提供线索的，人民法院可以根据当事人的申请调查取证。《民诉证据规定》第 16 条至第 18 条对此作了规定。

有效的对抗不仅需要公平参与的程序保障机制，更需要证明能力方面的平等武装机制。证据展示程序和证据交换程序是在证据资料的掌握方面确保平等武装的有效措施。人民法院依职权或者应申请调查取证、律师调查取证可以在很大程度上缩小当事人之间在证据材料的调取能力和证据认知能力方面的差距。但是，当事人之间在资源和能力方面的差距仍然存在，在个别案件中差距可能很大，当事人之间的平等武装还需要其他的保障机制。

3. 时效性。这也是司法证明在程序方面的一个重要特征，是指**有关的司法证明行为必须在特定的时限内实施，违反时限规定的当事人将承担不利的后果。**时效性是协调公正与效率之间关系的一项法律制度，迟来的正义非正义，因此它在司法证明中的特殊意义在于事实越早发现，就越容易证明。关于司法证明的时效性要求，有关的司法解释一方面明确规定了举证的时限，另一方面则从不同的角度规定了违反时限规定的后果：

（1）不予采（接）纳。例如，《行诉证据规定》第 59 条规定：“被告在行政程序中依照法定程序要求原告提供证据，原告依法应当提供而拒不提供，在诉讼程序中提供的证据，人民法院一般不予采纳。”第7条第2款规定：“原告或者第三人在第一审程序中无正当事由未提供而在第二审程序中提供的证据，人民法院不予接纳。”这里值得注意的是采纳与接纳的含义不完全相同，前者针对的是证据材料所反映的事实，而接纳针对的是证据材料本身。“不采纳”意味着人民法院可以接受当事人逾期提交的证据材料，但对其中记载的事实，则不予采信；“不接纳”意味着人民法院不接收当事人逾期提交的证据材料，至于其中记载的事实，则谈不上采信了。相比较之下，“不接纳”的法律后果更强。

从有关司法解释的本意来看，不予采纳不是绝对的，法官还是应当根据当事人过错的大小、逾期提交的是否是新证据、案件公正审理的需要等实际情况，确定是否接纳或者采纳。对此，《民诉证据规定》第43条规定：“当事人举证期限届满后提供的证据不是新的证据的，人民法院不予采纳。当事人经人民法院准许延期举证，但因客观原因未能在准许的期限内提供，且不审理该证据可能导致裁判明显不公的，其提供的证据可视为新的证据。”

（2）不能用于证明特定的事实主张成立。例如《行诉证据规定》第61条规定：“复议机关在复议程序中收集和补充的证据，或者作出原具体行政行为的行政机关在复议程序中未向复议机关提交的证据，不能作为人民法院认定原具体行政行为合法的依据。”按照这种规定，被告逾期提交的有关证据不能被用来证明被诉具体行政行为合法，但可以被用来证明其违法。

（3）视为举证不能。例如《行诉证据规定》第31条规定：“对需要鉴定的事项负有举证责任的当事人，在举证期限内无正当理由不提出鉴定申请、不预交鉴定费用或者拒不提供相关材料，致使对案件争议的事实无法通过鉴定结论予以认定的，应当对该事实承担举证不能的法律后果。”《民诉证据规定》第25条第2款作了类似的规定。举证不能一般是指当事人因自己的过错致使自己不能依法履行证明责任，导致特定的案件事实不能得到证明，因此应当承担相应的不利后果。

（4）视为没有证据。例如《行诉证据规定》第1条规定：“根据行政诉讼法第三十二条和第四十三条的规定，被告对作出的具体行政行为负有举证责任，应当在收到起诉状副本之日起十日内，提供据以作出被诉具体行政行为的全部证据和所依据的规范性文件。被告不提供或者无正当理由逾期提供证据的，视为被诉具体行政行为没有相应的证据。”“视为没有证据”是实质意义上的否定性法律后果，意味着被诉具体行政行为没有相应的证据支持，对有关的事实根据不予认定。

（5）视为放弃举证权利。例如《行诉证据规定》第7条规定：“原告或者第三人应当在开庭审理前或者人民法院指定的交换证据之日提供证据。因正当事由申请延期提供证据的，经人民法院准许，可以在法庭调查中提供。逾期提供证据的，视为放弃举证权利。”关于“视为放弃举证权利”在证据法上的具体后果，该司法解释并没有作进一步的具体规定。《民诉证据规定》第34条规定：“当事人应当在举证期限内向人民法院提交证据材料，当事人在举证期限内不提交的，视为放弃举证权利。对于当事人逾期提交的证据材料，人民法院审理时不组织质证。但对方当事人同意质证的除外。”这一条规定了一种相对的、有条件的法律后果，即“不组织质证”。将这些司法解释综合起来考察，可以发现，放弃举证权利并不必然产生不利的后果，人民法院仍然可以根据实际的情况，裁量决定是否接收并且采纳当事人逾期提交的证据材料。

除了上述五个方面的证据法后果之外，当事人逾期举证还可能产生承担因延期举证而造成的诉讼费用等后果。对此，《民诉证据规定》第 46 条规定："由于当事人的原因未能在指定期限内举证，致使案件在二审或者再审期间因提出新的证据被人民法院发回重审或者改判的，原审裁判不属于错误裁判案件。一方当事人请求提出新的证据的另一方当事人负担由此增加的差旅、误工、证人出庭作证、诉讼等合理费用以及由此扩大的直接损失，人民法院应予支持。"

4. 相对性。相对性在学界被称为证明的相对性原理，是指证明案件事实的真实程度不可能完全符合案件事实的本来面目，因为司法证明程序是在案件事实发生之后进行的，两者可能相隔很长的时间，有关的证据事实必然会发生变化，加之当事人举证能力、利益导向等多重主观因素的影响，当事人的证明行为不可能恢复案件事实的原貌，而法官对案件事实的认定也不可能是全面的，没有丝毫遗漏和偏差的。简言之，**证明相对性的要点有两个：一是所能证明的案件事实是相对的真实，而不是绝对的真实；二是证明的案件事实仅是部分的事实，而不是全面的事实。**完全查明案件事实的绝对证明只是一种理想状态，之所以如此，是因为：

(1) 客观条件限制。从本体论的角度来看，无论是作为证明对象的案件事实，还是作为证明手段的证据事实，本身都具有多面性、复杂性和变动性。任何事实都不是单一层面的，而是具有多方面的因素和联系，那些表象的因素和联系是外在的、显而易见的；但是那些本质的因素和联系，则是内在的，只有经过长期的、反复的努力才能发现和认识。问题是，任何存在都不是一成不变的，在内、外因的交互作用下，已经成就的事实本身也会随着时间的流逝和环境的变化而流逝或者变化，这就给正确、全面地认识案件事实造成了困难。"一个人不能两次踏入相同的河流"是事物流变性的典型概括，而这正是司法证明所面临的首要难题，它所针对的案件事实不仅自身处于不断流变的过程中，而且与其他事物存在因果、条件等千丝万缕的联系，要全面认识案件事实，除了要掌握案件事实本身的过程之外，还要进一步了解其中蕴含的本质联系。同时，全面查明案件事实需要耗费大量的时间、人力、物力和财力资源，资源的稀缺性决定了司法机关在查明案件事实方面的投入是有限的，当事人在证明案件事实方面所能投入的金钱成本、机会成本、时间成本等也是有限的。资源的稀缺性加之事实本身的多面性、复杂性和变动性，决定了司法证明的范围和程度只能是有限的。

(2) 主观条件限制。从认识论的角度来看，法官查明案件事实的过程如同人类认识真理的过程，在不同的阶段只能取得阶段性的认识。正如人类认识真理的过程不可能有终结那样，法官对案件事实的认识也不可能达到完全的终点。当事人是利益导向的，对同样的事实，不同的当事人感受不同，认识也就不同，加之当事人认识能力、客观环境条件的限制等因素，在诉讼过程中，当事人的举证和质证行为通常是片面的、主观的。法官不能亲身经历案件事实，只能通过当事人的举证和质证间接地认识案件事实，而当事人的举证和质证行为又存在诸多的片面性缺陷，会干扰甚至扭曲法官对案件事实的认识。从终极真理的层面来看，人们完全有可能全面、正确地认识案件事实；但从相对真理的角度来看，司法证明作为认识的一个高级阶段，只能尽可能接近案件事实，而不可能完全恢复案件事实的本来面貌。

(3) 价值偏好限制。案件事实真相的证明受诉讼多元化价值的制约，诸多法律价值之间的冲突与协调是造成司法证明相对性的一个重要原因。司法活动以效率和公正为根本的价值追求，对案件事实真相完全、充分的查明固然有助于实现公正，但可能因此丧失效率的价值；而公正的价值追求也可能因此受到损害，因为迟来的正义非正义。公正和效率等法律的内在价值，以及婚姻家庭关系保护、职业群体利益保护、职务特权保护等外在的价值都没有绝对的地位，任何一项法律价值只能在与其他价值追求相互妥协和协调的基础上得到实现，为了某一方面的法律价值而绝对地牺牲或者放弃其他方面的法律价值追求，不仅是不可能的，而且是不符合规律的。多元法律价值最大化实现的结合点就是司法证明的量度所在。

司法证明相对性在实践中的典型体现是所谓的证明标准的多元化。学界和实务界中越来越多的人形成了这样的共识：证明标准不应是单一的、绝对的，而应当是多元的、灵活的；人们应当根据案件事实所涉及的当事人权利义务的轻重、案件事实本身的复杂程度、案件的社会影响和意义、司法资源的多少等客观因素，对案件进行分类，在此基础上，针对不同类型的案件事实，设定不同的证明标准。同时，也应当赋予法官一定的事实判断空间和裁量权，允许法官本着职业的良心和理性发挥认识的主观能动性。这是在现有的经济、技术和法律的条件下能够采用的最好的争议解决办法。

二、司法证明有哪些分类

根据不同的标准进行分类，有助于认识司法证明的内部结构。学界和实务界提出的分类主要有：

（一）严格证明与自由证明

这是以法律约束的程度为标准所作的分类，是有关司法证明的最为传统的分类。严格证明在主体、手段、程序等方面受法律规定的严格约束，而自由证明的法律要求则相对宽松，又称为释明、稀明或者疏明。学界提出的类似的分类是对程序法事实的证明与对实体法事实的证明、实质证明和形式证明等。两者区别主要表现在如下方面：

1. 证明对象。严格证明针对的主要是有关本案当事人权利义务争议的实体法事实，自由证明针对的大多是有关本案诉讼程序进行情况的程序法事实。

2. 证明手段。严格证明的证明方法由法律明确规定，证明的主体只能采信法定的证据种类，凡是法律没有明确规定的证据形式，以及不能纳入某种法定证据形式的证据材料，因欠缺形式的合法性而被排除。在自由证明中，凡是法律没有明确排除或者禁止的材料、资料、数据或者信息等，都可以纳入采信的范畴。

3. 证明程序。严格证明的程序由法律明确规定，违反法定程序进行的证明是无效的。关于自由证明的程序，法律通常没有硬性的要求，法官享有较大的裁量余地。

4. 证明标准。严格证明的证明标准包括“案件事实清楚、证据确实充分”、排除合理怀疑、优势盖然性等，自由证明的标准比较低，主要是合理可能性。总体而言，严格证明的标准高于自由证明。

（二）自向证明与他向证明

这是以证明行为针对的主体为标准所作的分类。前者是指自己向自己证明，而后者是指向他人证明。自向证明的典型是公安司法机关的侦查和调查，这是向自己证明（查明）特定的案件事实，具有明确的职权性和单向性。后者的典型是当事人的举证和质证，主要是向对方当事人和法官证明特定的事实，具有明显的权利性和双向性。自向证明与他向证明的要素是可以相互转化的，例如侦查人员在侦查阶段是自向证明的主体，在审判阶段则是他向证明的主体。自向证明通常适用于职权主义的程序模式，公安司法机关在这种模式的证明程序中起着核心的作用；他向证明通常适用于当事人主义的程序，当事人在这种模式的证明程序中扮演着主角。

自向证明与他向证明的划分是相对的。在理论上提出这种分类的目的在于为认识司法证明的特殊复杂性提供一个新的视角。司法证明的过程实际上是一个从自向证明走向他向证明的过程，亦即：要想达到他向证明的目的，公安司法机关或者当事人必须首先经历自向证明的过程，在自己的内在主观认识上自我说服、自我信服、自圆其说，然后再通过举证、质证的方式来说服对方当事人。如果一方当事人的举证和质证不是出自事先的自向证明过程，或者自向证明的“基本功”不扎实，那么，在他与对方当事人质证的过程中，必然会出现各种各样的失误或者不足，因此也就不可能说服法官认定他的事实主张。当事人要想在他向证明环节取胜，则必须首先在自向证明的环节上达到法定的证明要求。通俗地说，就是“要想说服别人，首先要说服自己”。由此观之，就司法证明的完整过程而言，他向证明是“末”，而自向证明是“本”。

自向证明与他向证明的分类不仅是对司法证明过程进行时空先后分段的一种认识方法，而且是对司法证明模式进行重新设计的一种理论方法。以他向证明为调整重点和主要内容的司法证明，可以称为他向证明模式；以自向证明为调整重点和主要内容的司法证明，可以称为自向证明模式。在他向证明模式中，取证、质证和认证的范围、程序、方法和效果的规则设计着眼于对他人、尤其是对法官的说服；在自向证明模式之中，取证、质证和认证的范围、程序、方法和效果的规则设计则着眼于当事人对自己的说服，亦即当事人如何对自己的理性和良心充满确信，能够以法定的程序、方法和标准说服自己确信自己的诉讼主张是合法的。

从司法实践的角度来看，当事人既能够在自向证明的过程中完全地说服自己，又能够在他向证明的过程中完全地说服法官，是司法证明的一种理想状态。在两个环节的证明过程中都不能达到说服状态的，当事人的诉讼主张不可能得到支持；在他向证明的环节达到说服状态、而在自向证明的环节不能达到自我说服状态的，即使当事人的诉讼主张得到了法官的支持，但其内在的理性和良心却始终处于证据法上的缺陷状态。

按照这一理论分类来反思，我们可以发现，现行的证据法规定主要调整的是外在的他向证明，对内在的自向证明的调整则明显不足。在理论上，学界的研究也都将重点放在了他向证明上，对作为证明过程之本源的自向证明则关注不足。我们认为，作为司法证明过程的本源以及一种崭新的司法证明模式，自向证明是值得学界以后深入研究的一个证据法课题。

（三）正向证明与反向证明

这是以证明案件事实的角度为标准所作的分类。正向证明是指以积极的方式证明正面的事实主张成立，而反向证明是以消极的方式证明反面的事实主张成立。如果承担证明责任的当事人不能证明反面的事实主张成立的，则认定与此相对应的正面事实主张成立。这方面的典型是证明责任的倒置。例如在建筑物侵权案件中，如果建筑物的所有人或者管理人不能证明自己没有过错，也不能证明受害人或者第三人有过错的，则认定所有人或者管理人有过错。在此类案件中，受害人对侵权行为人的过错这一正面的事实是不承担证明责任的，而侵权行为人则对自己没有过错这一反面的事实承担证明责任；如果侵权行为人不能证明自己没有过错这一反面事实的，则认定其有过错。

正向证明和反向证明的区别主要表现在：

1. 证明对象不同。前者的证明对象一般是被当事人主张成立的事实，后者的证明对象是当事人主张不成立的事实。

2. 适用的范围不同。前者适用于证明责任分配的一般情形，也就是适用于“谁主张，谁举证”的案件；后者适用于证明责任倒置分配的情形。

3. 证明的方法不同。反向证明的主要方法是矛盾律和反证法，而自向证明的方法多种多样，主要有类比法、同一法等。

4. 证明的标准不同。证明一项事实主张不成立往往比证明其成立要难，反向证明的难度通常大于正向证明。我们认为，一般而言，反向证明的标准应当低于正向证明。例如公诉机关证明刑事被告人有罪的标准应当高于被告人证明自己无罪的标准。

作出这种区分的方法论主要是哲学上的辩证法和相对论、逻辑上的矛盾律和反证法。按照辩证法和相对论的一般原理，任何事物都有它的对立面，任何事物内部都蕴含着相互依存、相互对立和相互转换的两个方面，因此，人们认识事物，可以从正反两个方面进行。按照逻辑上的矛盾律，两个相互对立的结论不能同时成立，只要证明一个方面的事实成立，则与之相反的事实不成立；反之，亦然。据此，对某项事实的证明，既可以从正面的、积极的、成立的角度进行，也可以从反面的、消极的、不成立的角度进行。在证据法上，这种区分的意义不仅在于证明方法，而且在于证明责任的分配。根据当事人的举证能力、与证据事实的距离远近、保管证据材料的责任大小、待证事实的复杂程度以及公平原则、诚信原则等，确定一方当事人承担反向证明责任的范围和标准，有助于调动当事人证明的积极性，提高案件裁判的实体的公正性和可接受性。

（四）刑事诉讼中的证明、民事诉讼中的证明与行政诉讼中的证明

这是以司法证明所在的程序为标准所作的分类。刑事诉讼的证明是指公安司法人员和当事人调查收集和审查判断证据，确定是否发生了犯罪行为、谁是犯罪行为人、犯罪行为的轻重和其他有关事实的活动。民事诉讼的证明是指人民法院在人民检察院和当事人的参加下，通过取证、举证、质证和认证等活动，查明或者阐明民事纠纷产生和发展的事实以及民事法律关系构成要素的事实的诉讼活动。行政诉讼的证明是指人民法院在人民检察院和当事人的参加下，查明或者阐明与具体行政行为合法性有关的案件事实的诉讼活动。三大诉讼证明的区别表现在：

1. 证明责任的分配不同。在刑事诉讼中，证明犯罪嫌疑人、被告人犯罪以及刑事责任轻重的责任由审判机关、检察机关、侦查机关承担，犯罪嫌疑人、被告人不承担证明自己无罪的责任。行政诉讼中的证明责任，则由作为被告的行政机关承担，原告不承担证明被诉行政行为违法的责任。民事诉讼中的证明责任是根据当事人的主张，分别由当事人承担相应的证明责任。

2. 证据的种类不同。书证、物证、视听资料、鉴定意见、电子数据、勘验笔录、证人证言等，是三大诉讼共同的证据种类；检查笔录，被害人陈述，犯罪嫌疑人、被告人供述和辩解是《刑事诉讼法》规定的刑事诉讼特有的证据种类；现场笔录是《行政诉讼法》规定的行政诉讼特有的证据种类。需要指出，《刑事诉讼法》将民事诉讼和行政诉讼中的“当事人陈述”，依

当事人诉讼地位的不同，分解为“被害人陈述”和“犯罪嫌疑人、被告人供述和辩解”两项。

3. 证明标准不同。对于证明标准，我国三大诉讼法采取了不同的术语。《刑事诉讼法》第195条第1项为有罪裁判规定了“案件事实清楚，证据确实、充分”的标准，即只有“案件事实清楚，证据确实、充分，依据法律认定被告人有罪的”，才能对被告人“作出有罪判决”。《民事诉讼法》第170条第1款第1项为一审裁判确立了“认定事实清楚”的标准，与《刑事诉讼法》相比，少了“证据确实、充分”的要求。《行政诉讼法》第69条为被诉行政行为确立的是“证据确凿”标准，与《刑事诉讼法》的相关规定相比，不仅没有“事实清楚”的要求，也没有“证据充分”的要求。

4. 证明对象不同。刑事诉讼的证明对象主要是有关犯罪行为构成要件和情节的事实；民事诉讼的证明对象主要是民事纠纷发生和发展的事实和民事法律关系构成要素的事实；行政诉讼的证明对象主要是与被诉行政行为合法性有关的事实。

5. 证明程序不同。证明程序是诉讼程序的一个组成部分，与诉讼程序具有一致性，所以，三大诉讼的程序不同决定了相应的证明程序也不同。刑事诉讼特有的是侦查和审查起诉过程中的证明规则，如讯问犯罪嫌疑人、被告人的程序规则；民事诉讼特有的证明程序规则是处分原则和辩论原则；行政诉讼特有的证明程序规则是被告在诉讼过程中不得自行向原告和证人调查收集证据规则。

三、什么是证明对象

司法证明由主体、客体、程序、标准、后果等多个要素构成。司法证明的主体由举证责任分配规则调整，司法证明的程序由取证、举证、质证和认证的程序规则调整，司法证明的标准即证明标准问题本书有专章介绍，司法证明的后果由有关裁判的规则调整。因此本章只介绍司法证明的客体规则。所谓客体就是司法证明的对象，简称为证明对象。对此，可以从定义、范围、要素、种类等层面认识。

（一）证明对象的定义

证明对象是指由实体法规范所确定的，对诉讼请求的成立与否具有法律意义，从而需要由证据加以证明的事实主张。在理解这一定义时，要明确如下几点：

1. 证明对象与诉讼请求之间的关系。当事人提出的实体诉讼请求必须有事实根据，该事实根据便是证明对象。如果当事人没有诉讼请求，或者一方当事人对另一方当事人的诉讼主张不提出争议，则没有证明的必要，因而不产生证明对象。换句话说，当事人的事实争议是确定证明对象范围的一个重要标准。

2. 证明对象与法律规范之间的关系。除了当事人的诉讼主张和争议之外，确定证明对象范围的另一个重要标准是法律规范。只有那些具有法律意义的事实，才需要当事人以举证和质证的方式证明。没有法律意义的事实不属于证明对象。

3. 证明对象与证据之间的关系。证明对象必须是需要证据证明的事实。可以通过推定或者司法认知等方式直接证明的事实，属于免证对象。是否需要证据证明，是确定证明对象范围的第三个标准。

4. 证明对象与证明责任之间的关系。证明对象根据当事人争议予以确定，当然也需要当事人通过举证和质证的方式加以证明。在根据诉讼主张和实体法规范确定证明对象之后，接下来的问题便是分配证明责任；而且，证明责任的履行必须有的放矢，即必须有特定的客体（证明对象）和目的（诉讼请求）。

（二）证明对象的范围

什么样的事实才能被纳入证明对象的范围？从法律规定和司法实践来看，其中涉及的主要问题是：

1. 法律事实。被纳入证明对象范围的，首先应当是具有法律意义的事实。所谓具有法律意义的事实，是指那些能够建立、消灭或者变动当事人之间的权利义务关系的人类行为或者自然事件。这样的事件或者行为能够影响当事人的权益和利益，是法官作出裁判的根据，因此，才具有证明的意义。从普遍联系和变化发展的观点来看，法律事实的界线是比较模糊的，有一定的前因事实和条件事实。问题是：前因事实之前还有前因事实，条件事实之外还有条件事实，永远不能穷尽。那么，作为司法证明对象的法律事实，其范围到底应当划在哪里呢？

我们认为，这里的关键标准是“要件事实”。只有那些为适用特定的法律规范所必须查明的事实，才能纳入证明对象的范围。这种要件事实，首先要从法律规范本身的解释中去发现、归纳和整理，然后根据法律解释所确立的事实标准分解、归纳和整理本案的事实，例如法院要认定被告人有罪，必须首先根据判处罪刑的法律依据，明确法律规范确立的主体、客体、主观方面、客观方面四项要件事实的标准，然后对本案的事实进行分解、归纳和整理。

要件事实是证明对象的核心，那么，除此之外的其他事实是否就没有法律意义了呢？答案是否定的。要件事实是案件事实的骨架，被大量的情节事实包裹着。要件事实是案件事实发生的实质要素，而情节事实是案件事实发生的具体的过程，例如实施犯罪行为的时间、地点、手段、方法、环境、社会影响等。公安司法人员在办理案件过程中，首先接触到的是情节事实，要件事实是在情节事实逐步丰满之后自然而然地浮现在办案人员的脑海中的。在有助于查明要件事实的范围内，尤其是在影响人民法院作出裁判的范围内，情节事实仍然是有证明意义的，是必须查明和证明的。例如，有关量刑轻重的情节事实在刑事诉讼的证明中就具有特别重要的法律意义。

很多的背景事实对公安司法人员发现和认识要件事实、情节事实是有意义的，可以作为案件侦查或者调查的线索，有时甚至就是案件得以侦破的契机，例如学界有关的研究成果、社会的舆论、公安司法机关以前办理案件的经验积累等。但是，就司法证明而言，这种背景事实原则上不能纳入证明对象的范围，因为它们都是本案的外部环境事实，是在案件事实发生之前就存在的，不是本案的当事人造就的，不是案件事实的必要组成部分。

这里需要注意的是，社会背景事实虽然原则上不是法定的证明对象，但是在法律上也并非毫无意义。按照社会效果与法律效果相统一的司法要求，法官要想确保裁判既符合法律规定，又符合社会公众的主流意识，使法院的裁判为广大公众所接受，就必须以适当的方式斟酌、考虑相关的社会背景事实。这种斟酌与考虑虽然针对的也是事实，但已经超越了传统意义上的司法证明过程，进入了法律之社会性的哲学思辨层面，有其特殊的一套思维和权衡的法则。

2. 免证事实。是指对本案的法律适用具有法律意义，但因特殊原因而无须经过一般举证和质证的证明程序予以证明，可以由法官直接以司法认知的方式确认或者直接依法认定的事实，刑事、民事和行政三大诉讼法的有关司法解释对此作了规定。我们首先来看一看有关规定的具体内容，然后再作总结。

最高人民检察院于2012年发布的《人民检察院刑事诉讼规则（试行）》第437条规定的免证事实包括：（1）为一般人共同知晓的常识性事实；（2）人民法院生效裁判所确认的并且未依审判监督程序重新审理的事实；（3）法律、法规的内容以及适用等属于审判人员履行职务所应当知晓的事实；（4）在法庭审理中不存在异议的程序事实；（5）法律规定的推定事实；（6）自然规律或者定律。

《民诉证据规定》第9条规定的免证事实包括：（1）众所周知的事实；（2）自然规律及定理；（3）根据法律规定或者已知事实和日常生活经验法则，能推定出的另一事实；（4）已为人民法院发生法律效力的裁判所确认的事实；（5）已为仲裁机构的生效裁决所确认的事实；（6）已为有效公证文书所证明的事实。

《行诉证据规定》第68条规定的免证事实包括：（1）众所周知的事实；（2）自然规律及定律；（3）按照法律规定推定的事实；（4）已经依法证明的事实；（5）根据日常生活经验法则推定的事实。

将上述规定综合起来考察，可以发现，免证事实有如下几种：

（1）自然科学定律。自然科学定律是指经科学研究证明的、为自然科学界普遍接受的原理和原则，例如广义相对论、万有引力定律、阿基米德定律等。自然科学定律的形成不仅要以科学研究的成果为基础，而且要得到科学实践的检验，得到科学界的普遍认可，是人类对自然规律的准确的认识和反映。任何定律都是相对的、有条件的，都有应用范围的限制，自然科学定律在司法证明程序中的应用也是如此。因自然科学定律本身的内容、条件、方式等发生争议的，应当通过科学证明的程序解决，而不能通过当事人举证和质证的方式解决。

（2）众所周知的事实。众所周知的事实是指在一定的地域范围内为公众所普遍了解的事实。对于"众所周知"，需要一定的标准予以确认。包括：第一，众所周知有地域范围的限制。同一个事实，在甲县是众所周知的，但在乙县可能是鲜为人知的。因此，在认定众所周知时，应当结合案件的实际情况，作出具体的认定。这里的地域范围是指法院的地域管辖，还是裁判效力所及的地域范围？从形式的角度来看，应当以前者为标准；从实质的角度来看，应当以后者为标准。我们认为，应当以形式标准即法院管辖权所及的地域范围为主要标准，以实质标准即裁判效力所及的地域范围为辅助的标准。第二，众所周知是指为一定区域内的公众所普遍了解，而不是指每一个人都知道。对于普遍了解的程度，应根据案件的具体情况作出具体的认定。一般来说，凡是大多数公众所知晓的事实，即具有普遍性，可以认定为众所周知的事实。第三，公安司法机关在认定"众所周知"时，应当经过必要的调查。调查的方式多种多样，可以是书面的或者口头的民意测验，也可以是个别询问，但调查的结果必须具有代表性和普遍性。第四，对众所周知事实的认定，可以不经过举证和质证的一般证明程序，但并不意味着没有任何程序和形式的要求。我们认为，法院应当以书面或者口头裁定的方式作出认定，将有关的认定结论记录在笔录中就可以了。在作出认定之前，听取当事人的意见也是必要的。

（3）职务上熟知的事实。也就是同一行业的公安司法人员普遍知晓的事实，如法律、法规、国家政策、国家机关组织设置和职权情况等。这里所说的"熟知"，从立法的本意来看，应当是“必知”的意思，是公安司法人员从事职业活动所必备的业务基础知识，是最低的专业知识要求。这些事实在涉及案件并且有当事人提出疑义时，不需要经过一般的举证和质证程序，公安司法机关可以直接以口头方式认定，记录在案即可。

（4）国家机关公报的事实。国家机关公报的事实都经过内部的审查程序，具有较高的真实性和可信性。如果没有有力的反证，公安司法机关可以直接认定。问题是：国家机关公报的范围和种类是否有限制？凡是在国家机关公报上登载的事实就一定是真实的吗？就一定可以直接认定，而无须经过举证和质证等证明程序吗？对于第一个问题，我们认为应当以形式的合法性为标准，只要有关的国家机关按照规定办理了公报的法定批准手续，就具备了公报的形式合法性，公安司法机关在认定案件事实时都应当予以承认和尊重，亦即认定公报事实合法。对于第二个问题，我们主张以实质的真实性为标准。公报上登载的事项未必完全符合实际情况，如果当事人对公报的事实提出了确实充分的反证，那么，公安司法机关就不能直接认定了。

（5）生效裁判、公证文书和行政行为确认的事实。生效的裁判、公证文书和行政行为具有确认效力，对于生效的法律文书已经认定的事实，除非出现了可能导致重新审判或者裁决的新的证据或者理由，公安司法机关应当予以直接确认。这是为了确保本案裁判与他案裁判、生效公证文书和行政行为协调一致，避免发生冲突。

（6）当事人承认的事实。在民事诉讼中，根据处分原则，当事人有权承认对自己不利的事实。当事人承认具有约束力，对此人民法院原则上可以直接确认，但是在涉及身份关系或者有相反事实的情形除外。对此，有关的司法解释在多处作了规定。例如《民诉证据规定》第 8 条第 1 款规定：“诉讼过程中，一方当事人对另一方当事人陈述的案件事实明确表示承认的，另一方当事人无需举证。但涉及身份关系的案件除外。”第 74 条规定：“诉讼过程中，当事人在起诉状、答辩状、陈述及其委托代理人的代理词中承认的对己方不利的事实和认可的证据，人民法院应当予以确认，但当事人反悔并有相反证据足以推翻的除外。”关于承认的具体规则，本书将在其他章节中专门介绍，这里就不赘述了。

（7）当事人没有争议的事实。当事人在证据交换或者质证过程中一致表示同意或者没有提出争议的事实，人民法院也可以以口头方式直接认定。对此，《民诉证据规定》第 47 条第 2 款规定：“当事人在证据交换过程中认可并记录在卷的证据，经审判人员在庭审中说明后，可以作为认定案件事实的依据。”

（8）推定的事实。推定是指按照经验规则或者法律规定，一旦基础事实得到证明成立的，即可以直接推导出另一项事实。关于推定的含义和具体规则，本书设立了专门的章节介绍，这里不再赘述了。

3. 程序法事实与证据事实。在学理上，涉及证明对象范围的一个重要问题是程序法事实和证据事实是否是证明对象？所谓**程序法事实，是指有关诉讼程序进行的合法性和当事人诉讼权利义务是否成立的事实**，例如有关法院管辖权的事实、起诉时效的事实、回避的事实等。从诉讼程序的合法性是诉讼裁判有效性的一个要件来看，程序法事实不仅涉及当事人在程序上的权利义务，而且直接影响当事人的实体权利义务，在诉讼过程中可能成为当事人争议的焦点，因此，程序法事实应当纳入证明对象的范畴，这是学界和实务界越来越多人的共识。所谓**证据事实，是指证据材料所记载的事实内容。**一种有代表性的观点认为，证据事实是用来证明案件事实的手段，而不是证明的对象。我们认为，只要本案当事人对特定的证据事实提出了合理的质疑，形成了所谓的事实争议，那么，证据事实就成为了当事人举证和质证行为的证明对象。

关于证明对象的构成要素，普遍认为主要有人物、时间、地点、情节（过程、方法、手段与结果等）、原因、物品、性质等七个。

证明对象的分类多种多样，在理论和实践上最有意义的是，与三大诉讼相对应，分为刑事诉讼的证明对象、民事诉讼的证明对象和行政诉讼的证明对象。下面分别予以介绍。

四、刑事诉讼的证明对象有哪些

这里有必要首先梳理一下有关的主要法律规定和司法解释，然后再作总结。《刑事诉讼法》第 50 条第 1 句规定："审判人员、检察人员、侦查人员必须依照法定程序，收集能够证实犯罪嫌疑人、被告人有罪或者无罪、犯罪情节轻重的各种证据。"该句概括地规定了刑事诉讼证明对象中的实体要件事实。该法第 227 条规定："第二审人民法院发现第一审人民法院的审理有下列违反法律规定的诉讼程序的情形之一的，应当裁定撤销原判，发回原审人民法院重新审判：（一）违反本法有关公开审判的规定的；（二）违反回避制度的；（三）剥夺或者限制了当事人的法定诉讼权利，可能影响公正审判的；（四）审判组织的组成不合法的；（五）其他违反法律规定的诉讼程序，可能影响公正审判的。"该条规定了刑事诉讼证明对象中的程序法要件事实。最高人民法院于 2012 年发布的《关于适用〈中华人民共和国刑事诉讼法〉的解释》第 64 条第 1 款规定："应当运用证据证明的案件事实包括：（一）被告人、被害人的身份；（二）被指控的犯罪是否存在；（三）被指控的犯罪是否为被告人所实施；（四）被告人有无刑事责任能力，有无罪过，实施犯罪的动机、目的；（五）实施犯罪的时间、地点、手段、后果以及案件起因等；（六）被告人在共同犯罪中的地位、作用；（七）被告人有无从重、从轻、减轻、免除处罚情节；（八）有关附带民事诉讼、涉案财物处理的事实；（九）有关管辖、回避、延期审理等的程序事实；（十）与定罪量刑有关的其他事实。"最高人民检察院于 2012 年发布的《人民检察院刑事诉讼规则（试行）》第 363 条规定："人民检察院审查移送起诉的案件，应当查明：（一）犯罪嫌疑人身份状况是否清楚，包括姓名、性别、国籍、出生年月日、职业和单位等；单位犯罪的，单位的相关情况是否清楚；（二）犯罪事实、情节是否清楚；实施犯罪的时间、地点、手段、犯罪事实、危害后果是否明确；（三）认定犯罪性质和罪名的意见是否正确；有无法定的从重、从轻、减轻或者免除处罚的情节及酌定从重、从轻情节；共同犯罪案件的犯罪嫌疑人在犯罪活动中的责任的认定是否恰当；（四）证明犯罪事实的证据材料包括采取技术侦查措施的决定书及证据材料是否随案移送；证明相关财产系违法所得的证据材料是否随案移送；不宜移送的证据的清单、复制件、照片或者其他证明文件是否随案移送；（五）证据是否确实、充分，是否依法收集，有无应当排除非法证据的情形；（六）侦查的各种法律手续和诉讼文书是否完备；（七）有无遗漏罪行和其他应当追究刑事责任的人；（八）是否属于不应当追究刑事责任的；（九）有无附带民事诉讼；对于国家财产、集体财产遭受损失的，是否需要由人民检察院提起附带民事诉讼；（十）采取的强制措施是否适当，对于已经逮捕的犯罪嫌疑人，有无继续羁押的必要；（十一）侦查活动是否合法；（十二）涉案款物是否查封、扣押、冻结并妥善保管，清单是否齐备；对被害人合法财产的返还和对违禁品或者不宜长期保存的物品的处理是否妥当，移送的证明文件是否完备。"以上是有关刑事诉讼证明对象的主要依据。具体来说，刑事诉讼的证明对象包括：

（一）被指控犯罪行为构成要件的事实

构成要件是指被指控的犯罪行为成立的条件。刑法规定的各种犯罪之所以成立并且相互区别，是因为它们各自的要件不同。每一种犯罪行为都有自己的构成要件，使得犯罪得以确认，并且在概念上得以确定。被指控的犯罪不同，证明对象所包含的要件事实也就不同。学理认为，犯罪行为的构成要件一般有四个：一是犯罪客体，是指刑法所保护的、犯罪行为所侵害的具体的社会关系、政治关系、经济关系等；二是犯罪主体，是指实施危害社会的行为、依法应负刑事责任的人；三是犯罪的客观方面，是指犯罪嫌疑人、被告人所实施的危害社会的犯罪行为，以及与犯罪行为有关的各项客观事实，如犯罪的时间、地点、手段、危害社会的结果等；四是犯罪的主观方面，指犯罪嫌疑人、被告人实施犯罪行为时所持的主观心理态度，如故意、过失等。

对于上述四个方面的构成要件，学界的一种典型的做法是采取要素分解法，总结出了 7 个要素：（1）何人——犯罪的主体要件；（2）何种动机与目的——犯罪的主观方面要件；（3）何时——犯罪的时间，属于客观方面的要件；（4）何地——犯罪的地点；（5）何种手段——犯罪方法，属于客观方面的要件；（6）何种行为——犯罪行为的表现形式；（7）何种危害结果——犯罪行为造成的损害，属于客观方面的要件。以上七个方面连贯起来，可以把刑事诉讼证明对象概括为：何人基于何种动机与目的，在何时、何地，用何种方法实施了何种行为，产生了何种危害结果。当然，在这七个要件事实中，并不是对于每个犯罪而言所有因素均不可或缺，或处在相同的重要地位。只有犯罪行为构成的四个一般要件，才是必不可少的。

（二）与犯罪行为轻重有关的各种量刑情节的事实

量刑是在定罪的基础上更进一步的问题。关于量刑的事实与关于定罪的事实具有不同的意义，前者是关于犯罪行为的量的规定，后者是关于犯罪行为的质的规定。

根据我国刑法的规定，有关量刑事实称为情节事实，分为法定情节事实和酌定情节事实两类。法定情节事实主要有：

（1）从重处罚的事实。如组织、领导犯罪集团或者在共同犯罪中起主要作用、教唆不满 18 岁的人犯罪、累犯等。

（2）加重处罚的事实。加重处罚是超出量刑的法定幅度加重量刑，从重处罚是在法定量刑幅度内从重量刑。例如劳改犯逃跑后又犯罪的，劳教人员、劳改人员对检举人、被害人和有关的司法工作人员以及制止违法犯罪的人行凶报复，等等。

（3）从轻、减轻处罚或者免除处罚的事实。如犯罪未遂、犯罪中止，在共同犯罪中起次要或者辅助作用的从犯，或者系被胁迫、诱骗参加犯罪的胁从犯等；犯罪人在犯罪时不满 18 周岁的，犯罪人是又聋又哑的人或者是盲人的；有犯罪以后自首等其他可以从轻、减轻、免除处罚的事实或情节的。

酌定的情节事实主要是：犯罪的动机、手段、环境和社会背景、后果，犯罪嫌疑人的事后表现、认罪态度等。

（三）排除行为的违法性、可罚性的事实

惩罚犯罪和保障无罪的人不受刑事追究，是我国刑事诉讼法所要完成的两大并重的任务。据此，不仅证明行为人有罪的事实应当全面查清，排除行为人行为的可罚性的事实也应当查清。

1. 排除行为违法性的事实。某些行为在外观上类似犯罪行为，但由于客观条件和支配这些行为的目的、动机等主观意志具有正当性，刑法明确否定这类行为的犯罪性质。行为既然因排除了其中的违法性因素而不构成犯罪，当然也就排除了受刑事追究的可能性。这类行为依刑法之规定，有正当防卫、紧急避险等。

2. 排除可罚性的事实。这类事实一经发生，犯罪行为在法律上尽管已经构成，但也不产生相应的刑事处罚责任。例如，犯罪行为实施后已经过多年，超出了刑法所规定的追诉时效；经特赦令免除刑罚的；依照刑法告诉才处理的犯罪，受害人没有告诉，或者告诉后又撤诉的；被告人已经死亡；等等。

（四）排除或减轻刑事责任的事实

如果犯罪嫌疑人、被告人没有达到法定的刑事责任年龄，或者行为人在实施犯罪行为时，处于精神不正常的主观状态，则根据刑法的规定，行为人即属无刑事责任能力人。对于他们的行为所造成的危害结果，刑法规定不追究刑事责任。根据《刑法》第 17 条第 2 款的有关规定，行为人不满 14 周岁，不负刑事责任；已满 14 周岁但不满 16 周岁，只有在所犯罪行属于故意杀人、故意伤害致人重伤或死亡、强奸、抢劫、贩卖毒品、放火、爆炸、投毒罪的，才应负刑事责任。可判处死刑的责任年龄，必须是在实施犯罪的时候已年满 18 周岁。

（五）刑事诉讼程序事实

刑事诉讼程序事实是指有关刑事诉讼程序是否合法进行的事实，具体包括：（1）对犯罪嫌疑人、被告人采取强制措施的事实。公安司法机关可以根据案件的具体情况，依法对犯罪嫌疑人、被告人采取拘传、取保候审、监视居住、拘留、逮捕五种强制措施，以保障刑事诉讼的顺利进行。（2）有关回避的事实。公安司法机关办案人员与案件具有利害关系的，应当回避。（3）关于诉讼程序的进行是否超过法定期限的事实。（4）公安司法机关是否存在侵犯犯罪嫌疑人、被告人诉讼权利的事实。（5）其他与程序的合法性有关的事实，如管辖的事实。（6）与执行的合法性有关的事实，如关于犯人“是否怀孕”的事实，等等。

（六）办理死刑案件的证明对象

鉴于死刑案件具有特别严重的性质及特殊的复杂性，2010 年 7 月 1 日起实施的《办理死刑案件证据规定》对公安司法机关办理死刑案件时证据的审查判断问题作了特别规定，其中的大多数条文都从不同的角度涉及证明对象。其中，能够反映死刑案件的特殊性，直接涉及证明对象的特殊规定包括：

1. 必须查明的要件事实和情节事实。对此，第 5 条第 2 款规定：办理死刑案件，对于以下事实的证明必须达到证据确实、充分：（1）被指控的犯罪事实的发生；（2）被告人实施了犯罪行为与被告人实施犯罪行为的时间、地点、手段、后果以及其他情节；（3）影响被告人定罪的

身份情况；(4) 被告人有刑事责任能力；(5) 被告人的罪过；(6) 是否共同犯罪及被告人在共同犯罪中的地位、作用；(7) 对被告人从重处罚的事实。

上述七项规定分为法定要件事实和法定情节事实两部分。除了第 (7) 项规定的是法定情节事实之外，前六项都是涉及定罪的法定要件事实。

2. 应当查明的酌定情节事实。对此，第 36 条规定：在对被告人作出有罪认定后，人民法院认定被告人的量刑事实，除审查法定情节外，还应审查以下影响量刑的情节：(1) 案件起因；(2) 被害人有无过错及过错程度，是否对矛盾激化负有责任及责任大小；(3) 被告人的近亲属是否协助抓获被告人；(4) 被告人平时表现及有无悔罪态度；(5) 被害人附带民事诉讼赔偿情况，被告人是否取得被害人或者被害人近亲属谅解；(6) 其他影响量刑的情节。

3. 有关定罪的特殊案件事实。《办理死刑案件证据规定》最有特色而又最重要的是有关刑事被告人年龄的规定。对此，第 40 条规定：审查被告人实施犯罪时是否已满 18 周岁，一般应当以户籍证明为依据；对户籍证明有异议，并有经查证属实的出生证明文件、无利害关系人的证言等证据证明被告人不满 18 周岁的，应认定被告人不满 18 周岁；没有户籍证明以及出生证明文件的，应当根据人口普查登记、无利害关系人的证言等证据综合进行判断，必要时，可以进行骨龄鉴定，并将结果作为判断被告人年龄的参考。未排除证据之间的矛盾，无充分证据证明被告人实施被指控的犯罪时已满 18 周岁且确实无法查明的，不能认定其已满 18 周岁。

4. 有关证据审查判断的证据事实。凡是涉及证据的合法性、相关性和客观性的事实，都有可能成为证明对象。对此，《办理死刑案件证据规定》结合死刑案件的特殊性，就每一证据种类的合法性、相关性和客观性的审查判断作了具体细致的规定。

(七) 具体案件中证明对象的认定

以上是有关刑事诉讼证明对象的一般理论分析框架。就个案中的证明对象认定而言，还需要经过如下两个认识环节：

1. 证明对象的类型化。不同类型的刑事案件在证明对象的具体内容方面存在着或大或小的差异，例如人民法院审理法人犯罪案件的证明对象与审理未成年人涉嫌犯罪案件的证明对象、人民检察院审查逮捕案件的证明对象与决定变更强制措施案件的证明对象不同。证明对象的类型化的主要标准是犯罪行为的类型和刑事诉讼程序的类型，但特定的证据事实争议也可能成为单独类型的证明对象。例如，有鉴于非法证据排除规则的特殊重要性，非法证据排除方面的争议事实将可能成为一个独立的证明对象类型。

2. 证明对象的个案化。类型化的证明对象提供的是证明对象的具体分析框架，至于具体的证明对象内容，则只能在个案中结合具体的实体法和程序法规定来具体地认定。

在前述一般理论分析框架的基础上，再经过类型化与个案化这两个环节，就可以在办案实践中比较准确地把握证明对象的范围与内容了。

五、民事诉讼的证明对象有哪些

关于民事诉讼的证明对象，《民事诉讼法》和相关的司法解释尚未作出一般性的规定，目前学界提出了多种归类的方法。

第一种方法是按照部门法的规定对证明对象进行一般性的归类。在民事诉讼中，不同的实体法规定的证明对象不同，婚姻法、继承法、专利法、商标法、反不正当竞争法、合同法等实体法，各自对相应案件的证明对象作了不同的规定。由于调整范围和方法的共同性，同一部门法调整的所有案件的证明对象都是基本相同的，都是围绕特定法律关系的主体、内容与客体。

第二种方法是按照诉的类型对证明对象进行归类。即使是同一个实体法，因诉的类型不同，证明对象亦存在着一定的差异，表现为给付之诉的证明对象、变更之诉的证明对象和确认之诉的证明对象的区别。

第三种方法是根据诉讼理由即原告提起诉讼所根据的事实和理由，将证明对象分为两个部分：一是引起当事人之间法律关系发生、变更或消灭的事实。如双方当事人订立经济合同的事实、分割共有财产的事实、解除收养关系的事实等。这些常规的事实是当事人取得某种民事权利的事实要件。二是民事权益受到侵害或者权利义务关系发生争议的事实。例如侵权、违约等事实。这些非正常的法律事实是当事人获得司法保护的事实要件。

第四种方法是根据所要证明的事实与案件的主要事实之间联系的紧密程度，确定民事诉讼证明对象的构成。这是英美法系国家的学理和实践采取的做法。具体包括四种事实：一是要件事实或主要事实，是当事人为了使自己的诉讼主张成立所必须证明的事实，这类事实构成案件事实的本质部分，当这些事实成立时，当事人提出的司法救济的请求便应予满足。二是伴随系争事实之发生的情况事实或相关的事实。例如系争事实是在何时、何地、何种环境下发生的案情事实，在发生争议时，也需要当事人举证证明。把它们单独列举出来，有助于更加准确地认识系争事实。三是与系争事实有关的背景事实，属于间接事实或环境事实的范畴。四是用来确定比较标准的事实。例如人们的日常行为习惯、商业惯例等，属于经验法则的范畴。对于这一类事实，有的属于专业领域的事实，这需要当事人加以证明；有的则属于一般生活常识的事实，这可由法官通过司法认知的方式予以探求。在以上四类事实中，第一类事实即系争事实，构成证明对象的主体部分，也是诉讼中证明活动的中心内容。

第五种方法是大陆法系国家学者采取的做法，即把证明对象与证明责任的分担原则联系起来，研究民事诉讼证明对象的构成。这种方法从两个不同的角度研究民事诉讼证明对象的构成：（1）以事实本身的性质为标准，把主张事实分为积极事实和消极事实或者外界事实和内界事实两大类，积极事实或者外界事实比消极事实或者内界事实容易证明，因此前者属于证明对象，而后者则不列为证明对象。（2）以实体法律规范的性质为标准，将民事诉讼证明对象分为：1）权利发生事实。即民事权利发生或者成立的事实，又被称为“基本事实”、“请求权事实”或“通常事实”，如合同的订立。2）权利妨害事实。即导致权利不能成立的事实，如缺乏相应的民事行为能力。3）权利消灭事实。即使现有的民事权利消灭的事实，如债的履行、免除等。4）权利受制事实。即限制当事人行使其民事权利的事实，如重大误解、诉讼时效等。

除了上述五种方法之外，我们提出另外一种分类的方法，即认为民事诉讼的证明对象由下述方面的事实构成：

（1）民事法律关系发生、变更和消灭的事实。即与民事法律关系构成要素有关的事实，具体来说包括民事主体的事实、民事行为及其效果的事实、民事权利义务的成立、变更和消灭的事实等。

（2）民事争议发生过程的事实。即当事人之间因民事权利义务的享有、履行而发生纠纷、最终诉诸人民法院的事实。

（3）当事人主张的民事诉讼程序事实。具体包括有关当事人资格的事实、有关主管和管辖的事实、有关审判组织的事实、有关审判程序的事实、有关强制措施的事实、有关诉讼期间的事实，等等。

（4）有关外国的法律法规的事实。外国的法律法规是否存在和效力，对我国人民法院来说首先是一个事实问题，而不是法律问题。在涉外民事诉讼中，当事人主张适用外国的法律法规的，应当举证证明外国法律法规的存在和效力。

六、行政诉讼的证明对象有哪些

关于行政诉讼的证明对象，《行政诉讼法》第 6 条规定："人民法院审理行政案件，对行政行为是否合法进行审查。"第 34 条第 1 款规定："被告对作出的行政行为负有举证责任，应当提供作出该行政行为的证据和所依据的规范性文件。"第 89 条规定："人民法院审理上诉案件，按照下列情形，分别处理：（一）原判决、裁定认定事实清楚，适用法律、法规正确的，判决或者裁定驳回上诉，维持原判决、裁定；（二）原判决、裁定认定事实错误或者适用法律、法规错误的，依法改判、撤销或者变更；（三）原判决认定基本事实不清、证据不足的，发回原审人民法院重审，或者查清事实后改判；（四）原判决遗漏当事人或者违法缺席判决等严重违反法定程序的，裁定撤销原判决，发回原审人民法院重审。原审人民法院对发回重审的案件作出判决后，当事人提起上诉的，第二审人民法院不得再次发回重审。人民法院审理上诉案件，需要改变原审判决的，应当同时对被诉行政行为作出判决。"这些是确定行政诉讼证明对象的主要法律依据。

根据《行政复议法》的有关规定，行政复议申请人对行政复议决定不服的，可以向人民法院起诉，而行政复议机关根据申请人的申请，可以附带审查抽象行政行为，这就意味着抽象行政行为也将成为行政诉讼的审查对象，因此，与抽象行政行为合法性有关的事实也就相应地成为行政诉讼的证明对象。另外，根据《国家赔偿法》的有关规定，行政赔偿诉讼是一种特殊行政案件，其证明对象与一般的行政诉讼不同。

涉及行政诉讼证明对象的实体法依据比较复杂，这是由行政管理的广泛性和多样性决定的。行政管理分为公安、卫生、税务、规划、财政等多个行业，行政法律法规也相应地存在着部门和行业的划分。每一个行业的行政案件具有不同的证明对象。同时，作为行政诉讼客体的被诉具体行政行为也存在着行政处罚、行政许可、行政收费、行政合同等多种多样的形态，不同种具体行政行为的证明对象也存在着一定的差异。证据法学研究的证明对象应当侧重于行政诉讼证明对象的一般构成，至于个案证明对象的特殊具体内容，则只能在具体的办案过程中具体认定。

根据上述分析，我们认为，行政诉讼的证明对象总体上可以分为与被诉行政行为合法性有关的事实、与行政赔偿构成要件有关的事实和行政诉讼程序事实。

（一）与被诉行政行为合法性有关的事实

行政行为是指行政机关行使行政职权，依法作出的具有法律效力的行为，包括具体行政行为和抽象行政行为。

1. 与被诉具体行政行为合法性有关的事实。具体行政行为是指行政机关行使行政职权，对特定的公民、法人或者其他组织和特定的事件单方面作出的直接产生法律效力的行为。由于被诉具体行政行为的合法性是行政诉讼的审理对象，因而与此有关的事实也就成为行政诉讼的证明对象。具体包括如下方面的事实：

（1）有关被告行政机关的行政主体资格和权限的事实。即作为被告的行政机关是否有权对外以自己的名义代表国家进行行政管理活动。如果答案是肯定的，接下来的问题是该行政机关是否有权作出被诉的具体行政行为，也就是说是否承担相应的行政职责。根据依法行政原则，这两种事实取决于单行的行政法律法规的规定。

（2）原告是否实施了被处理行为或者是否符合法定条件的事实。在行政执法程序中，原告是行政管理相对人，行政机关要作出正确的行政行为，必须准确认定相对人。例如，在行政处罚案件中行政机关必须准确认定原告是责任人以及违法行为本身的情况，如原告实施违反治安管理秩序行为的事实。在行政许可和不作为的具体行政行为案件中，行政机关还应当进一步查明相对人是否符合法定的颁发许可证或者享受给付和保护的条件。这些事实可能成为行政诉讼的证明对象。

（3）被诉具体行政行为是否符合法定程序的事实。这一点可以从行政机关在执法过程中制作的记录查明。

（4）被告作出被诉具体行政行为时的目的是否正当的事实。目的是被诉具体行政行为合法性的主观标准，人民法院必须查明这个事实，对此，应当综合本案的全部证据材料作出客观的认定。

（5）被诉具体行政行为的处理与案件的事实、情节和性质是否相适应。根据《行政诉讼法》第 54 条规定，行政处罚显失公正的，人民法院可以判决变更，这是有关审查行政处罚合理性的规定。

以上事实，不仅适用于作为的具体行政行为案件，而且适用于不作为的具体行政行为案件；不仅适用于有利的具体行政行为案件，而且适用于不利的具体行政行为案件。

2. 有关抽象行政行为合法性的事实。抽象行政行为是指行政机关依法对不特定的人和事件制定具有普遍约束力的行为规则的行为。与其合法性有关的事实包括：

（1）作为抽象行政行为主体的行政机关是否享有作出该抽象行政行为的行政职权。例如，《行政处罚法》规定，规章以下的规范性文件不得设定任何行政处罚，而某县工商局的红头文件却自行设定罚款的处罚，这种抽象行政行为就是违法的。

（2）作出抽象行政行为的程序是否合法。这一点可以从有关的记录中查明。

（3）抽象行政行为的适用范围和效力情况。

（二）与行政赔偿构成要件有关的事实

行政赔偿是指行政机关及其工作人员在行使行政职权过程中违法侵害公民、法人或者其他组织合法权益造成损害的，由国家承担的赔偿责任。在行政侵权赔偿诉讼中，行政赔偿构成要件的事实是主要的证明对象，也是行政赔偿诉讼证明对象与一般行政诉讼证明对象的区别所在。具体包括如下五个方面的事实：

1. 侵权行为是否由作为被告的行政机关及其工作人员实施。对工作人员应当作广义的理解，不仅包括具有公务员身份的工作人员，而且包括接受行政机关指派或者唆使实施侵权行为的公民。

2. 侵权行为是否是行政机关及其工作人员在行使行政职权的过程中实施的。这一点应当从是否存在着相应的法定职权、行为的目的、时间和场合等方面认定。

3. 侵权行为是否违法。这里的法律包括程序法和实体法、行政法和民法等。

4. 侵权行为是否给作为原告的受害人造成人身权或者财产权的损害；如果造成了损害，损害的大小如何。

5. 侵权行为与损害之间是否具有直接的因果关系。关于因果关系，应当从侵权行为实施的条件、作用等方面认定。

另外，原告单独提出赔偿请求的，人民法院还应当查明赔偿义务机关作出处理的情况。这一点也属于行政赔偿诉讼的证明对象。

（三）行政诉讼程序事实

行政诉讼程序事实是指有关行政诉讼程序是否合法进行的事实，具体包括：（1）有关当事人资格的事实；（2）有关主管和管辖的事实；（3）有关审判组织的事实；（4）有关审判程序的事实；（5）有关采取排除妨害行政诉讼强制措施的事实；（6）有关诉讼期间的事实；（7）被告及其代理人是否在诉讼过程中自行向原告和证人取证的事实；（8）有关行政诉讼执行程序是否合法的事实；等等。

（四）涉及案件审理的特殊事实

人民法院在审理行政案件时，可能遇到一些与被诉行政行为的合法性未必有直接的联系、但对案件的审理结果能够产生重要影响的事实，主要有：

1. 规范性文件。亦即与规范性文件的性质、内容和效力有关的事实，主要是规范性文件制定的主体、目的、依据、过程、形式、内容等方面的情况，人民法院据此认定规范性文件的合法性和有效性。

2. 政策性事实。亦称为立法性事实，是指与政府在一定时期内出台的特定政策有关的、具有社会普遍意义的背景事实，例如国民经济与社会发展的现实情况、行业管制的紧迫需要等。政策性事实的特点是涉及面广泛、现实性很强。

3. 预测性事实。主要是针对未来可能发生的情况作出预测的事实。这是行政案件区别于民事和刑事案件的一个显著的特质，许多行政行为不是根据已经发生的事实作出处理，而是根据对未来可能发生情况的预测作出预先的安排。在行政机关作出行政行为时，有关的事实尚处于不确定的状态，蕴含着多种可能性，尤其是风险。

4. 背景事实。又称为案卷之外的事实，是指在行政案卷之中反映不出来，但确实对政府的决策、被诉行政行为合法性的认定，尤其是对于案件的裁判结果，具有一定意义的案外事实，例如民意调查的事实等。

问题与思考

1. 如何理解司法证明与科学证明之间的区别？

2. 司法证明的特点是什么？

3. 什么是免证事实？具体包括哪些情形？

4. 刑事诉讼的证明对象包括哪些方面的事实？

5. 民事诉讼的证明对象包括哪些方面的事实？

6. 行政诉讼的证明对象包括哪些方面的事实？

7. 在具体案件中如何认定证明对象？

阅读文献

1. 徐爱国．名案中的法律智慧．北京：北京大学出版社，2005

2. ［美］科林·埃文斯．证据——历史上最具争议的法医学案例．毕小青译．北京：生活·读书·新知三联书店，2008

3. ［美］乔恩·R·华尔兹．刑事证据大全．何家弘等译．北京：中国人民公安大学出版社，2004

4. ［美］米尔建·R·达马斯卡．漂移的证据法．李学军等译．北京：中国政法大学出版社，2003

5. 张保生主编．证据法学．北京：中国政法大学出版社，2009

第六章

司法证明应该遵循哪些原则

引　言

司法证明的基本原则，又称为证据法的基本原则，是指制定与证据有关的法律规定时应该确立的原则和在司法实践中运用证据证明案件事实时应该遵守的原则。它在证据法律规范和证据法学中具有重要地位，是证据制度运行机制的指导思想。其中，既有反映司法证明自身规律的公理性原则，如实事求是原则、证据裁判原则、直接言词原则等；也有反映法律价值取向和社会政策的政策性原则，如遵守法制原则、人权保障原则、公平诚信原则等。司法人员转变观念是在司法实践中贯彻上述原则的保障。

关键术语

实事求是原则　遵守法制原则　人权保障原则　证据裁判原则　直接言词原则　公平诚信原则　法定证明与自由证明相结合的原则　司法观念

【案例】　辛普森涉嫌杀妻案

O. J. 辛普森是美国20世纪70年代的黑人橄榄球明星，后来还演过电影，拍过广告，在美国是一个家喻户晓的人物。1994年6月12日晚上10点左右，辛普森的前妻妮科尔及其男友戈德曼在洛杉矶家中被人用刀杀害。妮科尔和戈德曼都是白人。案件发生的第二天，辛普森从芝加哥赶回洛杉矶，他对警察说：案件发生那天晚上7点多，他到当地一家餐馆去吃饭，看见妮科尔在那里吃饭，而戈德曼就是那个餐馆的招待员，他觉得很尴尬，转身就回家了。回家后他一直在家中的小型高尔夫球练习场练球，大约11点乘坐事先订好的出租车去机场，飞往芝加哥。警察在现场勘查中发现并提取了不少痕迹物证，如滴落血迹、纤维、鞋印、一只血手套等，但是没有找到凶器。后来，警察还在辛普森的家中提取到一只血手套和一只血袜子。为了核实辛普森的陈述，警察找到了那个出租车司机。司机说，他那天晚上提前来到辛普森家门外等候。当时楼上黑着灯，他就坐在车中休息。快到11点的时候，他听到有车很快驶进辛普森家的院子，然后房子里的灯亮了，再过片刻，辛普森就出来了。他送辛普森去了机场。警察得到法官签发的逮捕令之后，到辛普森家执行逮捕，但是后者驾车出逃。七八辆警车尾追了大约一个小时，终于迫使辛普森停车，向警方投降。后来，警察在辛普森的汽车里面也发现了血迹。经过DNA鉴定，警方专家确认现场滴落血迹是辛普森的血，而手套上、袜子上和汽车内的血迹都是被害人妮科尔的血。随后，案件进入正式的诉讼程序。由于美国宪法第五修正案赋予刑事被告人不被强迫自证其罪的权利，而辛普森的辩护律师团认为他不宜出庭作证，所以该案的证据中没有被告人陈述。另外，该案也没有目击证人，因此，该案是一起没有直接证据的“旁证案件”。在法庭上，辩护律师对公诉方的证据提出了质疑，其攻击的对象主要是公诉方最有价值的两个证据：现场滴落血迹和在辛普森家提取的血袜子。警察在勘查现场时发现了一条从尸体身边到门口的滴落血迹。通过检验，警察发现这些血迹不是被害人的血，因此推断其应该是作案人留下的。那么，作案人身上就应该有流血的伤口。警察在初次询问辛普森的时候曾发现其左手中指有伤。辛普森当时解释说，他不小心在芝加哥的宾馆里让一个打碎的玻璃杯把手划破了。但公诉方认为这个伤口是其在杀人过程中留下的，而且现场血迹的DNA鉴定意见也认定这就是辛普森的血。虽然这个证据并不能直接证明辛普森是杀人凶手，但是如果鉴定意见可靠则至少可以证明辛普森到过杀人现场。对于公诉方这个最有力的证据，辩护方的质疑主要集中在现场血迹检材的包装上。按照有关规定，现场滴落血迹是新鲜血痕，应该用一种专门的塑料袋来包装，但是现场勘查人员却用了一种用来包装干血痕检材的纸袋。辩护律师指出，用这种纸袋包装新鲜血痕检材，很容易使检材受到污染，而一旦检材受到污染，鉴定意见也就不可靠了。警察在辛普森家提取的袜子上的血迹与被害人妮科尔的DNA图谱吻合。当然，这也是个间接证据，但至少可以把辛普森与被害人联系起来。当血袜子作为证据在法庭上出示的时候，辩护律师让陪审员注意观察袜子上血痕的形状。袜子叠起来，两侧都有不规则图形的血痕，而且形状完全一样。辩护律师指出：这说明当血染到袜子上的时候，袜子一定不是穿在人的脚上，而是叠放着的。另外，辩护方在袜子的血痕里还发现了一种特殊的化学物质，经检验，那是实验室保管血液样本时防止其凝固而使用的一种化学药剂。这说明袜子上的血不是直接来自被害人的身体，一定是有人把洛杉矶警察局实验室保管的被害人妮科尔的血液样本拿来倒在从辛普森家提取的本来没有血痕的袜子上。因此，这显然是伪造的证据。（参见图6—1）

图6—1　案件发生之后美国报纸的报道

说明：报道的标题意为“不要把O.J.辛普森放出去让他再次杀人”。

1995年10月5日，洛杉矶地方法院的陪审团作出辛普森无罪的判决。按照美国刑事诉讼中的无罪推定原则，公诉方要承担举证责任，而且要达到排除合理怀疑的证明标准。这就是说，如果公诉方不能用排除合理怀疑的证据证明被告人有罪，法庭——无论是陪审团还是法官——就要判被告人无罪。换言之，陪审团判辛普森无罪，并不等于说那12个陪审员都认为辛普森不是杀人凶手，而是说那12个陪审员认为辛普森不一定是杀人凶手。辛普森被判无罪之后，被害人的家属又对其提起了民事赔偿的诉讼。由于美国的民事诉讼采用较刑事诉讼更低的证明标准——优势证据的证明标准，所以民事审判的陪审团根据上述证据作出了辛普森败诉的判决，责令其赔偿的金额高达3 350万美元。（参见图6—2）这场"世纪审判"给我们留下了很多值得认真思考的与证据法有关的问题。例如，司法人员应该如何认定案件事实？陪审团在认定案件事实时应遵守哪些证据规则？如何把握无罪推定原则与举证责任的关系？如何确定被告人口供的证明效力？如何制定非法证据排除规则？如何确定刑事诉讼和民事诉讼的证明标准？在制定证据规则时如何确定刑事司法的价值取向？对于这些问题的具体回答贯穿在本书许多章节之中，而本章中，我们将主要讨论一个基本问题，即司法证明应该遵循的原则。

图6—2 辛普森涉嫌杀妻案的审判过程

司法证明的原则，是指在司法活动中有关证据的收集与运用的基本原理和一般准则。它具有抽象性和概括性，是确立具体证据规则的前提和基础。从这个意义上讲，证明原则就是"证据规则的规则"。司法证明原则可以分为两大类，即公理性原则和政策性原则。前者指反映司法证明自身规律的原则，如实事求是原则、证据为本原则、直接言词原则等。后者指反映国家和社会的价值取向的原则，是国家根据其文化传统、价值观念和社会政策而确立的原则，如遵守法制原则、人权保障原则、公平诚信原则等。

司法人员或法律工作者在收集、审查、运用证据的工作中，了解司法证明的基本原则是十分重要的，但是确立和养成正确的执法观念也非常重要。一些司法人员在具体案件中运用证据时出现错误，并非因为他们不知道相关的原则或规则，而是因为某些陈旧或错误的司法或执法观念在作祟。在这个问题上，那些令人震惊的冤假错案已经为我们提供了极有说服力的前车之鉴。因此，我们在介绍司法证明基本原则的同时，也将探讨与之相应的司法观念的转变。

一、实事求是原则

（一）实事求是原则的内容

所谓实事求是，就是要从客观实际情况出发去调查研究和分析问题，从而得出正确的认识结论。**从本质上讲，在司法活动中运用证据查明和证明案件事实就是一种“实事求是的活动”，**或者说实事求是原则高度地概括了司法证明活动的本质属性。无论是发现、提取证据还是评断、使用证据，其基本宗旨都是要从案件的客观实际情况出发去对案件中争议的事实问题作出正确的认定。然而，司法证明活动的这种内在要求并不能自动地转化为司法人员和执法人员的自觉行动。只有司法人员和执法人员严格按照实事求是的原则办事，才能使这种内在的要求转化为现实的行动。

在司法证明活动中坚持实事求是原则与实现司法公正有着密切的关系，或者说，**坚持实事求是原则就是为了实现司法公正。**司法活动的基本目标就是维护社会正义，实现司法公正。从这个意义上讲，公正就是司法活动自身的追求。中国的文字组成具有形意特征，而“法”字本身就蕴含着“平之如水”和“去不平”的含义。古希腊的正义女神也是用一手托天平一手持利剑的方式来体现司法公正的精神。诚然，在不同的社会形态下，在不同的历史时期中，人们对司法公正的理解可能并不完全相同，但是公正一直是人类在司法活动中追求的基本目标。

要实现司法的公正，就必须坚持实事求是的原则。司法人员在诉讼过程中发现、收集证据和审查、运用证据的时候，应该努力去查明并证明案件的真实情况，应该努力去追求案件的客观真实，这样才能保证司法公正。具体来讲，在司法证明活动中坚持实事求是的原则，就不能凭想当然，不能主观臆断；就不能先入为主，不能偏听偏信。只有坚持实事求是的原则，才能准确地查明和证明案件事实，为正确处理案件奠定基础。总之，司法人员在收集证据和运用证据的时候，必须从案件的客观实际情况出发，努力去认识案件的事实真相，这就是实事求是原则的基本要求。

（二）从偏重实体的公正观转向实体和程序并重的公正观

坚持实事求是原则是为了实现司法公正，但是司法公正的内涵也具有多元性，其中最有代表性的概念就是实体公正和程序公正。所谓司法的实体公正，即要求司法机关在审判裁决的结果中体现公平正义的精神。所谓司法的程序公正，即要求司法机关在审判活动的过程中坚持正当平等的原则。前者的要旨在于审判结果的正确性；后者的要旨在于审判过程的正当性。如果把司法系统看作一个工厂，那么实体公正考察的是工厂生产出来的“产品”，而程序公正考察的是该“产品”的“生产工序”。虽然就一般情况而言，要保证“产品”质量就必须遵守科学合理的“生产工序”，而科学合理的“生产工序”也应该导致“产品”的合格，但是二者的考察指标毕竟不同。单纯就实体公正来说，无论采用什么“工序”进行生产，只要“产品”合格就是“公正”；而单纯就程序公正来说，无论“产品”质量如何，只要采用了科学合理的“生产工序”，就是“公正”。

由此可见，司法的实体公正与程序公正是两个既有联系又有区别的概念。一方面，二者统一于司法公正，是相辅相成的；另一方面，二者又有着相互区别的价值标准。虽然坚持程序公正在一般情况下就能够保证实体公正，但是程序公正毕竟不等于实体公正，而且坚持程序公正并不必然导致实体公正，程序公正也不是实现实体公正的唯一途径。在有些情况下，实体公正与程序公正甚至是相互对立、相互冲突的，追求实体公正就可能伤害程序公正，而坚持程序公正又可能牺牲实体公正。

司法的实体公正是至关重要的，但是司法的程序公正也是不能忽视的。程序公正具有两个基本功能：其一是保护执法对象的平等权利和正当权利；其二是保障在司法活动中实现实体公正。程序公正的第一个功能是显而易见的，但是第二个功能也非常重要。如果我们只看到程序公正的第一种功能，只强调程序公正的保护权利功能，而忽视程序公正保障实体公正实现的功能，就很容易步入将程序公正与实体公正完全对立起来的误区。从某种意义上讲，程序公正正是围绕着实体公正展开的，程序公正以实体公正的实现为前提和最终归宿，但程序公正也有它自身的价值。总之，如果不能正确认识和处理实体公正和程序公正的关系，就很有可能会在司法公正的道路上南辕北辙。

在相当长的历史时期内，中国的司法证明制度在程序虚无主义或程序工具主义的影响下，片面强调实体公正或查明案件事实真相的重要性，对程序的正当性则关注不够。在一些刑事案件中，办案人员为了“查明案件事实”，甚至不惜使用刑讯逼供等野蛮方法去获取犯罪证据。近年来，随着中国法治的进步，人们的司法公正观念也在发生变化，程序公正的价值观逐渐得到了人们的重视。但是由于司法文化传统的影响，“重实体、轻程序”的思想观念至今在我国的检察机关仍有存在的空间，仍然对我国的司法人员有着广泛的影响，并因此导致执法实践中违反程序的事件时有发生。因此在公安司法机关的工作中，我们必须树立重视程序公正的司法观念。

不过，在强调程序公正的同时，我们也要避免另外一种错误倾向，即片面追求程序公正、否定实体公正价值，甚至认为实事求是原则已经过时的“实体虚无主义”的倾向。我们认为，司法活动中运用证据查明或证明案件事实还应该以实事求是为指导原则。**诚然，不顾程序公正去追求事实真相的态度是一种偏颇；但是，不顾客观事实去追求程序公正的态度也是一种偏颇。**侦查员、检察官、法官在诉讼过程中收集证据和审查证据的时候，还应该努力去查明并证明案件的真实情况，当然这一切都要按照正当的法律程序进行。一言以蔽之，我们应当从偏重实体的公正观转向实体与程序并重的公正观。

二、遵守法制原则

（一）遵守法制原则的内容

建设现代法治国家是当今世界的潮流。中国要与时俱进、与世俱进，也必须走“依法治国”的道路。法治的基本目标是要以法的精神为基础，建立一种稳定且良性运转的社会秩序。**法治的基本内涵包括两个重心和一个基本点。所谓“两个重心”，包括立法即法律的制定和施法即法律的实施。所谓“一个基本点”，就是“治官限权”，即“为官者不得违法”。**法治的基础是立法，没有制定出来并向社会颁布的法律，法治就是一句空话。诚然，法治的基本原则在于“有法必依”，但是“有法必依”的前提是“有法可依”。而且，现代意义上的法治应该是良法之治，恶法之治不是真正的法治。因此，制定符合法之精神的良法是法治的第一个“重心”。然而，徒有好的立法而没有好的施法，没有严格的守法、执法和司法，仍然不会实现真正的法治。“有法不依”等于无法，更谈不上法治。因此，法律的实施是法治的第二个“重心”。另外，无论就立法环节还是施法环节来说，法治所要治理的主要对象都是官而不是民，法治所要限制的主要对象都是权力而不是权利。在现代法治国家中，所有社会成员都必须严格遵守法律，特别是那些手中掌握权力的政府官员。

遵守法制原则是法治精神在司法活动中的具体体现，其在刑事司法活动中具有特别重要的意义。刑事司法是打击犯罪的活动，是为维护社会秩序服务的，因此便具有了实施的正当性。然而，在现代法治国家中，具有正当性的活动也需要法律的规范，服务于公众利益的活动也不可随意实施。其实，刑事司法犹如一把双刃剑：一方面，它可以打击犯罪；另一方面，它也会侵犯公民的合法权利。因此，刑事司法中收集和运用证据的活动必须严格按照法律的规定进行。与刑事司法活动的“双刃性”相应，规范刑事司法活动的法律也具有“双刃性”：一方面，它授予刑事司法人员进行特定活动和采取强制措施的权力，具有授权的功能；另一方面，它又限制刑事司法人员对这些权力的行使，具有限权的作用。诚然，遵守法制原则适用于所有参与刑事司法活动的人，包括刑事诉讼的当事人及其律师，但是其最主要的约束对象是在刑事司法过程中行使国家职权的官员，包括法官、检察官和侦查员。这些官员在办理刑事案件的过程中必须按照法律的有关规定去收集证据和运用证据，必须严格地“依法办案”。

遵守法制原则既是我国在刑事证据立法时要确立的重要原则，更是我国司法人员和执法人员在刑事诉讼活动中必须认真贯彻的重要原则。一方面，我们要通过立法和制定规章的形式明确并规范我国刑事诉讼中取证、举证、质证、认证的法律程序；另一方面，我们要确立严格依法办案的保障机制，有效地约束司法人员和执法人员的行为。司法者不能用违法的方式去司法，不能在打击违法犯罪行为的同时自己又去违法甚至犯罪。如果用违法的手段去打击犯罪，既有悖于司法活动的宗旨，也有害于国家的法制。因此，刑事司法人员在办理刑事案件的过程中必须严格遵守法律的有关规定，特别是有关刑事司法程序的规定。从这个意义上讲，**“依法办案”之要旨就在于依照法定的程序办案，而遵守法制原则也就包含了“程序法定原则”的精神。《刑事诉讼法》第50条规定：“审判人员、检察人员、侦查人员必须依照法定程序，收集能够证实犯罪嫌疑人、被告人有罪或者无罪、犯罪情节轻重的各种证据。”**2010年7月1日起施行的《办理死刑案件证据规定》第3条规定：“侦查人员、检察人员、审判人员应当严格遵守法定程序，全面、客观地收集、审查、核实和认定证据。”2013年1月1日起施行的最高人民法院《关于适用〈中华人民共和国刑事诉讼法〉的解释》第62条也规定：“审判人员应当依照法定程序收集、审查、核实、认定证据。”

在刑事司法活动中坚持程序法定原则，首先就要求侦查人员严格按照法定的程序和规则去收集和提取证据，既不能允许任何人在法律面前享有特权，也不能非法侵犯公民的人身权利和民主权利。侦查人员绝不能滥用手中的权力去非法提取证据，严禁刑讯逼供。一言以蔽之，侦查人员必须依法取证。就司法证明的四个基本环节而言，取证是举证、质证和认证的基础，取证工作的质量在很大程度上决定着举证、质证、认证工作的质量。同时，取证又是一种自主性或随意性很强的行为，而且往往表现为权力与权利的冲突，很容易出现违法乱纪和侵犯人权的情况。目前，中国社会的法治环境尚不健全，刑事司法活动中存在着许多不遵守法制的现象，因此强调依法取证具有特别重要的意义。当然，检察官的举证、质证活动以及法官的认证活动也必须严格遵守法律的有关规定。

（二）从长官至上的司法观转向法律至上的司法观

在司法活动中，到底是长官至上还是法律至上，这是古今中外的司法人员都不得不面对的问题，也是关于坚持“人治”还是坚持“法治”的根本问题。所谓长官至上，顾名思义，就是在司法活动中，唯长官的指令或者意思行事，特别是在长官的指令或者意思违背法律或者与法律相冲突时，司法者不能或者不敢违背长官的意志。从人类长达两千多年的司法活动的历史来看，长官至上的现象无论在东方还是在西方，都曾长期存在。其中，又以封建社会为甚。不过，我们应当注意到的是，长官至上只是一种表面现象，其根源还在于人们对于权力的崇拜和恐惧。长官至上，不是长官个人的人格魅力至上，而是长官手中的权力至上。长官至上具有很大的危害性。司法人员如果在司法活动中顶不住长官的压力，唯长官意志是从，那么司法活动就不是以事实为依据，以法律为准绳，司法也就很难保证公正了。法律至上是指法律具有至高无上的地位与权威，其强调法律在整个社会规范体系中具有至高无上的地位，其他任何社会规范或个人的指示都不能否定法律的效力或与法律相冲突。由此可见，法律至上是法治的基本原则。

在社会主义中国，共产党领导广大人民掌握和行使国家权力，制定及实施法律，本不应该存在长官至上的问题。但是，由于在中国漫长的封建社会里，司法与行政不分，行政长官一直兼任司法官员，而且权大于法、人大于法的现象曾经普遍存在，所以长官至上的观念至今仍然困扰着我国的司法实践。长官干涉司法活动的现象时有发生，司法人员按照长官意志办案的情况也屡见不鲜。然而，长官至上很容易导致司法程序的不正当和司法结果的不公正，很容易破坏法律的权威性。为了维护司法公正，为了维护法律尊严，司法人员在司法活动中应当改变长官至上的司法观，树立法律至上的司法观。中国要建成现代法治国家，必须改变“人治”的行为习惯，特别是在司法活动中。从长官至上的司法观转向法律至上的司法观，就要求司法人员在司法活动中坚决抵制以言代法和长官命令的干扰，维护法律至高无上的权威，明确执法为公和执法为民的观念，树立以身护法、为法治献身的崇高精神。同时，我们也要建立相应的制度和机制，限制长官意志对司法活动的干扰，真正做到司法人员依法独立行使司法权。

三、人权保障原则

（一）人权保障原则的内容

尊重人权、保障人权是人类社会文明进步的标志，也是司法制度文明进步的标志。在刑事司法活动或刑事证据制度中确立人权保障原则具有特别重要的意义。在任何一个国家中，刑事司法都处于多种利益或需要的冲突之中，例如，个人利益与社会利益的冲突，被告人利益与被害人利益的冲突，打击犯罪需要与保护人权需要的冲突，等等。这些冲突是客观存在的，是不以人的意志为转移的。任何一个国家的刑事司法制度都不得不在这错综复杂的冲突关系中寻找自己的定位，而且随着社会的发展，这种价值定位也会发生变化。从社会初始分工的角度看，刑事司法制度的本源功能就是打击犯罪，因此，世界各国在相当长的历史时期内都把打击犯罪作为刑事司法制度的基本价值定位。然而，随着社会的发展和人类文明的进步，保护人权的观念越来越受到各国人民的重视，并相继在一些国家被确立为刑事司法活动的基本价值目标之一。我国现行《刑事诉讼法》第 2 条也明确规定了“尊重和保障人权”是刑事诉讼法的任务。

在司法活动中坚持人权保障原则，首先就要正确认识权力与权利的关系。在汉语中，“权利”和“权力”发音一样，如果仅听其声不见其形，二者很容易混淆。但是在英文中，权利为“right”，权力为“power”，二者很容易分辨。就二者的含义而言，权力主要指国家权力或公共官员的权力。而权利则是与义务相对应的一个范畴，主要指民众个人或群体的权利。在人类社会的发展进程中，权力在很长时期都处于强大和支配的地位，而权利则处于弱小和被支配的地位。在那种社会制度下，司法自然是以权力为本位的，是为维护国家权力服务的，被视为国家的专政工具。然而，根据现代法治的精神，权利是权力的本源，权利应该优于或高于权力；而权力应该是权利的后盾和保障。而且，在社会生活中，权力很容易膨胀和被滥用，并成为权利的侵害者，因此，为了保障权利，必须制约权力。总之，以权利为本位是现代法治的基本精神和原则。按照这种精神和原则，司法的最终目标就应该是维护公民的权利，而不是维护国家权力并作为统治人民的工具。

在刑事司法活动中，人权保护的重点是犯罪嫌疑人、被告人，因为他们是刑事司法系统的打击对象，其人权很容易成为打击犯罪的牺牲品，但是被害人的权利保护也不应被置于“被遗忘的角落”。诚然，在有些情况下，保护被害人的权利与打击犯罪的社会目标是一致的，或者说被害人的利益可以涵盖在打击犯罪的社会整体利益之中，但是在有些情况下，二者也会出现分歧，因为在具体案件中某个被害人所强烈追求的未必都是社会全体成员对打击犯罪的需要。从这个意义上讲，刑事司法系统面对的是一种三角形利益关系，即社会利益、犯罪嫌疑人和被告人的利益、被害人及其家属的利益。刑事司法的发展方向要在这种三角形利益关系中寻求平衡，全面、合理地保护各方的人权。

（二）从一元片面的价值观转向多元平衡的价值观

各级司法机关和执法机关在研究、制定、执行各种规则、原则、制度、政策的时候，一个最根本的问题就是价值观问题。司法活动和执法活动处于多种利益和价值观念的冲突之中，例如，执法机关与执法对象之间的利益冲突，执法对象之间的利益冲突，个人利益与社会利益的冲突，打击犯罪与保障人权的冲突，执法的实体公正与程序公正的冲突，在执法活动中追求真实与降低成本的冲突，等等。这些冲突是客观存在的，是不以人的意志为转移的，司法机关和执法机关不得不在这错综复杂的冲突关系中寻找自己的定位。但必须注意的是，司法和执法的价值定位受到历史文化传统、民族心理模式、政治经济制度、社会道德意识等多方面因素的影响，并且会随着时代的进步和社会的发展而发生变化。

在刑事司法领域内，各种利益冲突集中表现为打击犯罪和保护人权的冲突。根据选择定位的不同，我们可以把世界上不同国家的刑事司法系统分为三类：第一种是打击犯罪型，即把打击犯罪视为刑事执法活动的基本目标甚至唯一目标，其他利益和价值都必须服从于打击犯罪的需要。其极端形式表现为：为了打击犯罪，可以不择手段，不计成本，甚至不惜践踏人权。第二种是保护人权型，即把保护人权——特别是犯罪嫌疑人、被告人的权利——看作刑事司法活动的基本目标或最高目标，其他利益和价值都必须让位于保护人权的需要。其极端形式表现为：为了保护人权，不惜牺牲司法效率，甚至不惜放纵罪犯。毫无疑问，过分强调对犯罪嫌疑人或被告人的权利保护，必然会影响到打击犯罪的效率。第三种可以称为折中型，即认为片面地强调打击犯罪不可取，有其弊端；片面地强调保护人权，也不可取，也有其弊端。因此主张在不同的价值取向之间寻求一种平衡，既兼顾打击犯罪的需要，又兼顾保护人权的需要。

毋庸讳言，受“大公无私”等强调社会利益的传统价值观念的影响，受“敌我矛盾”等阶级斗争的思维习惯的制约，我国的刑事司法活动一直偏重于打击犯罪的需要，而对犯罪嫌疑人、被告人权利的保护重视不够。然而，现代社会的执法活动应该崇尚公正与文明，人类社会的进步应该表现为对人权的尊重，不仅是对社会中守法公民之权利的尊重，而且包括对那些违法或者可能违法的人的权利的尊重。从某种意义上讲，对“坏人”权利的尊重比对“好人”权利的尊重更能体现社会文明的进步。因此，司法机关在刑事司法活动中要加强对犯罪嫌疑人、被告人权利的保护。

在刑事执法活动中，重视人权保护的价值，就要求司法人员改变过去那些带有偏见的办案思路和习惯，不再用对待“阶级敌人”的态度和手段去对待犯罪嫌疑人、被告人。即使抛开无罪推定的原则，仅从实际情况出发，犯罪嫌疑人、被告人也并不一定都是有罪的人。就刑事司法的证明过程而言，犯罪嫌疑人、被告人只是可能的犯罪者，他们应该在诉讼过程中享受公平的待遇。即使是被法院判定有罪的人，也仍然属于“人民内部矛盾”，司法机关代表国家行使权力，也应该尊重其基本权利。但我们也应当看到，司法机关和执法机关不是超然的仲裁机构，它们肩负着维护社会秩序和保护公众的生命、财产安全的职能，还具有打击犯罪和预防犯罪的功能。当我们纠正过去那种“只讲打击、不讲人权”的执法态度时，也不能只片面强调保护被告人权利的重要性。

综上所述，司法人员应该从一元片面的价值观转向多元平衡的价值观，既要考虑到犯罪嫌疑人、被告人权利的保护，也要考虑到被害人及其亲属的权利，以及社会整体的利益；既要考虑打击犯罪的需要，也要考虑保护人权的需要。我们在探索中国刑事证据制度改革的道路时，既要摒弃陈旧的刑事司法价值观念，也要避免从一个极端走向另外一个极端。例如，当我们纠正过去那种“只讲打击、不讲人权”的司法观念时，也不能只片面强调保护被告人权利的重要性，不能通过牺牲打击犯罪的基本需要来换取人权保护的“美名”。刑事司法系统不是超然的仲裁机构，它承担着维护社会秩序和保护公众的生命财产安全的职能。我们应该重视在刑事司法活动中保护犯罪嫌疑人、被告人乃至被法院判决有罪的犯人的合法权利，但是不能因此就忘记了刑事司法系统的根本任务还是打击犯罪和保护人民。

四、证据裁判原则

（一）证据裁判原则的内容

所谓证据裁判，就是说司法裁判必须建立在证据的基础之上，或者说，在司法活动中认定案件事实必须以证据为本源，司法证明活动必须以证据为基石，因此证据裁判原则又称为“证据为本原则”。这是人类社会在摒弃了神明裁判和主观断案的司法证明方法之后确立的一项司法原则。它既符合司法证明的客观规律，也符合现代法治国家在诉讼活动中的价值定位。2010年7月1日起施行的《办理死刑案件证据规定》第2条明确规定："认定案件事实，必须以证据为根据。"这是我国首次明文确立了证据裁判原则。2013年1月1日起施行的最高人民法院《关于适用〈中华人民共和国刑事诉讼法〉的解释》第61条又作出了同样的规定。

司法证明的基本任务是认定案件事实。对于司法人员来说，案件事实一般都是发生在过去的事件，无论是1年以前还是1天以前。由于时间具有一维性，是一去不复返的，所以司法人员在审理案件的时候，无法看见发生在过去的事实。他们所能看到和听到的，只是各种各样的证据。尽管现代科学技术非常发达，但是人类目前还没有办法回到过去。法官在审理案件的时候，根本无法看见发生在过去的案件事实，包括比较遥远的过去和并不遥远的过去。他们所能看到和听到的，只是各种各样的证据。司法人员的任务就是要通过这些证据去查明和认定案件事实。

坚持证据裁判原则，就要求司法人员在办案过程中，必须从客观存在的证据出发去认定案件事实，不能以主观的臆断或猜测作为认定案件事实的基础。在当前的司法实践中，强调这一原则具有特别重要的意义，因为它可以帮助我们有效地反对司法专横和司法恣意，遏止刑讯逼供，防止"逼供信"，树立文明、科学的现代司法观念。在这种观念指导下，司法人员在办案过程中就应该认真地按照法律的要求和标准去收集并保管能够充分证明案件事实的证据，取证工作的质量也就会有很大的提高。总之，坚持证据裁判原则，就要求司法人员提高证据意识和证明意识。

（二）从查明事实的办案观转向证明事实的办案观

对于从事各种司法、执法工作的人员来说，从传统的"查明事实"的办案观转向"证明事实"的办案观具有重要的现实意义。在这里，我们首先要明确"查明"与"证明"这两个概念之间的关系。所谓查明，就是通过调查研究，明确有关事实的真伪。所谓证明，就是用证据来明确或表明。查明与证明的关系是既有联系，又有区别。查明是证明的基础，证明是查明的目的；但是证明并不等于查明，查明也不能代替证明。**用通俗的话讲，查明是让自己明白，证明是让他人明白；自己明白才能让他人明白，但自己明白并不等于他人也明白。**二者不可混淆，二者的关系也不能颠倒。虽然这两个概念只有一字之差，但是这个差别是非常重要的，对它们加以区分也是非常必要的。就司法和执法活动来说，在很多情况下，让自己明白并不难，最难的是让别人明白。例如，侦查人员已经查清了案件事实，但是他们若想让公诉人员相信这确实是事实，就要靠法律所认可的证据来证明；公诉人员已经查清了案件事实，但是他们若想让审判人员相信这确实是事实，也要靠法律所认可的证据来证明。

从查明事实的办案观转向证明事实的办案观，其实质就是要遵循"证据为本"的原则。在以审判为中心的诉讼制度下，司法人员和侦查人员都必须提高证据意识和证明意识。特别是对侦查人员来说，这种转变具有重要的现实意义。它要求侦查人员在实践中将办案重心从"查明"转移到"证明"。毫无疑问，对侦查人员来说，证明比查明的难度更大，要求更高，但这是社会朝向法治的进步。

五、直接言词原则

(一) 直接言词原则的内容

直接言词原则是直接原则和言词原则的合称。直接原则又称为“直接审理原则”，是与间接审理原则相对而言的，其要旨在于对案件作出裁判的法官必须直接对证据进行审查，认定案件事实。法官是案件的裁判者，法官对证据的审查必须具有“亲历性”，即法官在审判中必须亲自审查证据，因此任何证据都必须经过法庭上的直接质证和认证，才能使审判者对证据的真实性和证明价值形成内心确信，并在此基础上认定案件事实，作出判决。言词原则又称为言词审理原则，是与书面审理原则相对而言的，其要旨在于庭审调查过程中的举证和认证都必须以言词（即口头陈述）的方式进行。虽然审判之前获得的书面证言和笔录也有证明价值，但是其是否真实、准确、完整地表达了陈述人的意思，还是要通过直接询问陈述人来确定。总之，对书面证言和笔录进行的质疑和反驳属于间接审查，只能作为审查证据的辅助和替代方式。

直接言词原则是大陆法系国家普遍采用的一项原则。由于其出发点在于保障法官对证据的直接审查和采信，所以又称为直接采证原则。英美法系国家虽然不使用直接言词原则的概念，但是其传闻证据排除规则实际上具有同样的效果。按照传闻证据排除规则，证人证言必须以口头言词的方式在法庭上直接提出，并接受对方律师的交叉询问．以便法官和陪审团审查评断证据。证人在法庭之外所做的陈述笔录或者在审判之前提供的书面证言都属于传闻，一般来说应该排除。坚持这一原则，就必须要求并保证证人出庭作证。由此可见，**大陆法系的直接言词原则和英美法系的传闻证据排除规则具有异曲同工之处。**

在司法活动中坚持直接言词原则的主要理由如下：首先，直接言词原则是以审判为中心的司法模式的要求；体现了法官或陪审团直接审查证据和认定证据的需要。其次，该原则符合司法证明的客观规律，特别是对证人证言的审查评断的规律。如果法官只对证人证言进行间接的审查，就很难作出科学准确的判断。最后，该原则也是司法程序公正的要求和保障。这种直接举证、直接质证、直接认证的做法，既可以防止司法人员在审查、评断证据时产生预断和偏见，提高审判的透明度，也可以保障诉讼当事人的合法权利，特别是获得当面质证和公平审判的权利。这一点在刑事案件的审判中具有特别重要的意义。

(二) 从侦查中心的程序观转向审判中心的程序观

在司法制度的历史发展进程中，犯罪侦查职能是逐渐从审判职能中分离出来的。在人类社会的早期，无论是东方国家还是西方国家，侦查职能都附属于审判职能。换言之，查明案情的职能都是由法官行使的，而且一般都是在法庭上通过讯问当事人和证人的方式进行的。例如，中国历史上著名的“法官”狄仁杰和包拯等就都同时担负着侦查破案的职责，而且他们也确实是侦查破案的“专家”。随着社会的发展，特别是随着社会专业分工的细化，犯罪侦查职能逐渐从审判职能中分离出来，由专门的国家官员负责，而法官则专职于审判。侦查和审判成为了刑事司法活动的两个基本阶段，于是就产生了一个问题：哪个诉讼阶段更为重要，或者说，哪个阶段应该是刑事司法过程的中心？在回答这个问题的时候，考察一下西方国家特别是大陆法系国家刑事诉讼制度的历史沿革很有裨益。

12 世纪以后，欧洲大陆国家逐渐从原来的“控告式”诉讼制度转变为“纠问式”诉讼制度。在这种制度下，刑事案件的诉讼过程分为两个阶段：其一是预审；其二是审判。预审的任务是查明指控的犯罪事实；审判的任务是对被告人定罪量刑。虽然负责预审的人和负责审判的人都属于法院的官员，但是二者的职能已经有了明确的分工。在预审阶段，法官调查案情的基本方式就是对被指控者的审讯，而且审讯是秘密进行的，刑讯逼供更是“家常便饭”。预审法官获取的各种证据——主要是书面的证言和口供——不仅是起诉的依据，而且是审判法官定罪量刑的依据。在法庭上，法官先听取检察官基于预审案卷材料提出的起诉意见，然后依据案卷材料对被告人进行最后的审讯，无须任何证人出庭作证，法官便作出判决。由此可见，当时的审判只是一种形式，法官对证据的审查也是徒有虚名。

与此同时，以英国为代表的普通法系国家在“控告式”诉讼制度的基础上逐渐形成了“抗辩式”诉讼制度。在这种制度下，控辩双方都可以去调查案情和收集证据，而且双方至少在理论上具有平等的调查权。一般来说，检察官指导警察进行调查并收集证据；辩护律师自己或聘请私人侦探等进行调查并收集证据。在这种制度下，审判是刑事诉讼中最重要的环节。控辩双方收集的证据能否作为认定案件事实的根据，都要等待法官在法庭上作出裁定，案件事实也只能由法官（或陪审团）在法庭调查的基础上作出认定。

由此可见，大陆法系国家的诉讼制度具有“以侦查为中心”的传统；而英美法系国家的刑事诉讼制度具有“以审判为中心”的传统。在前一种制度下，侦查官员是刑事诉讼的关键人物，他们办完的案子就算定案了，法官的审判不过是一种没有多少实际意义的程序。在后一种制度下，法官是刑事诉讼的中心人物，只有经过他们审判的案件才算定案。然而，随着社会的发展和司法理念的变化，大陆法系国家的刑事诉讼中心也逐渐由侦查转向审判。以法国为例。大约从 17 世纪开始，检察官逐渐在刑事案件的调查中扮演主要的角色。到了 19 世纪，具有现代警察特征的司法警察又成为了犯罪侦查的主要力量。在侦查权、起诉权、审判权相对分立的体制下，虽然检察官可以监督和指导警察的侦查活动，虽然预审法官在审判前也要对侦查人员收集的证据进行审查，但是调查取证的工作主要是由警察完成的，而审判法官在法庭上对证据的审查也就越来越具有了实质意义。20 世纪中期以来，在司法公正理念和人权保护观念的影响下，“审判中心论”的思想逐渐被人们所接受，而刑事证据法中的直接言词原则就是这种思想的体现。

对“侦查中心”和“审判中心”进行比较，我们可以发现，在以侦查为中心的诉讼模式下，法官在审判中对证据的审查并不具有实质意义，因此没有必要强调法官的直接审查，也没有必要排除侦查人员在审判前提取的书面证言。但是在以审判为中心的诉讼模式下，由于对案件事实的认定都要在法庭审判过程中完成，所以证据是否直接在法庭上提出，是否直接接受法官的审查，就具有了重要的意义。另外，在现代司法制度下，被告人是否有罪的裁决只能由法官作出，而不能由警察或检察官作出。由此可见，**从“侦查中心”到“审判中心”的变化，符合人类社会司法制度的发展趋势。**

在中华人民共和国成立以后的一段历史时期内，我国的刑事司法制度也是以侦查为中心的。特别是在“法律虚无主义”思潮的影响下，在“以阶级斗争为纲”的方针指引下，审判自然成为了侦查的附庸，而法院院长要接受公安局领导的做法也就不足为奇了。但是在现代法治国家中，刑事诉讼的核心应该是审判，刑事裁判权应该属于法官。2014 年 10 月召开的中国共产党第十八届四中全会通过的《中共中央关于全面推进依法治国若干重大问题的决定》明确提出，要推进以审判为中心的诉讼制度改革。因此，我国刑事诉讼制度的改革方向就是要从“侦查中心”转向“审判中心”。

目前在我国的司法实践中，“以审判为中心”的思想已经在一定程度上被专业人士所接受，法官在刑事诉讼中的主导地位也逐渐得到了人们的认可，但是许多侦查人员还保留着“以侦查为中心”的思维习惯。例如，一些侦查人员认为，只要抓到犯罪嫌疑人并取得口供，就算破案了，侦查工作也就完结了。实践证明，公安局侦查终结的案件未必都能在法院得到有罪判决。虽然法院未判有罪的案件并不一定都说明公安局的侦查工作有过错，但确实有相当数量的案件是因为侦查人员的取证工作中存在着失误。在有些案件中，因为侦查人员偏爱口供而错过了重要物证的提取时机，致使案件做成了“夹生饭”；在有些案件中，由于侦查人员忽视证据保全工作而使本来很有证明价值的证据失去了“法律价值”，导致无法定案。因此，侦查人员必须适应“以审判为中心”的现代诉讼制度的要求，转变司法观念，提高证据意识，明确自己的定位，做好本职工作。

另外，从“侦查中心”的司法观转向“审判中心”的司法观，还有助于在司法实践中遏止刑讯逼供。在“以审判为中心”的诉讼制度下，犯罪嫌疑人在侦查阶段作出的口供对审判来说价值有限，关键还得看被告人在法庭上如何陈述。因此，侦查人员不能以为只要取得犯罪嫌疑人的有罪供述，就算大功告成，他们必须考虑嫌疑人在转化为被告人之后会怎么说，必须认真地收集其他能够支持嫌疑人口供的证据。一旦嫌疑人口供的作用降低了，侦查人员刑讯逼供的内心动力也就减弱了。总之，坚持“以审判为中心”的司法观可以促使侦查人员依法办案，提高侦查工作的质量。

六、公平诚信原则

（一）公平诚信原则的内容

公平诚信是现代法治社会对司法活动的基本要求，也是诉讼活动的一项重要原则。在民事诉讼和行政诉讼中坚持公平诚信原则是没有争议的，问题是在刑事诉讼中应否坚持公平诚信的原则。我们认为，刑事诉讼虽然具有更为强烈的对抗性，但是也应该以公平诚信为原则。公平诚信原则实际上包括两项内容：其一是公平原则；其二是诚信原则。

公平是司法活动的基本准则和内在含义。诚然，刑事案件的诉讼过程充满了对抗性，但这应该是诉讼双方公平的对抗，因此诉讼参与者都应该按照确定的“游戏规则”公平地进行“竞赛”。这包括两个方面：第一，各种证据规则的制定应该公平地考虑到诉讼双方的利益和要求；第二，诉讼双方在诉讼过程中应该处于平等的地位并获得平等的待遇。为了保障诉讼的公平，诉讼双方应该获得平等的“武装”。一般来说，刑事案件的公诉方掌握着强大的国家机器和更多的人力物力资源，而被告人往往处于劣势，也不懂法律，因此在取证、举证、质证等方面都需要法律专业人员的帮助。

诚信的含义是诚实守信，即人们在社会交往和社会生活中要诚实，要讲信用。**诚信是重要的社会道德规范之一，也是人们在进行诉讼活动时应该遵守的行为准则之一。**在刑事案件的诉讼过程中，所有诉讼参与者都应该遵守诚信原则。当事人要讲诚信；证人要讲诚信；律师要讲诚信；检察官和法官也要讲诚信。特别是就正式的公开的诉讼程序来说，要公平竞争，就要讲诚信；要文明司法，也要讲诚信。代表国家行使司法和执法权力的官员在诉讼过程中作出的承诺应该得到遵守。另外，诚信原则也体现了对人的尊重，对人权的尊重。国家要守信于民，在刑事司法活动中，司法官员也要"守信于民"，这就包含了遵守诚信的意思。具体来说，在诸如证据展示、坦白从宽等问题上，强调诚信原则是非常重要的。一言以蔽之，刑事诉讼虽然具有对抗的性质，但这应该是"君子之争"，而不应该是"小人之斗"。

（二）从军事斗争的执法观转向文明公正的执法观

由于历史原因，在新中国成立之后的一段时期内，人们习惯把军事斗争的思维模式运用到社会生活的各个领域。因此，在刑事诉讼活动中，人们的习惯是强调对抗思维，讲究斗争谋略，无论是在感情上还是在理念中都很难接受"诚信"的思想。特别是在把刑事司法视为"对敌斗争"、把犯罪嫌疑人和被告人视为"阶级敌人"的思维模式下，"诚信原则"自然难有存在的空间。这说明，我们在自觉或不自觉地用军事斗争的思维方式指导刑事司法工作。而军事斗争往往具有"你死我活"的性质。按照这种思维模式，人们自然会得出刑事司法活动不应受诚信原则限制的结论：只要有利于打击犯罪，有利于实现执法职能，执法者就可以采取一切可用的措施和方法，甚至包括野蛮的刑讯和诈欺等手段。

然而，刑事司法活动不同于军事斗争，刑事司法的对象也不同于军事战场上的敌人。虽然犯罪侦查活动具有对抗性的特点，但是我们面对的主要是各种各样的"人民内部矛盾"。如果说新中国刚成立时面临的首要任务是维护政权，因此在一定时期内沿用军事斗争的思维模式指导刑事司法活动还是必要的话，那么在以维护社会秩序和保障经济发展为主要目标的今天，再沿用军事斗争的思维模式就不合时宜了。军事斗争的基本规律是"你死我活"；而执法活动的基本原则是公平正当。从这个意义上讲，军事斗争具有野蛮性，而现代执法活动则趋向文明。为此，执法人员应该完成从军事斗争的执法观向文明公正的执法观的转变。

树立文明公正的执法观，就要求司法、执法人员在具体办案过程中的行为符合公正的要求并具有文明的风范。具体来说，这包括以下几个方面：第一，要在司法和执法活动中尊重有关人员的人格尊严，特别是犯罪嫌疑人、被告人的人格尊严；第二，在采用各种侦查措施和手段的时候要尽量符合人性化和人道主义的要求；第三，在司法和执法过程中坚持人人平等，既反对任何特权，也反对任何歧视；第四，在司法和执法活动中要注意语言和行为的文明与规范。总之，从军事斗争的执法观转向公正文明的执法观，就要求司法、执法人员在司法和执法过程中恪守法律的准则，公正办案，文明办案，依法待人、以理服人。

七、法定证明与自由证明相结合的原则

（一）法定证明与自由证明相结合原则的内容

从证明的角度来说，**证据制度有两种基本模式：其一是法定证明模式**（regulated proof）；**其二是自由证明模式**（free proof）。这两种模式的根本区别在于法律是否给予司法人员运用证据证明案件事实的自由。换言之，是由法律事先明确规定法官采纳和审查每一种证据的具体标准，还是让法官根据案件的具体情况和个人的良知去自由地使用证据。

主张法定证明模式的人认为，司法公正的核心就在于相同案件应该在司法系统中得到相同的处理，因此司法人员在收集和使用证据时必须遵守统一明确的规则，不能有任何自由裁量权。以法国为代表的大陆法系国家在15世纪前后就曾采用了极端的“法定证据制度”。主张自由证明模式的人认为，案件的具体情况是纷繁复杂的，证据的内容和形式也是多种多样的，而且社会的环境状况也是发展变化的，因此，法律事先把使用证据的标准都明确地规定下来的做法在理论上是幼稚的，在实践中是不可行的。为了保证具体案件中法官采用证据的合理性和正确性，法律必须给法官采用证据证明案件事实的自由裁量权。

目前世界上主要国家的证据制度都可以说是自由证明与法定证明的结合，当然不同国家的结合点并不完全一样。例如，英美法系国家的证据制度从总体上说更倾向于法定证明模式，而大陆法系国家的证据制度则更倾向于自由证明模式。不过，无论是大陆法系国家还是英美法系国家，在法官对证据的审查判断或者说在证据的证明力问题上都基本采用了自由证明的态度，即由法官和陪审团根据案件的具体情况对证据的真实可靠性和证明价值作出评断。按照大陆法系国家的说法，这就是自由心证（free proof with intimate conviction）；按照英美法系国家的说法，则是对证据的自由评断（free evaluation of evidence）。

从总体上说，我国的证据制度应该坚持自由证明与法定证明相结合的原则。考虑到我国司法人员的总体素质比较低和审判实践中采用证据的情况比较混乱无序等现状，**我们的证据制度应该采用以“法定证明”为主、以“自由证明”为辅的模式。**收集采纳证据要规范化，而审查评断证据则可以“自由化”。法律不应预先对证据的证明力作出规定，不应用形式上的证明力规则束缚法官的手脚。换言之，对证据的证明力的评断应该属于法官“自由裁量”的范围。

（二）从偏重证明效力的证据观转向强调证据能力的证据观

在司法活动中研究证据，主要有两个方面的问题：其一是证据能力；其二是证明效力。**所谓证据能力**（competency of evidence），**即一个证据能否满足诉讼活动对证据的基本要求，是否具备诉讼的准入资格，又称为证据的可采性**（admissibility of evidence），**即一个证据可否在诉讼中被采纳。所谓证明效力，即证据对案件事实的证明效果、力量或价值，或者说，证据证明案件事实所能达到的程度。**

证据能力包括证据的关联性与合法性。前者要求在诉讼双方提交法庭的各种证据中，只有确实与案件事实存在关联性的证据才可以被采纳为诉讼中的证据。不具备关联性的证据不得采纳。后者要求诉讼双方提交法庭的证据必须在证据的主体、形式以及收集、提取证据的程序和手段等方面都符合法律的有关规定，才能被采纳为诉讼中的证据。不具备合法性的证据不得采纳。由于关联性是证据自身固有的属性，而合法性是一定社会制度赋予证据的属性，所以合法性实际上是证据法中关于可采性问题之规定的核心内容。

证据的证明效力是以证据的真实性为前提的，所以对证明效力进行考察应该从证据的真实性开始。由此可见，在司法活动中考察具体证据的证明效力实际上包括两个层面：第一是证据有没有证明效力，这主要是证据的“确实性”问题，即证据是否真实可靠；第二是证据有多大证明效力，这主要是证据的“充分性”问题，即证据对案件事实的证明能否达到法律所要求的标准。

虽然证据的基本功能是证明案件事实，但是制定证据规则的时候，我们不能仅仅考虑准确有效地运用证据证明案件事实的需要，而且要考虑司法公正、人权保障等方面的需要。法律应该对证据的主体、形式以及收集提取证据的程序和手段作出具体的规定，以便规范司法证明活动，特别是规范调查取证活动。因此，现代法治国家一般都把证据的合法性规定为诉讼活动中采纳证据的标准之一，而且一般都把非法证据排除规则作为对证据合法性标准的补充。

受一定时期的哲学思潮和片面追求实体公正等司法理念的影响，我国的证据法及其理论研究长期以来具有重视证明效力而忽视证据能力的倾向。这主要表现在以下几个方面：第一，在证据概念的问题上强调证据的真实性，主张“不属实者非证据”；第二，在证据属性的问题上强调证据的客观性，认为客观性是证据的“首要本质属性”；第三，在证明标准的问题上坚持“客观真实说”，强调司法人员在案件中查明的“案件情况”都必须是“客观真实”的；第四，在立法上关于证据的规定主要集中在证据的概念、形式以及查证属实等问题上，缺少关于证据可采性或采纳标准的规定；第五，在实践中，侦查人员、检察人员和审判人员在收集证据和审查证据的时候，关注的重点都是证据的真实性和证明价值，而对证据的合法性问题则很少关心甚至不闻不问。

然而，现代法治原则要求侦查人员、检察人员和审判人员在司法活动中加强对证据可采性或合法性的关注。从世界各国的情况来看，英美法系国家具有重视证据可采性的传统，因此强调证据的合法性是不言而喻的；大陆法系国家虽然具有自由心证的司法传统，但是，加强对诉讼中法官“采证”行为的规范，强调证据的合法性，也是这些国家证据制度改革的趋势。当前我国的证据制度改革也要加强对证据合法性问题的重视。

从偏重证明效力的证据观转向强调证据能力的证据观，首先，要明确对证据概念的界定，要“让证据走下人造的神坛”；其次，要正确理解证据的客观性问题，要转变对证据客观性的盲目崇拜；再次，要明确刑事诉讼中证明标准的定性，要正确把握“客观真实”与“法律真实”的关系；又次，要在证据立法中增加关于证据采纳标准的具有可操作性的规定，要处理好“法定证明”与“自由证明”的关系；最后，要促进司法实务人员的证据观念转变，具体来说，侦查人员、检察人员和审判人员在诉讼活动中都必须树立重视证据合法性的观念。**由于证明效力是证据的自然属性，合法性是证据的社会属性，所以我们也可以把这种转变称为从“自然证据观”向“社会证据观”的转变。**当然，强调证据的合法性问题并非不重视对证据的真实性和证明力的审查，那是司法实践中运用证据的前提。

问题与思考

1. 如何在司法证明实践中坚持实事求是的原则？
2. 试述遵守法制原则与依法办案的关系。
3. 如何在刑事司法活动中贯彻人权保障原则？
4. 试述证据为本原则的基本含义。
5. 试述直接言词原则的适用范围及要求。
6. 为什么要在司法活动中确立公平诚信原则？
7. 如何理解法定证明与自由证明相结合的原则？

阅读文献

1. 陈卫东．论刑事证据法的基本原则．中外法学，2004（4）

2. 邓建民．论实事求是原则与刑事诉讼原则．现代法学，1996（4）

3. 林金茎．论证据裁判主义．比较刑事证据法各论．台北：汉林出版社，1984

4. 宋英辉，李哲．直接、言词原则与传闻证据规则之比较．比较法研究，2003（5）

5. 汤维建．论民事诉讼中的诚信原则．法学家，2003（3）

6. 汪建成，孙远．自由心证新论——“自由心证”之自由与不自由．见：何家弘主编．证据学论坛．第1卷．北京：中国检察出版社，2000

7. 何家弘．证据的采用标准．中国刑事法杂志，2000（3）

8. 何家弘．试论刑事司法与证据制度的价值取向．犯罪研究，2001（1）

9. 何家弘．中国刑事证据规则体系之构想．法学家，2001（6）

10. 何家弘．中国刑事证据制度改革的方向．中国法与比较法，2003（5）

第七章

司法证明的一般方法是什么

引 言

在我们了解了很多证据法上的概念之后，如什么是证据、什么是司法证明，就会必然涉及如何去证明的问题，即司法证明的方法是什么、有哪些方法。采用什么样的方法进行司法证明，可以说是证据法中，特别是司法证明实务操作过程中非常重要的问题，因为它决定了一个案件的结果是否确实可信。“证明”这个词汇，是我们现实中经常遇到的。无论是日常生活中的证明，还是数理化学习中的证明，与我们现在讨论的司法证明，应该说是既有联系又有区别——它们既有共性也必然存在各自的特点。司法活动中的证明，概括起来有逻辑推理、司法认知和推定这三种方法。

关键术语

证明方法　神证　人证　物证　逻辑推理　司法认知　推定

【案例】

2004年8月12日，中国南方某省的一个乡村发生了一起命案，甲的尸体在河边的沙滩上被发现。警方经现场勘查确认，甲系被锐器刺中胸部失血过多而死，死亡时间在8月11日20时～22时之间。同时，警方还在尸体旁的泥土中提取了几枚鞋印。警方在村中展开了调查，有证人称甲与其邻居乙在案发前几天发生过激烈的口角，而乙在案发后一直不知去向。警方搜查了乙的住宅，在后院一口废弃的枯井中发现了一把带血的杀猪刀和有喷溅血迹的上衣，经DNA鉴定确认为被害人甲的血迹。乙被抓获后，警方证实现场的鞋印正是其脚上穿的鞋所留，同时，杀猪刀刀把上的血手印也是乙的。但乙辩称案发前一日就已经不在村中，一直对杀害甲的行为予以否认。最终，法院判决乙犯故意杀人罪。

司法证明方法，就是在司法活动中运用证据证明案件事实的方法。对于上述这种比较典型的刑事案件的司法证明，需要运用一定的方法，同时，这些方法在其他如民事、行政案件中也是普遍适用的。了解历史特别是人类科学发展史的人们，都应该知道人类的发展历程是一个从低级向高级、从愚昧向文明的进化过程。在这个过程中，人类逐渐了解自然界，了解自身，社会生产力也不断得到提高，人们的物质生活和精神生活质量也随之大大改善。或许，今天享受着现代化生活方式的人们，不可想象人类初期那种茹毛饮血的生活。同样的道理，就司法证明的方法而言，21 世纪的我们早已习惯于用 DNA 这样的科学证据来精确证明一起刑事案件的杀人凶手，但对千年前的古人来讲，这显然是难以想象的。不同的时代，人们对几乎是同样的案件，所用的证明方法却有着天壤之别。**而司法证明方法的发展也是与这个进程相伴的，也经历了一个从蒙昧到开化，再到科学的过程。具体来讲，就是经历了一个从神证到人证，再到物证这样的科学证据的过程。**

一、证明方法的历史发展

司法证明的方法，总是与其所处时代的科学发展水平相适应的。当然，这里所指的科学发展水平，并不仅指具体的科学技术。在出现司法裁判的人类文明社会的初期，是不会达到利用 DNA 断案的水平，而且不仅不涉及具体科学技术的逻辑推理这样的“软科学”，在当时同样也不可能达到现在人们所具有的较高的认知水平。这表明，司法裁判中采用的证明方法，是由那个时代的人们对世界的看法、对人类自我的看法所决定的。

（一）神证法

在神的时代，人类社会的政治、经济和文化生活在很大程度上受到神的主宰。神，在那时，是人们的精神家园和思想的归宿。理所当然，在人们为解决某种纠纷进行带有司法性质的裁判时，也只能够依赖于神的力量，因为当时的人们还没有发现有什么比神灵的旨意更加公平、准确和快捷的裁判方法了。**在古代的时候，人们的认识水平比较低，以人力来判断案情的真伪是非常困难的，人们就借助于神的力量来查明和审判案件，这种方法被称为“神证”，包括神誓和神判两种方法。**

所谓神誓，就是让双方当事人都对神发誓，以证明他说的是真话。如果一方不敢对神发誓，或者发誓过程中神色慌乱、犹豫不决，或者显示出神灵报应的迹象，裁判者就据此认定其说的是假话。本章的这个案例，如果是发生在古代，那么，就可以采用神誓的方法来判断嫌疑人乙是不是凶手。

这种方法无疑具有强烈的宗教色彩，但从心理学的角度来看，借助于神灵在人们心中的威慑力量而发现案件的真实情况，似乎也有一定的道理。从现代人的角度，特别是从心理学方面来看，通过对神起誓来判明案件事实的情况，是出于人们对神的敬畏心理，害怕神灵的诅咒和无可逃避的惩罚。其实，在日常生活中，我们也会遇到一些这样的事例，特别是当没有物证和人证的时候，比如一个被怀疑偷窃了宿舍里其他同学 MP3 的人会这样说：“我对天发誓，如果我偷了东西，我将……”大家可以想象，如果一个人的心理素质过硬或者不那么信奉神灵，这种神誓的证明方法就可能不是非常有效。事实上，神誓法与目前的测谎技术在某些方面存在着一定的相似之处。

除了神誓法，还有神判的方法。**这种方法又被称为“神明裁判法”，就是通过让当事人接受某种以神的名义所进行的肉体折磨或考验，来查明案件事实的方法。**这种折磨或考验，一般都伴随着神职人员主持的宗教仪式。如果本章案例被告人乙生活在中世纪的欧洲，那么他很有可能要接受当时盛行的“热铁审”来证明其无罪。在这样的神判方法中，履行法官职责的牧师，会在烧红的铁块上洒一些“圣水”，并说道：“上帝保佑，圣父、圣子和圣灵，请降临这块铁上，显示上帝的正义裁判吧。”然后让被告人乙手持这块滚烫的铁块走过9英尺的距离，最后，乙的手被密封包扎起来，三天之后再接受查验。如果乙的手上有溃烂的脓血，就会被判有罪，否则就证明他是清白无辜的。总之，在人的认识能力很落后的古代，存在着林林总总的宗教色彩的神明裁判方法。但这种不理性的查明案件事实的方法，在公元12世纪，逐步退出了历史的舞台，取而代之的是“人证”的时代。

（二）人证法

在以人证为主的查明案件事实的时代，当事人特别是被告人的口供，无疑被认为是最重要的证据。因为，如果被告人亲自做了某件事情，肯定会对事情的全部经过最为了解，所以，获取了被告人或犯罪嫌疑人的口供，就能够最好地查明案件事实。

以人证，包括证人的证言、被告人的口供、被害人的陈述等，作为查明案件事实的证据，相比于神证的方法，是一种历史的进步，但依然带有野蛮的成分。因为，刑讯逼供被认为是获取口供的最有效手段，人们认为，肉体的痛苦会迫使被告人说出真相。不仅在中国，而且在欧洲，刑讯逼供都曾是合法的查明案件事实的手段，都有明文的法律依据。在中国古代，不仅那些草菅人命的贪官酷吏，就连被誉为青天大老爷的包公，也把刑讯作为看家手段，动不动就“大刑伺候”。并且，不仅是被告人，即使是原告人，也同样可能遭受刑讯。对于这种采用刑讯逼供获取证据的情况，如果被审判的被告人恰好是真正的罪犯，那么逼供或许是有效的，但如果不是罪犯，被冤枉的事例就不胜枚举了。

本章案例中那个被怀疑是凶手的乙，如果生活在古代中国，就会被抓到衙门里讯问，若是不承认，就难免遭受皮肉之苦，县官老爷就是要获取他杀人的口供。当然，除了口供，也会去找来证人询问，比如证明疑犯乙与被害人甲有仇隙的证人，比如看见疑犯乙曾经出现在河边的证人，甚至看见疑犯乙行凶的证人。县官老爷就是主要依据被告人的口供和证人证言来定案的，因此，屈打成招的事例不在少数。在这样的刑事司法证明中，当然也会涉及物证，比如被害人身旁的凶器，比如被告人衣服上的不明血迹，但在那时，人们对这些物证显然是无能为力的，很难将它们与证明被告人就是凶手准确地联系起来。

随着社会文明的进步，刑讯逼供的方法受到越来越多的抨击和反对。特别是新兴的资产阶级革命形成的人权观念，以及科学技术的进步带来的越来越科学的查明案件事实的方法，都使人们意识到，以刑讯逼供获取人证的方法，不仅是对人的尊严的蔑视、对人性的践踏，并且，从科学的角度而言，仅有的人证也不是查明案件事实最有效的方式。**因此，到了近现代，以“物证”，也可以称为“科学证据”为主的查明案件事实的侦查方法逐渐成为了主流。同时，这也形成了现代的司法证明的方法体系。**

（三）物证——科学证据

依靠科学证据来查明案情，首先发展起来的是法医学和毒物学。法医学在我国有着较早的历史雏形，《秦简·封诊式》就记载了法医人体检验的案例。电视连续剧《大宋提刑官》，便讲述了我国古代最伟大的法医学家宋朝人宋慈的故事。宋慈所著的《洗冤集录》被认为是世界上最早一部系统的法医学著作。16世纪，意大利人费德罗发表了欧洲最早的较系统的法医学著作，之后不少的学者和医生致力于这方面的研究，并陆续推出成果，法医学作为一门新兴科学，得以逐步推广。

1813年，巴黎大学化学兼法医学教授马蒂尔·奥费拉集其经验写成《毒物的特性》一书，并和比利时人琼·斯塔斯等药剂先驱者，分别对各种毒物加以分析和鉴别，毒物化验因此而日趋科学。在1840年著名的"玛丽·拉格案件"中，奥费拉因运用科学方法成功地检验出人体及泥土中的砷，从而证明被告人有罪而闻名遐迩，成为刑事毒物学的创始人。大家可以看出，这些其实就是不断发展的化学、医学等自然科学在司法证明领域的应用。

笔迹鉴定技术在中国有上千年的历史，但形成为一门科学却是在19世纪的欧洲。1622年，意大利人卡米洛·巴迪尔发表了《怎样根据字迹判断写字者的性格和气质》一书，这是世界上第一部与笔迹学有关的著作。后来，在19世纪，法国神父米尚和意大利法医学教授、犯罪学家龙勃罗梭，相继对笔相学进行了系统研究，写出这方面的著作，进一步完善了笔相学体系。大家知道，笔迹鉴定是一种人身识别，即通过一些文字笔迹，来判断书写人是谁。那么，为什么认为能够通过笔迹来甄别书写人？这与通过面貌的识别一样，因为每个人的笔迹都是不同的，即使有一定的伪装，但总还是能够表现出自己特有的习惯，这种习惯被称为"动力定型"，是人长期写字时不自觉养成的。

人身识别，是刑事司法证明中的重要问题之一。19世纪的欧洲日益为犯罪浪潮所困扰，对罪犯的人身识别已成为打击犯罪的迫切需要，法国巴黎警察局任用了以维道克（vidocq）为首的一批前科犯来抓捕罪犯。凭借着这些人对犯罪情况的熟悉和对相貌识别的惊人记忆力，抓捕取得了显著成效，并逐步建立起一套辅以文字档案材料的相貌识别方法。但显然，这种方法并不科学，人们亟须一种更加科学的人身识别方法。公认的现代犯罪人身识别技术的创始人，是法国人阿尔冯斯·贝蒂隆（Alphonse Bertillon）。他的父亲是一个著名统计医学专家，因此他从小就受到医学特别是人类学的熏陶。贝蒂隆退役后，在巴黎警察局谋了个职位，从事对逮捕的和追捕中的罪犯人身特征登记卡片的誊写工作。贝蒂隆在工作中发现，包括照相在内的传统罪犯人身识别技术是非常粗糙和有局限的，借助于从其父亲那获得的人类学知识，他于1879年创建了首次以科学理论为基础的罪犯人身识别方法——人体测量法。人体测量法测量人体11个部位的骨骼数值，如身高、臂长、坐高、脚长、手长等，再加上眼睛、头发和肤色等特征，使不同的两个人之间所有特征均一致的可能性减小到1/4 194 304。贝蒂隆一直不接受指纹识别作为人身识别的重要方法，直至1903年的West事件：一个被投入监狱的名为Will West的黑人，当以贝蒂隆测量法进行登记时，发现其与一个名为William West的已被判处死刑的罪犯，竟然在11个骨骼测量数据及照片方面看不出差异。

为了寻找更为科学可靠的鉴别犯人的方法，从19世纪下半叶开始，英国人就开始研究利用指纹来证明罪犯。最早注意这种方法的是威廉·赫谢尔（原孟加拉国警官）和亨利·福尔兹（在日本行医），他们从当地中国人用捺指印代替签名订立契约的方法中得到启发，先后于1859年和1880年，提出利用现场遗留的指印来认定犯罪人的思想。至1892年，英国科学家法兰西斯·高尔登经过几年的潜心研究，得出了关于指纹的三个结论：一是指纹终身不变；二是指纹没有重复，每个指纹都是不相同的；三是指纹可以分类。高尔登出版了《指纹学》一书，建立了初具体系的指纹鉴定法。从证据的角度讲，指纹的终身不变说明了指纹的稳定性；指纹的人各不同，说明了指纹的特异性和差异性；指纹可以分类，说明了个体指纹特征的可认识性。这三个方面的特性，是物证，特别是通过物证进行司法证明的最重要特性。在1914年摩纳哥举行的第一次国际警察工作会议上，指纹法被确立为鉴别人身的标准方法，并一直使用至今。当然，人们对指纹的科学性还有一些争议，如几年前曾有美国大法官认为指纹识别技术不科学。

20世纪以来，为司法证明服务的科学技术的发展更是日新月异。包括像DNA这样的遗传基因鉴定技术，带来了司法证明方法的一次新的飞跃。目前，在一些科学发达的国家，物证已经在各种司法证明方法中占据首位，成为新一代“证据之王”。人类的司法证明活动，已经进入了以物证为主要载体的“科学证据”时代。在这个科学证据的时代，就本章案例中被告人乙是否是杀害甲的凶手的证明问题，已变得非常准确。只要获得了足够的物证并对它们进行鉴定，比如凶器上的指纹识别，比如衣服上血痕的DNA鉴定，比如河滩上的鞋印的鉴定，比如对从乙鞋底提取的泥土微量物质成分的理化分析，最终就会精确地证明乙到底是不是凶手。所以，从人类查明案件事实的手段看，走过了一条从神证、人证到物证的轨迹，这也是一条从愚昧到科学、从野蛮到文明的道路。

二、逻辑推理的证明方法

（一）什么是逻辑推理

逻辑推理是司法证明中最基本的方法，当然，它也是我们日常生活中进行判断的常用手段。对于逻辑一词，在自然语言中会有许多含义，但是从证明的角度看，我们应该将其理解为思维的规则。**而推理就是从已知事实或者判断出发，按照一定的逻辑规律或者规则，推导出新的认识或者判断。**

在推理中，应该说逻辑只是我们思维所必须遵守的规则或者形式规律，违反了这样的规则，就会导致思维上的混乱，从而造成推理结果的错误。这些必须遵守的逻辑规则一般包括同一律、不矛盾律和排中律等。

同时，在逻辑推理中，即使我们严格遵守了逻辑思维的规则，但推理出来的结论也不必然是正确的。因为在推理中，要想获得一定的结论，除了逻辑规则之外，还需要两种不可缺少的事物：一是案件的证据，二是经验法则。与我们在日常生活中的推理判断一样，在司法证明中，我们是依据所掌握的案件证据，遵循着逻辑思维规则，通过一定的经验法则，来获得案件事实的结论。

比如，在本章的案例中，甲的尸体、凶器、凶器上的血指纹、乙衣服上的血迹、目击者关于案发时乙出现在现场附近的证言等都是证据，无论是侦查人员还是法官，在得出乙是犯罪行为人的结论时，都是通过这些证据，通过经验法则来进行逻辑推理。所依据的经验法则，应该包括关于指纹鉴定的知识、关于DNA鉴定的知识、关于死亡时间判断的法医学知识，以及在案发时出现在现场的很可能是犯罪行为人的常识。

正是因为在司法证明中的逻辑推理除了逻辑规则之外，还涉及证据和经验法则，故当事人或者被告人是可以对逻辑推理的案件结论进行反驳的。通过有关证据的章节，我们可以了解到，司法人员在案件中获得的证据不一定就是绝对真实的，而用以判断的经验法则也同样不是在任何时候都是正确的。因此，当事人或被告人可以通过相反的证据来反驳推理的事实。

一般来讲，逻辑推理存在两种推理进程相反的种类，即演绎推理和归纳推理。

（二）演绎推理

演绎推理是从一般到个别或者特殊的推理方式。演绎推理是一种必然性推理，即从前提一定能够推出结论，如果前提为真，则结论必然为真。演绎推理结论的知识没有超出前提的知识范围。

演绎推理就是我们熟知的三段论。它的形式包括大前提、小前提和最终的结论。一般来讲，在司法证明中所应用的演绎推理的小前提就是具体的证据事实，而大前提就是经验法则。关于推理结论的真实性和正确性，需要两个方面的条件：一是证据的真实性，这是对诉讼证据的一个根本性的要求，也是我们审查证据的重点之一。二是所依据的经验法则的正确性和可靠性，在证据为真的情况下，经验法则的可靠程度决定了结论的可靠程度。因此，在司法证明中演绎推理与经验法则是紧密联系的。以可靠性高的经验法则为依据的推理，其结论的可靠性就高；而以可靠性不高的经验法则为依据的推理，其结论的可靠性就不高。

（三）归纳推理

在司法证明中，对于一个具体结论的获得，都是通过演绎推理，即需要具体的证据和经验法则这样的普遍结论。而当我们需要获得一个具有普遍性的结论时，则是通过归纳推理来获得的。归纳推理是获得一般性知识和理论的方法。不论是对案情进行常规分析判断所依据的生活常识，还是对证据进行鉴定分析中应用的各种科学理论，都是归纳推理的结果。

简单地说，归纳推理就是从个别到一般的推理。这是根据一类事物所包含的许多对象的情况，推出关于该类事物的整体性结论的推理。这种推理是以一系列个别性的知识作前提，推出一个一般性知识的结论，其思维方向是由个别到一般。归纳推理的前提和结论之间，具有必要条件关系。首先，归纳推理的前提必须是真实的，否则，归纳也就失去了意义。其次，归纳推理的前提是真实的，结论却未必真实。前提必须为真的原则和结论未必真的现象，在司法证明中得到充分的体现：证据的真实性是我们在质证和认证程序中全力以赴追求的目标，但并不是每起案件中对被告人的认定都是正确的，即使证据的真实性毋庸置疑。

在逻辑推理中，结论未必真的原因与我们归纳认识的对象范围有关，因为在归纳过程中我们未必穷尽所有的对象。归纳推理分为完全归纳推理和不完全归纳推理两种。完全归纳推理是根据某一类事物所包含的每一个个体对象都具有某种属性，从而推出关于该类事物都具有这种属性的一般性结论的推理。不完全归纳推理是根据某一类事物中的部分个体对象具有某种属性，从而推出该类事物都具有这种属性的一般性结论的推理。完全归纳推理的前提为真，并且因为其涵盖了所有的认识对象，因而其结论也必然是真的。固然，完全归纳推理具有结论必然为真的优点，但严格意义上的完全归纳推理在实际运用中具有局限性。如要考察一氧化碳中毒致死的尸体的尸斑规律，我们就无法应用完全归纳方法，因为一氧化碳中毒致死的尸体的数量是无限的。如果完全归纳推理是必然性推理，则不完全归纳推理是或然性推理，因此是可错的和可反驳的。

（四）反证与排除

上述演绎证明法和归纳证明法，都是司法证明中直接证明的方法。所谓直接证明法，就是直接以证据的真实性来证明案件事实真实性的方法，这是司法证明中最常用的证明方法。与直接证明方法相对的，还有间接证明的方法。**间接证明方法，是指通过证明与案件事实相反的事实为假，来证明案件事实为真的方法。**也就是说，它不是以证据来直接证明案件事实本身，而是去否定与之相反的假设事实，然后再间接地证明案件事实的真实性。**这种间接证明的方法包括反证和排除。**

运用反证法证明案件事实，首先要假设一个与案件事实相反的事实，然后再否定该假设事实的真实性。比如在本章案例中，乙声称在案发时他不在现场附近，而是在百余公里之外的城镇里。对此，警方搜集证据发现在甲死亡前的两个小时，乙出现在村子里，而那时唯一连接村庄和城镇的道路上的一座小桥已经被河水冲毁，所以，在案发时乙无论如何都不可能身处那个城镇。这里，警方就是首先假设乙所言为真，然后去查明这个假设是否确实，当否定了这个假设的真实性，也就确证了案发时乙就在现场附近的结论的真实性。

运用排除法证明案件事实，首先要提出关于该案件事实的全部可能性假设，然后逐一排除，直至剩下最后唯一的一种可能，从而证明其真实性。在刑事侦查中常用的“摸底排队”的确定重点犯罪嫌疑人的方法，就含有排除法的逻辑推理性质。例如，在本章案例的侦查中，警方经过初步的调查，会确定犯罪行为人所应该具有的一些条件或者特征，如案发时出现在现场，如衣服上可能有被害人的血迹，如具有一定花纹特征的鞋等，然后按照这些条件对一定的人群（比如那个村庄里的人）进行调查，看哪些人基本符合这些条件。符合这些条件的人都是嫌疑人，但不可能都是真正的凶手，凶手只有一个，很可能在这个划定的嫌疑人范围内。此时，侦查人员就要对这些嫌疑人进行深入细致的调查，搜集更多的证据，这些证据会更多地指向其中的一个人（比如乙），加重对他的怀疑。而其他的人就会被新的证据所排除，比如有证明自己案发时不在现场的证据。最后，所有的证据都证明乙的犯罪可能性最大，而除乙之外的其他人都被排除了，乙成为唯一的重点犯罪嫌疑人。

那么，这里面除乙之外的其他人，就是运用排除法被证明是无辜的，而同时，乙被证明犯罪嫌疑最大。当然，使用案件证据证明乙的犯罪嫌疑，应该是归纳和演绎的直接证明法，所以，在一个案件中，司法证明的逻辑推理方法的运用，其实是直接证明和间接证明的统一适用。

三、司法认知

作为整个诉讼的有机组成部分，司法证明也如同诉讼程序一样，需要兼顾除了准确认定案件事实之外的一些法律价值，比如诉讼效率，因为诉讼或者司法证明的效率是与司法成本相联系的。在某些情况下，当案件中的一些情况在确实性方面可信程度比较高时，就可以不要求当事人进行举证证明，而直接由事实裁判者加以确认，比如司法认知。

所谓司法认知，是指法官对于有待认定的事实，在审判中不待当事人举证，而直接予以确认，作为判断的依据。司法认知的内容都是一些可靠程度较高或当事人没有争议的事实，不需当事人举证而直接由法官予以确认，能够大大提高司法证明的效率。因此，可以认为司法认知主要是从诉讼效率和成本的角度而确立的证明方法。具体的司法认知包括如下这些方面：

（一）众所周知的事实

所谓众所周知的事实，是指在一定的人群范围内，为大家所普遍了解的确实情况。这些事实因为人们基于共同的生活环境和知识基础，而变得显而易见、不证自明。比如，对于甲被杀害的那天晚上下了小雨，就是不需要举证而直接可以为法官所确认的。如果某些事实存在争议，则还是要进行证明的。

（二）自然科学定律

自然科学定律，是指经过科学研究证明的、为自然科学界普遍接受的原理和原则。例如，勾股定理、万有引力定律、阿基米德定律等。在司法证明中，会用到一些自然科学定律，特别是涉及物证的时候。在一般情况下，就这些自然科学定律是否成立，显然举证证明是复杂的，也没有必要。比如，对于甲被杀案中的ABO血型鉴定所依据的医学知识，公诉人是不需要证明这种自然科学鉴定方法的科学性的。因此，自然科学定律也具有众所周知的意味，它应当在一个行业中得到普遍的认可和应用。

（三）国家机关公报的事实

国家机关公报的事实，都是经过内部审查程序，具有较高的真实性和可信性。如果没有有力的反证，法院可以司法认知的形式直接予以确认。这里，国家机关是指依法成立的专门负责行使特定国家权力的机构，包括权力机关、行政机关、审判机关、检察机关、军事机关等。由于具有立法权的国家机关的公报具有确认的法律效力，对其公报的事实，除非出现有力的反证，法院应该对其进行司法认知。而对于其他不具有这种权力的国家机关的公报，因为没有法律效力，对其公报的内容是否采取司法认知，由法院经过调查和审查后决定。

（四）生效的裁判、公证文书和行政行为确认的事实

生效的判决、公证文书和行政行为具有确认的法定效力，对其认定的事实，除非出现新的证据和理由，法院应该采取司法认知，予以直接确认。对这种事实采取司法认知，可以保持司法裁判与公证、行政和其他司法裁判行为之间的协调性，避免出现相互矛盾和冲突的情况。但这并不意味着这种司法认知就是不可反驳的，即拟采取司法认知的事实不一定是绝对真实的，因此，当事人可以提出证据来证明与此相反的事实主张。如果法院认为当事人相反的事实主张可信，就不应该采纳这种司法认知。

（五）当事人承认的事实

在司法证明中，当事人会提出证据来证明自己的事实主张，但这并不意味着当事人不会承认对自己不利的事实。当事人的承认具有约束力，对此，法院可以采取司法认知的手段予以确认，而不需要对方当事人举证证明。当然，法院可以根据需要进行必要的调查，以确认情况的真伪。生活经验告诉我们，即使大家都没有争议的情况，也不一定就是绝对真实的，但在当事人承认和双方都没有争议的情况下，继续举证证明确实没有必要，其实，这也是“法律真实”

的体现。

（六）其他明显的、当事人不能提出合理争议的事实

除了上述五个方面的司法认知情况外，对于一些明显的、当事人不能提出合理争议的事实，法院可以采取司法认知的证明方法。对于什么是明显的和合理争议的情况，法官应该根据案件的具体情况进行判断。这本质上是法官自由裁量权的范畴，其实无论采用什么样的司法证明方法，依据什么样的证据，在司法实践中都存在不同程度的法官自由裁量权的问题。

四、推定

（一）什么是推定

推定，是一个专门的法律术语，就是根据推断来进行判定的意思。推定是指根据两个事实之间的一般联系规律或者“常态联系”，当一个事实存在的时候，便可以认定另外一个事实的存在。它不是对事实的直接认定，而是以推测性判断为桥梁的间接认定。作为司法证明中常用的方法，推定有以下特点：

1. 推定本身并非证据，而是一种证明的方法。推定是法律认可或者间接允许的一种认定案件事实的方法。

2. 推定既要有前提事实，又要有推定事实，而推定则是连接两者之间的证明的桥梁，缺一不可。

3. 推定是允许当事人举证进行反驳和推翻的，因为它不是依据证据的直接证明而是具有间接性的。这样，推定就与证明责任联系在一起。

4. 推定既可以依据法律规定进行，又可以按照经验法则实施。

（二）立法推定和司法推定

根据推定是否由法律明确规定，我们可以把推定划分为立法推定和司法推定。

立法推定，就是被法律明文确定下来的推定，也可称为法律上的推定和法律推定。即法律将一些事实之间的关系，通过条文固定下来，在司法证明时，事实裁判者在特定的基础事实被证实后，就必须作出与之相联系的推定事实存在的判定。**司法推定，就是法官在诉讼活动中，依据一定规则进行的推定，又可称为诉讼中的推定和事实上的推定。**

因为无论立法推定还是司法推定，都是关于案件事实结论的推定，所以，都要以基础事实与推定事实之间的常态联系或者伴生关系为依据。当基础事实与推定事实之间的常态联系比较稳定或确定时，就可以采用立法推定，以法律规定的形式固定下来。如果基础事实与推定事实之间的关系不太稳定和明确，就应该采取司法推定，由司法人员在具体案件事实证明中根据证据情况和经验法则进行判断。

应该说，在司法证明方法中，逻辑推理与司法推定是相通的，都是依据一定的证据事实来推断案件结论的事实。而之所以要通过立法来设置一些法律上的推定，是因为法律还要兼顾其他一些目标价值，比如司法效率、保护人权等。法律规定，当一个人失踪若干年后，经过公告而仍无音信的，法院可以推定这个人已经死亡，目的在于确定一些与之有关的民事法律关系。

生活经验告诉我们，一个人失踪若干年，不必然证明他已经死亡。俗话说：活要见人，死要见尸。确定一个人的死亡，要么有医院的死亡证明，要么见到尸体，这些都是更加确实的基础事实，而失踪显然是该人已经死亡的一种表现形式，不具有必然性，但在这种情况下，直接证明该人已经死亡显然是非常困难的。当然，法律也规定了，当这个人突然出现时，就要撤销对其死亡的法律推定。其实，一个被各种证据证明了已经确实死亡的人，也有可能再现人间。这些都说明了无论是立法推定还是司法推定，都是可错的，因而是可以举证反驳的。

（三）可反驳的推定和不可反驳的推定

根据推定的效力，或者说根据推定结论是否具有终局的法律性质，可以把推定划分为可反驳的推动和不可反驳的推定。一般来讲，立法推定是不可反驳的推定，而司法推定是可反驳的推定。

推定是否可以反驳，主要体现在经验法则方面。我们已经知道了，通过基础事实的存在来确认推定事实的存在，是因为两者有着被认为是常态的联系，这种常态的规律性联系就是经验法则，而经验法则无疑是可错的，不是绝对的。比如依据乙身上沾有被害人甲的血迹，就认定乙是杀死甲的凶手，依据的就是人们在日常生活中总结出来的经验法则，但这个经验法则不是绝对正确的，因为还可能出现甲被别人杀死后，乙接触甲尸体的情况，因此，当乙身上沾有甲血迹的基础事实出现后，他仍可以对用以推定的经验法则进行反驳，以质疑推定的结论。当然，乙也可以通过否定基础事实来反驳推定的事实，比如他证明了其衣服上的血迹并非是甲的血。但是在法律推定中，因为用以推定的常态联系的经验法则已经被法律确定了下来，故不允许反驳这种经验法则，否则就是对法律规定本身的反驳，所以，一旦基础事实被确定，则推定本身就是不可反驳的，推定的事实就具有了司法证明的终局效力。当然，当事人可以去反驳基础事实的存在，以此来反驳推定事实的真实性，比如证明那个失踪的人其实并未真正失踪。

五、小结

通过本章的学习，我们已经了解了目前人们在司法证明中所采用的一般方法，合理地掌握和运用这些方法，大家就可以在今后的司法实务工作中完成证明的任务，并且，在涉及法律事务中的一些推理判断问题时，这些基本的方法也都是适用的。

人类社会总是在进步，司法证明的方法也是这样，人类司法证明方法从神证到人证再到物证的演变历程已经说明了这一点，证明的方法越来越科学，证明的结论也越来越精确可信。那么，我们可以认为，目前的司法证明方法还将继续进步和发展。对于同样的乙被怀疑杀害甲的案例，在未来，或许会出现我们今天意想不到的更加科学的方法。司法证明方法其实是一门很有意思的学问，这里面既有深奥的哲理，也需要精确的技术，当然也必然涉及法律的基本精神和理念。现在，人们已经将很多其他领域的科学知识，特别是科学的方法论，引入了司法证明领域，这就是为了获得更加科学的证明方法。司法证明方法可总结如图 7—1 所示：

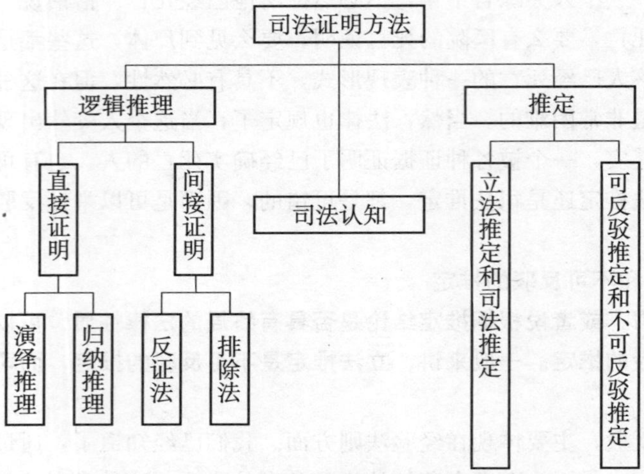

图 7—1 司法证明方法示意图

问题与思考

1. 物证为什么能够更加科学地证明案件事实？
2. 如何使用排除法证明案件事实？
3. 司法认知为什么不需要当事人举证？
4. 进行司法推定需要哪些条件？

阅读文献

1. 何家弘，刘品新．证据法学．北京：法律出版社，2004
2. 江伟．证据法学．北京：法律出版社，1999
3. 樊崇义．证据法学．北京：法律出版社，2001
4. 卞建林．刑事证明理论．北京：中国人民公安大学出版社，2004
5. 何家弘．刑事审判认证指南．北京：法律出版社，2002
6. 何家弘．证据调查实用教程．北京：中国人民大学出版社，2000
7. 刘昊阳．诉讼证明科学．北京：中国人民公安大学出版社，2007

第八章

如何取证

引言

“认定案件事实，必须以证据为根据。”2010年7月1日施行的《办理死刑案件证据规定》第2条的这一规定在我国明确确立了证据裁判原则。而要将裁判建立在证据之上，就必须首先获取并保全证据。换言之，获取并保全证据，是证据在诉讼中发挥应有证明作用的前置必要条件。本章探讨了取证的基本概念及取证的意义，介绍了我国现行的取证规则和取证要求，讲述了目前可行且常用的证据获取方法，并阐述了固定、保管证据的主要手段。

关键术语

取证　收集证据　保全证据　取证规则　询问　讯问　辨认　搜查　勘验检查　实验　鉴定

【案例】

1932年3月1日雨夜，被称为世界英雄的查尔斯·林伯格[①]仅20个月大的儿子在其位于新泽西州的家中被绑架。林伯格在晚上10点发现孩子失踪，10点25分报警。午夜时分，新泽西州警察局的局长诺曼·施瓦克普来到现场负责指挥。在正对着二楼婴儿房窗口的潮湿地面，警察发现了浅浅的鞋印，却没有测量鞋印，也没有给鞋印拍照或用石膏制模法提取固定鞋印。警察在婴儿房里也发现了足迹，但局长同样对鞋印没有测量、拍照或制模。一架自制的梯子倒在离房子70英尺远的地面上，它旁边还有一个3/4英寸大小的凿子。在窗户下的泥地里发现了两个洞。一名警察立即将倒在旁边的梯子插进这两个洞内，而不是先检查梯子脚末端的微量物证；对这两个洞，警察既没有事先检查，也没有测量或制模以备日后比对。在婴儿室的窗台上，警察发现了一个信封——林伯格说他早就发现了，但并没有动它。信封内有一页纸，纸上有蓝墨水写成的文字：亲爱的先生：准备5万美元吧，其中2.5万美元应是20元的纸币，1.5万美元应是10元的纸币，1万美元应是5元的纸币。我们将在2到4天

① 1927年5月20日至21日耗时33小时39分，林伯格独自一人，也是世界上第一人，驾驶单翼机从纽约长岛的罗斯福机场跨越大西洋飞至位于巴黎的Le Bourget Airdrome，行程3 735英里。

后通知你把钱送到何处。我们警告你不要向公众公开此事，或者向警方报警……纸的底部，画有两个互锁的圆圈。在圆圈交汇重叠的地方，是实心的红色，而圆圈的其余部分则只是用蓝笔勾了个轮廓。有三个扎出来的方形孔洞组成了一个水平线似的粗糙符号。此后林伯格又收到了一张赎金条，对方斥责林伯格的报警行为并将赎金提升至7万美元。案发一周后，纽约市一名退休体育老师约翰·康顿，在《布朗克斯家庭新闻》(Bronx Home News）上发布了一则广告：他愿意充当此案的中间人为绑架者服务，但要收取1 000美元的费用。第二天，康顿收到了回信——回信上有类似的方形孔洞以及交织的圆圈——和一个7英寸×6英寸×14英寸的盒子，盒子中放着那笔中介费。4月2日晚，林伯格开车带着康顿前往位于布朗克斯区的圣·雷蒙德公墓——事先约好的以赎金交换消息的地方。这些赎金不仅是新币，而且序号也被记了下来。林伯格在位于墓地以外的汽车里等着，而康顿则在墓碑边转悠以期能见到那个自称为塞米特里·约翰的人。没见到人影，康顿于是回到了车旁，而喊声也就在此时出现了："嗨，博士，这儿，这儿！"康顿悄悄走了回去，并在墓地遇到了一个有德国或斯堪的纳维亚口音、面相模糊的人。康顿将赎金交给此人，并换回一张纸条：孩子在尼里船上。这是一条小船，有28英尺长。有两个人在船上。他们是无辜的。你们将在伊丽莎白岛附近的马脖子海滩和海湾之间找到这条船。警察搜查了纸条所说的这一区域，但是既没发现船也没找到孩子。然而，5月12日，已高度腐败的孩子尸体在离林伯格家仅4英里远的地方被人发现。他的脸朝下，身子被树叶和虫子覆盖着。在孩子尸体被发现不到24小时后也即绑架发生后的第73天，尸体被火化。火化前，有人对孩子进行了一个被认为是"低劣的"尸体解剖，因为该县的法医患急性关节炎，不得不委托殡仪馆的一名内务人员来解剖。在对颅骨进行检查时，发现了四处骨折线以及一个腐烂的出血点，却没有人对这些骨折线及出血点进行拍照。在尸体被火化前，警察得到的主要证据是梯子、凿子和来自绑架者的几张纸条，却没有得到任何指印或有用的足迹。1934年9月，曼哈顿一加油站工作人员发现有人以赎金中的10元纸币支付油钱。据此，警察最终找到住在纽约市布朗克斯区的布鲁诺·理查德·豪普曼。第二天早上，豪普曼被捕。警方将赎金条上的笔迹与豪普曼的保险卡和汽车执照申请中的笔迹进行了比较鉴定，但结果却不确定。警方搜查了他的车库及住所，发现了一张纸条，纸条上的地址和康顿的电话号码已被涂抹。此外，警察还在车库里发现了几捆纸币。将豪普曼与绑架案联系到一起的重要证据是在现场发现的一架结构专业但做工粗糙的梯子，梯子的一截横杆被发现与豪普曼阁楼上的地板相吻合——其中一块板子没了，而梯子的这截横杆恰恰可以补上去。公诉方主要依据一些间接证据架构了所指控的绑架谋杀事实：在豪普曼家中一个鞋盒里发现的14 460美元赎金；豪普曼家中阁楼上的部分地板与绑架者使用的梯子之间有关联；该案的笔迹鉴定专家们认为，赎金条上的笔迹是豪普曼写的（但辩护方的两名专家认为那些字不是豪普曼写的）。此外，康顿博士在法庭作证说，被告就是那个在墓地拿走赎金的人。但康顿在豪普曼被逮捕之后警方对其组织的混杂辨认中并没有认出豪普曼。林伯格也作证说，凭声音，他认为豪普曼就是在墓地拿赎金的人。但是林伯格那天晚上是在位于墓地一百码以外的汽车里。在听取了29天的法庭调查之后，陪审团退席评议并于12小时后作出豪普曼犯有一级谋杀罪的判决。虽然豪普曼提出了上诉，但他最终还是于1936年4月3日被以电刑处死。

此案日后遭受众多质疑，而在证据收集、保全方面存在的缺憾则使该案成为永远的谜。例如：(1) 梯子有多重？一人能否扛得动？(2) 犯罪发生那天，豪普曼直到下午5点仍在纽约市上班，他能扛着梯子及时由纽约市赶到位于新泽西州中心的犯罪现场吗？(3) 婴儿室外窗户下的鞋印是一人还是多人的？其与婴儿室内的鞋印有何关系？这些鞋印与豪普曼有无关系？(4) 林伯格无法说明案发当天他的全部活动，控方为何没做相应的调查？(5) 婴儿室窗户上坏了的插销是新形成的还是早就有了？若是新形成的，那是如何形成的？如果插销早就坏了，那为何犯罪者会对此知悉得如此清楚？(6) 梯子的长度为何恰好能达到婴儿室的窗台？整座房子为什么只在婴儿室窗户下发现了疑为被梯子脚扎出的孔洞？(7) 现场发现的那把凿子与案件有何关系？它有没有在现场某处留下相应的工具痕迹？(8) 数份赎金条的纸张、墨水彼此间有何关系？它们源于何处？窗台上发现的信封又来源于何处？它们与林伯格或豪普曼各自有无关联？赎金条纸张上的孔洞是如何形成的？在哪形成的？(9) 梯子的木料与地板的木料是否来自同一棵树？(10) 孩子的死因是什么？详细的受伤情况如何？这些伤又是如何形成的？等等。

一、何为取证

(一) 取证的概念

"取证"，也称为"收集证据"，是指为了查明案件事实，或者为了支持某诉讼主张，有权从事证据调查活动的人员依法寻找、发现、获取并固定、保管证据的专门性活动。关于取证，有以下几点需要明确：

1. 取证主体

取证是相对于举证、质证及认证而言的活动。其区别于举证、质证、认证的，不仅仅是阶段上的不同——取证是举证、质证、认证的前提和基础，更有主体上的差异：举证、质证是诉讼双方当事人的职责，认证是法官的专权；而取证在我国则需由侦查人员、公诉人员、审判人员、诉讼双方当事人及其代理律师或代理人、辩护律师或辩护人完成。换言之，根据我国现行法律的规定，诉讼中的取证主体，是案件的侦查人员、公诉人员、审判人员、诉讼双方当事人及其律师或代理人。若是刑事案件，前述各类人员均可能从事取证活动；若是非刑事案件，参与取证的显然不再有侦查人员、公诉人员。

按照英美法系之当事人诉讼模式的做法，并在理论上得到普遍认可的是，法院的审判人员不应成为取证的主体，否则将破坏"原、被告地位平等、诉讼权利相当，裁判人员中立、不偏不倚于任何一方"的合理诉讼结构。但是，基于我国的诉讼传统（我国奉行大陆法系的职权主义模式）和特殊国情（诉讼当事人的个人取证能力往往极为有限），诉讼当事人虽掌握相关证据的线索却往往无法取得该证据，因此我国现行三大诉讼法仍明文规定，审判人员在必要时可以取证。例如，按照《行政诉讼法》第40条、第42条的规定，人民法院有权向有关行政机关以及其他组织、公民调取证据，还可以主动采取证据保全措施。根据《民事诉讼法》第 64 条、第 67 条、第 76 条、第 81 条以及相关司法解释等的规定，人民法院也可以成为取证主体，向有关机关、团体、个人调取证据，主动启动鉴定程序、主动采取保全证据之措施。依照《刑事诉讼法》第 50 条、第 186 条第 3 款、第 189 条第 2 款、第 191 条及有关司法解释的规定，人民法院在审理刑事案件时，可以讯问被告人、询问证人或鉴定人，并以勘验、检查、查封、扣押、鉴定、查询、冻结等方式调查核实证据。这些规定均表明，在我国，刑事案件的审判人员也是取证主体。

但从立法趋势来看，人民法院将愈来愈少地参与取证活动，这从近年来对原有法律和司法解释的修改中可见一斑。例如，2015 年最高人民法院修订颁布的《关于适用〈中华人民共和国民事诉讼法〉的解释》第 90 条对民事诉讼中当事人的举证责任进行了明确的规定："当事人对自己提出的诉讼请求所依据的事实或者反驳对方诉讼请求所依据的事实，应当提供证据加以证明，但法律另有规定的除外。在作出判决前，当事人未能提供证据或者证据不足以证明其事实主张的，由负有举证证明责任的当事人承担不利的后果。"同时在第 96 条第 2 款还针对第 1 款内容补充规定"除前款规定外，人民法院调查收集证据，应当依照当事人的申请进行"。2015 年修订的《行政诉讼法》第 41 条也以立法的形式明确规定了原告或者第三人不能自行收集的，可以申请人民法院调取的证据的范围："（一）由国家机关保存而须由人民法院调取的证据；（二）涉及国家秘密、商业秘密和个人隐私的证据；（三）确因客观原因不能自行收集的其他证据。"无疑，减少人民法院主动调查收集证据的情形，并严格规定人民法院不得不主动调查收集证据的条件，将使得诉讼更加公正、裁判更加中立。

2. 取证中的保全证据

单从字面看，"取证"似乎只是寻找、发现并获取证据。但严格说来，"取证"不仅仅包括寻找、发现并获取证据这一环节，还包括保全证据这一步骤。

借助适当的措施、运用合适的方法，侦查人员、公诉人员、审判人员、诉讼当事人及其代理律师或其他代理人等取证主体通常能够寻找、发现有待裁决之事件在发生时形成或留下的证据，但因这些证据有的依赖于人的记忆，有的会因所依附载体的变化而相应变化甚至灭失，故在寻找、发现了与案件有关联的证据后，还必须对证据予以保全。

所谓**保全证据**，即取证主体在寻找、发现有关证据之后，根据证据的具体形式、特点，采取不同的方法和手段将其固定或保护下来，并以规范、合理、科学的方式加以保管，以便其在后续的诉讼活动中发挥应有的证明作用的一项必要措施。保全证据，也称之为"证据的保全"，是取证活动的有机组成部分，必不可少。

我国《民事诉讼法》、《行政诉讼法》及其司法解释均提及"保全证据"。但这并不表明，仅民事诉讼、行政诉讼才涉及保全证据的问题。事实上，刑事公诉案件，同样也有着保全证据的迫切现实需要，但因刑事公诉案件中的保全证据是取证人员职权范围内必须从事的工作，所以只要是依照职权侦查、审查起诉、审理刑事案件，就必须保全相关证据，而无须法律另行明确。至于刑事自诉案件，负举证责任的自诉人显然也需保全其所发现、获取的证据，否则将无法启动诉讼。

保全证据，从狭义的角度看，是在开启诉讼活动之后取证人员从事的一项重要工作，如侦查人员调查取证时为固定雪地上的足迹而制作足迹的石膏模型，人民法院应当事人的申请或依其职权，询问某证人并制作询问笔录。

但广义而言，诉讼活动开启之前，也不乏各种保全证据的活动，如律师在立案之前走访有关的证人并获得谈话的录音材料，当事人申请公证机关前往某处为某一证据拍照、录像等。而现行《民事诉讼法》第81条第2款更是明确规定了诉前证据保全这一举措："因情况紧急，在证据可能灭失或者以后难以取得的情况下，利害关系人可以在提起诉讼或者申请仲裁前向证据所在地、被申请人住所地或者对案件有管辖权的人民法院申请保全证据。"

刑事诉讼中，保全证据的工作通常由侦查人员、公诉人员或审判人员依职权而为之。民事诉讼或行政诉讼中，负有举证责任的当事人及其代理律师或其他代理人则要主动保全证据；但同时，我国法律也明确规定，**在证据可能灭失或者以后难以取得的情形下，诉讼当事人及其代理律师或其他代理人可提出申请，请求人民法院代为保全证据；而人民法院也可以依据职权，在证据可能灭失或者以后难以取得的情况下，主动保全证据。**

（二）取证的意义

诉讼证明由取证、举证、质证、认证四个环节有机组成。从程序上看，取证无疑是举证、质证和认证的基础，未能取证，也就是未能寻找、发现并固定、获取某项证据或多项证据，显然无法就此项或多项证据展开举证、质证、认证等活动。而从实质内容来说，虽完成了取证，但如若取证活动存在问题，如寻找、发现证据的手段不合法，所用的方法不科学，或者未能及时、得当地固定相关证据，或者保管证据时未能针对证据的个体特点采用相应的保管措施，致使证据烙上了不合法的"印痕"，致使证据遭到破坏进而证明力下降或丧失证明力——也就是使证据的证据资格、证明力受到影响，那么，随后的举证、质证、认证活动也不可能达到应有的目的。因此，**取证是证据有效发挥证明作用的最为基础而又必不可少的环节**，对查明案件事实、公正处理案件，有着十分重要的意义。

二、取证应遵循怎样的规则并满足哪些要求

取证对查明案件事实、公正处理案件的重要意义决定了我们必须重视取证活动，而重视的具体表现便是，取证活动要遵循一定的规则、满足一定的要求。

（一）取证应遵循的规则

规则，即规范性的行为准则。取证规则，也就是取证主体在获取、保全证据时，应该遵循的一系列已上升为法律层面规范的行为准则。迄今为止，我国没有统一的证据法典，更没有类似于美国《联邦证据规则》那样将规范取证、举证、质证、认证活动的各种程序性规定明确为证据规则的做法，但从内容上说，我国《刑事诉讼法》、《民事诉讼法》、《行政诉讼法》及相关的各种司法解释中，也含有规范取证主体的取证活动、起着规则之作用的规定。概括地说，这些规则包括：

1. 非侦查人员、公诉人员、审判人员，不得运用具有强制性的取证手段

虽然侦查人员、公诉人员、审判人员、诉讼当事人及其代理律师或其他代理人均属于合法的取证主体，但因侦查人员、公诉人员、审判人员介入案件进而取证，是其职权使然，故他们

可以依法运用一些具有强制性的取证手段，如搜查、扣押、讯问、查封、冻结、辨认、勘验检查等。而**诉讼当事人及其代理律师或其他代理人的取证**，并非以国家机器为后盾的职权行为，因此，他们**不能运用诸如搜查、扣押、讯问、查封等强制性取证手段**，而只能是走访、询问证人，查阅、复制书面资料或录音、录像资料，或在满足相关法律或司法解释规定的情况下，申请由人民法院调查取证。如依照《民事诉讼法》第 64 条第 2 款有关“当事人及其诉讼代理人因客观原因不能自行收集的证据，或者人民法院认为审理案件需要的证据，人民法院应当调查收集”的规定，以及 2015 年最高人民法院《关于适用〈中华人民共和国民事诉讼法〉的解释》第 94 条和第 96 条对该条款的解释。第 94 条规定：“民事诉讼法第六十四条第二款规定的当事人及其诉讼代理人因客观原因不能自行收集的证据包括：(一) 证据由国家有关部门保存，当事人及其诉讼代理人无权查阅调取的；(二) 涉及国家秘密、商业秘密或者个人隐私的；(三) 当事人及其诉讼代理人因客观原因不能自行收集的其他证据。当事人及其诉讼代理人因客观原因不能自行收集的证据，可以在举证期限届满前书面申请人民法院调查收集。”第 96 条规定：“民事诉讼法第六十四条第二款规定的人民法院认为审理案件需要的证据包括：(一) 涉及可能损害国家利益、社会公共利益的；(二) 涉及身份关系的；(三) 涉及民事诉讼法第五十五条规定诉讼的；(四) 当事人有恶意串通损害他人合法权益可能的；(五) 涉及依职权追加当事人、中止诉讼、终结诉讼、回避等程序性事项的。除前款规定外，人民法院调查收集证据，应当依照当事人的申请进行。”又如，依照《民事诉讼法》第 81 条第 1 款规定，当事人及其诉讼代理人，在证据可能灭失或者以后难以取得的情况下，可向人民法院申请保全证据。这样规定的优点显然是，当事人及其诉讼代理人可以借助法院的力量弥补自身取证能力的不足。

2. 公诉案件中，侦查人员、公诉人员要同时寻找、发现并占有、固定、保管对犯罪嫌疑人有利和不利的各种证据

当代诉讼理念已清楚地表明，控方承担着证明犯罪嫌疑人、被告人有罪的责任——我国现行《刑事诉讼法》更是在其第 49 条中明确了这一点。但查明案件事实，使有罪者得到应有处罚、无辜者不被错误追究刑事责任的职责决定了侦查人员、公诉人员取证时，不能仅寻找、发现并占有、固定对犯罪嫌疑人不利的证据，特别是，侦查人员、公诉人员依职权，可以使用具有强制力的种种合法手段取证，而这是犯罪嫌疑人、被告人所不及的，所以**侦查人员、公诉人员不能片面地追求证明有罪的追诉目的，还应同时收集对犯罪嫌疑人、被告人有利的证据，也就是证明其罪轻、无罪的证据。**现行《刑事诉讼法》第 50 条规定的“审判人员、检察人员、侦查人员必须依照法定程序，收集能够证实犯罪嫌疑人、被告人有罪或者无罪、犯罪情节轻重的各种证据……”，便是这一思想的真实写照，它明确了公诉案件中，侦查人员、公诉人员负有不可推脱的全面取证的职责。

2010 年 11 月 6 日，最高人民法院、最高人民检察院、公安部、国家安全部、司法部下发《关于加强协调配合积极推进量刑规范化改革的通知》，要求侦查机关、检察机关不但要注重收集各种证明犯罪嫌疑人、被告人有罪、罪重的证据，而且要注重收集各种证明其无罪、罪轻的证据。虽然这只不过是一次重申，并没有突破当时的法律规定，且重点是为了推进量刑的规范化改革，但却强调了侦查机关、检察机关对于收集各种证明犯罪嫌疑人、被告人无罪、罪轻的证据的不可推卸的职责。

按照《刑事诉讼法》第 50 条的规定，审判人员在收集能够证实犯罪嫌疑人、被告人有罪

或者无罪、犯罪情节轻重的各种证据方面，也有着极为重要的责任。但这种裁判者参与取证的做法之弊端，已为越来越多的学者、实务工作者所认识——裁判者的中立性、公正性将因其参与取证而丧失，因此可以相信，未来我国的刑事诉讼法有可能不再有类似的规定。而目前，审判人员拥有一定的取证权，对防止冤案、错案显然有一定的积极意义。但从实务来看，审判人员更多是遵循《刑事诉讼法》第191条的规定，即在必要时，对证据有疑问的，可以宣布休庭，对证据以勘验、检查、扣押、鉴定和查询冻结的方式调查核实，而不是直接依据该法第50条的规定去取证。

3. 刑事案件中的犯罪嫌疑人、被告人没有证明自己无罪的义务，但其有权利自行或委托律师或其他辩护人寻找、发现并获得、保全对自己有利的证据

公诉案件中，控方承担着证明犯罪嫌疑人、被告人有罪的责任，但这并不表明犯罪嫌疑人、被告人便无权取证。相反，为抗衡公诉方强大的追诉权，真正做到控辩双方“地位的平等、权利的对等、机会的均等”，更好地满足查明案件事实的现实需要，应该允许犯罪嫌疑人、被告人自行或委托律师及其他辩护人代为取证。**这种取证权是辩护权的有机组成部分，是犯罪嫌疑人、被告人有效行使辩护权的重要保障，是《宪法》第33条第3款“国家尊重和保障人权”在刑事诉讼中的具体体现（特别是在“尊重和保障人权”已写入现行《刑事诉讼法》之后）。经2012年的修正**，我国现行《刑事诉讼法》第33条规定表明，律师自犯罪嫌疑人被侦查机关第一次讯问或者采取强制措施之日起，就可以辩护人的身份介入诉讼，但《刑事诉讼法》似乎仍然没有明确表明，律师在侦查阶段有调查取证权，因为根据该法第36条的规定，“辩护律师在侦查期间可以为犯罪嫌疑人提供法律帮助；代理申诉、控告；申请变更强制措施；向侦查机关了解犯罪嫌疑人涉嫌的罪名和案件有关情况，提出意见”。可是，从《刑事诉讼法》第40条的规定来看，“辩护人**收集**的有关犯罪嫌疑人不在犯罪现场、未达到刑事责任年龄、属于依法不负刑事责任的精神病人的证据，应当及时告知**公安机关**、人民检察院”。如果作为辩护人的律师在侦查阶段无法取证，那么也就不存在“应当及时告知**公安机关**”一说了。因此可以说，作为辩护人的律师在侦查阶段是具有取证权的，若非如此，其显然无法完成《刑事诉讼法》第35条规定的职责，即“根据事实和法律，提出犯罪嫌疑人、被告人无罪、罪轻或者减轻、免除其刑事责任的材料和意见，维护犯罪嫌疑人、被告人的诉讼权利和其他合法权益”。

此外，当被告人、律师以及其他辩护人等提出积极辩护①的具体事实主张时，或者依据法律的规定在证明责任倒置的情形下，辩护方均承担一定的证明责任，因此，为卸除相应的证明责任，犯罪嫌疑人、被告人及其律师、其他辩护人有权寻找、发现并获得、保全相应的证据。

《非法证据排除规定》是我国为了落实“严禁刑讯逼供”这一禁止性法律条文而首次颁布的、用于审查相关证据是否合法的一部程序性规定，它的出台有助于我国实现准确打击犯罪、有效保护人权的刑事法治目标。而从《非法证据排除规定》第6条规定来看，“被告人及其辩护人提出被告人审判前供述是非法取得的，法庭应当要求其提供涉嫌非法取证的人员、时间、地点、方式、内容等相关线索或者证据”，因此被告方在提出非法审前供述的动议时，要同时

---

① 积极辩护包括：被告人无责任能力或限制责任能力；被告人行为合法或正当；侦查人员或执法人员行为违法，以及案件发生时被告人不在犯罪现场因而根本不可能实施指控的犯罪行为等。

“提供涉嫌非法取证的人员、时间、地点、方式、内容等相关线索或者证据”。换言之，此时被告方承担着启动取证合法性调查程序的初步证明责任。这种初步证明责任的配置也决定了，犯罪嫌疑人、被告人及其律师、代理人有义务寻找、发现并获得、保全相应的证据。

现行《刑事诉讼法》第 56 条第 2 款就非法证据排除的申请启动程序在表述上异于《非法证据排除规定》第 6 条，但其本质上仍将初步证明责任配置给了包括犯罪嫌疑人、被告人在内的当事人及其辩护人，故目前犯罪嫌疑人、被告人及其律师、其他辩护人，仍然有义务寻找、发现并获得、保全相应的证据。

4. 公诉案件中，侦查人员等依职权取证的主体，动用某些取证手段时，必须严格依照法定程序办理

公诉案件中，侦查人员的取证行为具有很大的强制性，并往往会直接限制或妨碍公民权利的行使。为最大限度地减少侦查人员的强制行为对公民权利的干预，也为了更好、更有效地保障公民的各项权利，《刑事诉讼法》明确要求，侦查人员的侦查取证活动必须严格依法而为。例如，根据《刑事诉讼法》第 50 条以及第 116 条至第 121 条，我们可以清楚地明了，侦查人员：（1）不得以刑讯逼供、威胁、引诱、欺骗以及其他非法方法收集证据，不得强迫任何人证实自己有罪。（2）讯问犯罪嫌疑人时[①]，不得少于 2 人。犯罪嫌疑人被送交看守所羁押以后，侦查人员对其进行讯问，应当在看守所内进行。（3）传唤、拘传犯罪嫌疑人的时间最长不得超过 12 小时；案情特别重大、复杂，需要采取拘留、逮捕措施的，传唤、拘传持续的时间不得超过 24 小时。不得以连续传唤、拘传的形式变相拘禁犯罪嫌疑人。传唤、拘传犯罪嫌疑人，应当保证犯罪嫌疑人的饮食和必要的休息时间。对被公安机关刑事拘留、逮捕的犯罪嫌疑人的第一次讯问必须在拘留后的 24 小时以内进行。人民法院、人民检察院对于各自决定逮捕的人，也必须在逮捕后 24 小时内进行第一次讯问。人民检察院对直接受理的案件中被拘留的人，应当在拘留后的 24 小时以内进行讯问。（4）应当为被讯问的聋、哑犯罪嫌疑人安排通晓聋、哑手势的人做翻译，并将这种情况记录在笔录中。（5）应将讯问笔录交犯罪嫌疑人核对，或向没有阅读能力的犯罪嫌疑人宣读以便于他核对，并要求犯罪嫌疑人在核对认可后的笔录上签名或盖章，再留下自己的签名。应当允许犯罪嫌疑人自行书写供述，或在必要时要求犯罪嫌疑人亲笔书写供词。（6）询问证人或被害人时，应分别询问每一个证人或每一个被害人，且应当告知其如实提供证据、证言的义务和有意作伪证或者隐匿罪证时该负的法律责任。（7）询问证人或者被害人，可到证人或被害人所在单位、住处或者证人、被害人提出的地点，但此时必须出示人民检察院或公安机关的证明文件；也可以在现场询问证人、被害人，但是应当出示工作证件；必要时，还可通知证人或被害人到人民检察院或公安机关提供证言或陈述。（8）应将询问获得的证言笔录或陈述笔录交证人或被害人核对，或向不具阅读能力的证人或被害人宣读以便其核对，并要求证人或被害人在核对无误的笔录上签名或盖章，再留下自己的签名；应当准许证人自行书写证言，也可要求证人亲笔书写证言。（9）必须持有人民检察院或公安机关的证明

---

① 2010 年 10 月 1 日生效的最高人民检察院、公安部《关于审查逮捕阶段讯问犯罪嫌疑人的规定》第 1 条规定：“人民检察院办理审查逮捕案件，必要时应当讯问犯罪嫌疑人，公安机关应当予以配合。”现行《刑事诉讼法》第 86 条也规定：“人民检察院审查批准逮捕，**可以**讯问犯罪嫌疑人；有下列情形之一的，**应当**讯问犯罪嫌疑人：……”这表明，讯问犯罪嫌疑人的主体有可能并非侦查人员或审判人员，人民检察院为了完成审查批准逮捕工作，可以直接对犯罪嫌疑人进行讯问。但无疑，这种讯问也应受法律的约束，即同样受《刑事诉讼法》和相关司法解释具体规范。

文件才能勘验、检查与犯罪有关的场所、物品、人身、尸体。(10) 在勘验、检查时，若有必要，可指派或聘请具有专门知识的人，但其工作应在侦查人员主持下进行。(11) 当依法律授权决定解剖死因不明的尸体时，应当通知死者家属到场。(12) 可检查人身，以确定被害人、犯罪嫌疑人的某些特征、伤害情况或者生理状态，或在必要时强制检查拒绝检查的犯罪嫌疑人。但被检查者若为女性，则应当由女工作人员或医师进行。(13) 勘验、检查的情况——包括检查人身时指纹的提取、血液或尿液等生物样本的采集等——应当制作成笔录，并由参加勘验、检查的人和见证人签名或盖章。(14) 唯经公安机关负责人批准后，才能在必要的时候，为查明案情，而进行侦查实验。侦查实验，不得有任何足以造成危险、侮辱人格或有伤风化的行为。(15) 进行搜查，必须向被搜查人出示搜查证。只有在执行逮捕、拘留时的紧急情况下，才可以不另行使用搜查证。实施搜查时，应有被搜查人或者他的家属、邻居或其他见证人在场。应当由女工作人员搜查妇女的身体。(16) 应将搜查的情况制成笔录。侦查人员、被搜查人或他的家属、邻居或其他见证人均应在笔录上签名或盖章。若有在逃或者拒绝签名、盖章的情形，也应在笔录上注明。(17) 辨认应在侦查人员的主持下进行，且侦查人员不得少于 2 人。辨认时，应当将被辨认对象混杂在一定数量的其他对象中，并不得给辨认人任何暗示；如果辨认人有数名，应当让其各自单独辨认；如果被辨认对象是犯罪嫌疑人，而辨认人不愿意公开辨认的，则可在不暴露辨认人的情况下进行，并为其保守秘密。辨认的经过、结果等辨认情况，应当制作笔录，由侦查人员、辨认人、见证人签字。对辨认对象应当拍照，必要时可对辨认过程进行录音、录像。(18) 不得扣押、查封与案件无关的财物、文件。要会同见证人和被扣押、查封财物、文件持有人查点清楚扣押的财物、文件，并开列清单一式二份。清单上要有侦查人员、见证人和持有人的签名或盖章；一份清单交持有人，另一份则附卷备查。要妥善保管或封存扣押、查封的财物、文件，不得使用、调换或损毁。(19) 经公安机关或人民检察院批准后，才能在需要时，通知邮电机关，将犯罪嫌疑人的有关邮件、电报检交扣押。(20) 可依照规定查询、冻结犯罪嫌疑人的存款、汇款、债券、股票、基金份额等财产，但不能重复冻结前述已被冻结的款项。对于扣押、查封的财物、文件、邮件等或者冻结的财产，经查实与案件无关的，应当在 3 日内解除扣押、查封、冻结，退还原主或者原邮电机关。(21) 遇到某些专门性问题时，为了查明案情，应当指派、聘请有专门知识的人进行鉴定。应将用做证据的鉴定意见告知犯罪嫌疑人、被害人；且，如果他们提出申请，则可以允许补充鉴定或重新鉴定。(22) 对于符合《刑事诉讼法》第 148 条规定的犯罪，根据需要，公安机关、检察机关经过严格的审批手续，可以采用窃听、隐匿身份、控制下交付等技术侦查措施获得并保全证据。

此外，相关的司法解释，还对前述规则予以了进一步的明确、细化。例如，根据《人民检察院刑事诉讼规则（试行）》第 205 条、第 208 条的规定，询问证人或被害人时，若是在证人或被害人提出的地点进行，则应当在笔录中记明。《公安机关办理刑事案件程序规定》第 205 条、第 206 条则分别规定，到证人、被害人所在单位、住处或者证人、被害人提出的地点询问的，应当经办案部门负责人批准，制作询问通知书，且该通知书应与工作证件一起出示；不得向证人、被害人泄露案情或者表示对案件的看法，严禁采用暴力、威胁等非法方法询问证人、被害人。最高人民法院《关于适用〈中华人民共和国刑事诉讼法〉的解释》第 213 条规定，向证人发问时，发问的内容应当与案件的事实相关；不得以诱导方式提问；不得威胁证人；不得损害证人的人格尊严。《人民检察院刑事诉讼规则（试行）》第 257～262 条还强调，对犯罪嫌疑人的辨认，应当经检察长批准；辨认前，应当向辨认人详细询问被辨认对象的具体特征，避免辨认人见到被辨认对象，并应当告知辨认人有意作虚假辨认应负的法律责任。辨认犯罪嫌疑人、被害人时，被辨认的人数为5～10人，照片则是5～10张；辨认物品时，同类物品不得少于5件，照片不得少于5张。而《公安机关办理刑事案件程序规定》第249～253条则规定，辨认犯罪嫌疑人时，被辨认的人数不得少于7人，被辨认的照片不得少于10张。

从功能上看，讯问过程的录音、录像与讯问过程的文字记录没有本质上的差别，但因录音、录像这种记录及固定方式能以实时的声音和画面反映讯问时的内容及情景，所以更为客观、全面、详细，更有利于保护人权和打击犯罪。正是基于讯问时全程同步录音、录像使记录更为"忠实、可靠"这一功效，英国、美国、加拿大等发达国家早已在侦查实践中广泛运用。2005年11月1日，最高人民检察院颁布实施了《人民检察院讯问职务犯罪嫌疑人实行全程同步录音录像的规定（试行）》，并从2006年3月1日起开始在各级人民检察院逐步推行，至今已全部实行。而且2007年3月9日最高人民法院、最高人民检察院、公安部、司法部《关于进一步严格依法办案确保办理死刑案件质量的意见》第11条规定，讯问可能判处死刑的犯罪嫌疑人，在文字记录的同时，可以根据需要录音、录像。这表明，讯问时全程同步录音、录像已开始为我国司法实务界所认可。而现行《刑事诉讼法》更对讯问时同步录音、录像问题作了规范化规定，即根据第121条，侦查人员讯问犯罪嫌疑人时，可以对讯问过程进行录音或者录像；对于可能判处无期徒刑、死刑的案件或者其他重大犯罪案件，应当对讯问过程进行全程、完整的录音或者录像。而《公安机关办理刑事案件程序规定》第203条还就何为前述"重要案件"作了较为详细的说明，并就录音、录像予以了进一步规范，即所谓"可能判处无期徒刑、死刑的案件"，是指应当适用的法定刑或者量刑档次包含无期徒刑、死刑的案件；所谓"其他重大犯罪案件"，是指致人重伤、死亡的严重危害公共安全犯罪、严重侵犯公民人身权利犯罪，以及黑社会性质组织犯罪、严重毒品犯罪等重大故意犯罪案件。"对讯问过程录音或者录像的，应当对每一次讯问全程不间断进行，保持完整性。不得选择性地录制，不得剪接、删改。"

在前述2005年同步录音、录像规定实施若干年后，为了解决实际运行中出现的问题及进一步规范执法办案、保障犯罪嫌疑人权利，2014年5月26日最高人民检察院对原规定修订完善后，以《人民检察院讯问职务犯罪嫌疑人实行全程同步录音录像的规定》正式颁布实施，特别对录音、录像资料的完整性、起止时间、播放要求、与讯问笔录内容的一致性以及实施过程中的禁止性规定等问题进行了明确或细化。随后，公安部也于2014年9月5日印发了《公安机关讯问犯罪嫌疑人录音录像工作规定》，该文件规定的在讯问时应当录音、录像的"重大犯罪案件"的类型，延续了《公安机关办理刑事案件程序规定》第203条的规定，并将该规定中的其他重大故意犯罪案件明确为"可能判处十年以上有期徒刑的"案件。同时还将应当录音、录像的案件扩展为具有下列情形之一的案件：（1）犯罪嫌疑人是盲、聋、哑人，未成年人或者尚未完全丧失辨认或者控制自己行为能力的精神病人，以及不通晓当地通用的语言文字的人；（2）犯罪嫌疑人反侦查能力较强或者供述不稳定，翻供可能性较大的；（3）犯罪嫌疑人作无罪辩解和辩护人可能作无罪辩护的；（4）犯罪嫌疑人、被害人、证人对案件事实、证据存在较大分歧的；（5）共同犯罪中难以区分犯罪嫌疑人相关责任的；（6）引发信访、舆论炒作风险较大的；（7）社会影响重大、舆论关注度高的；（8）其他重大、疑难、复杂情形。此外，该规定还按照录制、资料管理和使用、监督与责任三个方面，对公安机关讯问过程的录音、录像进行了规范。

虽然讯问时进行录音、录像只是在讯问时增加了一种记录方式，但它可以有效保护犯罪嫌疑人的基本人权、规范讯问人员的取证行为，进而保证案件质量。而从《人民检察院讯问职务犯罪嫌疑人实行全程同步录音录像的规定》的具体条文可以看出，如果人民检察院办理职务犯罪案件时违反了下列规定，相关侦查人员获取的口供有可能将被排除：(1) 办理直接受理侦查的职务犯罪案件，每次讯问犯罪嫌疑人时，应当对讯问全过程实施不间断的录音、录像，不得选择性录制，不得剪接、删改。(2) 讯问全程同步录音、录像，实行讯问人员与录制人员相分离的原则。(3) 录音、录像一般由检察技术人员负责，经检察长批准，也可以指定其他检察人员负责录制。(4) 对录制人员适用《刑事诉讼法》有关回避的规定。(5) 讯问在押犯罪嫌疑人，除法定情形外，应当在看守所进行；讯问未羁押的犯罪嫌疑人，除客观原因外，应当在检察院讯问室进行。讯问录音、录像应当从犯罪嫌疑人进入讯问室或者讯问人员进入其住处时开始录制，至犯罪嫌疑人在讯问笔录上签字、捺指印，离开讯问室或者讯问人员离开犯罪嫌疑人的住处等地点时结束。(6) 讯问开始时，应当告知犯罪嫌疑人将对讯问进行全程同步录音、录像，告知情况应在录音、录像中予以反映，并记载于讯问笔录。犯罪嫌疑人不同意录音、录像的，讯问人员应当进行解释，但不影响录音、录像进行。(7) 讯问过程中，需要出示、核实或者辨认书证、物证等证据的，应当当场出示，让犯罪嫌疑人核实或者辨认，并对核实、辨认的全过程进行录音、录像。(8) 讯问结束后，录制人员应当立即将录音、录像资料复制件交给讯问人员，并经讯问人员和犯罪嫌疑人签字确认后当场对录音、录像资料原件进行封存，交由检察技术部门保存。同时，复制讯问录音、录像资料存入讯问录音、录像数据管理系统，按照授权供审查决定逮捕、审查起诉以及法庭审理时审查之用。没有建立讯问录音、录像数据管理系统的，应当制作讯问录音、录像资料复制件，交办案人员保管，按照人民检察院刑事诉讼规则的有关规定移送。(9) 讯问结束后，录制人员应当及时制作全程同步录音、录像的相关说明，经讯问人员和犯罪嫌疑人签字确认后，交由检察技术部门立卷保管；相关说明应当反映讯问的具体起止时间，参与讯问的检察人员、翻译人员及录制人员的姓名、职务、职称，犯罪嫌疑人的姓名及案由，讯问地点等情况。(10) 讯问在押犯罪嫌疑人的，讯问人员应当在相关说明中注明提押和还押时间，由监管人员和犯罪嫌疑人签字确认；对犯罪嫌疑人拒绝签字的，应当在相关说明中注明。(11) 讯问笔录应当与讯问录音、录像内容一致或者意思相符。禁止记录人员原封不动复制此前笔录中的讯问内容，作为本次讯问记录。讯问结束时，讯问人员应当对讯问笔录进行检查、核对，发现漏记、错记的，应当及时补正，并经犯罪嫌疑人签字确认。(12) 移送审查逮捕案件或移送审查起诉时，应当注明讯问录音、录像资料存入讯问录音、录像数据管理系统，并将讯问录音、录像次数、起止时间等情况，随同案卷材料移送案件管理部门审查后，由案件管理部门移送侦查监督或者公诉部门审查。

类似地，《公安机关讯问犯罪嫌疑人录音录像工作规定》第 22 条及第 23 条也规定了口供排除的情形。公安机关内部审核部门将在审核案卷时重点审查讯问录音、录像中是否存在以下情形：(1) 以刑讯逼供等非法方法收集证据；(2) 未在讯问室讯问犯罪嫌疑人；(3) 未保证犯罪嫌疑人的饮食和必要的休息时间；(4) 讯问笔录记载的起止时间与讯问录音、录像资料反映的起止时间不一致；(5) 讯问笔录与讯问录音、录像资料内容严重不符。当存在上述第 (1) 项的情形或第 (2) 项至第 (5) 项情形而未进行补正、解释，或者经补正、解释后仍不能有效证明讯问过程合法性的，该口供将被作为非法证据排除，而无法成为“批准逮捕、移送审查起诉的依据”。

5. *辩护律师及其他辩护人取证，必须依法进行*

诉讼地位的差异决定了辩护律师及其他辩护人的调查取证权异于侦查人员。学者及实务工作者均对刑事诉讼中辩护律师取证能力的不足颇有微词，如认为律师在侦查阶段就应有取证权、律师取证时受到的限制太多——“辩护律师经人民检察院或者人民法院许可，并且经被害人或者其近亲属、被害人提供的证人同意，可以向他们收集与本案有关的材料”，显然这一规定束缚着辩护律师的“手脚”，有可能导致他们无法取得有利于犯罪嫌疑人、被告人的证据。相比而言，其他辩护人的取证权更是有限，不足以维护犯罪嫌疑人、被告人的合法权益。

尽管现行《刑事诉讼法》仍然保留了前述规定，但在一定程度上充实了辩护律师及其他辩护人的取证权。具体而言，根据现行《刑事诉讼法》，(1) 辩护律师自人民检察院对案件审查起诉之日起，可以查阅、摘抄、复制本案的案卷材料。其他辩护人经人民法院、人民检察院许可，也可以查阅、摘抄、复制上述材料。(2) 辩护律师可以同在押的犯罪嫌疑人、被告人会见和通信。其他辩护人经人民法院、人民检察院许可，也可以同在押的犯罪嫌疑人、被告人会见和通信。(3) 辩护律师会见在押的犯罪嫌疑人、被告人，可以了解案件有关情况，提供法律咨询等；自案件移送审查起诉之日起，可以向犯罪嫌疑人、被告人核实有关证据。(4) 辩护人认为在侦查、审查起诉期间公安机关、人民检察院收集的证明犯罪嫌疑人、被告人无罪或者罪轻的证据材料未提交的，有权申请人民检察院、人民法院调取。(5) 辩护律师经证人或者其他有关单位和个人同意，可以向他们收集与本案有关的材料，也可以申请人民检察院、人民法院收集、调取证据，或者申请人民法院通知证人出庭作证。辩护律师经人民检察院或者人民法院许可，并且经被害人或者其近亲属、被害人提供的证人同意，可以向他们收集与本案有关的材料。

6. *民事诉讼或行政诉讼中，取证人员的取证活动，也应受到一定的法律约束*

相对于刑事诉讼而言，法律对民事诉讼或行政诉讼中取证人员取证行为的约束要少得多，但这并不表明，民事诉讼或行政诉讼中取证人员可随意收集于己有利的证据。事实上，民事诉讼或行政诉讼中，取证人员还是要遵循一些基本规定的，例如：民事诉讼中，(1) 取证人员不得以侵害他人合法权益（如违反社会公共利益和社会公德侵犯他人隐私）或者以违反法律禁止性规定的方法（如擅自安装窃听器窃听）或者以严重违背公序良俗的方法取得证据。(2) 在诉讼中，当事人为达成调解协议或者和解协议作出妥协而认可的事实，不得在后续的诉讼中作为对其不利的根据，但法律另有规定或者当事人均同意的除外。(3) 人民法院只在涉及可能损害国家利益、社会公共利益时，涉及身份关系时，涉及《民事诉讼法》第 55 条规定的诉讼时，涉及当事人有恶意串通损害他人合法权益可能时，或涉及依职权追加当事人、中止诉讼、终结诉讼、回避等程序性事项时，才能主动调查收集证据，此外均应依据当事人的申请才能调查收集。(4) 仅在需收集属于国家有关部门保存而当事人及其诉讼代理人无权查阅调取的材料，或在需收集涉及国家秘密、商业秘密、个人隐私的材料时，或在确因客观原因不能自行收集某些材料时，当事人及其诉讼代理人才能以书面方式申请人民法院调查收集证据。申请书应载明被调查人的姓名或者单位名称、住所地等基本情况，所要调查收集的证据之内容，申请人民法院调查的原因及所要证明的事实；且该申请的提交不得迟于举证期限届满前 7 日。(5) 当事人申请调查收集的证据与待证事实无关联、对证明待证事实无意义或者其他无调查收集必要时，人民法院不予准许。(6) 在证据可能灭失或者以后难以取得的情况下，当事人可以在诉讼过程中向人民法院申请保全证据，人民法院也可以主动采取保全措施。因情况紧急，在证据可能灭失或者以后难以取得的情况下，利害关系人可以在提起诉讼或者申请仲裁前向证据所在地、被申请人住所地法院或者对案件有管辖权的人民法院申请保全证据。当事人申请证据保全的，可以在举证期限届满前书面提出。证据保全可能对他人造成损失的，人民法院应当责令申请人提供相应的担保。(7) 人民法院调查收集证据，应由2人以上共同进行。调查所得材料要由调查人、被调查人、记录人签名、捺印或盖章。(8) 人民法院依法向有关单位调查收集证据的，相关单位应在其提出的证明文书上盖章，并由单位负责人及制作证明材料的人员在其上签名或盖章，人民法院就单位出具的证明材料，可以向单位及制作证明材料的人员进行调查核实。(9) 当事人申请鉴定，可以在举证期限届满前提出。申请鉴定的事项与待证事实无关联，或者对证明待证事实无意义的，人民法院不予准许。人民法院准许当事人鉴定申请的，应当组织双方当事人协商确定具备相应资格的鉴定人。当事人协商不成的，由人民法院指定。符合依职权调查收集证据条件的，人民法院应当依职权委托鉴定，在询问当事人的意见后，指定具备相应资格的鉴定人。(10) 人民法院根据当事人的申请或者依职权勘验物证或者现场时，应当保护他人的隐私和尊严，必须出示人民法院的证件，并邀请当地基层组织或者当事人所在单位派人参加。当事人或其成年家属应当到场而拒不到场的，并不影响勘验的进行。有关单位和个人根据人民法院的通知，有义务保护现场，并协助勘验工作。勘验应当制作笔录，记录勘验的时间、地点、勘验人、在场人，勘验的经过、结果，并由勘验人、在场人签名或者盖章。对于绘制的现场图还应当注明绘制的时间、方位、测绘人姓名、身份等内容。人民法院可以要求鉴定人参与勘验。必要时，可以要求鉴定人在勘验中进行鉴定。(11) 书证在对方当事人控制之下的，承担举证责任的当事人可以在举证期限届满前书面申请人民法院责令对方当事人提交。申请理由成立的，人民法院应当责令对方当事人提交，因提交书证所产生的费用，由申请人负担。对方当事人无正当理由拒不提交的，人民法院可以认定申请人所主张的书证内容为真实。

又如，行政诉讼中，(1) 以非法手段取得的证据，不得作为认定案件事实的根据。(2) 被告人及其诉讼代理人在诉讼期间，不得自行向原告、第三人和证人收集证据。(3) 人民法院不得为证明行政行为的合法性，调取被告在作出行政行为时未收集的证据。(4) 与案件有关的证据，原告或者第三人不能自行收集的，可以申请人民法院调取由国家机关保存而须由人民法院调取的证据，或涉及国家秘密、商业秘密、个人隐私的证据，或确因客观原因不能自行收集的其他证据，且应在举证期限内提交写明如下内容的调取证据申请书：证据持有人的姓名或者名称、住址等，拟调取证据的内容，申请调取证据的原因及要证明的案件事实。(5) 对不符合调取证据要求者，接受申请的法院必须送达相应的通知，阐明理由，并允许申请人依法书面申请复议。对符合调取证据要求，却未能调取到证据者，则需告知申请人并阐明理由。(6) 仅当涉及国家利益、公共利益或者他人合法权益的事实认定时，或涉及依职权追加当事人、中止诉讼、终结诉讼、回避等程序性事项时，人民法院才有权向有关行政机关以及其他组织、公民调取证据。(7) 人民法院可以委托异地人民法院调取位于其所在地的证据，但必须有书面委托。受托人民法院需及时调取，或明确告知委托法院无法调取以及理由。(8) 当事人应在举证期满前，书面申请人民法院保全证据，申请书应说明证据的名称和地点、保全的内容和范围、申请保全的理由等事项；应人民法院的要求，当事人还应就申请保全证据提供相应的担保，并应人民法院的要求，亲自或让其诉讼代理人在保全证据时到场。(9) 仅当有证据或有正当理由表明，被告据以认定案件事实的鉴定意见可能有错时，当事人才能在举证期限内书面申请重新鉴定。对人民法院委托的鉴定部门作出的鉴定意见有异议申请重新鉴定者，只有在提出证据证明存在下列情形之一者，才会得到人民法院的准许：鉴定部门或者鉴定人不具有相应的鉴定资格；鉴定程序严重违法；鉴定意见明显依据不足；经过质证不能作为证据使用的其他情形。(10) 人民法院可以依当事人申请或者依职权勘验现场。勘验现场时，勘验人必须出示人民法院的证件，并邀请当地基层组织或者当事人所在单位派人参加。审判人员应当制作勘验笔录，记载勘验的时间、地点、勘验人、在场人、勘验的经过和结果，记载并说明当事人或其成年亲属应到场但没到场的情形，由勘验人、当事人或其成年亲属（如果到场的话）、在场人签名。勘验现场时绘制的现场图，应当注明绘制的时间、方位、绘制人姓名和身份等内容。当事人对勘验结论有异议的，可以在举证期限内申请重新勘验，但决定权在人民法院。

7. 律师及其他诉讼代理人，均不得帮助当事人作伪证等

《刑事诉讼法》第 42 条规定，辩护人或者其他任何人，不得帮助犯罪嫌疑人、被告人隐匿、毁灭、伪造证据或者串供，不得威胁、引诱证人作伪证，以及进行其他干扰司法机关诉讼活动的行为；《民事诉讼法》第 111 条表明，律师、诉讼代理人或者其他诉讼参加人不得伪造、毁灭重要证据，不得以暴力、威胁、贿买方法阻止证人作证或者指使、贿买、胁迫他人作伪证；《行政诉讼法》第 59 条也表明，律师及其他诉讼代理人不得伪造、隐藏、毁灭证据或者提供虚假证明材料，不得指使、贿买、胁迫他人作伪证或者威胁、阻止证人作证。

因此，律师及其他诉讼代理人，在具体的诉讼中，不仅要按照法律规定的程序收集各种证据，而且还不得以不当的手法妨碍他人取证，或者威胁、利诱他人提供虚假证据，甚至帮助其委托人作伪证。否则，其不仅有碍案件事实的查清，其自身还可能触犯刑律。

8. 取证人员应优先获取原生证据，并适当保全这些原生证据

尽管各类诉讼并不绝对排斥以复印、复制、转述等方式制得的派生证据——如《民事诉讼法》第 70 条规定，书证应当提交原件，物证应当提交原物，但在提交原件或原物确有困难时，可提交复制品、照片、副本、节录本——但为了保证案件事实得以查明，诉讼纠纷得到公正处理，取证人员取证时，应优先获取原生证据，并以适当的方式保全这些原生证据，以防其因灭失、遗漏等而丧失证明力。这是证据之关联性的具体、直接体现。

《刑事诉讼法》中并没有十分明确地强调原生证据的证明价值，但最高人民法院《关于适用〈中华人民共和国刑事诉讼法〉的解释》第 69～71 条的规定表明，原物、原件应该是取证时的首选：应着重审查物证、书证是否为原物、原件，是否经过辨认、鉴定；物证的照片、录像、复制品或者书证的副本、复制件是否与原物、原件相符，是否由二人以上制作，有无制作人关于制作过程以及原物、原件存放于何处的文字说明和签名。据以定案的物证应当是原物。原物不便搬运，不易保存，依法应当由有关部门保管、处理，或者依法应当返还的，可以拍摄、制作足以反映原物外形和特征的照片、录像、复制品。物证的照片、录像、复制品，不能反映原物的外形和特征的，不得作为定案的根据。物证的照片、录像、复制品，经与原物核对无误、经鉴定为真实或者以其他方式确认为真实的，可以作为定案的根据。据以定案的书证应

当是原件。取得原件确有困难的，可以使用副本、复制件。书证有更改或者更改迹象不能作出合理解释，或者书证的副本、复制件不能反映原件及其内容的，不得作为定案的根据。书证的副本、复制件，经与原件核对无误、经鉴定为真实或者以其他方式确认为真实的，可以作为定案的根据。《人民检察院刑事诉讼规则（试行）》第 233 条、《公安机关办理刑事案件程序规定》第 61～63 条也作出了类似的规定，一定程度上强调了刑事诉讼中物证、书证的原始件理应优先获取的原则，但均没有唯原物、原件论，更具有现实可操作性。

除了物证和书证等传统证据外，电子数据在取证时尽量获取原生证据对于确保其证据能力和证明力具有重要意义。2014 年发布的最高人民法院、最高人民检察院、公安部《关于办理网络犯罪案件适用刑事诉讼程序若干问题的意见》中，就公安机关在办理网络犯罪案件时对电子数据的取证活动进行了规范，其中第 14 条指出："收集、提取电子数据，能够获取原始存储介质的，应当封存原始存储介质，并制作笔录，记录原始存储介质的封存状态，由侦查人员、原始存储介质持有人签名或者盖章；持有人无法签名或者拒绝签名的，应当在笔录中注明，由见证人签名或者盖章。有条件的，侦查人员应当对相关活动进行录像。"第 15 条还就无法获取原始存储介质的可以提取电子数据的特殊情形进行了规定："（1）原始存储介质不便封存的；（2）提取计算机内存存储的数据、网络传输的数据等不是存储在存储介质上的电子数据的；（3）原始存储介质位于境外的；（4）其他无法获取原始存储介质的情形。"

不仅《民事诉讼法》第 70 条明确强调了应优先获取物证、书证等原生证据，而且 2015 年最高人民法院《关于适用〈中华人民共和国民事诉讼法〉的解释》第 111 条对《民事诉讼法》第 70 条规定的"提交书证原件确有困难"的情形进行了细化："（一）书证原件遗失、灭失或者毁损的；（二）原件在对方当事人控制之下，经合法通知提交而拒不提交的；（三）原件在他人控制之下，而其有权不提交的；（四）原件因篇幅或者体积过大而不便提交的；（五）承担举证证明责任的当事人通过申请人民法院调查收集或者其他方式无法获得书证原件的。"同时还规定"前款规定情形，人民法院应当结合其他证据和案件具体情况，审查判断书证复制品等能否作为认定案件事实的根据。"此外，最高人民法院《民诉证据规定》第 20 条、第 21 条、第 22 条也强调了原生证据的优势：（1）取证人员调查取得的书证，可以是原件，也可以是副本或复制件，但如若是后者，则需是核对无误的，且在调查笔录中说明了其来源和取证情况。（2）取证人员调查取得的物证应当是原物，只在被调查人提供原物确有困难的情况下，才能提供复制品或照片，且这一情况要在调查笔录中明确说明。（3）取证人员调查收集计算机数据或者录音、录像等视听资料的，应当要求被调查人员提供有关资料的原始载体。提供原始载体确有困难的，才能提供复制件，且调查笔录中要说明原因、来源及制作经过。

《行政诉讼法》中虽没有如同《民事诉讼法》第 70 条那样的规定，但最高人民法院《行诉证据规定》第 10 条至第 12 条同样强调了原生证据的优势：（1）当事人向人民法院提供书证的，应当符合下列要求，除非法律、法规、司法解释和规章对书证的制作形式另有规定：提供书证的原件，原本、正本和副本均属于书证的原件。提供原件确有困难的，可以提供与原件核对无误的复印件、照片、节录本；提供由有关部门保管的书证原件的复制件、影印件或者抄录件的，应当注明出处，经该部门核对无异后加盖其印章。提供报表、图纸、会计账册、专业技术资料、科技文献等书证的，应当附有说明材料。被告提供的被诉具体行政行为所依据的询问、陈述、谈话类笔录，应当有行政执法人员、被询问人、陈述人、谈话人签名或者盖章。

(2) 当事人向人民法院提供物证的，应当符合下列要求：提供原物。提供原物确有困难的，可以提供与原物核对无误的复制件或者证明该物证的照片、录像等其他证据。原物为数量较多的种类物的，提供其中的一部分。(3) 当事人向人民法院提供计算机数据或者录音、录像等视听资料的，应当符合下列要求：提供有关资料的原始载体。提供原始载体确有困难的，可以提供复制件。注明制作方法、制作时间、制作人和证明对象等。声音资料应当附有该声音内容的文字记录。

9. 行政诉讼中、民事诉讼中的取证人员，获取的证人证言、现场笔录等证据应满足法律的相关规定

按照最高人民法院《行诉证据规定》第 13 条至第 17 条的规定，(1) 当事人向人民法院提供证人证言的，应写明证人的姓名、年龄、性别、职业、住址等基本情况；有证人的签名，不能签名的，应当以盖章等方式证明；注明出具日期；附有居民身份证复印件等证明证人身份的文件。(2) 被告向人民法院提供的在行政程序中采用的鉴定结论，应当载明委托人和委托鉴定的事项、向鉴定部门提交的相关材料、鉴定的依据和使用的科学技术手段、鉴定部门和鉴定人鉴定资格的说明，并应有鉴定人的签名和鉴定部门的盖章。通过分析获得的鉴定结论，应当说明分析过程。(3) 被告向人民法院提供的现场笔录，应当载明时间、地点和事件等内容，并由执法人员和当事人签名。当事人拒绝签名或者不能签名的，应当注明原因。有其他人在现场的，可由其他人签名。法律、法规和规章对现场笔录的制作形式另有规定的，从其规定。(4) 当事人向人民法院提供的在中华人民共和国领域外形成的证据，应当说明来源，经所在国公证机关证明，并经中华人民共和国驻该国使领馆认证，或者履行中华人民共和国与证据所在国订立的有关条约中规定的证明手续。当事人提供的在中华人民共和国香港特别行政区、澳门特别行政区和台湾地区内形成的证据，应当具有按照有关规定办理的证明手续。① (5) 当事人向人民法院提供外文书证或者外国语视听资料的，应当附有由具有翻译资质的机构翻译的或者其他翻译准确的中文译本，由翻译机构盖章或者翻译人员签名。② 此外，在民事诉讼中，根据 2015 年最高人民法院《关于适用〈中华人民共和国民事诉讼法〉的解释》第 110 条规定，人民法院认为有必要的，可以要求当事人本人到庭，就案件有关事实接受询问。在询问当事人之前，可以要求其签署载明据实陈述、如有虚假陈述愿意接受处罚等内容的保证书。当事人应当在保证书上签名或者捺印。负有举证证明责任的当事人拒绝到庭、拒绝接受询问或者拒绝签署保证书，待证事实又欠缺其他证据证明的，人民法院对其主张的事实不予认定。

(二) 取证应满足的要求

取证时，除了应遵循前述种种证据规则以外，还应满足如下基本要求。这些要求是司法实践经验的总结，也是立法精神的具体体现。

1. 应在第一时间取证

证据伴随着案件的发生而形成，并将随着时间的推移而进一步变化。例如，时间一天天过

---

① 最高人民法院《民诉证据规定》第 11 条的规定与此相同。

② 最高人民法院《民诉证据规定》第 12 条规定："当事人向人民法院提供外文书证或者外文说明资料，应当附有中文译本。"显然，在行政诉讼中当事人向人民法院提交外文证据的，要求更为严格。

去，留在证人脑海中的印象会一天天淡化，故其证言的可靠性也将越来越差。又如，潜在的汗液、指印会随时间的消逝而逐渐陈旧，直到不能再被显现。再如，与案件有利害关系的人，还可能故意将案件中的某一证据藏匿起来，甚至破坏掉。因此，为防止证据因自然原因逐渐灭失、耗损，或因人为原因被破坏，进而妨碍我们真实地再现案件的事实，我们就必须尽早寻找、发现、提取、固定案件中的相关证据。

就刑事案件而言，侦查人员应在接到报案的第一时间里，迅即赶赴现场，在现场尚未遭到自然或人为的破坏，在各种痕迹新鲜、明显，在证人的记忆还清晰、完整且未被威胁、利诱，在共犯还没来得及串供时，寻找、发现、提取并固定各种证据。显然，侦查人员行动及时，将能够获取并固定最为接近案件发生时的证据——此时这些证据的可靠程度显然要高。

就民事案件或行政案件而言，取证人员同样要在第一时间采取必要的取证措施。只是此"第一时间"，有可能是当事人知悉自己权利被侵犯的那一刻，也可能是取证人员获悉某一证据线索的那一刻，还可能是审判人员接受当事人的申请而决定依职权取证的那一刻。第一时间里，当事人、当事人的律师或其他诉讼代理人以及审判人员，最有可能找到记忆犹新的证人，最有可能获得证明力最佳的书证、物证、视听资料，最有可能勘验、检查到最为"原生态的"现场或物证。无疑，这些证据对查明案件事实、公正处理案件至关重要。

此外，第一时间取证，还有利于降低诉讼成本、提高诉讼效率。此时的一次行动即可能方便地获取、固定最为可靠、最有价值的证据。而延误时机后的取证，则可能令取证人员费尽周折，或者还需取证人员采取额外的补救措施，有时甚至是经多重努力却一无所获。

2. 应根据证据的存在、表现形式以及具体特点等，选择科学合理而又可行的取证方法；必要时，可指派、聘请具有专门知识的人获取并保全相应的证据

证据有着不同的存在、表现形式，如物证、书证、视听资料、证人证言、勘验笔录、电子数据等，也有着各自不同的具体特点，如痕迹类物证有的是潜在的、有的则是细微的，单靠我们的手、眼、鼻、耳等器官，单靠我们普通的手法、普通的心智，我们很难寻找、发现各种证据，或者，即使寻找、发现了某一证据，但因其"脆弱"、"易变"或与载体不可分离，我们也很难提取、固定之。故，我们应针对证据的具体存在、表现形式及各自的特点，选用科学、合理而又可靠的取证方法，弥补我们自身的不足。例如，以粉墨法、硝酸银法、502 胶法等寻找、发现位于现场的潜在指印，并以照相法、胶带粘取法等方法加以固定、提取；利用多波段光谱仪在现场寻找、发现各种可疑痕迹，并以照相的方式固定、提取；以沾有稀硝酸的脱脂棉擦拭提取虎口处的射击残留物；以低温红外荧光照相法显现被碳素墨水、墨汁掩盖的蓝黑墨水字迹；以专用软件恢复被删改的电子数据；用录音机录下证人的证言；以特殊的制模法提取雪地上的足迹；等等。必要时，我们还可以依据相关法律的规定，如《刑事诉讼法》第 126 条，指派或聘请具有专门知识的人员，获取并保全相关证据。

与传统证据相比，新增的电子数据，具有高科技依赖性、非直观性、多态性、系统性等特点，因此电子数据的取证工作需要根据其特点进行特别的规定。2014 年发布的最高人民法院、最高人民检察院、公安部《关于办理网络犯罪案件适用刑事诉讼程序若干问题的意见》中，就公安机关在办理网络犯罪案件时对电子数据的取证活动进行了规范：（1）收集、提取电子数据，应当由二名以上具备相关专业知识的侦查人员进行。取证设备和过程应当符合相关技术标准，并保证所收集、提取的电子数据的完整性、客观性。（2）收集、提取电子数据应当制作笔

录，记录案由、对象、内容，收集、提取电子数据的时间、地点、方法、过程，电子数据的清单、规格、类别、文件格式、完整性校验值等，并由收集、提取电子数据的侦查人员签名或者盖章。远程提取电子数据的，应当说明原因，有条件的，应当对相关活动进行录像。通过数据恢复、破解等方式获取被删除、隐藏或者加密的电子数据的，应当对恢复、破解过程和方法作出说明。

无疑，合理的科学手段可以延伸我们的认识能力，进而帮助我们寻找、发现、提取、固定那些我们肉眼通常看不见，或即使看得见也难以提取的证据。而取证时，忽视、拒绝使用科学手段，均有可能导致相当多的证据无法发挥其应有的证明作用。

同时，科学手段在降低取证成本、提高取证效率方面也能发挥突出作用。如前述《关于办理网络犯罪案件适用刑事诉讼程序若干问题的意见》就针对公安机关办理网络犯罪案件时与异地公安机关协作取证的程序进行了特别规定。其第 11 条规定了公安机关在办理网络犯罪案件时由异地公安机关代为取证的程序："公安机关跨地域调查取证的，可以将办案协作函和相关法律文书及凭证电传或者通过公安机关信息化系统传输至协作地公安机关。协作地公安机关经审查确认，在传来的法律文书上加盖本地公安机关印章后，可以代为调查取证。"第 12 条规定了公安机关利用网络传输手段进行远程视频询问、讯问工作的流程："询（讯）问异地证人、被害人以及与案件有关联的犯罪嫌疑人的，可以由办案地公安机关通过远程网络视频等方式进行询（讯）问并制作笔录。远程询（讯）问的，应当由协作地公安机关事先核实被询（讯）问人的身份。办案地公安机关应当将询（讯）问笔录传输至协作地公安机关。询（讯）问笔录经被询（讯）问人确认并逐页签名、捺指印后，由协作地公安机关协作人员签名或者盖章，并将原件提供给办案地公安机关。询（讯）问人员收到笔录后，应当在首页右上方写明'于某年某月某日收到'，并签名或者盖章。"

3. 应围绕案件的基本事实，全面、客观地获取各种证据

无论是刑事诉讼、民事诉讼还是行政诉讼，均至少有两个版本的案件事实，即控方或原告方主张的案件事实，及辩护方或被告方主张的案件事实。为使案件得以公正处理，取证人员应全面获取正反两方面的证据，同时还要注意收集排除其他可能性的证据，而不应只收集于己方有利的证据。尽管只收集对自己有利的证据，将可能使己方的案件事实得以成立，也就是说，己方的主张可能因此得到法院的支持，但该裁决的安定性却受到潜在的威胁——一旦败诉方获得那些曾被胜诉方故意遗漏的证据，或者获得那些可以证明还具有其他可能性的证据，败诉方定会以相应的救济方式挑战已有的裁决。

侦查人员、公诉人员、审判人员更应全面寻找、发现、获取正反两方面的证据，以及那些可以排除其他可能性的证据。唯此，他们才是履行了其职责。

案件事实的重构或回建离不开证据。证据本身的任何变动，均会使得重构或回建的案件事实出现差异，甚至出现根本的不同，因此，客观、如实地获取证据，同样是取证人员务必做到的。为此，取证人员应秉持实事求是、一丝不苟的科学态度，以无损证据之客观真实性的方法寻找、发现证据，以忠实于现场原貌的"笔触"、技术制作勘验笔录，以"拷贝"或"镜像"的方式记录各种言词证据，以保持证据之原始状态的方法、手段获得并固定书证、物证、视听资料、电子数据等。任何主观想象、先入为主、粗心大意或不尊重科学的做法，均会"差之毫厘，谬之千里"。故意弄虚作假、故意破坏证据的原有状态或原始意义等，不仅会使得当前的

案件得不到公正处理，而且取证人员本身还会触犯刑律。

4. 应充分考虑各种可能性，深入、细致地获取各种证据

前面说到的要求3，是提醒取证人员从案件的正反两方面，全面、客观地收集证据。而本处，则是告诫取证人员要充分考虑案件的复杂性，以防遗漏某种证据。

尽管证据通常仅呈现出八种表现形式，但它们却可能因案件的不同而存在于或明或暗的不同位置；此外，证据本身在大小方面的差异、在物理化学稳定性方面的差异、在抵御外界破坏方面的差异，证据掌握者本身的主观意识、所受的客观限制等等，均有可能使得取证人员难以轻易地完成取证任务。为此，取证人员应本着严肃、认真、负责的态度，结合已有的信息、线索、材料等，充分考虑案件发生时可能形成的各种证据以及各种证据可能存在的场所，再佐以深入、细致、耐心的精神，尽可能获取各种证据：对实物证据，要考虑其是否被隐藏、被覆盖，甚至被带离现场，如击中人体的弹头就有可能因受害者被送往医院抢救而随受害者一并离开现场；要考虑其是否过于微小甚至是潜在的而不能被我们的肉眼发现，如汗液指印；要考虑其是否随时间的延续而发生了变化，如大麻进入人或动物机体均会代谢成Δ9—四氢大麻酚。对言词证据，则要考虑哪些人必然会掌握一定的案情，这些人，如证人、当事人、被害人、犯罪嫌疑人、被告等，有无如实陈述的顾虑，与案件有无利害冲突，在当初了解案情时有无可能受客观因素的影响而形成错误的印象或认识。

没有遗漏地、认真细致地勘验检查与案件有关的一切场所，就有可能寻找、发现并获取、固定各种实物证据。深入走访、逐一排查，则可能找到掌握案情的各种人员，特别是证人、被害人；站在被调查人的角度换位思考，并佐以耐心、细致以及晓之以理、动之以情的说服工作，再将那些能够切中要害、直抵实质的问题有技巧地融合于整个谈话、询问或讯问中，则可能获取各种言词证据。

5. 应保守相应秘密

保守与案件有关的秘密，是国家法律和职业道德对取证人员的基本要求。

取证人员的取证行为使得他们可以合法占有与案件有关的各种材料。如果不保守相应秘密，则这些材料可能会被公之于众。失密，既可能导致个人隐私被侵犯，还可能触犯国家法律，而这一切，均可能妨碍我们公正、顺利地处理案件。

按照《保守国家秘密法》第9条的规定，追查刑事犯罪时所涉及的秘密事项属于保守国家秘密法规定的国家秘密，故刑事案件中的取证人员不得向他人泄露相关秘密。此外，取证人员收集的某些资料，本身就可能是保守国家秘密法规定的文件、事项、物品等，取证人员也不得泄露。最后，出于职业道德，取证人员也不应公开案件涉及的各种材料，以免侵犯他人的隐私权。

三、如何寻找、发现、获取证据

"如何寻找、发现、获取证据"，也就是，以哪些方法获得诉讼需要的证据。

从理论上说，为完成取证工作，即发现、获取一切可能的证据，尽量保证每一证据具有最为充分、有效的证明力，取证人员可以假借一切可能的途径、动用一切可能的方法取证。但是，服务于诉讼的证据不得不受诉讼制度的约束及规制，否则，蕴含于诉讼制度的多元价值观

将只能停留在空洞的文字符号上。因此，寻找、发现、获取证据，只能动用法律认可或许可的方法或手段。

鉴于法律对诉讼证据的规制是基于证据的关联性、客观性及合法性而实现的，而证据的作用则要通过证明力去发挥，故寻找、发现、获取证据时，所动用的方法或手段，应以不影响证据之关联性、客观性、合法性，不破坏证据的证明力为前提。按照现行我国刑事诉讼法、民事诉讼法、行政诉讼法及相关司法解释的规定，可用于寻找、发现、获取证据的主要方法有：

（一）询问

询问，即取证人员以谈话或打听的方式了解案情的一种言词性调查活动。尽管询问的目的是了解相关的案情，但询问有时还能得到某些证据的线索。

询问是一种最为基本且最为常用的发现、获取证据的方法。侦查人员、公诉人员、审判人员、律师及其他诉讼代理人，甚至当事人均可以使用之。

一般而言，证人证言、当事人陈述、被害人陈述均是以询问的方式获得的。也就是说，询问的对象通常是证人、民事诉讼或行政诉讼当事人以及刑事诉讼被害人。尽管随着科技的发展，科学证据在诉讼中的作用日益得到人们的认可，但只要存在着言词证据，询问便将是一项不可或缺而又非常有效的收集证据的方法。

按照不同的标准，询问可分为正式询问与非正式询问，走访询问与传唤询问，公开询问与秘密询问。

借助询问，可收集到证人证言、被害人或当事人陈述等诉讼证据，还可了解到与案件有关的一些基本情况或线索，如案件确已发生、犯罪行为或侵权行为造成的后果、被害人受到的伤害情况、嫌疑人的个人信息等等，因此，有时要在讯问、搜查等工作之前先询问，才可能知悉要讯问的对象、要搜查的地点。

（二）讯问

相对于询问而言，**讯问**有着明显的强制性，是侦查人员、检察人员、审判人员，就刑事案件的事实，盘诘、查问犯罪嫌疑人、被告人的一种言词性调查活动。

基于其强制性，讯问只能由侦查人员、检察人员、审判人员完成，当事人、律师及其他诉讼代理人均无权讯问任何人员，否则便是违法的并将受到制裁。

按照我国《刑事诉讼法》第186条第1款、第3款的规定，刑事案件的审理过程中，公诉人员、审判人员均可以讯问被告人。一般认为，此时的讯问，应是就控辩双方提出的证据进行质证，而非发现、获取证据的活动。但因我国的诉讼模式属于职权主义，审判人员有很大的主动权，故审理阶段审判人员对被告人的讯问有时也可能是为了获取某一证据。

尽管犯罪嫌疑人、被告人可以借自我书写的方式供述，但通常而言，犯罪嫌疑人、被告人的供述均是讯问的产物。

古今中外的司法实践表明，讯问期间最易出现侵犯犯罪嫌疑人、被告人之人权的问题——因为犯罪嫌疑人、被告人的供述往往能直接证明案件的主要事实，故在急于破案的心境下，在

“走捷径”之想法的驱使下，讯问者往往会以刑讯逼供等[①]非法方式获得被讯问者的供述。在司法日趋文明的今天，在人权、特别是犯罪嫌疑人、被告人的人权得到高度重视的当代，我们尤其要禁止刑讯逼供，因此我们不能忽视本章“二（一）4”中所明确的那些规则。

借助讯问，有望查清犯罪嫌疑人、被告人的全部罪行并收集可用于定罪的证据，有望追查同案犯并发现其他犯罪线索，还有望保障无罪的人不受错误的刑事追究。

（三）辨认

辨认，从字面看，即分辨、识别、确认。辨认这个词在日常生活中也时有运用，但**此处言及的辨认，是指诉讼中，由取证人员安排、组织熟悉或了解客体特征的人，对与案件有关的客体进行分辨、识别和再认，以获得能查明案件事实的各种信息的活动。**从本质上说，辨认是一种同一认定活动，也即判断现在面对的某一客体是否为曾经出现过的那个特定客体的认识活动。因此，被辨认的客体首先要至少出现过两次或两次以上，其次是，被辨认的客体在外观特征方面要与先前出现的客体有着一定的相似性。

辨认不可缺少的要素有：辨认组织者、辨认人、辨认对象。辨认组织者通常是侦查人员、公诉人员、审判人员。尽管法律没有规定，辨认只是这三类人员专有的取证措施，但事实上，律师或其他诉讼代理人要想组织并实施辨认必定会受到限制——律师或其他诉讼代理人显然无权让犯罪嫌疑人或被告人混杂于一定人员中，再由被害者或证人来辨识，但律师或其他诉讼代理人却可能要求证人或被害者辨认某财物、某场所等。辨认人是辨认活动的实际执行者，他必须熟悉或了解辨认对象的某些特征，也就是说，辨认人必须感知并记忆了辨认对象的某些特征，如外形、外貌、声音等，同时他还必须有足够的分辨、识别并准确表达的能力。通常而言，辨认人可能是证人、当事人、刑事案件被害人、犯罪嫌疑人、被告人，以及客体的所有者或使用者等。辨认对象也即辨认客体，既可能是人，也可能是物，还可能是场所——只要他（它）们与案件有关联并需要查证其来源、身份等。被辨认的人既可能是活人，也可能是尸体；既可能是失踪者，也可能是作恶者，还可能是受害者。被辨认的物既可能是遗失物，也可能是赃物，还可能是凶器、违法违禁品等。被辨认的场所，既可能是案件原发现场，也可能是与案件有关的其他场所——如违法违禁品堆放场所、赃物隐藏场所、受害者被掩埋场所等。

辨认可依据不同的标准划分为：证人辨认、被害人辨认、嫌疑人或被告人辨认和当事人辨认，人身辨认、物体辨认和场所辨认，公开辨认和秘密辨认，直接辨认和间接辨认，动态辨认

---

① 《刑事诉讼法》第50条规定：“……严禁刑讯逼供和以威胁、引诱、欺骗以及其他非法方法收集证据，不得强迫任何人证实自己有罪……”由此，似乎可以认为，刑讯逼供、威胁、引诱、欺骗等均为非法取证的方法。但最高人民法院《关于适用〈中华人民共和国刑事诉讼法〉的解释》第95条、最高人民检察院《人民检察院刑事诉讼规则（试行）》第65条却表明，《刑事诉讼法》第54条言及的应当予以排除的非法证据之“非法”，即第54条中“刑讯逼供等”的“等”，并不是指威胁、引诱、欺骗，而是指“**使用肉刑或者变相肉刑，或者采用其他使被告人在肉体上或者精神上遭受剧烈疼痛或者痛苦的方法，迫使被告人违背意愿供述的**”行为，以及“**违法程度和对犯罪嫌疑人的强迫程度与刑讯逼供或者暴力、威胁相当而迫使其违背意愿供述的**”行为。这表明，虽然《刑事诉讼法》第50条认为，威胁、引诱、欺骗并非是合法的取证手段，但因司法实践中，“威胁”、“引诱”、“欺骗”的含义特别是标准不好界定，很难与讯问策略、讯问技巧相区别，如果一味全部禁止，不利于侦查工作的有效开展，所以，目前我国并不排除用威胁、引诱、欺骗等方式获得的供述。

和静态辨认。

辨认均由人来完成，且辨认的最终结果也是通过言词来表达，故借助辨认获取的证据属于言词证据。这些证据曾经被当做证人证言、当事人陈述、犯罪嫌疑人、被告人供述和辩解等来使用，而在现行《刑事诉讼法》第48条将辨认笔录视为法定证据形式之一后，辨认笔录本身也就成为刑事诉讼中的一种独立证据，可以单独使用。

《办理死刑案件证据规定》第30条首次以法律的形式就辨认作出了一系列规定。它使得既实用又常见的这一取证方法，能够合法、有效地进行，进而最大限度地保护相关人员的人权，并确保案件查处的质量。现行《刑事诉讼法》第48条则首次将辨认笔录视为法定证据形式之一，使得我们更应该重视辨认活动的可靠性、规范性。事实上，最高人民法院《关于适用〈中华人民共和国刑事诉讼法〉的解释》第90条、最高人民检察院《人民检察院刑事诉讼规则（试行）》第257～262条以及公安部《公安机关办理刑事案件程序规定》第249～253条，均从辨认的组织、实施及记录等层面规范了实务中的辨认活动，据此，所获得的辨认笔录在合法性及可靠性方面也就有了基本的保障。

（四）搜查

搜查，指为了获取证据、查获犯罪嫌疑人，侦查人员依照法律的授权而对特定人身、物体或处所进行搜索、检查的活动。

搜查的目的不止于获取证据，但却是获取刑事证据不可缺少的手段。因证据可能存在于或藏匿于人身上、物体内或处所里，故搜查可以针对人身、物体或处所而进行，但是，搜查直接关系到公民的人身权、住宅权、隐私权等，具有极强的强制性，所以，**搜查必须履行严格的审批手续，并获得侦查机关签发的搜查证**，所针对的对象也只能是搜查证上载明的特定的人、特定的物、特定的场所或特定的住处等。紧急情况下，取证人员如果不可能按照常规程序获得签发的搜查证，但此时却正在执行拘留、逮捕，则可以仅仅凭借其持有的拘留证、逮捕证而搜查。只有这样，才可以及时查获可能被携带的凶器、自杀器具，可能被隐藏的爆炸物、剧毒物，可能被转移、毁损的犯罪证据等。

根据不同的标准，搜查可分为公开搜查和秘密搜查，有证搜查和无证搜查，人身搜查、物品搜查和处所搜查，辅佐于现场勘验的搜查与独立的搜查等。

无论是何种搜查，均只能由侦查人员进行，任何非侦查人员均不得以搜查的方式收集证据。而侦查人员的搜查活动，也必须在法律严格规范的情况下谨慎进行，否则，所获得的证据均有可能因不具备合法性而被排除。

随着计算机的普及，对计算机犯罪的打击、惩处等已经越来越受到重视。但因这种犯罪涉及的证据许多是电子数据，故在搜查电子数据时，尤其要注意搜查的范围、对象及所用的技术等，因为略有不慎或技术不当，就有可能侵犯他人的合法权利。

搜查可发现犯罪嫌疑人，并发现各种实物证据。

（五）勘验、检查

为了发现、获得证据，了解相关情况，侦查人员、公诉人员、审判人员实地查验、勘测、检验与案件有关的场所、物品、尸体的活动，称为**勘验**。而为了查明案情，确定人的体态特征、生理状态、损伤情况，侦查人员、公诉人员、审判人员实际查看、检测、检验犯罪嫌疑人、被害人的活动，称为**检查**。

作为一种侦查措施，刑事诉讼中的勘验、检查只有侦查人员才可以实施，且侦查人员的勘验、检查活动必须严格依照法律的规定办理，这在本章“二”中已经详细阐述。人民检察院审查案件时，对侦查人员的勘验、检查，认为需要复验、复查时，可以要求公安机关复验、复查，且可以派检察人员参加；对于需要补充侦查的，如果决定不退回公安机关补充侦查而自行侦查，那么检察机关也可依法采取勘验、检查等侦查措施取证。人民法院审理刑事案件过程中，也可以勘验、检查，但此时更多的是为了调查核实证据。（参见图 8—1）

图 8—1 警察在刑事案件现场对勘验发现的证据进行拍照

图片来源：Matthew E. Johll，*Investigating Chemistry*：*A Forensic Science Perspective*，New York：W. H. Freeman and Company，2007，p. 29。

我国的《民事诉讼法》、《行政诉讼法》及相关司法解释，仅提到了针对现场、物证的勘验，却没有提到针对人身的检查，如《民事诉讼法》第 63 条、第 80 条分别规定：“证据包括：……（八）勘验笔录。”“勘验物证或者现场，勘验人必须出示人民法院的证件……”最高人民法院《民诉证据规定》第 30 条也明确规定：“人民法院勘验物证或者现场，应当制作笔录……”同样，现行《行政诉讼法》也只是简单地提及了勘验这一术语，即第 33 条规定：“证据包括：……（八）勘验笔录、现场笔录。”考虑到《民事诉讼法》及《行政诉讼法》均规定有鉴定这一取证措施，我们认为，如果民事诉讼或行政诉讼需要对某人人身进行检查，以获取有关证据，可启动鉴定程序。

通过勘验发现、获取的证据通常是实物证据，如物证、书证、音像资料等。勘验、检查而制成的相应笔录也是合法形式的证据：勘验、检查笔录记载的一些现象，所表明的实物证据的原始位置、原始状态、与其他证据的相互关系等，无不具有极高的证明价值。为确保勘验、检查获得的证据，以及勘验笔录、检查笔录本身均具有最佳证明力，并确保它们不因缺乏合法性而被排除于法庭之外，必须严格按照本章“二”阐述的规则及要求勘验、检查。

勘验、检查依照对象的不同，可分为现场勘验、物证勘验、尸体检验和人体检查。

（六）实验

为了证明某一理论、假设的正确性，或者为了认识某一客体在特殊条件下的本质及发展规律，所进行的操作或活动即是实验。

诉讼中，勘验现场时，为了初步判断案件中涉及的物质的特性，可进行现场快速实验；鉴定时，为了确定或鉴别物质的特性或异同，可进行物理、化学实验。但本书言及的实验，既不同于心理实验、教育实验、经济实验、军事实验等其他行业广泛运用的实验，也不同于勘验或鉴定中以确定物质特征或属性为目的的实验，而是专指模拟案件或事件发生时的条件，使某事实或现象重新被演示，从而便于确定与案件有关的该事实或现象是否可能发生或存在的一种活动。例如，A地至B地全长1公里，身负60千克重物者，能否在8分钟内从A地步行到B地？对此问题的回答，就可通过实验来完成。如果实验结果表明，无论如何，没有人能在此时间内完成这样的远足，那么该实验结果实质上可成为证据：证明案发时某人不在现场。换言之，本书讨论的实验，是狭义的实验，是为了判断某事实或现象是否可能发生或存在，而模仿特定的条件、在特定的时空状态下所进行的一种活动或操作。这种实验不仅能够服务于案件事实的查明——如审查事件是否成立、审查其他证据是否可靠、验证某些推断是否符合实际等，而且是发现、获取证据的一种有效方法。

我国三大现行诉讼法中，仅《刑事诉讼法》第133条对实验有所规定，即“为了查明案情，在必要的时候，经公安机关负责人批准，可以进行侦查实验”。《人民检察院刑事诉讼规则（试行）》第216条规定：“为了查明案情，在必要的时候，经检察长批准，可以进行侦查实验。”因此，偏颇地说，似乎仅在刑事诉讼中，才能以实验的方法查明有关案情，并发现、获取相关证据。但依据《民事诉讼法》第64条第2款、第67条第1款的规定，以及《行政诉讼法》第40条的规定，人民法院在审理民事、经济案件或者行政案件时，拥有证据调查权，故人民法院可以在必要时，组织实施实验以获取相关证据。

我国《刑事诉讼法》中，有关侦查实验的规定见于第二编第二章“侦查”之第四节“勘验、检查”中，故我们应将刑事诉讼中的实验理解为勘验、检查的一种具体手段，相应地，刑事诉讼中的实验，也就是侦查实验，必须既严格遵守《刑事诉讼法》有关勘验、检查的规定，又特别遵守《刑事诉讼法》及其相关司法解释有关侦查实验的规定，即：（1）为了查明案情，只在必要时才进行，且事先要经县级以上公安机关负责人的批准；（2）侦查实验的情况应当写成笔录，由参加实验的人签名或者盖章；（3）进行侦查实验，不得有任何造成危险、侮辱人格或者有伤风化的行为。作为勘验、检查的具体手段或措施之一，侦查实验显然也有助于发现、获取某些证据。在现行《刑事诉讼法》生效之前，侦查实验的记录显然是勘验、检查笔录的组成部分，其自身并非是一种独立的证据形式，但现行《刑事诉讼法》第48条第2款第7项确立了侦查实验笔录的独立证据地位，因此，侦查实验笔录不再附属于勘验、检验笔录存在，其形成及制作，均应符合相关法律法规的规定，以确保其具有相应的可采性及证明力。民事诉讼法或行政诉讼法中，虽然没有有关实验的明确规定，但人民法院组织实施实验时，可在立法精神的指导下，参照刑事诉讼相关法律规定以及相关部门规章来进行，如必须经过法院负责人的同意，不得有足以造成危险、侮辱人格或有伤风化的行为，要有完备的实验方案、足够的实验设施、严明的实验纪律，等等。

为确保实验的结果合法、真实可靠，切实发挥其应有的作用，必须重视实验记录的制作。实验记录的前言部分应载明案件或事件的基本情况，实验的目的、内容，实验的主持人、实施人、见证人、翻译、专家，实验的起止时间等；正文部分，应详细叙述实验的过程、现象和结果；结尾部分，则应注明本笔录的附件数量、名称，应阐明笔录已向所有实验参加者宣读或已让所有参加者阅读，同时还应有所有参加者的亲笔签名等。《人民检察院刑事诉讼规则（试行）》第218条及《公安机关办理刑事案件程序规定》第216条均规定，必要时，可以或应当对侦查实验过程予以录音、录像。

根据不同的标准，实验可分为：有关人的实验、有关动物的实验和有关物体的实验，有关感知能力的实验、有关行为能力的实验和有关物质特质的实验，单一实验和对照实验等。

（七）鉴定

鉴定，指具有专门知识的人，依照其职权，或接受聘请、委托，为解决案件中的一些专门性问题，而对相关材料进行分析、检验、鉴别，进而给出结论的一种活动。

在我国，鉴定权属于经国家有关机关批准或认可的鉴定机构，但鉴定权必须由人来行使，故实际从事鉴定活动的，是具有专门知识的人，而非某一鉴定机构。虽然鉴定也能服务于某些非诉讼事项的解决，如仲裁，但通常而言，鉴定是在诉讼中涉及专门性问题时才启动，故，聘请或委托鉴定者，一般是公安机关、检察机关、审判机关、诉讼当事人及其律师或其他诉讼代理人。需要解决专门性问题的相关材料，有由委托单位提交的，也有受办案人员的邀请，由鉴定人亲赴现场，发现并提取后再鉴定的。鉴定人的鉴定活动，是为了解决案件中的专门性问题，以弥补案件查处者在非法律知识方面的认识能力的不足，故鉴定人不得超越其权限而就法律问题发表任何意见。鉴定人对相关材料的分析、检验、鉴别等，必须借助专门的知识和/或特殊的技术、手段，而不是仅基于普通的经验积累。

鉴定能够弥补我们认识能力的不足，进而发现、揭示并给出有利于案件事实之查明的证据。例如，借助鉴定，借助比较实验弹头与现场弹头上的来福线痕迹，可以证实现场弹头是由某嫌疑枪支发射的；借助鉴定，可以发现某血清并非脐带血清，从而证明供货方未向需求方提供合同约定的脐带血清。根据现行三大诉讼法的规定，鉴定意见是法定的证据形式之一，故鉴定，也就成为发现、获得证据的重要途径之一。公安机关、检察机关、审判机关、诉讼当事人及其律师或其他诉讼代理人均可借助鉴定而获取相关的鉴定意见。（参见图8—2）

2005年2月28日，第十届全国人民代表大会常务委员会第十四次会议通过并颁布了《关于司法鉴定管理问题的决定》。该决定不仅将司法鉴定的管理问题首次纳入国家法律规定调整的视野，而且出现了“鉴定意见”这一新的术语。《关于司法鉴定管理问题的决定》第1条、第10条、第11条分别规定：“司法鉴定是指在诉讼活动中鉴定人运用科学技术或者专门知识对诉讼涉及的专门性问题进行鉴别和判断并提供鉴定意见的活动。”“司法鉴定实行鉴定人负责制度。鉴定人应当独立进行鉴定，对鉴定意见负责并在鉴定书上签名或者盖章。多人参加的鉴定，对鉴定意见有不同意见的，应当注明。”“在诉讼中，当事人对鉴定意见有异议的，经人民法院依法通知，鉴定人应当出庭作证。”文字上由“鉴定结论”到“鉴定意见”的变化，可以

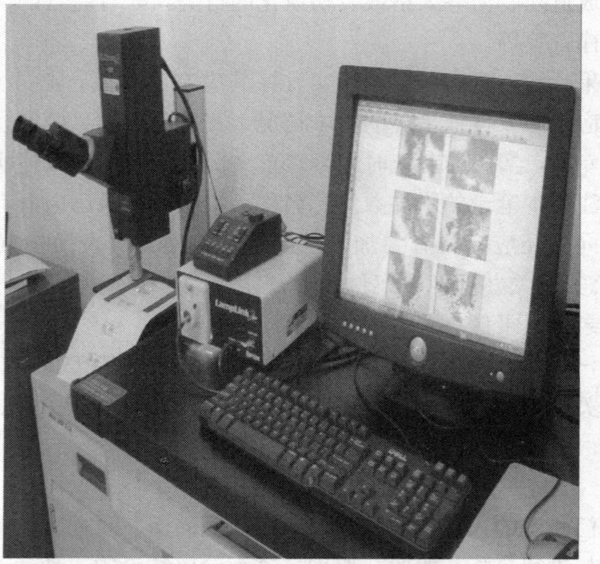

图 8—2　借助奥博层断视频显微镜鉴定文书中的朱黑时序

理解为鉴定人给出的判断从本质来看，只是一种“意见”，而非“终结的、绝对正确的论断”，这对实务中正确运用鉴定结论，正确对待鉴定结论的证据地位及证据价值，有着极为深刻的意义。2010 年 7 月 1 日施行的《办理死刑案件证据规定》也用“鉴定意见”代替了“鉴定结论”这一词，表明“鉴定意见”的普通证据地位正逐步得到认可。而现行的三大诉讼法，不仅先后将“鉴定结论”更名为“鉴定意见”，而且其中的《刑事诉讼法》及《民事诉讼法》更同时强调，应当出庭而没有出庭的鉴定人，其鉴定意见将不得作为定案的依据。由此可以看出，通过鉴定这一活动得出的证据，即鉴定意见，同样需要接受审查判断，它并不是拥有特殊地位、可以直接拿来即用的特殊证据。

刑事诉讼中，鉴定是侦查机关调查取证的重要侦查手段之一。鉴于物证等实物证据在诉讼中的作用愈来愈为人们所认识，更因物证等实物证据通常从发现开始即涉及专门性问题，故公安机关内设的鉴定机构的鉴定人员，通常均会在接到报案后，与侦查人员同时奔赴现场，亲自勘验现场，以发现、获取重要证据，然后再对这些证据予以及时鉴定，为侦查破案提供重要线索或依据。因此，公安机关的鉴定机构是目前我国鉴定机构的重要组成部分，公安机关内部设立的鉴定机构之鉴定，为其侦查职责使然。

《关于司法鉴定管理问题的决定》于 2005 年 10 月 1 日正式实施前，除了公安机关内部的鉴定机构，以及检察系统为其自侦案件而专门设立的鉴定机构以外，法院系统内也设有鉴定机构。因此，当诉讼涉及专门性问题需要以鉴定的方式加以解决时，除了可以求助于经授权成立并面向社会的专职或兼职鉴定机构以外，还可以求助于法院内的鉴定机构。但《关于司法鉴定管理问题的决定》生效后，法院系统内的鉴定机构已经被取消，不再从事鉴定服务；公安机关及检察院内设的鉴定机构也只能服务于其自身的侦查工作，所以，大量的鉴定工作均由司法行政管理部门授权成立、可面向社会提供鉴定服务的专职或兼职鉴定机构承担。换言之，目前在我国，鉴定机构实际上可分为两大类：一类是专门为刑事案件的侦查提供鉴定服务的公安机关或检察机关系统内的鉴定机构[①]，其鉴定源自公安机关或检察机关的侦查职权；另一类为面向社会提供鉴定服务，并经由司法行政管理部门授权成立的鉴定机构，其鉴定源自接受聘请或委托。这些鉴定机构的鉴定人员，在批准或认可的专业领域内行使鉴定权，所给出的意见，具有法律效力。此外，诸如农业、建筑业、地矿开采业等专业或学科领域内的研究机构之研究人员，也有可能偶尔受聘而为诉讼提供某一鉴定支持，只是，受聘或受委托的研究人员，必然有特殊的资质认定程序等。

依据不同的标准，鉴定可分为：化学鉴定、物理学鉴定、生物学鉴定、遗传学鉴定、人类学鉴定、会计学鉴定和工程学鉴定等，初次鉴定、补充鉴定、重新鉴定和会同鉴定等[②]，职能鉴定和受托鉴定，物证鉴定、司法精神病鉴定、法医鉴定等。

而依据前述《关于司法鉴定管理问题的决定》第2条的规定，目前实行登记管理制度的鉴定主要有：法医类鉴定、物证类鉴定、声像资料鉴定，以及根据诉讼需要由国务院司法行政部门商最高人民法院、最高人民检察院确定的其他应对鉴定人和鉴定机构实行登记管理制度的鉴定事项。随着三大诉讼法修订后将电子数据正式列为法定证据形式之一，有关电子数据的鉴定将会日益增加。2014年发布的《关于办理网络犯罪案件适用刑事诉讼程序若干问题的意见》指出，在办理网络犯罪案件时，对电子数据涉及的专门性问题难以确定的，由司法鉴定机构出具鉴定意见，或者由公安部指定的机构出具检验报告。

四、如何固定、保管证据

固定、保管证据，是证据保全的通俗化表达，其目的是防止发现、获取的证据自然泯灭、被人为破坏或因时过境迁无法再取得。虽然，固定、保管是收集证据的重要环节之一，但有时，发现、获取证据实际上就同时起到了固定证据的效果，如：借助粉末显现指印法，在现场发现了潜在的指印，将经粉末显现后的有色指印用胶带法从载体上粘下来，当然就获取了现场指印，同时也将易被破坏的原潜在指印以及经显现后的粉末指印固定了。因此，**本处言及的固定证据的手段或措施，有时难免便是发现、获取证据的手段或措施**。而保管证据，却是值得格外强调的。

（一）固定证据的手段或措施

不同种类的证据，或易自然消灭，如雪地上的足迹会因雪融化而消失；或易遭到人为破坏，如刻在墙上的文字有可能被其他人无意或故意擦抹掉；或易因时过境迁而不可再取得，如目击证人可能会随时间的推移而忘记一些细节。故，**应针对证据的具体种类、表现形式、特点，而采取不同的固定方法**。实务中，常用的固定证据的方法或手段有：

1. 笔录

笔录，即借助笔及纸，同步记载所闻、所见之内容的一种固定证据的常用方法。笔录有询

① 2008年2月之后，为侦查服务的公安、检察机关系统内的鉴定机构实质上还需接受一些民事诉讼、行政诉讼中的鉴定委托。尽管这种变化是基于中央政法委的内部文件，却反映出社会鉴定机构不能满足民事诉讼、行政诉讼中解决相关专门性问题的现实需要。

② 参见何家弘、刘品新：《证据法学》，229页，北京，法律出版社，2004。

问笔录、讯问笔录、勘验检查笔录之分。询问笔录、讯问笔录是用以固定证人证言、被害人陈述、犯罪嫌疑人和被告人供述、辩解等言词证据的一种传统方法。相对于录音、录像法而言，通过笔录固定证据无疑是经济、简便的，但易出现错误，如不完整、不准确、有遗漏等，当然只要严格按照法律规定的程序办理，就能达到预期的效果，如：必须如实记录所闻，并经陈述者仔细核对、签名盖章；对无阅读笔录能力者，则要以宣读的方式让其核对；记载有错或有遗漏者，应及时更正、补充并由陈述人签名或盖章；等等。勘验、检查笔录，通常是勘验现场、检查人体时制作的，物证的原始位置、状态，人体的伤害程度等，均可借助勘验、检查笔录加以固定。同样，勘验、检查笔录如若是严格依照程序规定制作而成，与录像会有同样的证明效果。

2. 录音、录像

录音、录像，即以录制声音、拍摄图像的方式固定证据。录音、录像可在询问证人、被害人或当事人，讯问犯罪嫌疑人或被告人时同步进行，录像还可在勘验、检查现场或人体时，在实施辨认、侦查实验时同步进行。相较于笔录而言，录音、录像更为“忠实”于证据的本来面目，故其更为真实可靠，但成本较高。

3. 拍照

拍照，即以照相的方式固定证据。其针对的证据主要是实物证据，特别是那些不易提取原物的物证或肉眼无法观察到其细节特征的物证等，如刻在墙上的文字、涉案的楼房、不可见光线下显现出的被擦刮掉的字迹、以物理或化学方法显现出的潜在指印（参见图 8—3），等等。固定证据时的拍照，往往需要严格按照物证照相或现场照相之细目照相的要求来进行。

图 8—3 用照相法固定的雪地上小鸟和人的足迹

4. 复制

复制，即以制作复制品的方式固定证据。其针对的证据也主要是实物证据，如雪地上的足迹，书证，录音、录像磁带，电子证据等。通过复制的方法不仅可以获取这其中某些难以获取的证据，如雪地上的足迹，而且可以较为牢固地固定这些证据的证明价值。复制的具体方式，可以是制作模型、复印、翻录、备份或打印等。

5. 扣押、封存

对于那些容易转移、灭失的大宗物证，以及与案件有关的金钱等证据，可用**扣押、封存**财物、冻结银行账户等方法加以固定。

(二) 证据的保管以及保管制度的建设

相对于证据的发现、获取及固定而言，证据的保管似乎不太为人们所重视。具体的表现是，法律并没有就证据的保管予以明确的要求或规范。而事实上，已经被发现、获取并得到固定的证据，如果没有得以妥善的保管，其证据资格以及证据价值均有可能被破坏。因此，有必要对证据的保管予以高度的重视，并建立相关的制度。该制度应明确的主要问题如下：(1) 证据的保管极为重要，如有不当，证据有可能因不具合法性而被排除，还有可能因证据价值被破坏而无法发挥应有的证明作用。(2) 所发现、获取、固定的证据应该妥善包装，并予以完好的标签记录。(3) 证据的保管应有专门的人员及专门的场所。(4) 应有严格的证据移交、借用章程，每一次、每一件证据的移交或借用，均应办理相应的交接手续，双方均要清点、核实并签名。(5) 证据的保管不仅要确保证据不被调换、遗失，而且要确保证据自身不会变质、受损，**这就要求，保管人员必须根据证据的具体性质，科学地选择适宜的保管方法，并将证据保管在合适的地方**，如某些证据不仅要密封，而且还需冰箱冷藏等。

可喜的是，公安部物证鉴定中心承担的“中央级公益性科研院所基本科研业务费专项资金计划项目——物证/样本智能化管理关键技术和系列设备”，已于 2013 年 7 月通过验收，并有望在全国推广使用。凭借该智能化管理关键技术和系列设备，我国的物证及相关样本的管理将实现科学化、规范化。

检察机关在发挥检察职能过程中，特别是在职务犯罪侦查过程中，会面临大量涉案财物的管理工作，为了确保检察机关有效规范刑事诉讼涉案财物处置工作，最高人民检察院在 2015 年发布了《人民检察院刑事诉讼涉案财物管理规定》，其中规定了人民检察院实行查封、扣押、冻结、处理涉案财物与保管涉案财物相分离的原则，由办案部门负责对涉案财物依法进行查封、扣押、冻结、处理，并按特殊规定对不移送案件管理部门或者不存入唯一合规账户的涉案财物进行管理；案件管理部门负责对办案部门和其他办案机关移送的涉案物品进行保管，并依照有关规定对查封、扣押、冻结、处理涉案财物工作进行监督管理；计划财务装备部门负责对存入唯一合规账户的扣押款项进行管理。而为了防止涉案财物损毁、灭失，该规定还对涉案财物的日常保管进行了详尽的规定，如第 19 条规定：“案件管理部门对收到的物品应当建账设卡，一案一账，一物一卡（码）。对于贵重物品和细小物品，根据物品种类实行分袋、分件、分箱设卡和保管。案件管理部门应当定期对涉案物品进行检查，确保账实相符。”又如，第 20 条规定：“涉案物品专用保管场所应当符合下列防火、防盗、防潮、防尘等要求：（一）安装防盗门窗、铁柜和报警器、监视器；（二）配备必要的储物格、箱、袋等设备设施；（三）配备必要的除湿、调温、密封、防霉变、防腐烂等设备设施；（四）配备必要的计量、鉴定、辨认等设备设施；（五）需要存放电子存储介质类物品的，应当配备防磁柜；（六）其他必要的设备设施。”

问题与思考

1. 5岁幼女甲遭强暴且被残忍地装入编织袋内踩踏至死。同村的乙被列为犯罪嫌疑人。侦查中，警方借乙下田干农活之际，数次悄悄地到他家搜查，查出捆扎编织袋用的棕色碎布条、床上小女孩遗留下来的棒棒糖棍等物品，这些物品与发现编织袋现场的物品吻合。

问：本案中，警方的取证行为有无不当之处？对本案的定罪量刑有无影响？为什么？

2. “佘祥林杀妻案”可谓是家喻户晓的一桩刑事冤案：佘祥林被控杀害了自己的妻子。在度过牢狱生活十一载后，其妻重现于家人及乡邻的视野里——曾被当做其妻尸体的那具女尸显然不是佘祥林的妻子。

问：佘祥林一案在取证方面存在着哪些问题？

3. 被告甲被控受贿罪。其辩护律师在庭审时为其作无罪辩护。庭审前，辩护律师询问证人乙时，运用了如下的“开导”：“甲是你的老领导，现在他也挺可怜的，你能帮就帮帮他。如果甲被控受贿罪成立，那么你就是行贿，你也会受到法律的追究。如果把甲的那些事说成是业务往来，则甲不是受贿，你也不是行贿。”在证人乙拒绝在律师断章取义且说法不一致的询问笔录上签字之后，律师还“穷追不舍”地要求证人乙签字，直到证人乙妥协。

问：本案中，律师的取证方式是否得当？为什么？

4. 甲的丈夫乙与未婚的丙有染。为了获取证据，甲连续跟踪其丈夫乙的行踪。某日，甲终于发现乙与丙双双入住某宾馆。甲取得宾馆服务员的同情后，得以悄悄打开乙与丙入住的房间，并用随身携带的相机拍得丙与乙赤裸在一起的相片若干。

问：本案中，甲的取证方式是否得当？为什么？

阅读文献

1. 朱建新主编．民事取证方略．南京：江苏人民出版社，2006

2. 王达人，曾粤兴．正义的诉求——美国辛普森案和中国杜培武案的比较．北京：法律出版社，2003

3. 汪建成．理想与现实——刑事证据理论的新探索．北京：北京大学出版社，2006

4. 鲍雷，刘玉民主编．用证据说话——刑事证据的收集、审查、认定．北京：人民法院出版社，2005

5. 何家弘，刘品新．证据法学．北京：法律出版社，2004

6. 何家弘主编．证据调查．2版．北京：中国人民大学出版社，2005

7. 刘善春等．诉讼证据规则研究．北京：中国法制出版社，2000

8. 樊崇义主编．证据法学．北京：法律出版社，2001

9. 何家弘主编．新编证据法学．北京：法律出版社，2000

10. 姜明安主编．行政法与行政诉讼法．北京：北京大学出版社，高等教育出版社，1999

11. 李学军．物证论——从物证技术学层面及诉讼法学的视角．北京：中国人民大学出版社，2010

12. 朱富美．科学鉴定与刑事侦查．北京：中国民主法制出版社，2006

13. 讯问嫌疑人同步录音录像开启刑事取证现代化之门．见：http：//news. xinhuanet. com/misc/2006－03/11/content_4289692. htm

14. 律师在知识产权侵权案件中取证应注意的问题．见：http：//www. findalawyer. cn/lawyers/article/article. php? articleID＝121

15. 刑事辩护律师调查取证难的现状原因及对策．见：http：//www. zhtlaw. com/ReadNews. asp? NewsID＝212

16. 最高人民法院刑事审判第三庭编著．刑事证据规则理解与适用．北京：法律出版社，2010

第九章

如何举证

引 言

法谚曰：当事人提出事实，法官适用法律。一方面，基于裁判中立的原则，当事人在诉讼中提出的事实主张应当由当事人自己加以证明，如果不能证明，其主张就不能成立；另一方面，当法院不能判断当事人双方所争议事实的真伪时，由于不能拒绝作出裁判，因而就存在法院应当裁判哪一方败诉的问题。这两个方面的问题就是所谓举证责任的问题。举证责任的问题是诉讼法理论和实践中最为复杂的问题之一，在民事诉讼中举证责任的问题显得更加突出。

关键术语

举证责任　行为意义上的举证责任　结果意义上的举证责任　举证责任的承担　举证责任转移　举证责任倒置

【案例】

A将8万元现金借给B，双方约定借款期限为6个月，6个月后B以经济上有困难为由，要求延长还款期限，A不同意。三个月后，A再次要求还款，B答复已经通过C还款，A主张自己没有收到此款，并认为是B想赖账，便向法院起诉，要求B还款。起诉状中，A主张B没有还款。而B在答辩状中则称已经还款。诉讼中，法院要求A对于没有还款的事实加以证明，A无法证明；法院又要求B对已经还款的事实加以证明，B要求传唤证人C出庭作证，A质疑C的证人资格，法庭要求A加以证明，A不能证明，法庭认为A的主张不能成立。C的证人资格没有问题，但由于被告证人C不知去向，无法传唤其出庭作证。

问：1. A对C证人资格的证明属于何种意义上的举证责任？

2. 此案中，关于是否还款的事实，谁应当承担不能证明的后果？（案例解答见后）

一、举证责任的含义

举证责任又称为证明责任，一般是指在诉讼中，当事人对自己的主张提供证据加以证明的要求和不能证明时所应当承担的法律后果。①

在诉讼中法院的裁判是依据案件事实和法律作出的，而作为裁判者的法院基于裁判中立性的要求，一般不能依职权主动收集证据以查明当事人所主张的事实，只能由当事人对自己所主张的事实加以证明。法院的职能在于对于当事人提出的事实主张和证明加以判断，决定是否认定其所主张的事实。这就产生了两种责任：一种是行为意义上的举证责任，一种是结果意义上的举证责任。

行为意义上的举证责任强调当事人对自己提出的事实主张应予证明的必要性，其法律意义在于：法院通过分析当事人双方对自己的事实主张提出的证据，可以综合判断案件事实，并依此作出裁判。《民事诉讼法》第64条所规定的当事人对自己提出的主张有责任提供证据加以证明，就是对当事人提出证据的一般要求。这种要求对当事人的实际作用在于：如果当事人没有对自己提出的事实主张加以证明，则其提出的事实主张便有可能不成立，这便可能导致该当事人在诉讼中处于不利的境地。

结果意义上的举证责任强调的是，在当事人双方所争议的事实处于真伪不明的状态时，谁应当承担由此发生的不利后果。因为《民事诉讼法》规定双方当事人都应对自己主张的事实提出证据加以证明，这可能导致双方虽然对各自的事实主张都提出了证据，但法院依然无法判断该事实存在与否，这就是所谓事实真伪不明的状态。

我们可以通过一个具体的例子加以说明两者的区别。例如，在要求返还借款的诉讼中，原告（权利人）指出被告（义务人）借款后没有按照协议返还借款，此时，原告的事实主张是被告没有还款。对这一事实主张，按照行为意义上举证责任的要求，原告对被告没有还钱的事实要加以证明，如果没有提出证据加以证明时，原告所主张的没有还款的事实便不能成立。但如果按照结果意义上举证责任的要求，当是否还款的事实真伪不明时，法院就要根据法律的规定，判定由谁来承担相应的不利后果。一般情况下，原告提出没有还款的事实主张后，通常会提出证据加以证明，这也是主观举证责任的要求。但在诉讼中，通常被告也会提出抗辩或反驳的主张，按照行为意义上的举证责任的要求，被告也要对自己抗辩的事实主张加以证明。这样就可能发生双方都没有证明的情形，结果意义上的举证责任不是单纯看某一方是否提出证据加以证明，而是在双方争议的事实处于真伪不明的状态时，如何判定应当由哪一方承担由此发生的不利后果。这种不利后果由哪一方承担，则结果意义上的证明责任就在那一方。也就是说，结果意义上的举证责任其本质在于，当作为裁判依据的事实处于真伪不明的状态时，判断应当由哪一方承担不利后果的问题。

应当注意的是，人们通常是在行为意义上理解举证责任这一概念的，所谓“谁主张，谁举证”就是这种认识的集中体现。这一认识的直接反映是，在诉讼中，如果一方当事人为反驳另一方的主张提出事实主张时，也认为反驳人应当对自己提出的反驳主张所依据的事实加以证明，如果不能证明则反驳主张不能成立。这种证明不是结果意义上的举证责任。结果意义上的举证责任在于，当事人所主张的法律要件事实或裁判所依据的事实处于真伪不明时，其后果应当由谁承担，而不是对任何事实主张加以证明的要求。理解这一点尤为重要。没有还款的事实

---

① 最高人民法院2015年出台的《关于适用〈中华人民共和国民事诉讼法〉的解释》第90条和第91条将这种举证责任称为“举证证明责任”。

是借贷案件的要件事实，即是借贷返还请求权存在的要件事实，如果法律规定结果意义上的举证责任在借款人一方，即使出借人没有证明未还款，当借款人也没有能够证明已经还款时，应当判决借款人败诉。

行为意义上的举证责任的功能在于：促使当事人主动对自己主张的事实提出证据加以证明，使得法院能够判断裁判所依据的事实存在与否。而结果意义上的举证责任的功能在于：当争议的法律要件事实真伪不明时，指导法院如何作出裁判。在民事实体法和有关民事诉讼的法律规范中（例如最高人民法院《民诉证据规定》）就有各种关于结果意义上的举证责任的规定，并在司法实践中加以运用。

关于行为意义上的举证责任与结果意义上的举证责任的区别，尽管比较复杂，但有几点还是比较清楚的：(1) 行为意义上的举证责任可以在当事人之间相互转移，当一方提出主张加以证明后，如果另一方加以反驳，则行为意义上的举证责任就转移到反驳一方。如果对方对反驳进行再反驳时，行为意义上的举证责任又转移到再反驳一方。而结果意义上的举证责任不会发生转移，不能证明的不利后果由哪一方承担，是由法律法规预先规定的，不存在转移的问题。按照现行司法解释的规定，关于借款合同已经成立的事实的举证责任（不利后果）始终在出借人一方。当借款合同是否成立的事实真伪不明时，出借人就要承担相应的不利后果。(2) 行为意义上的举证责任强调的是事实主张的提出与证明的关系。结果意义上的举证责任强调的是法律要件事实与证明的关系，看重的是法律要件事实不能证明的结果由谁承担问题，实质是不利后果的分配问题。行为意义上的举证责任基本上不针对不利后果的分配问题，不能证明，则其主张不能成立。(3) 举证责任倒置的前提不同。行为意义上的举证责任倒置是相对于“谁主张，谁举证”的倒置，其含义是指没有提出事实主张的人反而要对该事实加以证明，而提出该事实主张的人却不需要加以证明。而结果意义上的举证责任的倒置，则是针对结果意义上的举证责任的一般分配原则而言。例如，按照原则规定，因果关系的证明由受害人承担举证责任，但在环境污染的案件中则由加害人承担举证责任，这就是结果意义上的举证责任倒置。

无论是行为意义上的举证责任，还是结果意义上的举证责任，在理解时都应注意以下几点：

1. 法院不是承担举证责任的主体，证明责任是对当事人的一种不利后果。而且，在针对单一诉讼请求时，证明责任只能由一方当事人承担，而不可能由双方当事人各自承担。因为法院在真伪不明时，只能作出一种裁判，要不对原告不利，要不对被告不利，这种不利是无法由双方当事人分担或共担的。

2. 举证责任是一种法律上的拟制或假定。拟制或假定负有举证责任的当事人没有能够证明其主张的事实时，该事实假定为不存在，并依此让负有证明责任的当事人承担相应的不利后果，但“不能证明”并不等于该事实就确实不存在。这就要求法院尽可能通过双方当事人提出的所有证据查清案件事实，并以此为基础作出裁判。只有在综合全案所有证据依然无法判明案件主要事实存在与否的情形下，才能使用结果举证责任的规则作出判决。这一点非常重要，是使用举证责任作出判决的前提。

3. 举证责任证明的对象是主张的事实，而不是直接针对主张的权利。当事人是否享有某种权利或指控的犯罪是否成立要以事实为根据，当事人提出事实，法官适用法律。

二、举证责任的承担

（一）举证责任承担概述

所谓举证责任的承担，通常是针对结果意义上的举证责任而言的。举证责任的承担是指在诉讼中谁应当对特定事实加以证明以及在该事实处于真伪不明时对相应不利后果予以负担。从行为意义上举证责任的承担原则来看，提出事实主张的当事人应当对该事实加以证明，如果没有加以证明，其事实主张有可能不能成立，即所谓“谁主张，谁举证”的原则。结果意义上的举证责任的承担比较复杂，要根据待证事实的类型或性质来决定，所以存在一个证明责任如何分配的问题。如何在当事人之间就待证事实进行分配，是民事诉讼举证责任理论中的一个复杂问题。

“谁主张，谁举证”的原则，尽管从主张者与证明者的同一性上反映了自然法意义上的正当性，有利于案件事实的揭示，但是这一原则没有能够解决的问题是，双方就同一事实问题提出相反的主张，且都没有能够证明时，谁应当承担败诉的后果。在实践中，一方当事人提出某一事实主张时，另一方当事人也要进行反驳，而且反驳中往往也会提出某种事实主张，例如“已经还款”或“没有借款”这样的事实主张，但有可能双方均没有对其主张加以证明。结果意义上的举证责任的承担就是为了解决这一问题。在最高人民法院《民诉证据规定》出台后，在民事诉讼中，关于举证责任的承担通常是指结果意义上举证责任的承担。例如，该规定第5条中有关合同成立、生效事实的举证责任的承担的规定，即双方对合同的成立、生效发生争议时，由主张合同成立、生效的一方就成立、生效的事实加以证明。其实质在于：当合同成立、生效的事实真伪不明时，即双方都没有证明时，由主张合同成立、生效的一方当事人承担败诉后果，而不是由主张没有成立的一方当事人承担败诉后果。在这个意义上就不再是“谁主张，谁举证”，而要看主张什么的问题。

（二）刑事诉讼中的举证责任的承担

在我国刑事诉讼实践和理论中，关于举证责任的承担问题不像民事诉讼那样复杂，通常认为刑事诉讼中证明责任的承担者是控诉人或自诉人。比较刑事诉讼与民事诉讼的举证责任承担的理论，可以发现在刑事诉讼中关于举证责任承担的问题并不特别关注所要证明的事实是什么，而是抽象地将举证责任原则确定为由公诉人或自诉人承担。作为例外，公安机关对程序法的事实要承担举证责任。而民事诉讼举证责任的理论和规则更多地关注所要证明的事实的性质，不同的事实由不同的当事人承担举证责任（结果意义上的举证责任）。

对于公诉案件之所以由控诉人承担举证责任，在理论上一般认为是基于无罪推定原则。无罪推定原则具有两层含义：其一，明确在刑事诉讼中由控诉方承担举证责任，被告人不负举证责任；其二，在控诉方提出的证据没有能够达到法定的证明标准时，法院应该宣布被告人无罪。虽然我国《刑事诉讼法》没有明确规定刑事诉讼中由控诉方承担举证责任，但一些学者认为可以从现行《刑事诉讼法》的规定推导出这一原则。《刑事诉讼法》第195条规定：“在被告人最后陈述后，审判长宣布休庭，合议庭进行评议，根据已经查明的事实、证据和有关的法律规定，分别作出以下判决：（一）案件事实清楚，证据确实、充分，依据法律认定被告人有罪的，应当作出有罪判决；（二）依据法律认定被告人无罪的，应当作出无罪判决：（三）证据不足，不能认定被告人有罪的，应当作出证据不足、指控的犯罪不能成立的无罪判决。”根据该条规定，控诉人不能证明自己的主张时，控诉人的主张便不能成立。

当事人提出证据，证明自己无罪，这是当事人的一项诉讼权利，当事人没有能够证明无罪时，也不会因此承担有罪的不利后果。另外，法院对证据有疑问时，也可以调查核实，但法院不存在举证责任承担的问题。

对于自诉案件，刑事诉讼理论通常认为举证责任由自诉人承担。根据《刑事诉讼法》的规定，自诉人向法院提出控诉，必须提供证据。没有证据或虽有证据但不能证明时，法院将驳回自诉人的控诉请求。

在刑事公诉案件中，原则上犯罪嫌疑人、被告人不负担举证责任，但也存在着例外情形，这就是“巨额财产来源不明罪”的案件。我国《刑法》第 395 条规定：“国家工作人员的财产、支出明显超过合法收入，差额巨大的，可以责令该国家工作人员说明来源，不能说明来源的，差额部分以非法所得论，处五年以下有期徒刑或者拘役；差额特别巨大的，处五年以上十年以下有期徒刑。财产的差额部分予以追缴。”也就是说，犯罪嫌疑人必须证明差额部分的来源是合法的，如果不能证明，其无罪的主张便不能成立。在这类案件中，举证责任的分配特色比较明显，控诉方要证明的是被告人的财产或支出明显超出合法收入，差额巨大这一事实。犯罪嫌疑人要证明的是差额部分具有合法性这一事实。

在刑事自诉案件中，如果被告人提出反诉的，因为被告人的地位变成了反诉的自诉人，所以自诉案件的被告人要对反诉请求中的事实主张承担举证责任。

（三）行政诉讼举证责任的承担

《行政诉讼法》第 34 条规定：“被告对作出的行政行为负有举证责任，应当提供作出该行政行为的证据和所依据的规范性文件。”有的学者认为这一规定是对“谁主张，谁举证”这一诉讼法举证责任原则的倒置。这种说法的问题在于，“谁主张，谁举证”本身是含糊的，在行政诉讼中被告主张自己的行为是合法的，同样也是一种主张，因此按照所谓“谁主张，谁举证”的原则，行政机关提出该事实主张时，也要对自己的主张加以证明，因此也就无所谓倒置的问题。如果假设“谁提出诉讼请求，谁应当承担举证责任”是一种“正置”的状态，则可以认为行政诉讼法的这一规定是一种“倒置”。

《行政诉讼法》的这一规定的实质在于：行政相对人在诉讼中提出主张，认为行政机关的行政行为违法时，既可以主动证明，也可以不予证明，只要行政机关没有能够证明其行为是合法时，行政机关就要承担败诉的后果。这实际上就是结果意义上的举证责任。

（四）民事诉讼中举证责任的承担

在最高人民法院《民诉证据规定》出台以前，实务界对举证责任的理解通常仅限于行为意义上的举证责任，即提出主张的当事人应当对其提出证据加以证明。那么，举证责任的承担也就比较简单，即“谁主张，谁举证”。《民事诉讼法》第 64 条第 1 款规定：“当事人对自己提出的主张，有责任提供证据”。不管是哪一方当事人，也不管其主张的是什么事实，只要提出主张，主张者就要对主张的事实加以证明。在民事诉讼实践中，通常认为提起诉讼的当事人首先要对自己提出的诉讼请求所主张的事实加以证明。最高人民法院《民诉证据规定》第2条也规定："当事人对自己提出的诉讼请求所依据的事实或者反驳对方诉讼请求所依据的事实有责任提供证据加以证明。"但该规定也同时规定了结果意义上的举证责任，例如关于合同纠纷案件举证责任的规定，该规定第5条第2款规定："对合同是否履行发生争议的，由负有履行义务的当事人承担举证责任"。即当合同是否履行这一法律要件事实真伪不明时，负有履行义务的当事人将承担因此发生的不利后果（通常是败诉），而没有履行义务的当事人不会承担其不利后果，尽管该当事人在诉讼中也提出了"合同没有履行"这一事实主张，且没有加以证明。2015年最高人民法院出台的民事诉讼法司法解释，进一步明确了结果意义上的举证责任的含义以及分配的一般原则。关于结果意义上的举证责任的分配是一个复杂的问题，详细说明见本书第十三章。

案例解答

1. A对C证人资格的证明属于行为意义上的举证或主观举证责任。A主张C没有证人资格，法院要求其加以证明，而A没有加以证明，法院就认为其主张不能成立。证人资格有无的问题并不是本案的法律要件事实，也不存在该事实真伪不明的问题。A的主张不能成立，完全是因为没有满足证明的要求。

2. 本案应当判决B败诉。《民诉证据规定》第5条第2款规定："对合同是否履行发生争议的，由负有履行义务的当事人承担举证责任。"本案中，双方争议的是被告B是否履行还款的义务，因此义务人B应当对已经履行还款义务的事实加以证明，如果是否还款的事实处于真伪不明的状态，则义务人应当承担相应的风险，即败诉的结果。

问题与思考

1. 结果意义上的举证责任的作用是什么？
2. 什么是举证责任倒置？

阅读文献

1. 何家弘，刘品新．证据法学．北京：法律出版社，2004. 293页以下
2. 张卫平．民事诉讼：关键词展开．北京：中国人民大学出版社，2004. 201页以下

第十章

如何质证

引 言

质证不仅是证据法中的一项重要制度，而且是法庭审理必不可少的环节。法庭调查和法庭辩论的过程就是诉讼双方在法官的主持下进行质证的过程。证据必须在法庭上出示，并经过质证，才可以作为认定案件事实的根据。质证是法官认识、了解案件事实的重要途径，因而也是法官正确作出裁判的前提条件。质证对于落实言词审理原则、保障当事人的程序权利以及确保法院公正裁判等方面都有重要的意义。本章主要包括质证的概念、质证的意义、质证的主体、质证的客体、质证的内容、质证的程序和质证的方式等内容，并对英美法系和大陆法系的质证方式进行了简单的介绍。

关键术语

质证　证明力　证据资格

【案例】

原告甲向北京市某基层人民法院提起诉讼，诉称被告乙（某保险公司）的业务员丙在甲于外地出差期间多次拨打其手机（号码为139××××××××）推销汽车保险。原告认为，原、被告之间从没有任何生意往来，所以自己没有义务负担因被告广告行为而产生的话费，因此要求被告赔偿话费损失7.08元，并提供了中国移动通信客户通话清单、内容为保险广告及宣传资料的传真件等证据材料。传真件的抬头为乙保险公司，联系人为丙，电话为010××××××××。经原告申请，法院调取了号码为010××××××××的电话档案。被告对于号码为010××××××××的电话为丙所有的事实无异议，但否认丙在电话中向原告推销保险的事实，要求法院驳回原告的诉讼请求。在法庭审理过程中，原、被告双方就是否存在电话推销的事实展开了辩论：审判长："现在就被告是否在电话中向原告推销汽车保险的事实举证证明。请原告方出示证据材料。"原告出示中国移动通信客户通话清单（号码为139××××××××）以及中国网通（集团）有限公司北京市分公司电信业务账单（号码为010××××××××）："这两张账单显示的主叫与被叫号码、时间一致。这足以证明被告乙公司的业务员丙曾经通过号码为010××××××××的固定电话向我推销汽车保险。”审判长：“被告，你对这两份材料有什么意见?”被告：“这两张账单只能证明丙在上述时间曾经给原告打过电话，但并不能证明通话内容就是我公司业务员向其推销保险，通话有可能为了其他的事。”原告：“我和丙在这之前从没有任何往来，不可能为其他事情通话，而且我已经明确告诉他我的车已经卖掉了，他还坚持不断地给我打电话。”被告：“他明知道你没有车还给你做推销？这可能吗？谁会做这种傻事。所以通话肯定是另有原因的。”审判长：“原告方还有没有其他证据材料要出示?”原告又出示了五张传真件：“传真件上有你公司的名字，有联系人丙的名字，还有他的固定电话号码。这也能够证明你们的业务员丙确实通过号码为010××××××××电话向我推销过汽车保险。”审判长：“被告，你对这份材料有什么意见?”被告：“即使传真是通过这个号码发出的，但也不能证明就是丙发给你的；而且，传真件和你主张的话费损失之间有什么联系呢?”

在本案例中，当事人双方在审判长的主持下对证据发表不同意见的过程，就是一个简单的质证过程，具体表现为：(1) 原告提出对自己有利的证据材料；(2) 被告就原告证据材料与证明对象之间的关联性提出自己的看法。

一、质证的概念及意义

(一) 质证的概念

1. 质证概念在我国的历史发展

质证作为一个法律概念，在我国最早出现在 1979 年《刑事诉讼法》第 36 条的规定中：“证人证言必须在法庭上经过公诉人、被害人和被告人、辩护人双方讯问、质证，听取各方证人的证言并经过查实以后，才能作为定案的根据。”但当时质证的对象仅仅是证人证言，而且法律也没有对质证作出进一步的规定。1982 年制定的《民事诉讼法（试行)》并没有沿用《刑事诉讼法》的“质证”概念，也没有类似的规定。不过在随后的最高人民法院《关于贯彻执行〈民事诉讼法（试行)〉若干问题的意见》第 30 条再次出现这一概念：“作为定案依据的主要证据，应当庭出示或宣读，允许双方当事人辩论和质证。”此时，质证的对象，已经从 1979 年《刑事诉讼法》规定的“证人证言”扩大为“作为定案依据的主要证据”。不过，法律仅仅规定了“法院应当允许双方当事人辩论和质证”，质证作为当事人诉讼权利的性质尚未得到特别地显现。最根本的原因还是在于职权主义模式下，事实的认定以及裁判的作出是建立在人民法院依职权审查、判断证据的基础之上，当事人之间质证的效果不能对法院形成约束，即使当事人没有对证据提出异议，只要法院发现某项证据不符合证据的特点，仍然不会把它作为定案的根据。在这种审判模式下，当事人的质证自然不会引起人们的关注和重视。随着审判方式的改革，我国的诉讼模式逐渐渗入越来越多的当事人主义因素，这一变化在解决私人纠纷的民事诉讼领域最为明显。当事人主义诉讼模式以处分主义和辩论主义为核心，将法官置于中立的第三者地位，诉讼的进程及结果由当事人决定，法官不能干涉。因此，在 1991 年的《民事诉讼法》修改时，质证的对象被进一步扩大到“证据”。质证作为证据法上的一项重要制度的最终确立是在 2001 年最高人民法院《民诉证据规定》中。该规定第四部分详细规定了民事诉讼中质证的主体、对象、形式、程序、法律效果等内容。之后，2002 年最高人民法院又在《行诉证据规定》的第四部分对行政诉讼的质证程序做了比较详尽的规定。现行《刑事诉讼法》修改时，吸收了以往最高人民法院和最高人民检察院相关司法解释的规定，对刑事诉讼中的质证制度作了较为全面的规定。

2. 质证的概念

质证，是指在法庭的主持下，诉讼双方针对对方提出的证据就其真实性、合法性、关联性以及证明力的有无、大小予以说明和质辩的活动或过程。质证不仅表现为诉讼的一方对另一方所提出来的不利于自己的证据进行质疑和责问，也包括提出证据的一方对该质疑和责问进行的反驳和辩解。因此，质证具有双向性和对抗性。

质证不同于对质。对质的本意是面对面地核对。诉讼法对于对质的主体和内容有着特定的要求。最高人民法院《关于适用〈中华人民共和国刑事诉讼法〉的解释》第 199 条规定："讯问同案审理的被告人，应当分别进行。必要时，可以传唤同案被告人等到庭对质。"可见，刑事诉讼中的对质是指，当共同被告人对同一事实的陈述存在矛盾时，需要在共同被告人之间对该事实进行面对面的核对，核对的内容是共同被告人之间先前所陈述的矛盾的案件事实，对质的主体是共同被告人。对质在民事诉讼和行政诉讼中的含义有两个：第一，证人之间的对质。最高人民法院《民诉证据规定》第 58 条规定："证人不得旁听法庭审理；询问证人时，其他证人不得在场。人民法院认为有必要的，可以让证人进行对质"。这一规定的含义在最高人民法院《行诉证据规定》第 45 条第 3 款中也有体现："出庭作证的证人不得旁听案件的审理。法庭询问证人时，其他证人不得在场，但组织证人对质的除外"。第二，双方当事人各自聘请的具有专门知识的人相互之间的对质。《民诉证据规定》第 61 条第 3 款规定："经人民法院准许，可以由当事人各自申请的具有专门知识的人员就有关案件中的问题进行对质。"《行诉证据规定》第 48 条规定："对被诉具体行政行为涉及的专门性问题，当事人可以向法庭申请由专业人员出庭进行说明，法庭也可以通知专业人员出庭说明。必要时，法庭可以组织专业人员进行对质。"现行《民事诉讼法》第 79 条规定：有专门知识的人出庭，可以"就鉴定人作出的鉴定意见或者专业问题提出意见"。这里，并没有使用"对质"的概念。那么，具有专门知识的人与鉴定人之间是否会形成对质呢？具有专门知识的人提出意见的行为，是属于对质还是质证呢？2015 年最高人民法院《关于适用〈中华人民共和国民事诉讼法〉的解释》第 122 条和第 123 条对此问题的规定为：具有专门知识的人"代表当事人对鉴定意见进行质证，或者对案件事实所涉及的专业问题提出意见"；"当事人各自申请的具有专门知识的人可以就案件中的有关问题进行对质"。上述规定明确了"具有专门知识的人对鉴定人就鉴定意见的提问属于质证"以及"具有专门知识的人相互之间就案件所涉及的专门知识所进行的提问属于对质"这两个问题，但该第 122 条并没有解释一种情况即"具有专门知识的人对鉴定人就案件事实所涉及的专业问题提出意见"的性质。我们认为这种意见应当属于对质的范畴。一方面是因为在立法上它被排除在质证之外，另一方面是因为这是对专业知识而非对证据材料提出意见，不符合"对证据材料进行质疑"的基本特点。鉴定人也属于具有专门知识的人，只不过其选任程序与具有专门知识的人不同。

根据上述分析可以得出如下基本结论：对质的内容是针对陈述矛盾的案件事实或者专门知识的不同理解和认识，而质证的对象是证据材料，其内容是证据材料的真实性、合法性、关联性以及证明力的有无、大小；对质的主体是证人或专家辅助人，质证的主体则是控辩双方或原、被告双方。民事、刑事和行政诉讼中的具有专门知识的人，并不具有独立的诉讼地位，他们分属于控辩双方当事人，因此也被称为专家辅助人。

（二）质证的意义

1. 质证是直接言词原则的体现

直接言词原则是直接原则和言词原则的概称。直接原则也称直接审理原则。根据德国学者的解释，直接原则包括在场原则和直接采证原则。在场原则是指开庭审理时，各诉讼主体必须亲自到庭出席审判，而且精神和体力上均有参与审判活动的能力；直接采证原则，要求作出裁判的法官必须直接参与当事人的辩论及调查证据，否则不能作出判决。言词原则即言词审理原则，也包括两层含义：一是各方诉讼参与人应以口头的方式从事审理、攻击、防御等各种诉讼行为；二是在法庭上提出任何证据材料均应以言词辩论的方式进行，诉讼各方对证据的调查应以口头的方式询问证人、鉴定人，以口头方式对实物证据发表意见，否则不得作为法庭裁判的依据。而质证，既然是诉讼双方在法庭上就证据的真实性、合法性、关联性以及证明力的有无、大小所发表的不同意见，那么行为人就必须亲自到场参加法庭审理才能实施上述行为。只有亲自到场，才能及时并直观地了解对方的意见和主张，就对方提出的不利于己的证据材料向法庭陈述自己的意见，并与对方进行针对性的质辩，而这些正是言词原则所要求的内容。

2. 质证是诉讼中攻击防御方式的表现

人们通常将诉讼比喻为战争，一方进行攻击，另一方进行防御。攻击表现为诉讼主体提出诉讼主张，并提供证据证明自己的主张成立；而防御则表现为对对方诉讼主张的否认和反驳。而诉讼主张以事实为依托，事实又必须用证据来证明其成立，因此，否认或反驳对方诉讼主张的有效方式，就是否定或反驳对方证据的真实性、关联性和合法性，或者削弱对方证据的证明力。这样，诉讼过程中的攻击、防御必定是围绕着证据而展开。为了使法官对案件事实的认定朝着有利于自己的方向发展，诉讼双方都会尽可能收集充分的对自己有利而对对方不利的证据，同时质疑并攻击对方提出的对自己不利而对对方有利的证据，从而影响法官的心证。质证过程中的不同意见，是诉讼双方正式交锋的体现，法官对事实的认定，取决于对双方意见的取舍与考量，取决于双方攻击、防御力量的对比与消长。

3. 质证是法官认识案件事实的有效途径

司法权的本质是裁判权。司法的被动性要求法官不仅不能主动开始诉讼程序，而且也不能主动去收集那些能够影响事实认定的证据。过于主动的司法权，不仅会形成法官近此远彼的不良影响，违背司法应有的中立原则，而且还会破坏诉讼双方攻击和防御力量的对比，造成裁判结果的不公。因此，司法所能做的，只能是居中裁判。而裁判必须建立在事实认定的基础上，因此法官只能通过诉讼双方证据的出示，来了解案件的情况。但赢得诉讼是诉讼双方都想要尽力达到的目标，为了达到这一目的，有些人不惜贿买证人、伪造证据，导致双方提出的证据有可能充满矛盾。如何在这些充满矛盾的证据材料中发现事实的真相？除依靠法官自身的业务素质之外，质证能够为法官的判断提供有效的帮助。与法官相比较，受不利证据影响的诉讼主体显然更急于揭示证据材料中的虚假成分，以及证据链条中的矛盾。因此，诉讼主体对证据的说明、质疑、辩解等努力，可以帮助法官对证据进行去伪存真的遴选，并影响其对案件事实的认定。

4. 质证是法官作出裁判的前提

司法裁判的作出建立在事实认定和法律适用的基础之上。事实的认定离不开证据，而作为定案根据的证据必须具备客观真实性、关联性和合法性。而当事人在诉讼初期所提交的证据材料，并不一定完全符合这三个特征。由于不能遗漏或者多多益善的想法，或者受自身对法律问题理解角度的影响，无法对证据材料的证明力作出准确的判断，导致与案件事实没有实际联系的证据或者联系疏远的证据被提交到法院；也有可能为了赢得诉讼而将伪造的证据提交到法院，或者用法律所禁止的手段收集证据并将这些非法证据提交到法院。如果直接运用这些证据作出裁判，不仅有失裁判的严肃性、公正性，而且可能造成事实上法官根本无法裁判的情况，因为诉讼中对立的双方所提供的证据材料总是会充满矛盾。而质证，能够帮助法官对每一个证据的特点形成判断，最后综合全案的证据对事实作出认定，并适用正确的法律作出裁判。

二、质证的模式

英美法系和大陆法系的诉讼中，民事诉讼的基本结构是相同的，都采用当事人主义；刑事诉讼中，大陆法系的职权色彩要浓厚一些。不同诉讼模式的特色，在质证环节得到了充分的体现。

（一）英美法系的交叉询问

英美法系的诉讼，证人具有广泛的含义，包括我们所说的当事人、证人和专家证人以及其他实物证据的制作人等。质证的过程就是双方当事人的律师对证人进行交叉询问的过程。交叉询问可分为主询问、反询问、再主询问和再反询问几个阶段。

1. 主询问

主询问又称直接询问，是开庭审理询问证人的第一阶段，是指当事人的律师通过传唤并询问己方证人，使该证人将有利于自己的案件事实反映出来。主询问是以积极立证的方式来证明。法律对于主询问有严格的限制。对事件的描述原则上只能从“谁”（who）、“什么”（what）、“何时”（when）、“何地”（where）、“为什么”（why）几个角度进行，而不能采用诱导性询问方式。

2. 反询问

反询问也称交叉询问，是询问证人的第二个阶段，是指主询问之后，对方当事人的律师对该证人进行的询问。反询问的目的主要在于通过询问发现对方证人证言的破绽与矛盾，或通过询问否定证人作证的资格，最终达到使陪审员对该证言持有怀疑甚至认定该证言无效的目的。反询问的方法，是以消极证伪的方式来证明。对证人的质疑通常涉及证人的品格、历史（重罪前科与劣迹）、感觉缺陷、精神状态、自相矛盾的陈述以及该证人一方的利益和偏见等方面。一般而言，法律对反询问的限制比主询问少。

3. 再主询问与再反询问

再主询问是在反询问后，主询问一方对己方证人的再次询问，要求该证人就相关事项作必要的补充说明，目的在于恢复证人证言中被对方反询问所削弱的有关内容，从而消除证人在交叉询问中所暴露的矛盾之处以及仍被质疑的部分。这种再主询问是整个询问过程的第三阶段。由于主询问与反询问相对，所以再主询问发生后，并不排除再反询问以及此后的循环反复。如果认为有必要，可以反复多次。但是，这些询问是否能继续下去，取决于法官的自由裁量权。

由于控辩双方都可以提出证人，因此，交叉询问既包括对控方证人的交叉询问，也包括对辩方证人的交叉询问。顺序如图 10—1 所示：

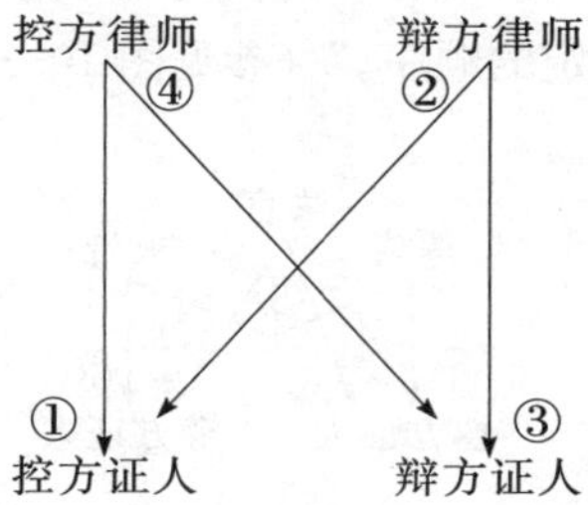

图 10—1　英美法系询问证人模式

说明：①控方对己方证人进行主询问；②辩方对控方证人进行反询问；③辩方对己方证人进行主询问；④控方对辩方证人进行反询问。

（二）大陆法系对人证的询问

在法国，没有严格意义的质证概念，因为对人证的询问主要由法官进行。以民事诉讼为例，法国《民事诉讼法》第 208 条规定：“法官按照其确定的顺序，分别听取证人作证。听取证人证言时，各方当事人在场或者传唤他们到场。”但传唤当事人到场的目的，仅仅在于让他们听取证人的作证，而不能对证人进行发问。“法官得就法律允许提出证据的所有事实听取证人证言，或者询问证人。”（第 213 条）没有法官的命令，当事人不能对证人直接发问，否则后果是严重的：“当事人不得打断、责问或试图影响证人作证，亦不得直接向证人发问、说话，否则，驱逐之”（第 214 条第 1 款）。当事人如果对证人的作证存有疑问，只能通过法官提出：“法官如认为有必要，可以提出在询问证人之后当事人向其提交的问题”（第 214 条第 2 款），或者在法官认为有必要的时候，命令证人相互对质，或者令其与当事人对质。

德国法律对当事人向证人发问的限制不像法国那么严格。尽管对证人的询问主要也是由法官进行，但法律同时赋予当事人对证人、鉴定人的发问权。德国《民事诉讼法》第 397 条规定：“（一）为了阐明案件或证人的各种关系，当事人在认为适当时，有权向证人发问。（二）审判长可以准许双方当事人直接向证人发问，在当事人的律师要求时，应准律师直接向证人发问。”对鉴定人的询问准用证人的规定。（参见图 10—2）

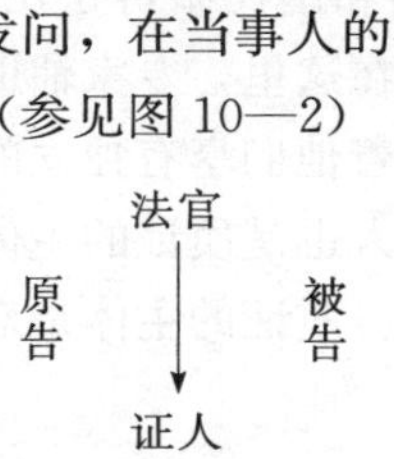

图 10—2　法、德民事诉讼询问证人的基本模式

说明：在法国和德国，并不区分控方证人和辩方证人，证人是国家的证人，主要由法官进行职权询问。

第二次世界大战后日本的法律受到美国法的广泛影响，一个重要的表现就是吸收了美国的交叉询问制。1948年日本《民事诉讼法》第294条规定了询问证人的顺序："1. 证人由提出对其询问的当事人先行询问，在其询问终了后，其他当事人可以对其询问；2. 审判长在当事人询问终了后，可以询问证人；3. 审判长认为必要时，可以随时自行询问或准许当事人询问。"1996年修改后的日本《民事诉讼法》第202条第1、2款仍然保留了这样的顺序："询问证人，按申请询问该证人的当事人、其他当事人、审判长的顺序进行。审判长认为必要时，听取当事人的意见后，可以变更本条前款规定的顺序。"（参见图10—3）

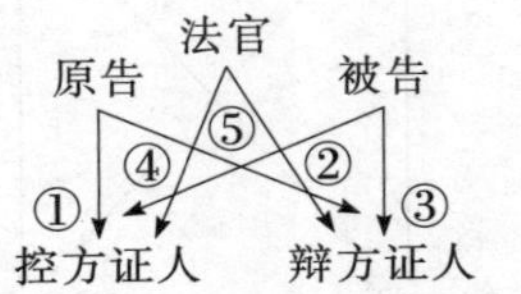

图10—3 日本民事诉讼询问证人的基本模式

说明：日本将证人作了控方证人和辩方证人的区分，并在职权询问的基础上，吸收了英美法系交叉询问的做法。

三、质证的主体

（一）质证的主体是诉讼中的控辩双方

质证的主体是指有权在庭审过程中对证据提出不同意见的人。刑事诉讼中控辩双方均可以提出证据，并反驳对方提出的证据，所以刑事诉讼的质证主体就是控辩双方。《刑事诉讼法》第59条规定："证人证言必须在法庭上经过公诉人、被害人和被告人、辩护人双方质证并且查实以后，才能作为定案的根据。"最高人民法院《关于适用〈中华人民共和国刑事诉讼法〉的解释》第78条第1款规定："证人当庭作出的证言，经控辩双方质证、法庭查证属实的，应当作为定案的根据。"因此，在刑事公诉案件中，质证的主体包括检察官、辩护人、被告人；被告人是未成人的，还包括他的法定代理人。而在刑事自诉案件和刑事附带民事案件中，质证的主体就是双方当事人。

《民事诉讼法》第68条规定："证据应当在法庭上出示，并由当事人互相质证。"《民诉证据规定》第47条和最高人民法院《关于适用〈中华人民共和国民事诉讼法〉的解释》第103条第1款的内容与此相同。因此在民事诉讼中，质证的主体是双方当事人。需要注意的是，最高人民法院《关于适用〈中华人民共和国民事诉讼法〉的解释》第122条规定：专家辅助人"代表当事人对鉴定意见进行质证"。在这里，专家辅助人和诉讼代理人一样，尽管在诉讼中可以对鉴定意见进行质证，但并不意味着他们享有独立的质证权，他们的质证行为是代表当事人实施的。有第三人参加诉讼的，第三人也是质证的主体，因为第三人也是当事人。

行政诉讼的情况与民事诉讼相同。质证的主体是双方当事人，有第三人参加诉讼的，第三人也是质证的主体。

（二）法官不是质证的主体

无论在哪一种诉讼中，法官都不是质证的主体。诉讼主体进行质证的根本动因在于，对方提出的证据使得法官可能形成对自己不利的心证。为了消除这种不利的影响，避免败诉的判决，受不利证据影响的诉讼主体必定会极力地对该证据进行质疑和否定。而证据提出方为了避免法官的有利于自己的心证因这种质疑和否定而动摇，必然会尽力维护己方证据的效力。因此，质证是实体利害关系人为了避免不利于己的裁判的出现而自愿实施的行为。法官并非权利义务的承担者，不承受质证带来的实体法律后果，没有为避免不利裁判而对证据进行质疑、否定或者维护其效力的根本动因。诉讼中的法官对证据效力的审查，是基于其必须作出裁判的审判职责和不得枉法裁判的法律义务。此外，质证的目的在于，通过对立双方对证据发表不同意见，帮助法官对诉讼中的证据进行审查和判断，以达到兼听则明的事实认定效果。如果将法官作为质证的主体，必定是将法官置于证据提出方的对立面，形成二对一的局面，破坏双方攻守力量的平衡，违背法官的中立性。因此，法官只能是居中认定证据的主体。

四、质证的客体

质证的客体也称为质证的对象。需要接受质证的证据必须是诉讼一方提出而对方对其能否作为定案根据进行否认或者存有疑问的证据。一般而言，对于双方均认可的证据，就不需要进行质证了。

（一）诉讼双方提出的证据可以成为质证的客体

刑事诉讼中的证据主要由控辩双方收集并提供给法庭。控方提出的证据对于证明被告人犯罪事实的存在以及刑罚的轻重有决定性的意义，而辩方提出的证据对于否认犯罪事实的存在或者减轻被告人的刑罚也具有重要的影响。因此，应当允许相对方对这些证据提出质疑。

民事诉讼中双方当事人都有提出证据的权利，都可以提出证据证明自己主张的事实存在。因此，一方当事人提出的证据，如果对方当事人有异议的，就成为对方当事人质证的对象。

《行政诉讼法》第 34 条规定了被告应当负举证责任。《行诉证据规定》第 5 条规定了原告在行政赔偿诉讼中对损害事实的举证责任，第 6 条赋予原告提出证据证明被诉具体行政行为违法的权利。因此，目前行政诉讼中的证据也是由诉讼双方提出，这些证据决定着法庭对于行政行为合法性以及损害赔偿责任大小的认定，因此，诉讼双方的质证就是围绕这些证据而展开。

我国三大诉讼法都不同程度地赋予法院依职权调查取证的权力。但法院依职权调取的证据不是质证的对象。在诉讼过程中，法院应当将自己依职权调查收集的证据在庭审中予以出示，当事人也可以就法院调查收集的证据的合法性、真实性和关联性问题提出质疑，法庭也可以就调查收集的证据的情况向当事人进行说明，但这种质疑和说明并不是法庭和当事人之间对证据的质辩。如果将法院依职权调查收集的证据作为质证的对象，必然将法官作为质证的主体，最终造成质证是三方诉讼主体混战的结果，使法官丧失了中立听审、居中裁判的地位。这与经当事人申请，法院调查收集的证据不同。后者在性质上属于当事人收集的证据，因此可以成为质证的对象。

（二）言词证据和实物证据都可以成为质证的对象

根据证据的表现形式将证据划分为言词证据和实物证据。言词证据是可以通过人的陈述表现出来的证据，诉讼双方可以对作出陈述的人进行直接的质疑和询问，因此，言词证据能够成为质证对象。2010 年 7 月施行的《办理死刑案件证据规定》第 15 条规定，“人民检察院、被告人及其辩护人对证人证言有异议，该证人证言对定罪量刑有重大影响”和“人民法院认为其他应当出庭作证”的证人必须出庭提供证言，如果不出庭作证，“证言经质证无法确认的，不能作为定案的根据”。

实物证据通常被称为“哑巴证据”，无法回答质证主体对它提出的疑问，但可以通过对制作、收集、保管、检验或以其他形式接触该证据的人就该证据的内容和特征进行询问，或者由诉讼双方就该证据的内容发表不同的意见，这种方式也是质证。因此，最高人民法院颁布的《民诉证据规定》第 49 条和《行诉证据规定》第 40 条分别作出了可以对书证、物证和视听资料等实物证据质证的规定。对书证、物证、视听资料质证时，相对方有权要求出示证据的原件或者原物。但以下两种情况除外：（1）出示原件或者原物确有困难并经人民法院准许出示复制件或者复制品的；（2）原件或者原物已经不存在，但有证据证明复制件、复制品与原件或原物一致的。

（三）经技术侦查所获取的和依法不公开审理案件中的证据也是质证的对象

现行《刑事诉讼法》增设了“技术侦查措施”的规定。经技术侦查所获取的证据是否需要质证？对此，最高人民法院《关于适用〈中华人民共和国刑事诉讼法〉的解释》第 107 条作出了规定：“采取技术侦查措施收集的证据材料，经当庭出示、辨认、质证等法庭调查程序查证属实的，可以作为定案的根据。使用前款规定的证据可能危及有关人员的人身安全，或者可能产生其他严重后果的，法庭应当采取不暴露有关人员身份、技术方法等保护措施，必要时，审判人员可以在庭外核实。”由上述规定可知，通过技术侦查所获取的证据也需要在控辩双方之间进行质证。需要有关人员出庭接受质询的，可以采取必要的技术手段，例如蒙面、变声等方式保障其人身安全。

另一个需要注意的是不公开审理案件中的质证问题。现行《民事诉讼法》第 68 条和《行政诉讼法》第 43 条规定：对涉及国家秘密、商业秘密和个人隐私的证据，不得在公开开庭时出示。那么，不得在公开开庭时出示是否就是不质证呢？最高人民法院《关于适用〈中华人民共和国民事诉讼法〉的解释》第 103 条第 3 款对此作出了解释：“……法律规定应当保密的证据，不得公开质证。”《行诉证据规定》第 37 条的表述与此大致相同：“……不得在开庭时公开质证。”此外，如果案件是公开审理，但证据本身涉及依法不能向其他人公开的，质证也不能公开进行。例如，《关于适用〈中华人民共和国刑事诉讼法〉的解释》第 68 条规定：“公开审理案件时，公诉人、诉讼参与人提出涉及国家秘密、商业秘密或者个人隐私的证据的，法庭应当制止。有关证据确与本案有关的，可以根据具体情况，决定将案件转为不公开审理，或者对相关证据的法庭调查不公开进行。”

不公开质证并非不质证。案件是否公开审理是指案件是否允许群众旁听和新闻记者采访报道，因此，公开是指对旁听群众和媒体的公开。不公开审理并非不开庭审理，因此，不公开质证也只是指对上述证据质证时，不能有不得接触该秘密的人在场。

（四）可以不作为质证对象的证据

最高人民法院《关于适用〈中华人民共和国民事诉讼法〉的解释》第 103 条第 2 款规定："当事人在审理前的准备阶段认可的证据，经审判人员在庭审中说明后，视为质证过的证据。"由于在法律没有明文规定的情况下，行政诉讼的审理可以准用《民事诉讼法》的规定，因而我们可以得出结论：在民事和行政诉讼中，如果当事人对于对方当事人在法庭上出示的证据没有异议，那么该项证据就无须质证，可以直接作为认定案件事实的根据。

刑事诉讼的情形略有不同。在公诉案件的审理中，质证是必经的环节。最高人民法院《关于适用〈中华人民共和国刑事诉讼法〉的解释》第 184 条第 2 款规定："审判人员可以询问控辩双方对证据材料有无异议，对有异议的证据，应当在庭审时重点调查；无异议的，庭审时举证、质证可以简化。"在这里，质证只是可以被简化，并非无须质证。简化的方式可以依据该司法解释第 295 条第 1 款第 3 项的要求进行：对控辩双方无异议的证据，可以仅就证据的名称及所证明的事项作出说明。对于诉讼各方补充的和法庭庭外调查核实取得的证据，该司法解释第 220 条第 2 款规定，"经庭外征求意见，控辩双方没有异议的"，可以不进行质证。由此可见，在刑事诉讼中，是否需要对控辩双方没有异议的证据进行质证，由法庭决定。这与刑事诉讼的目的以及我国职权主义的诉讼模式有关。因此，尽管控辩双方对证据没有异议，但如果"法庭对证据有疑问的"，根据该司法解释第 220 条第 1 款的规定，法庭"可以告知公诉人、当事人及其法定代理人、辩护人、诉讼代理人补充证据或者作出说明；必要时，可以宣布休庭，对证据进行调查核实"。

五、质证的内容

作为认定案件事实根据的证据，必须同时具备客观真实性、关联性和合法性的特点，因此《民诉证据规定》第 50 条规定："质证时，当事人应当围绕证据的真实性、关联性、合法性，针对证据证明力有无以及证明力大小，进行质疑、说明与辩驳。"《行诉证据规定》第 39 条的内容与此相同，只是在表述上有所不同："当事人应当围绕证据的关联性、合法性和真实性，针对证据有无证明效力以及证明效力大小，进行质证。"因此，质证的内容就是诉讼双方就证据材料是否具备证据的三个特点进行的质辩。

（一）证据的合法性

证据材料具有法律规定的合法性，是该项证据材料能够进入诉讼的前提条件。证据是否具有合法性决定了一项证据是否具有证据资格或证据能力。只有具有合法性的证据材料才具有证据资格，才存在进一步对其证明力作出判断的可能。不具有合法性的证据材料会被排除在诉讼之外，因而不具有证据的效力，也就无所谓证明力的有无和大小的问题了。《非法证据排除规定》第 7 条第 4 款专门强调了对刑事证据合法性的质证："控辩双方可以就被告人审判前供述取得的合法性问题进行质证、辩论。"

（二）证据的客观真实性

具备了合法性特征的证据材料，在形式上必须是客观存在的，在内容上还必须是真实的。

主观臆想的证据或者尽管是客观存在但不真实的证据不能作为认定案件事实的根据，比如伪证。诉讼双方可以从证据的来源、形式、内容以及是否与其他证据之间存在矛盾来质疑证据材料的真实可靠。证据材料是否具有客观真实性是庭审程序中诉讼双方主要的质证内容。

（三）证据的关联性

具备了合法性特征并且内容真实的证据材料，也可能因为与案件事实没有实质的联系或者联系疏远而被法官最终排除。这种情形我们通常称之为该项证据材料不具有证明力或证明力小，有时也称为不具有证据价值或证据价值小。证据材料对案件事实的证明力也是诉讼双方质证的主要内容。证据的证明力和证据与案件事实的联系有关，证据与案件事实联系密切的，证据的证明力就强；联系疏远的，证明力就弱；无联系的，无证明力。一般来说，直接证据的证明力往往大于间接证据的证明力；原始证据的证明力往往大于传来证据。《民诉证据规定》和《行诉证据规定》对一些证据的证明力的一般情形作出了规定。

六、质证的程序

（一）刑事诉讼中质证的程序

1. 公诉人提出证明被告人有罪的证据，被告人、辩护人对控方证据发表意见：（1）对指控的每一起案件事实，经审判长准许，公诉人可以提请审判长传唤证人、被害人、鉴定人和勘验、检查笔录制作人出庭作证，或者出示证据，宣读未到庭的被害人、证人、鉴定人和勘验、检查笔录制作人的书面陈述、证言、鉴定结论及勘验、检查笔录；被害人及其诉讼代理人和附带民事诉讼的原告人及其诉讼代理人经审判长准许，也可以分别提请传唤尚未出庭作证的证人、鉴定人和勘验、检查笔录制作人出庭作证，或者出示公诉人未出示的证据，宣读公诉人未宣读的书面证人证言、鉴定意见及勘验、检查笔录。（2）公诉方对己方提出的证人、鉴定人进行发问，或者对所出示的物证、书证、视听资料等证据的来源、特征等作必要的说明。（3）公诉人发问完毕后，经审判长允许，辩方对证人、鉴定人发问，或者在控方作出说明后，由辩方对物证、书证、视听资料进行辨认并发表意见。

2. 辩护人提出被告人无罪或者罪轻的证据，由公诉人对辩方提出的证据发表意见：（1）被告人、辩护人、法定代理人经审判长准许，可以在公诉一方提出证据后，分别提请传唤证人、鉴定人出庭作证，或者出示证据，宣读未到庭的证人的书面证言、鉴定人的鉴定意见，出示书证、物证、视听资料。（2）辩方对己方提出的证人或鉴定人进行发问或者对所出示的物证、书证、视听资料等证据的来源、特征等作必要的说明。（3）经审判长许可，在辩方发问完毕之后，由公诉人对辩方申请传唤的证人、鉴定人发问，或者对书证、物证、视听资料等发表意见。

3. 控辩双方可以互相质问、辩论。

（二）民事诉讼中质证的程序

根据《民诉证据规定》第51条的规定，民事诉讼中的质证按下列顺序进行：（1）原告出示证据，被告、第三人与原告进行质证：原告可以申请法庭传唤证人、鉴定人或专家辅助人，或宣读未到庭的证人证言、鉴定意见，宣读勘验笔录，出示书证、物证、视听资料，由被告或第三人对证人、鉴定人、勘验人进行发问，或对书证、物证、视听资料以及书面的证人证言、鉴定意见和勘验笔录进行辨认并陈述意见。（2）被告出示自己收集或申请法院收集的上述证据，经法庭许可，原告、第三人与被告进行质证。（3）第三人出示自己收集的或申请法院收集的上述证据，经法庭许可，原告、被告与第三人进行质证。（4）原告、被告和第三人可以相互发问、辩论。

（三）行政诉讼中质证的程序

行政诉讼的质证程序与刑事诉讼、民事诉讼有所不同。由于被告在行政诉讼中承担主要的举证责任，因此在庭审中，是由被告方先出示证据，包括申请法庭传唤证人、鉴定人或专家辅助人，或宣读未到庭的证人证言、鉴定意见，宣读勘验笔录，出示书证、物证、视听资料等，之后由原告进行质证。对被告方出示的证据质证结束后，再由原告出示证据，被告进行质证。经过法庭准许，当事人及其代理人可以相互发问，也可以向证人、鉴定人、勘验人发问。

七、质证的方式及法律效果

我国目前没有关于质证方式的法律规定。司法实践中，对全案证据的质证方式有多种：（1）一证一质，逐个进行；（2）数证一质，分组进行；（3）先主要证据，后次要证据和补强证据；等等。对于涉及两个以上的犯罪事实或两个以上独立的诉讼请求的案件，当事人可以就每一个案件事实或诉讼请求分别出示证据进行质证。

对于诉讼中每一项证据的具体质证方式，需要根据各种证据的特点灵活运用。例如，对于证人证言、鉴定意见等人证，既可以通过否认证人资格、鉴定人的资质来说明证人证言、鉴定意见不具有证据能力，也可以从证人、鉴定人与提供证据主体之间的关系来质疑证言、鉴定意见的真实性；对于书证、物证、视听资料等实物证据，既可以询问制作人，也可以通过鉴定、辨认、核对等方式来指明其中的虚假成分。

未经质证的证据不得作为认定案件事实的根据。根据《民事诉讼法》第 200 条第 4 项和《行政诉讼法》第 91 条第 3 项的规定，“认定事实的主要证据未经质证的”或者“认定事实的主要证据……未经质证……”，当事人可以以原判决错误为理由提出再审申请；根据《关于适用〈中华人民共和国刑事诉讼法〉的解释》第 376 条第 3 项和《关于适用〈中华人民共和国民事诉讼法〉的解释》第 388 条第 2 项的规定，“原判决、裁定生效前已经收集，但未经质证的证据”，或者“在原审庭审结束前已经发现，但因客观原因无法取得或者在规定的期限内不能提供的”证据，可以作为“新证据”成为当事人申请再审的理由。当事人没有异议的证据，或者在证据交换过程中认可并记录在卷的证据，经审判人员在庭审中说明后，可以作为认定案件事实的依据。已经质证的证据一般不得重复质证。

问题与思考

1. 什么是质证？

2. 质证对诉讼有什么影响？

3. 法院在质证过程中的作用是什么？

4. 英美法系和大陆法系在询问证人的方式上有什么不同？

5. 我国能否采用交叉询问的质证模式？

阅读文献

1. 张卫平．民事诉讼法．北京：法律出版社，2013

2. 张卫平．交叉询问制：魅力与异境的尴尬．见：那门是窄的．北京：清华大学出版社，2006

3. 何家弘，刘品新．证据法学．北京：法律出版社，2011

4. 尚华．论质证．北京：中国政法大学出版社，2013

5. 何家弘．质证本质在于对对方证据的质疑．检察日报，2004－06－18

6. 陈永生．论辩护方当庭质证的权利．法商研究，2005（5）

7. 王亚新．民事诉讼中质证的几个问题．法律适用，2004（3）

8. 李学军，陈霞．鉴定结论的证据地位及其质证、认证．中国公安大学学报，2002（4）

9. 张卫平，王丽，何家弘．赵燕被殴案 控方输在哪儿——从双方律师辩论技巧比较两大法系律师质证模式．检察日报，2005－09－27

10. 李学军，朱梦妮等．物证鉴定意见的质证路径和方法研究．北京：中国人民大学出版社，2015

第十一章

法官如何认证

引　言

认证是法官对双方当事人提出的证据进行认定的职能性活动，是继取证、举证、质证之后的最后一个环节。法官认证包括对证据能力和证明力的判断和认定。认证是法官心证的过程，法官应当在程序规则和证据规则的约束下，凭借经验和理性，对证据的关联性、客观性和合法性进行综合的认定，并以此作为裁判的依据。法官如何认证，不仅关系到取证、举证、质证的最终结果，也关系到整个诉讼过程的公正性和正确性。认证的特点、方式、原则和规则，是本章的重点。

关键术语

认证　认证规则　一步认证　两步认证　当庭认证　庭后认证　单一认证　综合认证

【案例】

香港“世纪争产案”的审判可谓近年来最富戏剧性的诉讼之一。香港地产商王德辉在1990年遭绑架而失踪后，1999年9月被香港高等法院宣告死亡。王德辉之父王廷歆要求法院确认王德辉在1968年所立的指明其为遗产唯一继承人及执行人的遗嘱。而王德辉之妻龚如心则向法院提交了一份王德辉在1990年所立但从未公开的第三份遗嘱，声言将所有财产留给妻子龚如心。这场翁媳争产案的关键，是确定龚所持1990年遗嘱是否真实。2002年11月，香港高等法院原审法庭判定龚所持1990年遗嘱为伪造；2004年6月，香港高等法院上诉法庭裁定龚上诉失败。然而，这场涉及绑架、隐私、遗产争夺的豪门恩怨又峰回路转。2005年9月16日，5名终审法院法官对“世纪争产案”作出最终判决，出人意料地推翻此前判决，一致裁定王德辉1990年遗嘱为其生前最后遗嘱，宣告龚如心胜诉，为这位“亚洲最富有的女人”平添近400亿港元的遗产。2007年4月3日，龚如心在香港养和医院病逝。一位风水先生陈振聪随后召开记者会，自认是龚如心遗产的唯一受益人。经历两年准备，该案于2009年5月11日正式在香港高等法院开审，聆讯时间长达40天。期间法庭传召了三十多名证人，包括龚如心亲友、华懋集团员工、见证龚如心签署遗嘱的律师、医生、笔迹鉴定专家、陈振聪夫妇及其兄弟。案件的焦点为，华懋慈善基金持有的龚如心于

2002年订立的遗嘱，和陈振聪持有的2006年遗嘱，哪份才是龚如心的真实遗嘱；陈振聪持有的是否属于“风水遗嘱”以及龚如心订立2006年遗嘱时是否病重或神志不清等。2010年2月2日，香港高等法院判定，在已故华懋集团主席龚如心的千亿遗产争夺战中陈振聪败诉。法官认为，陈振聪所持的2006年遗嘱系伪造，而龚如心写于2002年的遗嘱才是最后遗嘱。据报道，“法官不相信陈与龚如心之间有亲密关系，不认为龚会将全部遗产赠与陈振聪”。在这起历时十年，一波三折的案件中，法官如何认证，也成为很多法律界人士最关注的问题。（参见图11—1）

图11—1 龚如心（左）与公公王廷歆（右）争夺王德辉（中）遗产

本案之所以一波三折，表面上看似乎是对遗嘱的真实性的鉴定起着主要作用，但在实行专家证人制度的香港，请专家对遗嘱进行鉴定只是当事人在完成举证，对法官并没有约束力。在双方对专家证人进行质证之后，是否认定遗嘱的真实性，完全由法官自由心证——法官在认定证据能力和证明力过程中发挥着决定性作用。那么，在各种证据面前，法官到底如何认证呢？

一、认证的概念

我国三大诉讼法均未提到“认证”一词，认证是学界对法官审查判断证据活动的归纳，并为实务界所认可。它最早出现在民事审判实践中，后来才被引进到刑事审判实践。但何为认证，却一直未有明确的界定。我们认为，所谓认证，是指事实审理者对庭审中经过质证的证据进行审查判断，依据规则、经验和逻辑确定其证据能力和证明力的一种诉讼活动。我们可以从以下几个方面来理解认证的概念：

第一，认证的主体是事实审理者，即法官。与取证、举证、质证不同的是，认证是法官的职能活动，是诉讼活动中裁判权的体现。具体而言，只有审理特定案件而组成的合议庭审判员、陪审员或独任庭的审判人员，才是认证的主体，其他未参加审判的法官，包括庭长、院长、审判委员会，都不是认证的主体。认证主体的特定性体现了审判的亲历性，只有审理具体案件的法官听取整个庭审过程，对举证、质证环节有最为直接的了解，才能进行认证，未参与审判而进行认证或者改变审理法官认证结果的做法都是违背亲历性的，结果会使庭审成为“走过场”。而对于审判法官而言，认证是一个非常复杂的过程，不仅需要优秀的业务素质，也要具备较高的职业道德修养，甚至对于与案件有关的科学知识、生活经验都要有一定的积累。因此，提高认证主体的素质也成为改善认证质量的关键环节。

第二，认证的对象是证据。认证的对象是案件事实，还是证据？对案件事实的认定和对证据的认定是两个紧密联系又相互区别的概念，认定证据并不能简单地等同于认定案件事实。例如，在本章所引的案例中，香港高等法院原审法庭判定龚如心所持 1990 年遗嘱为伪造，是对证据的认定，而对事实的认定则是关于谁具有合法继承权的问题。最高人民法院《关于民事经济审判方式改革问题的若干规定》第 12 条，以及《行诉证据规定》第 72 条有关认证的条文，都把认证的对象规定为"经过质证的证据"。当然，这里的证据，并不是定案根据的意思，而是从证据材料的意义上讲的。认证，与对证据的审查判断也不是同一个概念，前者虽然也要涉及对证据的审查判断，但对象是审判阶段经过质证的证据，后者则包括侦查阶段和起诉阶段的证据材料。

第三，认证的客体是证据的证据能力和证明力。通常认为，认证不仅要对证据的证据能力进行认定，还要对其证明力进行认定，这两者的结合才构成认证的客体。证据能力是一个法律问题，确定的是在法律上是否具有证明某一待证事实的资格和能力。在证据法上，几乎所有的证据规则都是为了约束证据能力而制定的，对证据能力的认定也成为法官认证的主要任务。只有具备证据能力，证据才可以被采纳，但是否被采信，还要视证明力的有无和大小。证明力的大小表明证据对于待证事实的证明效果和价值。证明力的判断基本上是一个逻辑和经验的问题，要依靠法官的社会经验和理性判断能力。最高人民法院《关于适用〈中华人民共和国民事诉讼法〉的解释》第 105 条规定："人民法院应当按照法定程序，全面、客观地审核证据，依照法律规定，运用逻辑推理和日常生活经验法则，对证据有无证明力和证明力大小进行判断，并公开判断的理由和结果。"因此，我们所说的认证，既包括认定证据的证据能力，也包括认定其证明力。

认证作为司法证明的重要环节，是取证、举证、质证的目的和归宿。在诉讼开始之后，当事人或者证据调查人员要收集证据、保全证据，这是司法证明的第一个台阶；在法庭审判或者证据交换过程中，双方当事人要向法庭提出证据以证明其主张的案件事实，这是司法证明的第二个台阶；对于已经提出的证据，再由双方当事人进行质疑和质证，就踏上了司法证明的第三个台阶；而只有法官对经过质证的证据进行最后的认定，才能完成司法证明的全过程。没有认证这一关键的台阶，取证、举证和质证就不能最终登上司法证明的顶峰。（参见图 11—2）

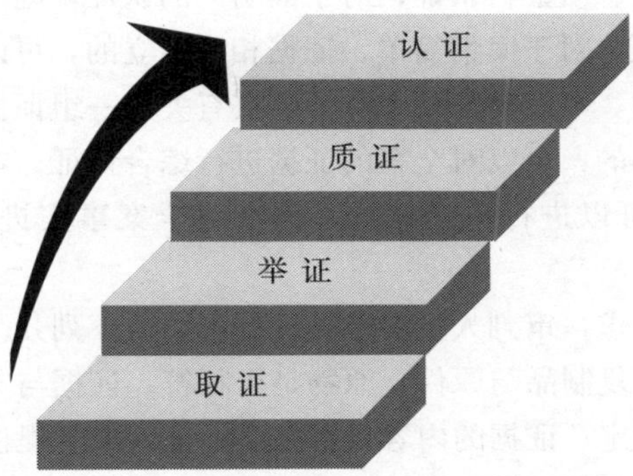

图 11—2

二、认证方式

采用什么样的认证方式是实现认证活动的重点，也是关系到认证效果的关键性问题。根据不同的方法，认证可以分为：当庭认证和庭后认证；单一认证和综合认证；一步认证与两步认证。

（一）当庭认证和庭后认证

根据认证作出的时间与场合的不同，可以把认证分为当庭认证和庭后认证。**当庭认证就是法官在法庭上当即对双方当事人质证过的证据进行认定；庭后认证是法官不在质证后当即在法庭上进行认证，而是在庭审之后进行认证。**我国传统审判通常都是采取庭后认证，其认证的透明度和公正性堪忧。因此，审判方式改革提倡当庭认证。最高人民法院《关于严格执行公开审判制度的若干规定》第5条要求，“依法公开审理案件，案件事实未经法庭公开调查不能认定。证明案件事实的证明未在法庭公开举证、质证，不能进行认证……法庭能够当庭认证的，应当当庭认证”。这说明，我国人民法院目前是以当庭认证为原则，庭后认证为例外。最高人民法院《关于民事经济审判方式改革问题的若干规定》第12条也规定：“经过庭审质证的证据，能够当即认定的，应当当即认定；当即不能认定的，可以休庭合议后再予以认定；合议之后认为需要继续举证或者进行鉴定、勘验等工作的，可以在下次开庭质证后认定。”庭后认证往往伴随着法官调查证据的行为，使审判沦为书面审、间接审，也使当事人的举证责任分配机制落空。与庭后认证相比，当庭认证更能体现司法的公正性。但当庭认证需要法官具备相当高的素质，而有些错综复杂的证据又很难在法庭上即刻进行认定，因此比较可行的方法是，法官对证据能力的认证尽量采取当庭认证，对于证明力的认证可以采取庭后认证。

（二）单一认证和综合认证

根据认证对象的数量不同，可以把认证分为单一认证和综合认证。**单一认证就是一证一认，每次只对一个证据进行认证；综合认证就是多证一认，每次对多个证据进行综合认证，包括对多个证据、一组证据或全案证据进行认证。**通常而言，对于证据能力的认证采取的是单一认证，每个证据都分别举证、质证再认证；对于证明力的认证，则视证据的复杂情况而言，可以采取单一认证和综合认证。对于案情简单、证据相对独立的，可以采取单一认证；案情比较复杂，多项证据互相关联的，可以对与某个待证事实有关的一组证据进行综合认证；案情复杂而且所有证据之间难以拆解的，可以对全案的证据进行综合认证。本章所引案例中，法官对当事人提供的每一份遗嘱，可以进行单一认证，但在对全案事实进行认定时，必须进行综合认证。

根据有关司法解释的要求，审判人员对单一证据可以从下列几个方面进行审核认定：证据是否原件、原物，复印件、复制品与原件、原物是否相符；证据与本案事实是否相关；证据的形式、来源是否符合法律规定；证据的内容是否真实；证人或者提供证据的人与当事人有无利害关系。审判人员对案件的全部证据，应当从各证据与案件事实的关联程度、各证据之间的联系等方面进行综合审查判断。

（三）一步认证和两步认证

根据法官是一个阶段还是两个阶段完成认证过程，可以把认证分成一步认证和两步认证。**一步认证是一次性完成对证据能力和证明力的认证，适用于案情比较简单的案件；两步认证是对证据能力的认证和证明力的认证分为两个阶段进行，适用于案情比较复杂的案件。**在英美采用陪审团审理的诉讼程序中，证据能力的认证是法官的职能，证明力的认证是陪审团的职能，通常都是采取两步认证的方法，前者决定证据是否采纳，后者决定证明力是否达到证明标准。我国虽然不采取陪审团审理，但法官对证据的认证也应当提倡两步认证，这样才能把证据能力的观念确立起来。对于出庭的证人，首先应当审查其证人资格，只有在具备证人资格的时候才能提供证言；对于不具有证据能力的证据，如通过刑讯逼供获得的口供，可以直接排除，根本不需要考虑其证明力。在前一个阶段，应该有证据规则的限制，这样法官的自由裁量权较小；在后一个阶段，不应该对证明力作出硬性的规定，这样法官能够进行自由心证。

三、认证原则

最高人民法院《民诉证据规定》第 64 条规定："审判人员应当依照法定程序，全面、客观地审核证据，依据法律的规定，遵循法官职业道德，运用逻辑推理和日常生活经验，对证据有无证明力和证明力大小独立进行判断，并公开判断的理由和结果。"认证是法官的心证过程，但法官并不具有完全不受规则约束的自由裁量权。法官认证也需要在程序规则和证据规则的制约下，实现程序的公正。

（一）认证应遵循证据裁判原则和证据规则

法官认证是一个自由裁量的过程，但只是一种相对的自由，因为认证应当遵循证据裁判原则，运用证据规则。证据裁判原则是针对历史上的神明裁判和以口供为中心的法定证据主义提出来的，按照日本《刑事诉讼法》的经典表述，为"认定事实，必须依据证据"。这就对法官认证提出了基本要求，即应当根据审判中出现的证据作出裁判。证据规则产生于陪审团审判之中，是为防止陪审员受不良信息的误导，而规定哪些证据具有进入诉讼的合法身份。但它的发展与完善早已超出了服务于陪审团审判的范围，现在也成为约束法官裁量权的规则。例如，传闻证据规则使得很多庭外陈述不能被采纳，法官就不能依照被排除的那些陈述证据定案。法律明确规定不得作为定案根据的非法证据同样不能作为定案的根据。只有依靠这些配套制度，才能防止法官认证的恣意擅断。证据规则越细密，法官自由裁量权的空间就越小；证据规则越粗疏，法官自由裁量权的空间就越大。如果法官素质并不是很高，给予过大的裁量空间会产生一些消极的影响。实践中，我国诉讼法中的证据规则过于简略，导致法官的裁量不受限制，影响了认证的质量。因此，制定科学而严密的证据规则，是完善认证制度的重要保障。

（二）认证应采取严格认证与自由认证结合的模式

证明模式基本上可以分为严格证明与自由证明两种。前者对证据能力和证明力进行严格的规定，后者则不对它们进行严格规定而交由法官裁量。历史上曾经出现过的法定证据制度是前者的代表，自由心证制度是后者的代表。但现代各国实行的证明模式基本上是严格证明和自由证明的结合，即通常对证据能力采取严格证明，对证明力采取自由证明。同样，在认证模式上，也应当采取这种“两结合”的模式：对证据能力的认证要严格认证，受制于严密的证据规则；而对证明力的认证可以相对自由，仰赖法官的逻辑和经验。事实上，无论是英美法系还是大陆法系，都没有完全采取严格认证或者完全采取自由认证的国家，严格认证结合自由认证的模式是一种必然的选择。因此，我国在完善证据规则的同时，也需要提高审判法官的素质，以提高自由认证的质量。

（三）认证的心证过程应当公开并说明认证理由

心证公开是对认证规范化的进一步要求。认证是继取证、举证、质证活动之后的关键环节，直接关系到诉讼的成败和当事人的利益，因此结论的得出也需要公正、公平、公开。心证公开包括当庭认证的心证公开、庭后认证的心证公开。当庭认证中通常解决证据的证据能力问题和简单证据的证明力问题，一经作出就对判决有拘束力，因此法官应该说明采纳证据或者排除证据的理由，给予当事人异议的权利。庭后认证通常解决证据的证明力问题以及进行全案综合认定，对于证据证明力大小的判断虽然是一个主观的过程，但也应当公开判断的理由。而这一切的最集中表现，则是裁判文书中认证理由的公开，包括对证据予以认定和不予认定的理由。未能说明理由的，应当视为认证未完成。目前我国司法实践中常见的裁判文书通常都只是笼统地载明某些证据“予以采信”，某些证据“不予采信”，却不能详述理由。我国缺乏裁判文书说理的传统，因此，提倡裁判文书公开认证理由，不但对提高法官素质大有裨益，而且对心证过程也构成一种外部的制约机制。（参见图 11—3）

图 11—3

注：法官应当在判决书中公开说明证据予以认定和不予认定的理由。

四、认证规则

既然法官认证需要"对证据有无证明力和证明力大小"进行独立判断，那么就可以把认证的规则分为证据能力的认证规则和证明力的认证规则。

（一）证据能力的认证规则

证据能力即证据被采纳的资格，是证据作为定案根据的第一道门槛。法官对证据能力的认证，主要从证据的关联性和合法性两个方面进行。关联性是一种逻辑上的关系，是证据能否证明案件事实的倾向性，如果一个证据的存在比不存在更能证明待证事实，它就具有关联性。法官在认证中应当运用逻辑推理和生活经验，对证据和案件事实之间的证明关系进行考察，排除不具有关联性的证据。合法性是一种法律上的关系，是证据具有证明案件事实的合法身份，如果一个证据不符合法律的规定或者会影响公正性，就会被排除在诉讼之外。例如，2014 年天津的吕同元案发回重审时，就因为证人被公安机关暴力取证，法院排除了对被告人不利的证人证言，最后宣告被告人无罪。

我国现行诉讼法并未规定细致的证据规则，但已有一些粗略的证据规则可以参照。例如，不能正确表达自己意志的人，就不能作为证人。因此，不具有证人能力的人提供的证言，法官原则上就不能作为定案的依据。最高人民法院《民诉证据规定》第 68 条规定："以侵害他人合法权益或者违反法律禁止性规定的方法取得的证据，不能作为认定案件事实的依据。"最高人民法院《关于适用〈中华人民共和国民事诉讼法〉的解释》第 106 条进一步规定："对以严重侵害他人合法权益、违反法律禁止性规定或者严重违背公序良俗的方法形成或者获取的证据，不得作为认定案件事实的根据。"因此，在民事案件中违法获得的证据是不具备证据能力的。在民事诉讼中，当事人超过法定举证期限提供的证据，也被认为不具有证据能力，而被法官在认证时排除。现行《刑事诉讼法》第 54 条规定了非法取得的言词证据，应当排除；非法取得的物证、书证，如果严重影响司法公正又不能补正或者作出合理解释的，也应当排除。而最高人民法院《关于适用〈中华人民共和国刑事诉讼法〉的解释》、最高人民检察院《人民检察院刑事诉讼规则（试行）》等司法解释也就非法证据的排除作出了详细规定。除了非法证据排除规则，规范证据能力的证据规则还有传闻证据规则、意见证据规则、最佳证据规则、特免权规则等，法官在认证时应注意。

（二）证明力的认证规则

如果说证据能力的认证属于严格认证的范畴，那么证明力的认证就属于自由认证的范畴了。虽然在法定证据制度下，法律曾经对证据证明力的大小进行规定，但现代证据法早已将证明力的裁量权交给了法官。证据规则主要是规定证据能力，而不是规定证明力（唯一的例外是口供补强规则）。当然，法官对证明力的认证也不是无规律可循，通常应当参照以下规则：公文书证的证明力一般大于私文书证；经过公证的证据，其证明力一般大于未公证的证据；人民法院委托鉴定部门作出的鉴定意见，当事人没有提出足以反驳的相反证据和理由的，可以认定其证明力；书证、物证原件或与原件、原物核对无误的书证、物证副本，可以认定其证明力；

有其他证据佐证并以合法手段取得的、无疑点的视听资料或者与视听资料核对无误的复制件，可以认定其证明力；原始证据的证明力一般大于传来证据；与当事人关系密切的人提供的有利于该当事人的证据，其证明力一般小于其他证据；双方当事人对同一事实分别举出相反的证据，但都没有足够的依据否定对方证据的，人民法院应当结合案件情况，判断一方提供证据的证明力是否明显大于另一方提供证据的证明力，并对证明力较大的证据予以确认。因证据的证明力无法判断导致争议事实难以认定的，人民法院应当依据举证责任分配的规则作出裁判。这些都是法官认证的经验总结。

实践中，对于物证如何认证、书证如何认证、视听资料如何认证，都已经总结出一些规则。最高人民法院《民诉证据规定》和《行诉证据规定》都对此有所体现，本意是作为法官认证的参考，但实践中却出现了机械运用的教条化的倾向，有重蹈法定证据制度覆辙之嫌。必须明确，在大多数情况下，法官对证据证明力的认证都是依靠个人的经验，而不是既定的规则。例如，法官认定证人证言的证明力，可以通过对证人的智力状况、品德、知识、经验、法律意识和专业技能等的综合分析作出判断。法律不宜对证据的证明力大小作出细致的规定。2010年7月施行的《办理死刑案件证据规定》第32条规定："对证据的证明力，应当结合案件的具体情况，从各证据与待证事实的关联程度、各证据之间的联系等方面进行审查判断。证据之间具有内在的联系，共同指向同一待证事实，且能合理排除矛盾的，才能作为定案的根据。"

问题与思考

1. 相对于取证、举证、质证而言，认证的主要特点是什么？
2. 司法实践中，各种认证方式有何优、缺点？
3. 在我国现阶段的审判实践中，你认为认证应当采取哪种模式？
4. 认证活动的制约机制应该包括哪些？

阅读文献

1. 江伟，刘敏．论民事诉讼中的认证．见：何家弘主编．证据学论坛．第1卷．北京：中国检察出版社，2000

2. 何家弘．试论认证的概念、内容和方式．见：何家弘主编．证据学论坛．第4卷．北京：中国检察出版社，2000

3. 刘昊阳．论认证中的证据关联性．见：何家弘主编．证据学论坛．第4卷．北京：中国检察出版社，2000

4. 段厚省．民事诉讼认证制度研究．见：何家弘主编．证据学论坛．第4卷．北京：中国检察出版社，2000

5. 吴丹红．论共犯口供的证明力．中国刑事法杂志，2001（5）

6. 吴丹红．证据法的理论谜局．证据科学，2009（2）

7. 何家弘主编．刑事审判认证指南．北京：法律出版社，2002

8. 何家弘主编．证人制度研究．北京：人民法院出版社，2004

9. 何家弘主编．证据法学研究．北京：中国人民大学出版社，2007

10. 王进喜等．办理死刑案件证据规定与非法证据排除规定的释义和适用．北京：中国人民公安大学出版社，2010

第十二章

刑事诉讼有哪些特殊的证明规则

引 言

证明规则是指关于取证、举证、质证和认证等运用证据证明案件事实的规范与准则，也可以称为证据规则。刑事证据规则包括关于证据能力的规则和规范证明程序的规则，而对于证据的证明力则一般不加限制。刑事证据规则具有发现事实、增强程序的可操作性，约束裁判者的自由裁量权，保障人权和增进特定社会利益的保护等功能。本章探讨了一些主要的刑事证据规则，例如非法证据排除规则、口供补强证据规则和不被强迫自证其罪规则等，这是刑事诉讼所特有的，当然，传闻证据规则和最佳证据规则对于民事诉讼也是适用的，属于诉讼法共有的证据规则。2012 年全国人民代表大会对 1996 年《刑事诉讼法》的修改和最高人民法院、最高人民检察院等随后颁行的新的司法解释，使得我国刑事证据规则尤其是非法证据排除规则的内容更加丰富和完善。

关键术语

刑事证据规则的性质与体系　刑事证据规则的功能　非法证据排除　“毒树之果”　传闻证据　最佳证据　补强证据　沉默权　不被强迫自证其罪　刑事诉讼法修改

【案例】

自 1995 年以来，刘涌以沈阳嘉阳集团为依托，采取暴力、威胁等手段聚敛钱财，称霸一方，以商养黑，被该犯罪集团致死致伤的达 42 人，其中死亡 1 人、重伤 16 人、轻伤 14 人。2002 年 4 月 17 日，辽宁省铁岭市中级人民法院对刘涌等 22 人组织、领导黑社会性质组织及故意伤害等案一审公开宣判。法庭以组织、领导、参加黑社会性质组织罪、故意伤害罪、非法经营罪、故意毁坏财物罪、行贿罪、妨碍公务罪、非法持有枪支罪等多项罪名，判处被告人刘涌、宋健飞死刑，其余 20 人分别被判处死缓、无期徒刑、有期徒刑。此后，案犯提出上诉。

2003 年 8 月 15 日，辽宁省高级人民法院认定被告人组织、领导黑社会性质组织罪、故意伤害罪、故意毁坏财物罪、非法经营罪、行贿罪、非法持有枪支罪、妨碍公务罪等多项罪名成立，但认为“不能从根本上排除公安机关在侦查过程中存在刑讯逼供情况”，“鉴于其犯罪的事实、性质、情节和对于社会的危害程度以及本案的具体情况”，改判处刘涌死刑，缓期二年执行，剥夺政治权利终身，并处罚金人民币 1 500 万元；核准宋健飞死刑，立即执行。

2003 年 10 月 8 日，最高人民法院作出（2003）刑监字第 155 号再审决定，以原二审判决对刘涌的判决不当为由，依照审判监督程序提审该案；2003 年 12 月 18 日，最高人民法院开始在辽宁省锦州市中级人民法院开庭，提审刘涌。本次审判乃是 1949 年以来最高人民法院第一次对一起普通刑事案件进行提审。最高人民法院于 2003 年 12 月 22 日上午 10 点左右宣判，中午 12 点左右执行死刑，12 点 50 分刘涌家属就拿到了刘涌的骨灰，整个过程的“效率”之高、速度之快，不仅在新中国的法制史上从未有过，在世界范围内的法制历史上，也极其罕见。

“刘涌不死，谁人当诛?”十几年前的一段时期，沈阳刘涌案改判的一波三折成为众多网友、法学者和法律职业人士探讨、辩论的热门话题，成为社会性的热点。刘涌个人虽然被正法了，但由该案凸显的一系列问题值得我们进一步反思，中国的刑事法治还有很长的路要走。

在刘涌案中，最引人注目的是非法证据排除规则的运用，辩护人提出刘涌被刑讯逼供，要求排除所取得的被告人口供，对这一问题三级法院的态度截然相反：(1) 铁岭市中级人民法院在一审中认为，“辩护人没有充分的证据证明被告人被刑讯逼供”，因此非法口供排除的主张被驳回；(2) 辽宁省高级人民法院在二审中认为，本案“不能从根本上排除公安机关在侦查过程中存在刑讯逼供情况”，部分采纳了非法证据辩护的意见；(3) 最高人民法院在再审中则认为，“对于再审被告人刘涌及其辩护人提出的公安机关在本案侦查阶段存在刑讯逼供的辩解及辩护意见，经查……取证形式不符合有关法规，且证言之间相互矛盾，同一证人的证言前后矛盾，不予采信。据此，不能认定公安机关在侦查阶段存在刑讯逼供，刘涌及其辩护人的辩解和辩护意见，本院不予采纳”。由“没有充分的证据证明”到“不能从根本上排除”，再到“不能认定存在刑讯逼供”，在这一以非法证据排除为主要争议点的诉讼中，三级法院的处理方式差异巨大。

在司法实践中，虽然被告人及其辩护人有时在一定程度上证明了被告人被刑讯逼供，但法院经常根本不采纳其辩护意见，或者最多只是对刑讯逼供问题“降格”处理，由原来的死刑立即执行改判为死缓等。最高人民法院和最高人民检察院在司法解释中规定的“非法言词证据排除规则”，在实践中也基本没有得到实行。因此 2013 年 1 月 1 日起实施的现行《刑事诉讼法》能否取得应有的效果，我们将拭目以待。

在总体上，合法性是证据的一项基本特征，证据的收集、审查和应用都应符合法定的要求。非法证据排除规则属于证据排除规则的一种，是指对于通过非法手段所获得的证据应当予以排除，不得将其作为认定案件事实的根据的一项证据规则。而广义的证据排除规则包括传闻证据排除规则、意见证据排除规则和非法证据排除规则等。我们首先需要反思，刑事证据规则的性质和功能是什么？刑事证据规则包含什么内容？需要哪些有效措施才能保障刑事证据规则的实施？

一、刑事证据规则的性质和功能是什么

刑事证据规则是指约束取证、举证、质证和认证等运用证据查明刑事案件事实的规范与准

则。刑事证据法在一定程度上就是“依据证据认定事实过程之法律上的所有规则”①。古语云，“不以规矩，不能成方圆；不以六律，不能正五音”，鉴于刑事证据法在刑事诉讼法中的核心地位，实施刑事证据规则乃是落实证据裁判原则，查明真相，保障人权的重要举措。

（一）刑事证据规则的性质与体系

事实是需要用证据来证明的，刑事证据是刑事裁判的基础。我国台湾地区学者认为，“何种资料，可为证据，如何收集及如何利用，此与认定之事实是否真实，及适用之法律能否正确，至关重要。为使证据认定之事实真实，适用之法律正确，不能无一定之法则，以资准绳。称此为法则，为证据法则”。或者说，“证据不仅为一切裁判之基础，亦系事实认定之基础，亦即无论其为实体或形式裁判，其裁判之作成，均离不开证据，亦即以证据之有无而形成实体或形式裁判”②。刑事证据在认定刑事案件事实中的地位不可动摇。

在此，我们首先要区分“证据规则”与“诉讼程序规则”，明确“证据规则”的内涵。由于证据法兼有实体法与程序法的特征，因而证据规则难免与诉讼程序规则存在交叉。对此，陈瑞华教授曾进行过细致区分。我们认为，对于规范证据能力的规则，以及关于司法证明的范围、责任和标准的规则，都应纳入“证据规则”的范畴，而对于询问、讯问、搜查、辨认等证据调查程序和法官的职权调查行为等，则应属于诉讼程序规则的范围。因此，“假如将那些涉及‘证据调查方法’的规则略而不问的话”，那么证据法“**所规范的主体内容就是有关证据能力的规则和司法证明的规则**”③。

英美法系国家大多在判例法中规定刑事证据规则，由于陪审团制度的特殊性，证据规则在这些国家特别发达，证据法也被视为“陪审团和对抗制之子”；在大陆法系国家，没有制定专门的刑事证据法，而是在刑事诉讼法中对证据进行规定，**但是这并不意味着大陆法系国家忽略或者轻视证据规则。**有的大陆法系国家是在刑事诉讼法中专章对证据进行专门规定，有的则是将证据规则散落于各个刑事诉讼程序的环节中规定，由此刑事证据规则可以分为实体性规定和程序性规定两部分，其中，“证据评价、心证形成、证据能力、证明力等为关于证据之实体规定部分；而证据之收集、证据之保全、证据之调查等为关于证据之程序规定部分”④。现在无论是英美法系国家还是大陆法系国家，在刑事证据制度中“都有证据规则的限制，只是限制程度的大小存在差别而已，而且其中大部分规则各国是相同的”⑤。

刑事证据效力可以分为证据能力和证明力两部分，其中证据能力（competency of evidence）又可称为证据资格、证据的可采性（admissibility of evidence），是指一项材料作为证据使用的形式资格；证明力则是对证据在认定事实中所能发挥作用的实质性价值评价。对于证据能力与证明力之间的主要区别，有的学者将其概括为：第一，证据能力是证据形式上的资格，而证明力是证据实质上的价值；第二，证据能力通常为法律所规定，而证明力一般由法官自由判断；第三，证据能力为诉讼程序面之制度，而证明力为实质面之制度。证据能力与证明力在许多时

① 黄朝义：《刑事证据法研究》，2版，5页，台北，元照出版公司，2000。
② 蔡墩铭：《刑事证据法论》，1页，台北，五南图书出版公司，2000。
③ 陈瑞华：《从“证据学”走向“证据法学”》，载《法商研究》，2006（3）。
④ 黄朝义：《刑事证据法研究》，2版，6页，台北，元照出版公司，2000。
⑤ 刘善春、毕玉谦、郑旭：《诉讼证据规则研究》，19页，北京，中国法制出版社，2000。

候不一致，有证据能力的证据不一定具有证明力，例如，宣誓后的目击证人之证言具有证据能力，但如果该证言虚假则不具有证明力；而没有证据能力的证据，也有可能具有证明力，例如刑讯逼供取得的被告人真实的供述，尽管具有证明力（能证明案件真实情况），但由于其非法取得则没有证据能力。在诉讼中，我们首先要判断该证据是否具有证据能力，然后再考虑其证明力，对于没有证据能力的材料在审判中根本没有必要考虑。

应当说，刑事证据规则主要是用来约束证据能力的，刑事证据规则一定程度上也就是证据能力的限制规则。然而，“证据能力虽然由法律规定，但其规定的方法，**不是以［有证据能力的是什么］这种形式，而是采用［没有］证据能力的是什么的形式，即从限制证据能力方面进行规定的”**，也就是说，通过排除的方式，明确了没有证据能力的情形，那么其他情况下则是具有证据能力的。关于证据能力的排除规则可以分为以下几种情形：（1）法律明文规定排除的，包括：1）非任意性自白排除规则；2）传闻证据排除规则。（2）性质上当然不应承认证据能力的，这又包括：1）有关案件的意思表示的文书，也就是侦查机关的起诉意见书、检察机关的起诉书、辩护人的辩护词等不能作为证据使用；2）意见、猜测、传说排除规则；3）不具有关联性的证据；4）以无效的证据调查程序获得的证据。（3）关于证据能力有无的问题，典型的就是非法证据排除规则。① 可见，刑事证据规则在总体上是关于证据能力排除方面的规定，广义的刑事证据规则就是关于证据能力的排除规则。

而在刑事证据证明力方面，许多国家一般实行自由心证，对于裁判者关于证据价值的判定不作事先规定，委诸其内心确信，法律不作限制规定。但是，这方面也有例外，例如单一口供不能定案规则或者说补强证据规则要求，只有被告人口供不能认定其有罪，就是对法官判定证明力时的约束，再如我国司法解释规定的“书证的副本、复制件，物证的照片、录像，只有经与原件、原物核实无误或者经鉴定证明真实的，才具有与原件、原物同等的证明力”，即限制非原始证据证明力的规定，这也是对证据证明力的约束。②

另外，刑事证据规则还包括确立有关刑事司法证明的各种规则。司法证明是一个动态的过程，司法裁判据以定案的事实，必须由当事人提供充分的证据证明和经过法院的确认。“刑事证据法不仅要对所有证据的证据能力作出严格的规范，而且还必须对控、辩双方的这种司法证明活动作出有效的约束；否则，控、辩双方就可能在举证、质证和辩论过程中出现混乱无序的现象，法庭也可能滥用其自由裁量权，以至于损害公平游戏规则。”③

因此，刑事证据规则主要是对证明能力的认定规则，限制的是一项材料、物品在法律上的容许性，同时还包括关于刑事司法证明过程的各项规则，但关于证据证明力的判断则交由裁判者自由裁量，很少进行限制规定。考察各国刑事证据规则的普遍规定，以证据能力、证明力和证明过程的标准来划分，刑事证据规则的体系内容可以代表性地显示如图 12—1 所示。

---

① 参见［日］土本武司：《日本刑事诉讼法要义》，董璠与、宋英辉译，308～309 页，台北，五南图书出版公司，1998。

② 我国最高人民法院《民诉证据规定》中第 77 条“人民法院就数个证据对同一事实的证明力，可以依照下列原则认定……”的规定，就是关于证据价值和效力的全面、明确规定，与大多国家证据规则主要是对证据能力的限制相比，这是不适宜的。

③ 陈瑞华：《从“证据学”走向“证据法学”》，载《法商研究》，2006（3）。

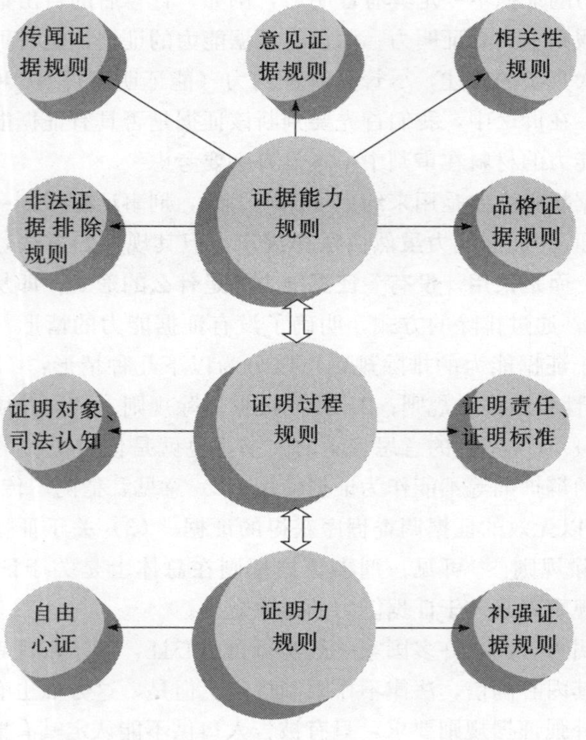

图 12—1

当然，刑事证据规则作为诉讼中的竞争规则，从动态上看，可以将刑事证明程序分为取证程序、举证程序、质证程序和认证程序等几大步骤，在每项程序环节上都要奉行相应的证据规则，当然有些是存在一定交叉的，例如证人出庭问题，既涉及传闻证据规则、意见证据规则，又涉及交叉询问规则等，贯穿于证明程序的各个阶段。① 但是作为一种整体上的大致划分，我们可以将各个刑事证明环节的证据规则初步归纳如图 12—2 所示。

（二）刑事证据规则的功能

刑事证据规则在刑事证据法中是最有特色的部分，它为裁判者认定事实提供了途径，同时一定程度上也制约了事实的发现，科学的刑事证据规则是落实程序正义和保障人权精神的重要体现。陈瑞华教授指出，“一部法律所要发挥的功能往往决定了这部法律的内容和体系”，“重新确立证据法的功能和体系，确实需要完成从‘证据学’到‘证据法学’的理论转型”②，我们应当正确审视刑事证据法的程序功能。

对于刑事证据规则的功能和作用，我们归纳为三个方面：

第一，刑事证据规则有助于查明案件事实，但在一定程度上又会制约事实真相的发现。

现代诉讼普遍实行证据裁判主义，日本《刑事诉讼法》规定，“认定事实应当根据证据”，

① 参见刘善春、毕玉谦、郑旭：《诉讼证据规则研究》，56 页，北京，中国法制出版社，2000。

② 陈瑞华：《从“证据学”走向“证据法学”》，载《法商研究》，2006 (3)。

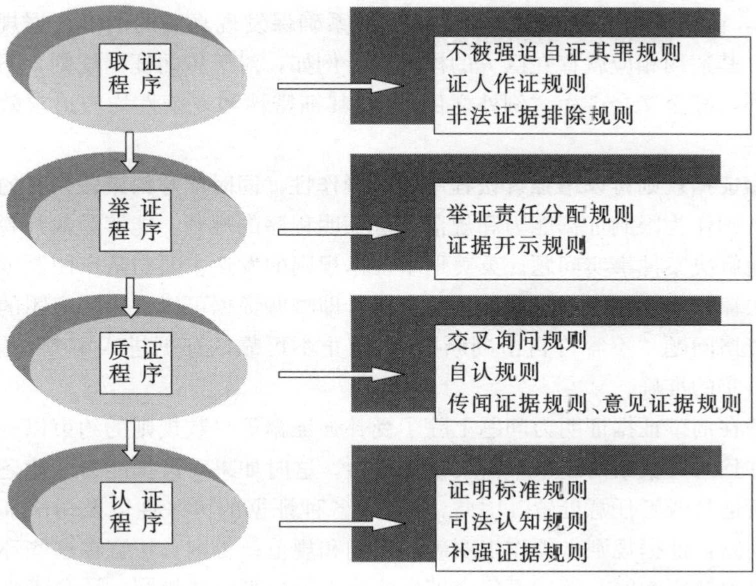

图 12—2

“犯罪事实应依证据认定之，无证据不得推定其犯罪事实”，证据裁判主义被认为是查明事实的最好理性方式。无论是刑事诉讼还是民事诉讼、行政诉讼，都依据证据来证明过去发生之事实。我国台湾地区学者黄朝义认为，“审判程序之核心部分，可谓系在于依证据而无误地认定事实”①。

许多刑事证据规则是有助于事实真相之发现的，例如司法认知规则和推定规则直接确认了某项事实的存在。可以说，一旦刑事证据规则完全丧失了发现真相的功能，那么它也就失去了正当性的基础。例如，传闻证据（hearsay evidence）② 排除规则就是为了避免证言经过多渠道传播而产生失真的可能性，通过促进证人作证、排除庭外陈述，从而达到发现事实真相的目的；意见证据规则则是排除普通证人在耳闻目睹之外的主观意见，让其客观陈述，目的也是揭示真相；而对于品格证据排除规则，由于一个人以前的品行与以后事实的发生根本就没有关联性而丧失证据的资格；另外诸如最佳证据规则、交叉询问规则等，都是发现真相、识别虚假的良好办法。因此，发现案件事实，确保证据的客观性，避免证据失真，不能说不是刑事证据规则最大的贡献。

然而，我们也要意识到，刑事证据规则就如“双刃剑”，它在客观上又具有一定的负面影响，在一定程度上会制约事实真相的发现。例如，证人特权规则、犯罪嫌疑人、被告人不被强迫自证其罪规则，其目的显然不是“发现真相”，而是维护特定的社会利益。按照这种证据规

① 黄朝义：《刑事证据法研究》，2 版，5 页，台北，元照出版公司，2000。

② 美国《联邦证据规则》第 801 条（c）项规定：“‘传闻’是指除陈述者在审理或听证作证时所作陈述外的陈述，行为人提供它旨在用作证据来证明所主张事实的真实性。”传闻证据规则的确立除了为保证证言的真实性之外，另一重要目的就是防止当事人被剥夺向原始陈述者交叉询问的机会。

则运行，刑事诉讼就相当于一场“障碍赛跑”，由此得出的事实只能是一种“相对事实”、“法律事实”。同时，由于规则的复杂性，即使其目的系确保发现真实的刑事证据规则，因为确立了大量的例外，其适用相应就存在巨大的模糊性。例如，对于传闻证据规则，不仅确立了该规则的几十项例外，甚至又会产生“例外之例外”，其细密性和复杂性均与追求效率的现代司法不太合拍。①

第二，刑事证据规则可以增强诉讼程序的可操作性，同时能够约束裁判者的自由裁量权。

刑事证据规则作为限制证据能力和规范司法证明程序的规则，能够为裁判者提供一张细致的范本，有效地解决案件事实问题。英美刑事证据规则的发达主要与陪审团制度相关，鉴于陪审团成员不懂法律，需要在立法上对证据的资格，即哪些证据可以进入陪审团的视野作出明确限定，就证据资格问题“不容许自由判断”，以防止不可靠的证据进入审判，集中庭审焦点，确保认定案件事实的准确。

由于裁判者在刑事证据证明力问题上除了受补强证据等少数规则的约束以外，享有广泛的自由裁量权，并且对其裁断的结果不需要说明理由，这时如果对证据能力法律还不作限定，将会使裁判者无所适从或者任意处置。因此，“对于各种证据的可采性以及司法证明的对象、责任分配和标准问题，证据规则必须作出明确的限制和规范；否则，法官在这些环节上就会有太大的处置权和自由解释空间，而这不仅会破坏法庭上的公平游戏规则，还会带来证据采纳和司法证明上的任意化和随机性问题，以致损害司法裁判的权威性和公信力”②。

第三，刑事证据规则有助于保障人权和保护特定的社会关系与社会利益。

刑事证据规则除了具有发现事实的功能以外，还具有多项社会价值。通过不同的证据规则，可以发挥一种政策导向作用，保护更为重要的社会利益。我国台湾地区学者黄朝义认为，“证据之存在，一方面即使得以达成事实认定之重要功能”，而在另一方面，“在为证据之处理上对其予以法律上之规制也就变为事实认定时之重要课题”，或者说，“证据是否具有证据能力以及是否得以采用，原则上系借助于实体之正义（真实发现）与程序之正义（人权保障）两者之利益衡量而为价值判断”③。

例如，犯罪嫌疑人、被告人享有的不被强迫自证其罪的权利，其直接目的就是保障人权；对于非法证据排除规则和证据禁止理论，属于此类之证据即使拥有极高之证明力，但由于某种政策上的考量和对社会正义的维护，而排除其作为证据的资格。这一程序性制裁机制若能得到真正实施，将会有效地约束办案机关的行为，极大限度地限制刑讯逼供、威胁、引诱、欺骗等违法行为的发生。在此情况下，保证被告人供述任意性的需要远远超过了逼取口供发现事实的价值。再如关于作证特免权，对于重要的国家公务人员、律师、宗教人员、医师、牙科医师、助产士、护士、代办人、公证人，或者是一定的亲属之间免除作证的义务，其目的更是保护国家利益、特定的职业利益和一定的亲属关系。对于这些刑事证据规则，在发现事实真相的意义上是无法解释的。毕竟，“当我们在保护一种社会利益的同时，不宜忽视其他利益的保障，还应照顾各种利益的均衡，也就是说，当我们维护一项社会正义的时候，还应考虑这同时会不会

---

① 陈瑞华教授认为，正是由于许多证据规则设立了相应的例外，从而会节省司法资源、降低诉讼成本和提高诉讼效益。我们与此观点恰好相反。

② 陈瑞华：《从“证据学”走向“证据法学”》，载《法商研究》，2006（3）。

③ 黄朝义：《刑事证据法研究》，2版，228页，台北，元照出版公司，2000。

造成另一种不公正”[①]。现代刑事证据规则正是多元社会价值选择的结果。

二、有毒的树结出的果实有毒吗
——非法证据排除规则

本章前文中的刘涌案件，说明我国非法证据排除规则存在严重的、致命的问题。《非法证据排除规定》和现行《刑事诉讼法》及其司法解释生效之前，我国对非法取证的行为规定不明确，对变相刑讯逼供的行为没有规定；非法证据排除中最起码的举证责任制度没有建立，使得被告人对刑讯逼供的辩护举证可以说是举步维艰；没有确立非法证据排除的证明标准，即当辩护方证明到何种程度时才能认定非法取证行为的存在，法律和司法解释没有规定；同时，司法实践中严重的打击犯罪的倾向和憎恶犯罪的心理，导致非法证据排除规则没有深厚的社会基础，保障犯罪嫌疑人、被告人合法权益的理念难以实行。可以说，非法证据排除规则需要在我国重塑，其实施状况更需要实证考查。

而非法证据排除规则主要包括三种情形：第一种是以违法方法获得的口供排除；第二种是违反搜查、扣押等法定程序获得的实物证据排除；第三种是“毒树之果”的排除。非法证据排除规则是限制证据能力或者说证据的可采性问题，被排除的非法证据不能被提交到法庭上。

（一）非法口供排除规则

各国刑事诉讼法和证据法普遍规定，采取刑讯逼供和变相刑讯逼供等非法方法取得的口供不能作为证据使用。非法口供排除规则与自白任意法则相连，凡是通过违法或者不恰当的方式获得的并非出于被刑事追究者自由意志的自白应当绝对排除。非法口供排除规则保障的不仅是口供的真实性，更主要的是口供的自愿性。

在英国，明确规定对于一些严重违反法定程序获得的口供，法院必须排除。例如，英国《1984年警察与刑事证据法》第76条要求：在任何程序中，被告人所作的供述如果与诉讼中涉及的任何待证事项有关，并且没有被法庭根据本条的规定加以排除，就可以成为对他不利的证据。但是，在任何公诉方计划将被告人供述作为本方证据提出的诉讼中，如果有证据证明供述是、或者可能是通过以下方式取得的：（1）对被告人采取压迫的手段，这里的“压迫”包括刑讯、非人道或有损尊严的对待以及使用暴力或以暴力相威胁（不论是否构成刑讯）；或者(2）实施在当时情况下可能导致被告人的供述不可靠的任何语言或行为，则法庭应当不得将该供述作为对被告人不利的证据而提出。

在美国，非法证据排除规则所要排除的不是一般意义上的“非法证据”，而是警察以侵犯公民宪法权利的手段所获得的证据，根据美国联邦最高法院的解释，能够作为排除规则救济对象的通常是以下四项宪法权利：（1）联邦宪法第四修正案关于不受无理搜查和扣押的权利；（2）联邦宪法第五修正案关于不被强迫自证其罪的权利；（3）联邦宪法第六修正案关于被告人获得律师帮助的权利；（4）联邦宪法第五和第十四修正案关于未经正当法律程序不得被剥夺自由、财产和生命的权利。由此，在美国违背被告人自白任意法则获得的口供不能作为定案的

① 房保国：《证人作证豁免权探析》，载《法律科学》，2001（4）。

依据。

在德国，明确规定了禁止的讯问方法，包括：(1) 对于被指控人决定和确认自己意志的自由，不允许用虐待、疲劳战术、伤害身体、服用药物、折磨、欺诈或者催眠等方法予以侵犯。只允许在刑事诉讼法准许的范围内实施强制。禁止以刑事诉讼法不准许的措施相威胁，禁止以法律没有规定的利益相许诺。(2) 有损被指控人记忆力、理解力的措施，禁止使用。该法典在详细列举非法获取口供方法的基础上，同时明确规定采用这些非法手段获得的口供，无论被指控人承诺或同意与否，都不允许使用。

在日本，采取非法手段获得的被告人口供同样不能作为定案的依据。日本《宪法》第 38 条第 2 款规定："以强迫、拷问或威胁所得的口供，或经过不正当的长期拘留或拘禁后的口供，均不得作为证据"。日本《刑事诉讼法》第 319 条对"自白的证据能力和证明力"作出明确要求，规定："出于强制、拷问或者胁迫的自白，在经过不适当的长期扣留或者拘禁后的自白，以及其他可以怀疑为并非出于自由意志的自白，都不得作为证据。"

俄罗斯在其 2002 年新修订的《联邦刑事诉讼法典》中，更是详细规定了证据排除的具体程序。在该法典第 75 条列举了"不允许采信的证据"的种类，指出违反法典的要求而获得的证据不允许采信。不允许采信的证据不具有法律效力，不得作为指控的根据。不允许采信的证据包括：(1) 犯罪嫌疑人、刑事被告人在没有辩护人在场时，包括在他拒绝辩护人的情况下，在审前诉讼过程中所做的，而没有被犯罪嫌疑人、刑事被告人在法庭上证实的陈述；(2) 被害人、证人基于猜测、假设、传闻所做的陈述，以及证人不能指出其信息来源的证言；(3) 违反法典的要求所获得的其他证据。

可见，非法口供排除规则是世界各国的普遍规定，体现了对犯罪嫌疑人、被告人人权的重视。同时，非法证据排除规则也得到了许多国际人权公约的认可，例如，联合国《禁止酷刑和其他残忍、不人道或有辱人格的待遇或处罚公约》第 15 条要求，每一缔约国应确保在任何程序中，不得授权业经确定系以酷刑取得的口供为证据，但这类口供可用做被控施酷刑者刑讯逼供的证据。

（二）非法实物证据排除规则

对非法获得的实物证据是否应当排除，各国的规定差异很大，普遍采取的做法是适用利益权衡原则。

美国是实行非法实物证据排除的主要国家，其联邦宪法第四修正案将不受无理搜查和扣押列为公民的一项宪法权利。美国联邦宪法第四修正案规定："人民保护自己的人身、住宅、文件及财产不受任何无理搜查和扣押的权利不容侵犯；除非是由于某种正当理由，并且要有宣誓或誓言的支持并明确描述要搜查的地点和要扣押的人或物，否则均不得签发搜查证。"但是该修正案并没有规定非法搜查和扣押所得证据的可采性问题。在联邦宪法第四修正案实施后的近一个世纪的时间里，那些非法搜查的受害者所能获得的唯一救济途径是提出民事侵权诉讼。[①] 在 1914 年"威克斯诉合众国"（Weeks v. U. S.）案件中，美国联邦最高法院认为，"如果一个人的信件和私人文件能以这样的方式被扣押、持有并被用作指控其犯罪的证据，那么第四修正

① 参见陈瑞华：《刑事诉讼的前沿问题》，545 页，北京，中国人民大学出版社，2005。

案所宣称的他不受这种搜查和扣押的权利就将毫无价值了”，“在联邦刑事起诉中，第四修正案禁止使用那些通过非法搜查和扣押所得的证据”。但是威克斯案的原则只适用于联邦警察实施的非法搜查行为，对各个州法院并不适用。

20 世纪 60 年代，美国兴起了“正当法律程序”革命，权利法案中的各项宪法权利逐渐通过最高法院第十四修正案的解释适用于各州。在 1961 年著名的“马普诉俄亥俄州”（Mapp v. Ohio）案件中，美国最高法院第一次将排除规则适用于各州，认为凡以违反宪法方法搜查或扣押所获得的证据，依照宪法的规定州法院也不得采用。排除规则在联邦法院实行了近半个世纪的时间，但是并无任何证据表明在排除规则影响下出现执法效果不好的情况，联邦法院的刑事审判也没有出现混乱的迹象；“我们的判决，以理性和真理为基石，给予公民个人的不过是宪法提供给他的权利保障而已，给警察带来的不过只是诚实地执法而已，而给法庭所带来的则是为司法公正的实现所必需的司法诚实”。马普案件之后，尽管排除规则引起了人们激烈的争议，也产生了诸多例外，但是没有根本上的变化。①

英国对非法实物证据排除的立场与美国不同，也与其排除非法口供的做法不同，其对非法搜查、扣押等得到的实物证据采取的是利益权衡原则。也就是说，对于非法搜查或者以类似行为获得的证据一般是可采的，但是对于采取严重违法手段获得的证据，法官如果认为证据的不利作用超过了其提供证明的价值，那么法官享有不采纳此种证据的自由裁量权。这从英国一系列的判例中可以看出来，例如，在 1955 年对 Kuruma，Son of kaniu v. R 一案的判决中，英国枢密院司法委员会拒绝了上诉方关于排除某一以非法搜查手段获取的证据的申请，认为如果证据具有相关性，那么它是如何取得的并不重要；在 1978 年对 Jeffrey v. Black 一案的判决中，英国高等法院王座法庭认为法官拥有对非法所得证据加以排除的自由裁量权；英国上议院在 1980 年对 R v. Sang 一案所作的判决中，认为一个法官无权因为某一证据系通过警察圈套的手段所获取，就对其加以排除。

这种自由裁量的立场在《1984 年警察与刑事证据法》中也得到了体现，该法第 78 条规定：“（1）在任何程序中，法庭可以拒绝将审查官据以作出指控的证据予以采纳，如果它在考虑到包括收集证据情况在内的所有情况以后，认为采纳这种证据将会对诉讼的公正性造成不利的影响，因此不应将它采纳为证据。（2）本条的规定不应有损于任何有关法庭排除证据的法律规则的适用。”大量的案例显示，英国法官运用《1984 年警察与刑事证据法》第 78 条对非法证据的排除主要是针对以下警察违法行为而进行的：故意不遵守有关保证被告人及时获得律师帮助的规则；违反有关对警察讯问嫌疑人过程录音的规则；违反有关“适当的成年人”在场的规则；警察在侦查过程中不适当地使用了诱惑侦查手段；等等。② 在总体上，法官对于一系列涉及侵犯被告人诉讼权利的违法行为还是非常重视的。

在大陆法系国家，对非法取得的实物证据一般采取自由裁量原则，即在违法的严重程度与排除违法证据对国家利益的损害程度之间做利益衡量。例如，德、法两国对证据的证据能力规定较少，证据是否采信交由法官自由裁量，仅 1960 年和 1964 年联邦德国最高法院根据基本

---

① 对排除规则批评最为激烈的学者，莫过于美国耶鲁大学的阿马教授，具体内容参见［美］阿希尔·里德·阿马：《宪法与刑事诉讼》，房保国译，北京，中国政法大学出版社，2006。

② 参见陈瑞华：《刑事诉讼的前沿问题》，611 页，北京，中国人民大学出版社，2005。

法，分别判定窃听得到的录音以及非法取得的日记不可作为定罪根据。[①] 日本直到1978年其最高法院的判例才宣布，如果在物证的扣押程序上存在违背《宪法》第35条和《刑事诉讼法》第218条第1项规定的令状主义的重大违法，从抑制将来违法侦查角度看该物证采纳不适当时，那么就应当否定其证据能力，从而确立了有条件的非法物证排除规则。在意大利，1988年新修订的《刑事诉讼法典》第191条规定："在违反法律规定的情况下获取的证据不得加以使用"，而没有区分违法取得的是口供还是实物证据，可见一定程度上吸收了美国的做法。

（三）"毒树之果"及其排除规则的例外

"毒树之果"规则是指对通过非法手段获得的证据进而获取的其他证据予以排除的规则，它与非法证据排除规则存在一定差异。前文所谈的非法口供排除规则和非法实物证据排除规则，作为一般的排除规则排除的都是"毒树"本身，那么"毒树"结出的果实是否有毒呢？这就是"毒树之果"规则的内容了。或者说，警察对犯罪嫌疑人刑讯逼供得到的口供是"毒树"，那么通过该口供获得的其他证据，例如作案工具、赃款、赃物等，能否作为定案的依据？因此，从广义上说，"毒树之果"规则也是非法证据排除规则的一部分，只是它使非法证据排除规则的范围更为扩大了。

对于"毒树之果"规则，各国的做法差别更大。大陆法系国家一般没有明确规定，或者最多是交由法官自由裁量。在英国，普通法从来不承认"毒树之果"原则的正当性，根据一项形成于18世纪的判例，即使被告人供述被排除，由该供述所派生出的其他证据仍具有可采性，但前提是该派生证据必须被"充分地和令人满意地证明"与供述没有任何关系。在1914年判决的一个案例中，检控方向法庭出示了被告人提供的书证，以证明被告人有欺诈行为，而该书证本身就是被告人供述的一部分和供述的一种载体，并且被作为供述的一部分和为解释供述的目的而提出，因此法院最终拒绝将该书证采纳为证据。[②]

对此，英国《1984年警察与刑事证据法》第76条第（4）、（5）、（6）、（7）项规定："……（4）被告人供述根据本条的规定被全部或部分地排除，这一事实不应影响以下事实作为证据的可采性——（a）根据被告人供述所发现的事实；或者（b）如果供述存在相关性是因为它能够说明被告人以某一特定方式说过、写过或表达过，则为说明他曾这样做过所必需的供述部分。（5）证明本款适用的某事实是根据被告人陈述而发现的证据不具有可采性，除非他本人或其代表提供有关该事实怎样被发现的证据。（6）本条（5）适用于下列事实——（a）根据被本条所全部排除的供述所发现的任何事实；以及（b）根据本条所部分排除的供述所发现的任何事实，如果该事实是根据被排除的供述部分所发现的。（7）本法第七部分规定不得对被告人供述的可采性产生任何不利影响。"可见，根据该法规定，被称为"毒树之果"的派生证据具有可采性，但与此同时，如果派生证据离开被告人供述的佐证，其来源就无法得到证明的话，那么该派生证据就应被排除。

美国是实行"毒树之果"规则的典型国家，在1920年的"西尔弗索恩伦巴公司诉合众国"（Silverthorne Lumber Co. v. U. S.）案件中，最高法院认为，检察官不仅不能使用警察以非法

---

① 参见宋世杰：《证据学新论》，314～315页，北京，中国检察出版社，2002。

② 参见陈瑞华：《刑事诉讼的前沿问题》，616页，北京，中国人民大学出版社，2005。

搜查方式获得的文件，而且对于警察根据大陪审团的传票所获取的其他证据也不能采用为指控的证据，排除规则应当适用于所有业已被宪法性侵权行为所"污染"的证据，"禁止以某种方式取得证据的实质，并非仅指该项证据不得为本院采用，而且是根本上就不得加以利用"。在1939年的"纳多恩诉合众国"案件中，"毒树之果"规则得以正式定名。这一规则最初只被用来限制非法搜查和扣押行为，后来随着最高法院一系列新判决的作出，它逐渐被用做对宪法第五、第六修正案中的宪法权利实施救济的手段。

但是，在最近几十年的发展中，非法实物证据排除规则和"毒树之果"规则在美国分别发展出了诸多例外，典型的有："独立来源的例外"、"不可避免的发现的例外"、"微弱联系的例外"、"善意的例外"和"附带使用的例外"等，其中，前三项主要是关于"毒树之果"规则的例外，后两项主要是关于"非法实物证据排除"规则的例外。当然对于"非法口供排除"规则也发展出了一些例外情形。①

第一，"独立来源的例外"（independence source exception）是指警察最初通过非法搜查发现了某一证据，但并没有立即将其扣押，而是随后通过与原先的非法行为毫无关联的活动，最终以合法的方式获取了该证据，在此情况下该证据具有可采性。

第二，"不可避免的发现的例外"（inevitable discovery exception）是指控诉方只要以有力的证据证明非法取得的一项证据，最终或许必然会以合法手段取得，该项证据就可采用，它经常适用于那些非法取得的证据是武器或尸体的案件。

第三，"微弱联系的例外"（attenuation exception）是指如果违反宪法的行为，与某一证据之间的联系极其微弱，以至于违反宪法的行为对该证据的"污染"已经基本上被消除，那么该证据尽管是"毒树之果"，也仍可以被采纳为证据，这又被称为"污染消除的例外"（purged taint exception）。

第四，"善意的例外"（good faith exception）是指警察搜查时，是以"客观合理的、可信的"搜查证作为依据的，因此其行为是出于善意的，尽管最终发现搜查不合法，该证据仍可采用。这一例外产生于1984年"合众国诉里昂"（U. S. v. Lecn）一案，现在仅适用于非法搜查、扣押行为的案件。

第五，"附带使用的例外"（collateral use exception）是指非法证据可以被用作证明被告人所作证言不可靠之用，而不能被用作证明被告人有罪的证据，这种用来弹劾被告人证言的非法证据，既包括非法获得的被告人供述笔录，也包括其他以侵犯公民宪法权利的方式获得的非法证据。

另外，1995年美国联邦最高法院对排除规则又有了新的解释，在Arizona v. Evans案件中，最高法院判决当非法搜查是由法院职员的失误造成时，并不适用排除规则。由于执行搜查的警察是严格遵照由司法官所签发的、但实际不存在的搜查证来执行公务，因而并不满足排除规则阻却非法行为的目的的要求，排除规则设立的宗旨仅仅是阻却警察而不是法官的违反第四修正案的行为。②

至此，关于非法证据排除规则在各国的实行状况与其自身例外的关系，可以简单地用表

① 参见陈瑞华：《刑事诉讼的前沿问题》，567～571页，北京，中国人民大学出版社，2005。

② 参见宋世杰：《证据学新论》，312页，北京，中国检察出版社，2002。

12—1 表示：

表 12—1

非法证据排除的三种情形	英美国家		大陆法系国家	例外情形
	美国	英国		
非法口供排除规则	排除	排除	排除	“公共安全的例外”、“附带使用的例外”
非法实物证据排除规则	排除	自由裁量	自由裁量	“善意的例外”、“附带使用的例外”
“毒树之果”规则	排除	不排除	不排除	“独立来源的例外”、“不可避免的发现的例外”、“微弱联系的例外”

（四）非法证据排除中的证明责任

在非法证据排除中，由谁承担证明证据“非法”的责任，这个问题非常重要。尤其在中国的司法实践中，曾经普遍将证明侦查人员刑讯逼供等非法取证行为的证明责任转嫁给被告人，导致被告人根本无法证明，从而致使非法证据排除规则形同虚设，从根本上影响了这项规则的实施。例如，在刘涌案件中，一审法院就把证明刑讯逼供的责任强加于辩护人，并以“辩护人没有充分证据证明有刑讯逼供行为”而驳回了辩护人排除非法获得口供的要求。因此，解决非法证据排除中的证明责任承担问题，在中国的意义更为突出。

对于非法证据排除中的证明责任，世界各国普遍将证据是否非法的证明责任施加于控诉一方。例如，英国《1984 年警察与刑事证据法》第 76 条就明确要求：在任何公诉方计划将被告人供述作为本方证据提出的诉讼中，如果有证据证明供述是或者可能是通过以下方式取得的：(1) 对被告人采取压迫的手段；或者 (2) 实施在当时情况下可能导致被告人的供述不可靠的任何语言或行为，则法庭应当不得将该供述作为对被告人不利的证据提出，**除非检察官能向法庭证明该供述（尽管它可能是真实的）并非以上述方式取得，并且要将此证明到排除任何合理怀疑的程度。**同时，在任何公诉方计划将被告人供述作为本方证据提出的诉讼中，法庭可以自行要求公诉方证明该供述并非采取非法方式取得，并将此作为允许该供述在法庭上被提出的条件。可见，在英国当对证据的合法性提出异议时，检察官承担证明口供来源合法的责任，并要证明到排除任何合理怀疑的程度。

在美国，对于非法证据的排除问题，原则上是由控诉方承担证明责任。对此又具体分为以下四种情况：一是对非法口供的排除，如果被告人以供述属于非自愿为由提出排除证据的动议，那么控诉方应当承担证明该供述为自愿供述的责任；二是对非法搜查、扣押证据的排除，如果搜查和扣押是以法官签发的令状为依据进行的，那么被告人有责任证明该搜查和扣押违反了宪法第四修正案，但如果警察是在没有取得法官授权的情况下实施了无证搜查行为，那么检察官需要证明该搜查和扣押行为的合法性；三是对“毒树之果”规则中证据的排除，被告人如果申请排除某非法证据的派生证据，那么就需要提出证据证明该派生证据业已受到非法搜查、扣押等行为的“污染”，但对于“毒树之果”排除的例外情形，则要由检察官承担证明责任，检察官“要承担一项最终的说服责任，以证明他的证据未受任何污染”；四是对非法辨认获得证据的排除，如果被告人申请排除的是警察非法辨认所得的证据，那么证明责任需要按照一些特殊的规则加以确定。在非法证据排除的证明标准上，如果提出动议的被告人需要承担证明责任，那么需要达到优势证据的程度；如果在控诉方承担证明责任的情况下，其证明标准一般也是优势证据，但在特殊情况下需要达到“清楚和令人信服的证据”的程度。①

在日本，对非法证据排除的证明责任也分别作出规定。控辩双方对各自请求调查的证据是否具有证据能力均负有举证责任，这是一项基本原则。但是对非法获得的实物证据，一旦实物的收集程序违法已由被告人一方提出时，对搜查、扣押合法性的举证责任由控方承担；对自白的任意性，在被告人提出异议时检察官有义务向法庭证明的确出于自由意志，但检察官对自白的任意性并非总要举证，法庭可依职权就自白的任意性进行调查。②

俄罗斯 2002 年新修订的《联邦刑事诉讼法典》第 235 条也规定了排除证据的举证责任问题：一方面，当提出排除证据的申请时，法官有权询问证人并将申请所要求的文件归入案卷中。如果一方反对排除证据，法官有权宣读侦查行为的笔录和其他刑事案卷中现有的和（或）双方提交的其他文件。另一方面，如果辩方提出排除证据申请的理由是证据的获得违反了刑事诉讼法典的要求，则在审议时，推翻辩方所提理由的责任由检察长承担，在其他情况下，举证责任在提出申请的一方。也就是说，非法证据排除中的证明责任主要由检控方承担。

（五）非法证据排除的理论基础

对于非法证据排除规则的理论基础或者说正当性，不同学者从诸多方面进行了论证。一般认为这一规则体现了对被告人人权的保障，体现了司法尊严价值，反映了个人本位和对国家权力的制约，等等。

在排除规则最为发达的美国，其联邦最高法院在威克斯（Weeks）案和马普（Mapp）案中，主要分别从三个方面论证了排除规则的正当性③：(1)“宪法权利理论”，即认为排除规则是维护宪法第四修正案所确立的宪法权利的唯一有效的救济手段，它作为对公民宪法权利的有效救济途径，足以成为各项宪法权利赖以存在的基础；(2)“抑制理论”，即认为排除规则是防止刑事执法官员继续侵犯公民宪法权利的有效制裁方式；(3)“司法诚实理论”，即认为法院如果要维护其作为司法裁判机构的荣誉，那么就不能对警察违反宪法的行为视而不见，甚至通过采纳其以侵犯公民宪法权利的方式所获取的那些受到“污染”的证据，而成为宪法性侵权行为的“共犯”。

我们认为，非法证据排除规则最重要的意义乃是在于体现了刑事诉讼中的宪政价值，保障刑事程序的实施。刑事诉讼法被称为动态的宪法，被告人在刑事诉讼中的许多权利被上升到宪法权利。“如果说《人权法案》是从正面规定了个人的权利，非法证据排除规则就是从反面，也就是从违法的角度规范了对违法行为的处理。这使《人权法案》的有关规定的全面落实成为可能。”④ 可以说，非法证据排除规则体现了刑事诉讼中的宪法保障，而宪法对刑事诉讼的影响，主要的体现就是促进了非法证据排除规则的形成和发展。“宪法之优位性原则，也直接冲击刑事证据法则之形塑，尤其是证据禁止（Beweisverbote）之发展”，“宪法的基本价值，尤其

---

① 参见陈瑞华：《刑事诉讼的前沿问题》，586～590 页，北京，中国人民大学出版社，2005。

② 参见孙长永：《日本刑事诉讼法导论》，104 页，重庆，重庆大学出版社，1993。

③ 参见陈瑞华：《刑事诉讼的前沿问题》，571 页，北京，中国人民大学出版社，2005。

④ 杨宇冠：《非法证据排除规则研究》，135 页，北京，中国人民公安大学出版社，2002。

是基本权之保障”，成为判断非法证据应否排除的关键。①

同时，非法证据排除规则也反映了各国在刑事司法不同价值间的权衡。例如，在非法搜查、扣押所获得的物证的排除上，以及关于“毒树之果”规则的实施上，除了美国之外的大部分国家，都采取一种利益衡量的自由裁量制度，即考虑违法的严重程度和证据的价值，而非采取一律排除的绝对态度。即使在排除规则最为发达的美国，近几十年来，关于排除规则的“独立来源的例外”、“不可避免的发现的例外”、“微弱联系的例外”、“善意的例外”和“附带使用的例外”等诸多例外情形的产生，也体现了法院在司法价值上的转变，更加重视排除规则对警察违法行为的抑制功能。可以说，排除规则的实行状况，反映了各国刑事司法理念的转变。

（六）我国现行《刑事诉讼法》及其司法解释对非法证据排除规则的完善

2013年1月1日，我国最新修改通过的《刑事诉讼法》及其司法解释开始施行。在此之前，我国的非法证据排除规则是存在严重缺陷的，主要体现在：第一，最高人民检察院以及许多地方的省检察院（甚至还包括公安机关）制定了非法证据排除规则，而检察院作为刑事案件的公诉机关，充满指控的欲望，其控诉的职能就决定了指望检察院主动排除对被告人不利的有罪非法证据，是不现实的。第二，在排除的手段上，一方面对于“刑讯逼供”的界定不准确，没有列举一些变相的刑讯逼供行为；另一方面对于威胁、引诱获得的证据是否必须排除，没有明确。第三，在排除的对象上，仅限于口供、证言和被害人陈述三项“言词证据”，而对于“非法实物证据排除”规则和“毒树之果”规则都没有规定，具有不完善性。第四，这些“排除规则”缺乏基本的程序保障，如果出现非法证据，应由谁来申请排除，由谁承担证明责任，证明标准是什么，如何进行裁决，对裁决结果不服能否上诉等，这些问题都没有解决。

正是基于我国以前非法证据排除规则的严重缺陷，于2013年1月1日同步施行的现行《刑事诉讼法》、《关于实施刑事诉讼法若干问题的规定》、最高人民法院《关于适用〈中华人民共和国刑事诉讼法〉的解释》、最高人民检察院《人民检察院刑事诉讼规则（试行）》和公安部《公安机关办理刑事案件程序规定》，对非法证据排除规则作了全面的完善，主要内容如下：

1. 非法证据排除的对象

（1）非法言词证据绝对排除：采用刑讯逼供等非法方法收集的犯罪嫌疑人、被告人供述和采用暴力、威胁等非法方法收集的证人证言、被害人陈述，应当予以排除。

“刑讯逼供等非法方法”指的是使用肉刑或者变相肉刑，或者采用其他使被告人在肉体上或者精神上遭受剧烈疼痛或者痛苦的方法，迫使被告人违背意愿供述的手段。

（2）非法实物证据相对排除：收集物证、书证不符合法定程序，可能严重影响司法公正的，应当予以补正或者作出合理解释；不能补正或者作出合理解释的，对该证据应当予以排除。

“可能严重影响司法公正”是指收集物证、书证不符合法定程序的行为明显违法或者情节严重，可能对司法机关办理案件的公正性造成严重损害；“补正”是指对取证程序上的非实质性瑕疵进行补救；“合理解释”是指对取证程序的瑕疵作出符合常理及逻辑的解释。

---

① 参见林钰雄：《刑事诉讼法》，19～20页，北京，中国人民大学出版社，2005。

2. 非法证据排除的阶段

（1）全部阶段适用：在侦查、审查起诉、审判时发现有应当排除的证据的，应当依法予以排除，不得作为起诉意见、起诉决定和判决的依据。

（2）公安机关的排除：在侦查阶段发现有应当排除的证据的，经县级以上公安机关负责人批准，应当依法予以排除，不得作为提请批准逮捕、移送审查起诉的依据。

人民检察院认为可能存在以非法方法收集证据情形，要求公安机关进行说明的，公安机关应当及时进行调查，并向人民检察院作出书面说明。

（3）检察院的排除：人民检察院接到报案、控告、举报或者发现侦查人员以非法方法收集证据的，应当进行调查核实。对于确有以非法方法收集证据情形的，应当提出纠正意见；构成犯罪的，依法追究刑事责任。

1）对于非法证据的调查核实，在侦查阶段由侦查监督部门负责；在审查起诉、审判阶段由公诉部门负责。必要时，渎职侵权检察部门可以派员参加。

2）人民检察院可以采取以下方式对非法取证行为进行调查核实：讯问犯罪嫌疑人；询问办案人员；询问在场人员及证人；听取辩护律师意见；调取讯问笔录、讯问录音、录像；调取、查询犯罪嫌疑人出入看守所的身体检查记录及相关材料；进行伤情、病情检查或者鉴定；其他调查核实方式。

3）人民检察院调查完毕后，应当制作调查报告，根据查明的情况提出处理意见，报请检察长决定后依法处理。办案人员在审查逮捕、审查起诉中经调查核实依法排除非法证据的，应当在调查报告中予以说明。被排除的非法证据应当随案移送。对于确有以非法方法收集证据情形，尚未构成犯罪的，应当依法向被调查人所在机关提出纠正意见。对于需要补正或者作出合理解释的，应当提出明确要求。经审查，认为非法取证行为构成犯罪需要追究刑事责任的，应当依法移送立案侦查。

（4）法院的排除：法庭审理过程中，审判人员认为可能存在以非法方法收集证据情形的，应当对证据收集的合法性进行法庭调查，法庭调查的顺序由法庭根据案件审理情况确定。

1）人民法院向被告人及其辩护人送达起诉书副本时，应当告知其申请排除非法证据的，应当在开庭审理前提出，但在庭审期间才发现相关线索或者材料的除外。

2）开庭审理前，当事人及其辩护人、诉讼代理人申请人民法院排除非法证据的，人民法院应当在开庭前及时将申请书或者申请笔录及相关线索、材料的复制件送交人民检察院，召开庭前会议，就非法证据排除等问题了解情况，听取意见。

3）法庭审理过程中，当事人及其辩护人、诉讼代理人申请排除非法证据的，法庭应当进行审查。经审查，对证据收集的合法性有疑问的，应当进行调查；没有疑问的，应当当庭说明情况和理由，继续法庭审理。当事人及其辩护人、诉讼代理人以相同理由再次申请排除非法证据的，法庭不再进行审查。

4）有下列情形之一的，第二审人民法院应当对证据收集的合法性进行审查，并依法作出处理：第一审人民法院对当事人及其辩护人、诉讼代理人排除非法证据的申请没有审查，且以该证据作为定案根据的；人民检察院或者被告人、自诉人及其法定代理人不服第一审人民法院作出的有关证据收集合法性的调查结论，提出抗诉、上诉的；当事人及其辩护人、诉讼代理人在第一审结束后才发现相关线索或者材料，申请人民法院排除非法证据的。

3. 非法证据排除的证明责任

（1）当事人及其辩护人、诉讼代理人有权申请人民法院对以非法方法收集的证据依法予以排除。申请排除以非法方法收集的证据的，应当提供相关线索或者材料。

（2）在对证据收集的合法性进行法庭调查的过程中，人民检察院应当对证据收集的合法性加以证明。

1）法庭决定对证据收集的合法性进行调查的，可以由公诉人通过出示、宣读讯问笔录或者其他证据，有针对性地播放讯问过程的录音、录像，提请法庭通知有关侦查人员或者其他人员出庭说明情况等方式，证明证据收集的合法性。

2）公诉人提交的取证过程合法的说明材料，应当经有关侦查人员签名，并加盖公章。未经有关侦查人员签名的，不得作为证据使用。上述说明材料不能单独作为证明取证过程合法的根据。

3）在法庭审理过程中，被告人或者辩护人对讯问活动合法性提出异议，公诉人可以要求被告人及其辩护人提供相关线索或者材料。必要时，公诉人可以提请法庭当庭播放相关时段的讯问录音、录像，对有关异议或者事实进行质证。需要播放的讯问录音、录像中涉及国家秘密、商业秘密、个人隐私或者含有其他不宜公开的内容的，公诉人应当建议在法庭组成人员、公诉人、侦查人员、被告人及其辩护人范围内播放。因涉及国家秘密、商业秘密、个人隐私或者其他犯罪线索等内容，人民检察院对讯问录音、录像的相关内容作技术处理的，公诉人应当向法庭作出说明。

4. 侦查人员出庭

现有证据材料不能证明证据收集的合法性的，人民检察院可以提请人民法院通知有关侦查人员或者其他人员出庭说明情况；人民法院可以通知有关侦查人员或者其他人员出庭说明情况。有关侦查人员或者其他人员也可以要求出庭说明情况。

人民法院认为现有证据材料不能证明证据收集的合法性，通知有关侦查人员或者其他人员出庭说明情况的，有关侦查人员或者其他人员应当出庭。经人民法院通知，人民警察应当就其执行职务时目击的犯罪情况出庭作证。经人民法院通知，有关人员应当出庭。

5. 非法证据排除的证明标准

对于经过法庭审理，确认或者不能排除存在规定的以非法方法收集证据情形的，对有关证据应当予以排除。这里采取了两项标准：一是“确认”，二是“不排除”可能性。事实上这是将刘涌案的二审判决书内容吸收进了刑事诉讼法。

可见，现行《刑事诉讼法》及其司法解释的许多内容是全新的，实现了我国刑事非法证据排除规则的新发展，基本采纳了学术界长期呼吁的主要观点，具有很强的针对性，是我国刑事证据制度的创新和突破，也是近年发生的河南“赵作海案”在刑事法治进程中的标本意义的凸显。

当然，规则设计的科学完美仅仅是第一步，贯彻落实更为关键。切实把《刑事诉讼法》及其司法解释贯彻好、执行好，对于提高执法办案水平，预防冤错案件的发生，将发挥重要作用。同时，我国刑事非法证据排除规则的实施还需要诸多配套措施的落实，例如律师辩护制度的完善，法律援助范围的扩大，录音、录像措施的广泛实施，被告人不被强迫自证其罪规则的真正实施，程序性制裁的增强以及司法救济的完善等，只有这样，刑事非法证据排除规则才有可能真正实现。

三、你有权保持沉默吗
——不被强迫自证其罪规则

“你有权保持沉默”是我们耳熟能详的话语，然而在前述刘涌案件中，不仅根本谈不上被告人保持沉默的问题，而且有证据证明被告人遭受了办案人员的刑讯逼供，必须“如实陈述”，可见，沉默权在我国还有很长的路要走。

沉默权规则（the right to silence）又称为不被强迫自证其罪规则（privilege against self-incrimination）、自白任意规则，指的是在刑事案件中，犯罪嫌疑人、被告人不能被强迫自己证明自己有罪，不能被迫成为反对自己的证人。不被强迫自证其罪规则与自白任意规则、沉默权规则实际上是一个问题的两方面表述，前者是从反面规定，后者是从正面强调，它们之间没有实质上的区别。

（一）不被强迫自证其罪规则的历史渊源

1. 不被强迫自证其罪规则在英美国家的发展

不被强迫自证其罪规则最早起源于英国，人们关于这一规则的斗争历经了数百年的时间，最早可追溯到英国12世纪的早期。根据中国政法大学易延友博士的考证，在1066年诺曼征服英国后，英国结束了法律不统一的状态，为了实现司法权的集中，威廉要求原有的司法机构根据国王的令状并以国王的名义进行审判，以防止其权力的扩大，同时又建立了由僧侣、贵族及高级官吏组成的“御前会议”。起初，它只在国王安宁受到重大威胁而各地法院又无法满足正义的要求时才行使最高审判权；后来，它的司法职能受到重视，逐渐从中分离出一系列专门机构，分别行使皇家司法权，其中包括王座法院，这些法院的权力有所扩张。而当时在英国，教会是一个较有影响的政治组织，教会法院对教徒之间的纠纷有“专门”的管辖权，教徒之间的争议不得诉诸普通法院。

在这种纠问式程序下，法官享有极大的职权，犯罪嫌疑人、被告人不享有任何诉讼权利，他们仅是被审讯和被拷问的对象。当时，英国的教会法院还设计了一套特殊的宣誓程序，这种宣誓程序要求被告人忠实地回答所有针对他提出的问题，由于当时被告人不会被告知指控他的具体内容，也不知道反对他的证据到底是什么，所以在这种程序下，无论他怎么回答，都有可能被歪曲成证明他有罪的含义。如果他拒绝宣誓，或者未能提供受欢迎的可采性证据，他都将被判罪处刑；如果他未能说出真相，他还得承受被判伪证罪的风险，所以，一旦被告人进入了宣誓程序，他基本上是在劫难逃了。

当时的普通法院就是以此为借口来反对教会法院的，普通法院的法官们通过签署反对宗教官员主持的诉讼程序的人身保护令，来抵制教会法院的越权，后来一系列反对“宣誓程序”的成文法相继出台，这在一定程度上也包含了不被强迫自证其罪规则的萌芽。美国不被强迫自证其罪规则问题专家莱纳得·利维，在他所写的《第五修正案的起源》一文中也指出：“不被强迫自证其罪规则是在两种对立的刑事诉讼制度的斗争中产生的，一边是支持公民权利和自由的普通法，它逐步形成并发展了不得被强迫回答可能导致自我归罪的权利（不被强迫自证其罪规则）；另一边是罗马法传统以及适用审讯制度的英国教会法庭，它的执法者们强烈反对不被强迫自证其罪规则。”

随着王权的兴起，普通法院在反对教会法院“宣誓程序”的同时，相应发展出了自己的纠问程序，其中也包括纠问誓言的使用，这些经常体现于王座法院、星座法院和高等委员会的行为当中。这些法院受王室的直接支配，所以它们也经常运用誓言的纠问程序来迎合国王的主张。在1568年，普通上诉法院的首席大法官戴尔在赐予一个被迫宣誓者以人身保护令时，第一个公开反对在王室法院中进行这种宣誓，并提出了一句响亮的口号：“任何人都不得被强迫提供反对他自己的证据”——这成为之后人们在赞同不被强迫自证其罪规则时乐于称道的一句名言。

之后，当清教徒托马斯·卡特被指控犯有信仰上的罪行时，他认为进行宣誓是对一个人隐私的侵犯，也是对一个人良心的侵犯，还是对宗教教义的违反。不久，普通法和英国《大宪章》成为反对宣誓的首要理由。一位备受尊重的律师兼议员詹姆斯·莫里斯就认为，纠问誓言违背了普通法规则，也违背了《大宪章》第29条，因为该条宣称，刑事诉讼程序应当由议会制定的法律来调整。据此，英国议会于1534年宣布禁止使用宣誓这种审判方式，同时取消了1401年以来允许教会法院中的主教使用纠问技术的法律，这些都反映了英国议会与国王之间的斗争。

最后，议会取得了初步胜利，在17世纪初叶，英国法律朝着限制使用宣誓和纠问程序并确认不被强迫自证其罪规则的方向发展，当然，这也遭到了纠问程序的报复，“李尔本案件”就是这样产生的。这个案件的基本情况是：李尔本一生中曾多次受到刑事指控：第一次是1637年，因为政治犯罪在星座法院受审，最后一次是因为叛国罪在普通法院受审。李尔本的名声主要源于他在最后一次审判中进行的精彩辩护，即主张被告人应当获得辩护律师的帮助，以及陪审团应当同时裁决事实和法律问题；与不被强迫自证其罪规则有关的案件则是他第一次受审的审判。在这次审判中，李尔本因为涉嫌输入煽动性书籍到英国，而遭到星座法院的指控，在审判中，李尔本对星座法院的指控予以否认，同时要求与控告者当面对质，并拒绝宣誓或回答任何“无礼的”提问，以免自己因回答这样的问题而受到伤害。具体地说，在这次审判中，李尔本主要是在两个地方运用了不被强迫自证其罪规则：一是在“罪状认否程序”中，他宣称：“根据英格兰的法律，我不回答任何不利于我或关于我的问题”；二是在主审的凯博法官要求他辨认笔迹时，他拒绝看控方提交的文件，并且再次主张不回答任何问题，反而要求控方先证明其犯罪。

当时，星座法院不仅不采纳他的要求，反而以此为由于1639年判决他藐视法庭罪，并将他投进监狱，同时对他处以肉体上的刑罚。李尔本在遭受鞭打时，他向一大群富有同情心的人宣讲纠问程序的坏处。正是李尔本这种大义凛然的态度，赢得了民众的同情与支持，使舆论倒向议会一方。在不到两年的时间里，议会掌握了政权，并于1641年议会宣布李尔本案件的判决不合法，废除了星座法院和高等委员会，并且禁止在刑事案件中使用“依职权宣誓”。又过了一年后，一个由12名盎格鲁主教组成的代表团向由清教徒控制的议会起诉，呼吁国王保护他们在上议院的豁免权，在这一案件的审理中，不被强迫自证其罪规则被人们所主张；1688年，国王詹姆斯二世起诉7名主教违抗他关于取消所有反对极端主义法律的命令，在这个案件中，不被强迫自证其罪规则在英国牢牢地站稳了脚跟。

不被强迫自证其罪规则自1688年在英国正式确立后，1848年通过的《约翰杰维斯法》规定，犯罪嫌疑人必须被告知在审判前的调查程序中有权拒绝回答问题，并且警告他，他在审判前的审讯中所作的回答可以在审判中用作不利于他的证据；1898年通过的《英国刑事证据法》也规定，被告人在审判中享有不被强迫提供不利于自己证据的权利；1912年制定的《法官规则》也再次确认警察在讯问犯罪嫌疑人之前，必须告知他享有保持沉默的权利，否则因此而作的任何供述并不具有法律上的效力。

这里的《法官规则》在英国既不是法律也不是法官作出的判例，它是应警察部门的要求，由王座法庭的法官们制作的关于审讯犯罪嫌疑人程序的指南，对于警察的讯问行为具有实际上的约束力。这一规则在1912年制定时只有4条，1918年追加5条，1930年后又做过多次“补充说明”，1964年《法官规则》经过全面修改，与“补充说明”一起以内务部规章的形式公开发布，成为《1984年警察与刑事证据法》制定以前，指导警察审讯犯罪嫌疑人活动的基本准则。在这些“规则”当中，都有关于不被强迫自证其罪规则的规定。也就是说，《法官规则》在英国《1984年警察与刑事证据法》制定之前，具有实际上的法律效力，而在《法官规则》中又有大量有关不被强迫自证其罪规则的规定。

在美国，尽管其最先是英国的殖民地，但是美国正式确立不被强迫自证其罪规则却不能说完全是受英国的影响。因为最先到达美洲大陆的人，大多是清教徒或者是被英国法院判刑的人，所以他们对自身的处境有切身的体会，坚决主张享有不被强迫自证其罪的权利，这也是后来美国把不被强迫自证其罪规则作为一项宪法原则的重要原因。

美国是联邦制国家，不同的州有各自的“宪法”，到18世纪80年代的时候，已经在9个州的宪法中明确规定了“不被强迫自证其罪”的特权（也就是不被强迫自证其罪规则），即使后来通过的人权法案，对此也作了明确的规定。美国宪法第五修正案明确指出：“任何人……享有不被强迫自证其罪的权利”，后来的“米兰达规则”也就是由此发展而来的。

后来，美国联邦最高法院通过一系列判例，对这一宪法修正案进行了解释，它的主要内容有：(1) 这一特权仅适用于刑事案件，它不仅包括实质上的导致自我归罪的陈述，而且包括所有可能导致自我归罪的其他证据；(2) 这一特权不仅能为犯罪嫌疑人、被告人所主张，而且能为证人所主张；(3) 这一特权不仅可在侦查程序中主张，而且可在审判过程中主张；(4) 这一特权限于为本人利益而主张，不能扩大适用于他人利益；(5) 这一特权只适用于自然人，不适用于法人等。

而且，这一宪法权利在各州也得到了实施。按照《刑事证据大全》① 一书的作者华尔兹先生的介绍，导致不被强迫自证其罪规则在各州适用的关键是发生于1964年的“马洛伊诉霍根”一案。在此案中，马洛伊这个人，以前曾在一个赌博的指控中被认定有罪，在他服刑之后，一位受法庭委托正在进行赌博活动调查的人将他传唤并询问，当调查人所问的问题涉及马洛伊被判罪的事件时，马洛伊以“这可能归罪于我”为理由而拒绝回答，于是任命该调查人的州法院以“藐视法庭罪”对他判了刑。对此，马洛伊不服，上诉到最高法院。美国联邦最高法院最终推翻了该下级法院的判决，认为调查人对马洛伊提出的问题与他曾犯过的罪相牵连，马洛伊如果回答将“可能会构成那足以使（他）与近期的犯罪联系起来的证据链中的一环，而且他可能

① [美] 乔恩·R·华尔兹：《刑事证据大全》，何家弘等译，北京，中国人民公安大学出版社，2004。

仍会为该犯罪而受到追诉”；同时，最高法院还裁定：不仅各州法院要像联邦法院一样尊重宪法第五修正案的特免权，而且各州法院在适用该特免权时应遵循联邦的标准。该法院对“联邦标准”的描述为：“所提供的特免权不仅涉及那些本身会支持有罪判决的回答…… 而且同样包括那些会构成起诉所需证据链之一环的回答”。正是通过这一判例，美国确立了不被强迫自证其罪规则可以通过联邦宪法第十四修正案规定的正当程序而适用于各州。

在英美法系的其他国家，也相继确立了这一规则。例如，1982 年加拿大通过的《权利与自由宪章》第 7 条就规定：每个人都有生存、人身自由和安全的权利，除非“依据基本正义的原则”，不得剥夺。据此，加拿大最高法院的判例认为，在警察拘捕后的讯问过程中保持沉默的权利，是《权利与自由宪章》所规定的“基本正义”原则之一，并指出：“刑事诉讼中或许唯一最重要的组织原则是被追诉者不得被强制协助对自己的指控”。

2. 不被强迫自证其罪规则在大陆法系国家的规定

法国属于大陆法系的典型国家，大陆法系国家对不被强迫自证其罪规则的规定表现出以成文法典为核心的模式与特点。具体说来，在传统上，法国奉行的也是纠问主义的诉讼模式，它要求犯罪嫌疑人、被告人负有“如实陈述”的义务，否则法院可判以“虚言罚”或者“不服从罚”，并且明确赋予司法机关为了获取犯罪嫌疑人、被告人的口供而对其进行拷问的权力。虽然法国 1789 年公布的法律，效仿英国而废除了对被告人要求宣誓后再进行讯问的规定，但是 1808 年通过的《治罪法》又规定，法院可以为发现真实而采取一切方法，并以此为根据采用预审及法庭审判中的讯问被告人的做法。

直到 1897 年，法国才通过新的法律，要求在预审法官讯问犯罪嫌疑人时必须明确告知其不被强迫自证其罪规则和律师在场权。现在不被强迫自证其罪规则已成为法国的一项刑事诉讼原则，除有关被追诉者的身份事项外，他们没有回答警察、检察官或者预审法官提问的义务，被追诉者在审判中也可以根据本人的意愿保持沉默，无须担心因此会受到处罚。1993 年修正的法国《刑事诉讼法》第 114 条、第 116 条、第 128 条和第 133 条，规定了不被强迫自证其罪的相关规则。

在德国，于 1994 年 10 月 28 日修改并于 1994 年 12 月 1 日生效的德国《刑事诉讼法典》，基于对第二次世界大战中纳粹暴行的反思，专设了“第十章 讯问被指控人”的规定，在这一章中，第 136 条第 1 款对不被强迫自证其罪规则作了专门规定：“初次讯问开始时，要告诉被指控人所被指控的行为和可能适用的处罚规定。接着应当告诉他，依法他有就指控进行陈述或者对案件不予陈述的权利，并有权随时地，包括在讯问之前，与由他自己选任的辩护人商议。此外，对他应当告知可以申请收集一些对自己有利的证据。在对此适当的情况中还应当告诉被指控人可以用书面陈述。”从而确立了讯问人员在初次讯问被指控人时所应当坚持的严密的“告知”义务，比如应当告知他被指控的事由、可能适用的处罚，以及可以收集一些对自己有利的证据等，而这其中最主要的，就是要告知被指控人“有就指控进行陈述或者对案件不予陈述的权利”。

按照德国学者施米特的说法，在德国犯罪嫌疑人、被告人不仅有权保持沉默，而且有权说谎，而无须被追究伪证罪的刑事责任。对于不被强迫自证其罪规则，德国刑事诉讼法明确规定了审讯人员在发问前的告知程序，按照另一德国学者的解释：“如果审讯官员没有提出这种警告，只有在能够证明嫌疑人知道这项权利的情况下，其陈述才能被用作证据”，“嫌疑人可以限定愿意回答问题的范围，可以撤回所作的回答，甚至可以对某个或者某些特定的问题拒绝回答”；在法庭审判中，审判长在审查被告人的个人情况之后，应当告知其不被强迫自证其罪规则，接下来当庭就所控犯罪事实进行审问，被告人可以拒绝回答每个具体问题，法庭不得就这种拒绝回答作出不利于被告人的推论。

在日本，1946 年制定的日本《宪法》第 38 条中关于不被强迫自证其罪规则的规定，是第二次世界大战后在美国的压力下制定的，在此之前，日本警察一直对犯罪嫌疑人的不被强迫自证其罪权利持敌视态度，当然这也和当时的立法规定有关：1890 年的明治刑事诉讼法，一方面禁止以恐吓或者欺骗的方法获得口供，同时又规定了“讯问被告人”的程序；1922 年的大正刑事诉讼法，虽然规定必须给予被告人陈述有利事实的机会，但也没有明确赋予犯罪嫌疑人不被强迫自证其罪权利。现在不被强迫自证其罪规则不仅在日本的宪法中有所体现，而且在日本刑事诉讼法中也有明确的规定。

另外，荷兰《刑事诉讼法》第 29 条规定，犯罪嫌疑人和被告人没有义务回答警察、检察官和法官的提问，警察在有合理的理由怀疑某个人有罪时，在讯问之前必须告知他“没有义务回答问题”；如果因为警察未能提出警告而使嫌疑人的权益受到损害，或者嫌疑人受到来自警方的任何不当压力，那么由此获得的口供不得作为证据使用。意大利新《刑事诉讼法》第 64 条规定：“在开始讯问前，除第 66 条第 1 款的规定外，还应当告知被讯问者，他有权不回答提问。”葡萄牙《刑事诉讼法》第 61 条也规定，被追诉者在刑事诉讼的任何阶段，都有权不回答有关指控他的犯罪事实或者对于这些事实的陈述内容的问题，关于受到指控的犯罪事实方面的提问，嫌疑人可以拒绝回答或者作虚假的回答，不得从其沉默中作出不利推论，也不得因其作虚假陈述而追究其刑事责任。此外，保加利亚、波兰、南斯拉夫以及我国的台湾、香港和澳门地区的刑事诉讼法律，都有关于不被强迫自证其罪规则的规定。

综上所述，通过对世界主要国家关于不被强迫自证其罪规则的考察，我们可以发现其中主要存在以下几项规律：

第一，在不被强迫自证其罪规则的适用范围上，各国普遍规定不被强迫自证其罪规则仅仅适用于刑事诉讼中，在民事、经济案件里不适用，它仅仅是一项“刑事不被强迫自证其罪规则”，而不存在什么“民事”、“经济”不被强迫自证其罪规则问题。

第二，在不被强迫自证其罪规则的适用对象上，不被强迫自证其罪规则仅适用于刑事案件中的被追诉方（即犯罪嫌疑人和被告人），而很少适用于其他主体。

第三，在不被强迫自证其罪规则的适用阶段上，不被强迫自证其罪规则既适用于侦查、起诉阶段，也适用于刑事审判阶段。

第四，在沉默的后果上，各国一般规定，无论是法官还是控诉方，都不能从被告人在接受讯问时保持沉默这一事实中推导出对其不利的结论。

第五，各国就刑事不被强迫自证其罪规则，一般规定了审讯人员在讯问之前，必须向被讯问人“告知”的义务，以保证被讯问者知情权的实现，实现“沉默面前一律平等”。

第六，对于未经“告知”或者采取剥夺、限制犯罪嫌疑人、被告人不被强迫自证其罪权利的手段所获得的口供，各国一般规定不得采用。

第七，各国关于不被强迫自证其罪规则的内容，一般不是一项孤零零的规定，而是有一系列的配套措施相适应，比如被羁押的犯罪嫌疑人有权获得律师的有效帮助，律师有权自由地会见犯罪嫌疑人；警察对犯罪嫌疑人进行讯问时，律师有权到场对犯罪嫌疑人给予帮助；等等。

（二）不被强迫自证其罪规则的正当性基础

对于不被强迫自证其罪规则的正当性，不同学者（即使是持反对态度的学者）均在不同程度上予以承认。应当说，不被强迫自证其罪规则的人权保障功能是显而易见的；而对不被强迫自证其罪规则的正当性却视而不见，对不被强迫自证其罪规则的合理化内涵避而不谈，这不是一种科学的态度。关于不被强迫自证其罪规则的伦理正当性和现实合理性，笔者认为，可以从以下几方面得到论证：

首先，不被强迫自证其罪规则是“人文主义”精神在刑事诉讼中的体现。

由于“天地之性，人为贵”，“人是物的尺度，是存在者存在的尺度，也是不存在者不存在的尺度”；而“人文主义”（humanism，又可称为“人本主义”），正是对人的主体地位的尊重，是对人的理性发展的顺应，反映了对人的关爱和彻底解放人的精神。在刑事诉讼中，当然也应体现对人的关怀，倾注对人的关爱，对诉讼主体中“人”的利益，不能视而不见。

不被强迫自证其罪规则作为人文主义精神在刑事诉讼中的重要体现，它表现的是对人性和人伦的尊重。因为就人的本性来说，趋利避害是人的本性，自我保护是人的本能，所以，从道义和伦理上讲，每个人都不愿意说出对自己不利的事实，不愿意揭自己的“伤疤”，更不愿意证明自己构成犯罪，除非他是一个傻子或者“圣人”。所以，对于一般的理性的人来说，他们不会自己打自己耳光，承认自己构成犯罪。在这种情况下，对于刑事案件中的犯罪嫌疑人、被告人，如果允许他/她对其不利的事实可以沉默不语（当然也可以选择说），这是再符合其愿望不过的事情。英国有句古老的谚语——“任何人无义务控告自己”，毕竟对于一个人来说，如果让他自己反对自己，这在逻辑上是不通的，在道德上是扼杀人性的。

其次，不被强迫自证其罪规则是对刑事被追究者人格尊严和隐私权的保障。

应当说，每个人（包括犯罪嫌疑人、被告人）都享有自己的人格尊严，希望获得他人的尊重，不被他人当做御用的工具，反对外人擅自窥视自己的“精神家园”。按照康德的话来说：人有天生的尊严，任何人都无权把别人当作达到主观目的的手段，每个人总是把自己当作目的；黑格尔也认为，理性的基本要求之一就是必须尊重他人的权利和人格，法律是设计并用以加强和保障这种尊重的主要手段之一，所以维持一个人的人格尊严是非常重要的。

在刑事法律上，如果当一个人干了“坏事”之后，允许他在一定范围内有权对自己干的坏事不予吐露，保留一点自己个人的“隐私”，也不啻于是对其权益的尊重。日本学者田口守一说，“不被强迫自证其罪规则源于人的尊严”。对于每个人来说，他们都有权从事自己的活动，有权支配自己的生活，是否向外界透露自己的内部领域，应当由其自主决定。

故而，在“人性”和“人格尊严”的高度，不被强迫自证其罪规则往往被学者们视为一项人类的“自然权利”，它不是基于法律的授权所产生的，而是基于人的诞生而自然拥有的。按照中国政法大学易延友博士的话说，自然权利（包括不被强迫自证其罪规则）是“自然的、不可剥夺的和神圣的”，也是“简单而无可争辩的”；在本质上看，它“是一种伦理权利，不以国家强制力为依托，而是以社会舆论、伦理观念、宗教信仰等力量来保障其实现的资格”。

再次，不被强迫自证其罪规则是宪法中“言论自由”原则的应有之义。

言论自由作为一项重要的宪法权利，是指公民所享有的“以语言、文字、音像、电子、艺术或其他形式表达意见、寻求信息、接受观念、传播思想的自由”①，它是公民政治自由中最重要的一项权利，其他自由都是言论自由的具体化和扩大化；它被称为人类的“第一权利”、“第一代人权”，是作为“人类最重要的、潜力巨大的、活动的资源”，在某种程度上反映了一国的经济、社会发展水平。

从历史上看，我们认为，言论自由是资产阶级革命的产物，经历了大致三个发展历程：一是宗教自由阶段，即人们反对宗教教义的自由；二是政治自由阶段，言论自由被视为同人身、财产自由一样不可剥夺；三是言论自由的多极化发展阶段，即言论自由从私人领域向公共领域、从立法领域向司法领域、从国内领域向国际领域发展的阶段，而不被强迫自证其罪规则正是这一发展阶段的重要体现。言论自由作为一个不断发展变化的概念，在现代社会应当包括以下几层完整的内涵：(1) 公民说与不说的自由；(2) 说这个与说那个的自由；(3) 这样说与那样说的自由。其中，第一层内涵“说与不说”的自由是第二层与第三层内涵的基础，是最基本的言论自由。而“说与不说”的自由，体现到刑事诉讼中，就是当事人享有陈述与不陈述的自由；陈述与不陈述的自由，也就是沉默与供述的自由，也就是不被强迫自证其罪规则。所以，不被强迫自证其罪规则作为一项“消极”的言论自由，是最基本的言论自由，体现在刑事诉讼中，就是被告人在陈述与沉默之间有权进行完全无约束的选择；法律不应强迫被告人进行陈述；强迫陈述所得的证据应认定为非法。② 应当说，言论自由“一端与形成和坚持关于任何主题的信念及观点的权利、传播和交流思想的权利、保持沉默的权利、听取别人观点的权利、获得和接触情报的权利等公民权利相连；另一端与宗教信仰自由、出版自由、集会、游行、示威自由等政治权利相连，从而把公民权利和政治权利统一为和谐的整体”。因此，不被强迫自证其罪规则应当是言论自由的应有之义。

又次，不被强迫自证其罪规则是无罪推定原则的固有内涵。

“无罪推定”(presumption of innocence) 原则作为现代刑事诉讼的一项基本原则，对刑事诉讼基本人权的保障发挥着重要的作用。它最早起源于1764年意大利著名法学家贝卡利亚所著的《论犯罪与刑罚》一书；1789年，法国的《人权宣言》也规定，“任何人在未被宣告为犯罪以前应被推定为无罪”，这是“无罪推定”原则在法律上的首次确认。之后，这一原则在《世界人权宣言》、《公民权利和政治权利国际公约》等一系列国际法律文件中得到确认。一般而言，“无罪推定”原则的完整含义包括四层：(1) 在诉讼地位上，犯罪嫌疑人、被告人在被正式地定罪之前应处于无罪的诉讼地位；(2) 在举证责任上，证明被告人有罪的责任由控诉方承担，这表现为在公诉案件中由公诉人，在自诉案件中由自诉人承担，犯罪嫌疑人、被告人不承担任何证明自己有罪或者无罪的责任；(3) 在诉讼权利上，犯罪嫌疑人、被告人享有不被强迫自证其罪规则等在内的一系列广泛的诉讼权利；(4) “罪疑，有利于被告人”，“疑罪从无”，“疑罚从轻”，当案件发生疑难时，应作有利于被追诉一方的解释。所以，在这个意义上，我们认为，“无罪推定”原则包含了不被强迫自证其罪规则的精神，或者说，不被强迫自证其罪规

---

① 它有广义和狭义之分，狭义的言论自由是“公民在公共场所发表意见或讨论问题的权利”，而广义的言论自由则“包括出版自由、学术自由、新闻自由等”。参见蒋碧昆：《宪法学》，255页，北京，中国政法大学出版社，1997。

② 参见易延友：《沉默的自由》(三)，载《中国律师》，2000 (3)。

则是"无罪推定"原则的派生内容之一。[①]

从无罪推定原则来看，任何人都被假定为天生无罪，而不是"罪孽"在身。这时要认定一个人有罪，就应由控诉方举证，犯罪嫌疑人、被告人则不承担任何证明自己有罪或者无罪的责任；当控诉机关不能提供充分有效的有罪证据证明被告人是有罪时，就只能认定他是无罪的；相反，如果没有规定不被强迫自证其罪规则，犯罪嫌疑人、被告人对审讯人员的任何讯问必须如实回答，那么办案人员往往会抱着一种有罪的眼光来实施讯问行为，而"强迫个人回答政府的主张或弹劾提问的企图，将葬送'他是一个无辜者'的假定"[②]，这实际上就强加给被刑事追究者自证其罪的义务，导致其自我归罪恶果的发生。所以，不被强迫自证其罪规则应是无罪推定原则的派生之义。

最后，不被强迫自证其罪规则是保障刑事诉讼主体性原则和维持刑事诉讼构造平衡的需要。

由于"主体"是"自主地意识到自己的存在及其价值，并且能够自主地决定自己的行为和言论的个体"；"主体性原则"是指"强调赞扬自我、主张自我的价值，反对把人与作为客体的物同等对待的主张"；所谓"刑事诉讼主体"，乃是指在刑事诉讼中，享有主要诉讼权利，承担主要诉讼义务，执行主要诉讼职能的主体。"刑事诉讼主体性原则"乃是一般主体性原则在刑事诉讼中的体现，它要求"将被指控犯有罪行的人作为有着其自身目的的主体来对待，而不是将他作为惩罚的对象和获得证据的工具"，正像黑格尔所说，"不是把罪犯看成是单纯的客体，即司法的奴隶，而是把罪犯提高到一个自由的、自我决定的地位"。犯罪嫌疑人、被告人作为刑事诉讼主体，就应维护其自身的尊严和主体性地位，防止对其主体性权利的僭越。

在封建社会的纠问式诉讼模式下，犯罪嫌疑人、被告人基本不享有任何诉讼权利，他们处于一种"诉讼客体"的地位，仅仅是被拷问和被审讯的对象，由于过于重视口供的作用，"无供不录案"，所以，刑讯逼供非常"发达"。因此，在当时情况下，"不被强迫自证其罪规则"是无从谈起的。而现代刑事诉讼之所以比过去的诉讼模式显得更加"文明"、"进步"，一个重要的原因就在于它提高了被追诉者的诉讼地位，赋予其广泛的诉讼权利（这其中就包括不被强迫自证其罪规则），而不再仅仅把犯罪嫌疑人、被告人当做一个被追究的对象和获得证据的"工具"来对待。

另外，从刑事诉讼构造的平衡来看，不被强迫自证其罪规则的确立也与现代三角形的诉讼结构相关，因为在现代混合式诉讼模式下，控诉方、辩护方地位平等，相互对抗，法官居中，在双方的对抗中发现"真实"，进行裁判，以此来保证诉讼程序的公平与结果的公正。而在这一法律关系中，作为控诉方的国家机关，以国家权力为后盾，有充足的经费为保障，有权采取一系列的秘密侦查手段，有权决定是否采取强制措施等，因此其力量是非常强大的。相对于国家这一强大的主体而言，作为被追诉方的犯罪嫌疑人、被告人，一般处于人身自由被限制的状态，其地位是比较弱小的，处于弱者的地位。所以为了增强犯罪嫌疑人、被告人与国家相抗衡的力量，各国一般赋予他们包括辩护权、上诉权等在内的一系列广泛的诉讼权利，这其中，不

---

① 对此，有的学者持有异议，认为不被强迫自证其罪规则和无罪推定有着独立的理论基础，"无罪推定是不被强迫自证其罪规则的充分条件，但不是必要条件"。参见易延友：《沉默的自由》，189～191页，北京，中国政法大学出版社，2001。

② 加拿大学者大卫·帕西奥科语。转引自易延友：《沉默的自由》，189页，北京，中国政法大学出版社，2001。

被强迫自证其罪规则就是最重要的一项。这也就是说，不被强迫自证其罪规则的实际效用乃是为了增强辩护方的力量，达到控辩平衡的目的，以维持现代三角形的诉讼结构，达到维护程序公正的目的。

综上所述，从整体上看，不被强迫自证其罪规则作为"人类在通向文明的斗争中最重要的里程碑之一"，是人文主义精神在刑事诉讼中的体现，是言论自由权利的自然延伸，是无罪推定原则的内在要求，是维持刑事诉讼构造均衡的需要，它表达了对人性与人格尊严的尊重，极大增强了犯罪嫌疑人、被告人与国家司法机关相抗衡的力量，因此，不被强迫自证其罪规则具有较强的内在合理性与较大的诉讼价值。

（三）不被强迫自证其罪规则的限制

正是基于上述不被强迫自证其罪规则的弊端，一些国家对不被强迫自证其罪规则采取了限制性的措施，这其中的典型就是英国、爱尔兰和新加坡。

其中在新加坡，1976 年通过了《刑事诉讼修改法》（1977 年 1 月 1 日生效），废除了原来对于嫌疑人的两次警告程序，只要求警察在正式指控时或者正式通知嫌疑人他可能受到起诉时作出不被强迫自证其罪规则警告，以及警告嫌疑人行使不被强迫自证其罪权利的不利后果；同时，新法还废除了被告人不经宣誓向法庭进行陈述的权利，赋予法院就被告人拒绝作证作出不利推论的权力，规定法官在确认控方案件"表面上成立"（prima facie）时，应当要求被告人进行辩护，同时警告被告人拒绝作证的不利后果。

在爱尔兰，1922 年《特别权力法》对于恐怖犯罪的嫌疑人的权利（包括不被强迫自证其罪规则）作了限制；1931 年通过宪法修正案的形式确认了在押嫌疑人在特定情形下的如实回答义务；为了落实宪法原则，1939 年的《国事罪法》又作了相关规定。为了对付日趋严重的恐怖犯罪和毒品犯罪，1984 年 12 月 6 日通过的爱尔兰《刑事审判法》对不被强迫自证其罪规则进行了全面修改，该法规定：不论嫌疑人是否被逮捕，对其人身、衣服或持有品上黏附的物品或痕迹，或者对其为什么于特定的时间出现在特定的地点，没有在警察讯问过程中作出解释的，法院可以作出不利于他的推论；同时，凡无正当理由没有或拒绝向警察提供如何获得火药或弹药的信息，或者提供虚假信息的，以犯罪论处，可判处罚金或监禁。[①] 这对后来英国限制不被强迫自证其罪规则的立法也产生了影响。

在美国，"米兰达规则"形成后，出现了少量的例外，诸如：（1）对嫌疑人进行的登记程序（booking process）中，有关嫌疑人姓名、地址、出生日期和其他个人情况的事实讯问，不需进行"米兰达警告"，但是这些讯问如果涉及嫌疑人罪行调查，则应进行相应的告知；（2）"公共安全"（public safety）的例外，即如果为了保护公共的利益或者为了防止紧急的损害，在逮捕时进行简要的讯问是被允许的，比如为了防止无辜的其他人受到伤害，直接讯问嫌疑人的枪在哪里，这符合"公共安全"的例外；（3）"抢救的例外"（rescue exception），即在绑架案件中，警察逮捕嫌疑人时发现被害人不在现场，为了保全被害人的生命而就被害人的下落立即讯问嫌疑人时，无须事先进行"米兰达警告"。

在英国，对于不被强迫自证其罪规则予以限制问题的讨论，最早开始于 20 世纪 70 年代，

---

① 参见孙长永：《沉默权制度研究》，59 页，北京，法律出版社，2001。

在当时，越来越多的英国法官对普通法中有关保障不被强迫自证其罪权利的规则感到不满，认为这一规则实际上使被告人受到了不适当的偏袒，尤其是被许多职业罪犯加以利用，以逃脱法律的制裁。在这种情况下，英国刑事法修改委员会于1971年提出了一项报告，该项报告中建议：如果被告人在警察审讯时不回答警察的提问，而警察所提的问题又是被告在法庭辩护时所依据的事实，那么对当初被告的沉默，法庭可以作出对他不利的推断；如果被告在审判过程中拒绝作证，也应当对此作出对被告不利的推断。

但英国刑事法修改委员会的这一建议提出后，在英国遭到了广泛的批评，反对者认为，这一建议是对无罪推定原则的违背，也是对控诉方举证责任的弱化，标志着证明责任在向被告方转移，所以这一建议在英国没有立即得到采纳。

到1982年，英国刑事法修改委员会又再次建议：（1）受到警察讯问的被告人，如果没有提及他在审判中赖以为己辩护的事实，法庭可在决定争议时，作出适当的推论，沉默应被视为不利被告证据的事实；（2）对被告人享有不被强迫自证其罪规则的告知应被废除，代之以提醒被告人——如果你不提及打算在以后的审判中用来为自己辩护的事实，这可能会对你产生不利的影响；（3）被告人不经宣誓提供证言的权利应当废除，应当要求被告人在进行口头宣誓后提供证据；被告人可以拒绝这样做，但法官或陪审团对此可作出适当的推论，此拒绝行为也应被视为于被告人不利的证据的事实。但是由于该建议对不被强迫自证其罪规则的限制力度非常大，因而它在以后的几年内未能得到完全采纳。

只是在1987年，英国才颁布了一部《刑事审判法》（Criminal Justice Act 1987），按照该法第2条的规定，在反严重欺诈办公室的官员调查欺诈案件的过程中，接受讯问的犯罪嫌疑人如果在没有合理理由的情况下拒绝回答提出的问题或者说谎，这本身就构成犯罪，并可能被判处短期监禁的刑罚。这也就是说，在欺诈案件中，犯罪嫌疑人、被告人负有一定的举证责任，他们如果在没有合理理由的情况下拒绝回答提问或作虚假的陈述，由此将会受到一定的惩罚。

之后，由于北爱尔兰共和军实施的恐怖犯罪日益加剧，暴力案件频发，英国朝野上下出现了要求打击犯罪（包括恐怖犯罪在内）的强烈呼声，而不被强迫自证其罪规则作为被告人享有的一项重要权利，就首当其冲地成了人们批评的对象。鉴于此，英国政府决定采纳上述刑事法修改委员会的建议，于1988年通过了《刑事证据法令》（The Criminal Evidence Order），对不被强迫自证其罪规则予以限制，但这些规定仅仅适用于英国的北爱尔兰地区的恐怖主义犯罪。

直到后来，《刑事证据法令》才由最初的只适用于恐怖主义犯罪，逐步适用于全部刑事诉讼程序；在适用范围上，这部《刑事证据法令》在通过后不久，梅杰政府的内务大臣霍华德就宣称——打算将这些对不被强迫自证其罪规则的限制也适用于英格兰和威尔士，为此，他在内务部建立了一个工作小组专门研究这个问题。但不久，这种企图因英国国内对警察非法行为导致错案的一系列报道而受阻，如吉尔佛德·佛尔因警察的非法行为而被错误定罪（著名电影《以父亲的名义》就反映了这一冤案的情况）；塞克斯因1974年的一个爆炸案而被错误判刑，在上诉法院推翻其定罪前，他已服刑了16年；等等，这在一定程度上又引起了对不被强迫自证其罪规则的进一步重视。

后来，1991年英国政府成立了一个刑事司法的皇家委员会，专门考虑怎样正确定罪，该委员会经过两年的调查研究，于1993年提出了两个研究报告。在关于不被强迫自证其罪规则的部分，认为“不被强迫自证其罪规则目前实际上只在少数案件中得到适用，其经常发生在那些被告人可以得到有关法律建议的严重案件之中”，但从整体上来说，该报告主张对被告的不被强迫自证其罪权利应当维护而不应限制，不应从被告人的沉默中推导出对其不利的结论，但报告最后又建议进行相应的刑事司法改革，对不被强迫自证其罪规则予以一定程度的调整。

1993年10月，内务大臣霍华德又在保守党的会议上宣称，英国政府决定限制不被强迫自证其罪规则，这是作为惩治严重刑事犯罪的刑事司法改革一揽子计划的一部分而提出的，并决定在以下三种犯罪中限制不被强迫自证其罪规则：一是有组织犯罪，如恐怖分子实施的暴力犯罪；二是武装抢劫等职业性犯罪；三是商业欺诈等智能型严重经济犯罪。其中，对于第三种“商业欺诈等智能型严重经济犯罪”，在1987年《刑事审判法》中也已作出了规定。对于其余两类犯罪中不被强迫自证其罪规则应否予以限制，赞成与反对的呼声都很大，争论的焦点集中在：能否从审判前被告人保持沉默中得出对其不利的结论，以及这些推论能否在陪审团面前进行评论。

但是，尽管对不被强迫自证其罪规则应否予以限制尚存在较大的争议，英国议会还是于1994年11月通过了一部《刑事审判与公共秩序法》（Criminal Justice and Public Order Act 1994)，把前述有关北爱尔兰的规定适用于不列颠本土，对不被强迫自证其罪规则进行了较大的改革。这部法律于1994年通过后，已于1995年4月10日生效，其中关于不被强迫自证其罪规则限制的条款集中在第34条、第35条、第36条、第37条和第38条，其中第34条规定的是被告人在受到讯问或指控时没有提供特定事实的法律后果，包括：如果在任何针对被告人的诉讼中，有证据证明——(a）在被起诉之前，警察试图发现该罪是否已被实施或者谁犯有该罪，在事先向被告人警告后，进行讯问时，被告人没有提供他所赖以进行辩护的任何事实；或（b）在被提起公诉或正式告知他可能受到起诉时，没有提供这种事实，而在当时的条件下，期望被告人在被讯问、起诉或告知时提供这种事实是合理的。这也就是说，在时间上，被告人没有提供事实包括他被起诉之前的讯问阶段，这种讯问则需要警察事先向他作出警告，以及在被提起公诉或者被正式告知他可能受到起诉以后，对此，法官或陪审团可以在“法定的场合”下“从被告人没有提供上述事实中作出看起来适当的推论（such inference as appear properly)”。这些“法定的场合”包括：(a）治安法院根据《1980年治安法院法》决定是否批准被告人提出的撤销指控请求时；(b）法官根据1987年和1991年《刑事审判法》决定是否撤销指控决定时；(c）法庭决定辩护一方是否有辩护理由时；(d）法庭或陪审团裁决被告人是否犯有被指控的罪行时四种情况。该条规定的主要目的是避免“埋伏辩护”，也就是指在有些案件中，被告一方的重要辩护意见秘而不宣直到审判时才突然抛出来，这一方面限制了控方在侦查阶段检视辩护意见的真实性，同时，也使控诉方在审判时措手不及，从而产生诉讼不公的情形。

《刑事审判与公共秩序法》第35条规定的是被告人在法庭审判过程中保持沉默的法律后果，也就是说，法庭或陪审团在决定被告人是否犯有被指控的罪行的时候，可以从被告人在审判时没有提供证据或者无正当理由拒绝回答问题中作出看起来适当的推论。但是适用这一条的前提是：被告人已年满14岁，他被指控的犯罪有待证明，并且法庭认为他的身体和精神条件适于提出证据。

《刑事审判与公共秩序法》第36条规定的则是被告人对特定情况下的物品、材料或痕迹没有解释或拒绝解释的法律后果。根据该条的规定，“如果某人被警察逮捕，并且在被捕人的身边，或者在被捕人的衣服或鞋，或者在被捕人的所有物里，或者在被捕人被逮捕时所处的场所，有任何物品、材料或痕迹，或这些物品上有这些痕迹；并且该警察或调查案件的其他警察有充分理由相信这些物品、材料或痕迹可归结于被捕人涉嫌被指控的犯罪；并且警察告知被捕人他的想法，并要求被捕人对这些物品、材料或痕迹作出解释，而被捕人没有这样做”，这时，法庭或陪审团“可以从被告人没有或拒绝提供解释中作出适当的推论”。

而《刑事审判与公共秩序法》第 37 条规定的乃是被告人没有或者拒绝解释他出现在特定地方的原因的法律后果。根据该条规定，警察发现被他逮捕的人在被指控的犯罪发生前后的时间出现在某一地方，并合理地相信该被捕者在那一段时间出现在那一个地方，可归因于他参与实施了该罪行，而且警察告知该被捕者他的这种确信，并且要求被捕者对此作出解释，而该被捕者没有或者拒绝这样做，在这种情况下，法庭或陪审团可以从中作出“看起来适当的推论”。

在上述四种关于不被强迫自证其罪规则的限制的情形中，几乎都用了“看起来适当的推论”（such inference as appear properly）这几个字，对此，按照英国学者的观点，这主要取决于每个案件的不同事实情况，包括被告人对他被指控的犯罪的理解程度，警察给予他的信息量，他的智力、心理状态、经验以及指控的技术性或复杂性等，这要在个案中来把握。[①] 当然，从犯罪嫌疑人和被告人的沉默中所作的“看起来适当的推论”，是不能作为交付审判、要求他进行答辩或者定罪的唯一根据的。

根据英国内政部研究与统计局的跟踪调查，英国这部《刑事审判与公共秩序法》制定出来后，对于英国的不被强迫自证其罪规则产生了重要的影响。1997 年 12 月公布的首期调查结果表明，在警察讯问期间行使不被强迫自证其罪权利的嫌疑人（包括完全保持沉默的以及只是对部分问题拒绝回答的两种情况），较该法实施以前大为减少了；而与此相反的是，受到严重犯罪指控的犯罪嫌疑人和被告人较其他的被追诉者，行使不被强迫自证其罪权利的频率反而更高——这就是说，该法的通过，一方面使一般刑事犯罪的被追诉者由于惧怕受到“不适当的推断”，而减少了不被强迫自证其罪权利的行使；另一方面，受到严重犯罪指控的被追诉者，为了保护自己的利益或者出于对这种限制的本能排斥，却较多地行使了不被强迫自证其罪权利。

故而，1998 年 9 月，英国为了更加有效地侦破和惩罚恐怖犯罪，又通过了《刑事审判（恐怖与密谋）法》，对于恐怖案件中的不被强迫自证其罪规则作了进一步的限制。这部法律增加规定，可以在下面两种情形下，作出不利于被告人的推论：第一，在提出指控以前的任何时候，犯罪嫌疑人在经警察提出警告并被允许会商律师之后接受警察的讯问时，没有提到有关被控犯罪的一项重要事实，但可以合理地期待他提到该项事实的；第二，在已经提出指控或者经警察告知可能对他提出起诉、并且已经允许其会商律师之后，被告人没有提到有关犯罪的一项重要事实，但可以合理地期待他提到该事实的。在这两种情形下，法官或陪审团在考虑被告人是否属于或者曾经属于某一恐怖组织的问题时，可以从犯罪嫌疑人和被告人没有提到这些事实中作出推论，当然，也不得把这种推论作为交付审判、要求被告人进行答辩或定罪的唯一

---

① 例如英国上议院在“默里”（Murray）一案中指出，“如果证据本身或者证据与其他事实一起明显要求被告人作出解释，而且可以作出一种解释，那么根据常识，对于没有提供任何解释可以允许作出这样的推论：被告人没有提出解释，因此，他是有罪的”。

依据。

1998年英国通过了《人权法》，该法把《欧洲人权公约》的有关规定引入英国国内法，可以由法院在判决中直接适用，这样英国对不被强迫自证其罪规则的限制将面临一次挑战；同时，尽管从总体上看，英国对不被强迫自证其罪规则进行了大刀阔斧地限制，但这并不是意味着不被强迫自证其罪规则在英国就不“流行”了。英国作为不被强迫自证其罪规则的“发祥地”，不被强迫自证其罪规则在英国有着悠久的历史传统，有着很强的社会根基，是不可能说废除就废除的，这里的“限制”并不等于“废除”——英国的有关学者和判例也认为，限制不被强迫自证其罪规则的规定并没有完全否定被告人所享有的不被强迫自证其罪权利，也绝非强迫被告人作出某一陈述或供述，而是要求他在法定的特殊情况下，负有一定的解释或者说明的义务；被告人即使没有或者拒绝履行这些义务，法庭或陪审团也不能以此作为对被告人定罪的唯一根据。① 这是限制不被强迫自证其罪规则的性质。

任何权利都是相对的，倘不加以一定程度的限制，都会产生滥用的可能；不被强迫自证其罪规则也是这样，它虽有利于保障犯罪嫌疑人、被告人的“人权”，但有时也会被一些有组织犯罪和重大犯罪案件的罪犯所利用，从而使他们逃避侦查与起诉，得不到应有的处罚，法官眼睁睁地看着他们“离去”，而又无可奈何，这对被害方和社会整体利益来说，也是不公平的。从该角度看，对不被强迫自证其罪规则予以一定程度的限制，实际上反映了对犯罪嫌疑人、被告人人权予以保障和有效地打击犯罪之间的协调，是一种价值均衡的结果。所以，以英国为代表的部分国家对于不被强迫自证其罪规则的态度，由最初的不承认，到肯定，再到现在的限制，正好走过了一个“否定之否定”的过程，这反映了这些国家在此问题上的反思和斟酌，代表了不被强迫自证其罪规则的发展趋势，值得我们倍加关注。

（四）不被强迫自证其罪规则在我国的实现

如何保障犯罪嫌疑人、被告人自白的任意性，保障其不被强迫自证其罪，是口供证据规则的核心问题。作为刑事证据法中的重要规则，口供的自愿性无疑是极为重要的。无论在英美法还是大陆法中，这一规则都属于与被告人的当事人地位有关的“黄金规则”。2010年7月1日施行的《办理死刑案件证据规定》第19条规定，“采用刑讯逼供等非法手段取得的被告人供述，不能作为定案的根据”，一定程度上确立了被告人供述自愿性原则。现行《刑事诉讼法》第50条规定：“审判人员、检察人员、侦查人员必须依照法定程序，收集能够证实犯罪嫌疑人、被告人有罪或者无罪、犯罪情节轻重的各种证据。严禁刑讯逼供和以威胁、引诱、欺骗以及其他非法方法收集证据，不得强迫任何人证实自己有罪。必须保证一切与案件有关或者了解案情的公民，有客观地充分地提供证据的条件，除特殊情况外，可以吸收他们协助调查”。从而将不被强迫自证其罪规则正式引入我国立法。

在中国政法大学组织的《人民法院统一证据规定（司法解释建议稿）》的调研中，有81.5%的法官认为，应当赋予犯罪嫌疑人、被告人沉默的权利；有76.5%的法官认为应当设立沉默权的例外；有64.9%的法官认为，在首次讯问犯罪嫌疑人时，律师应当在场。（参见图12—3）

---

① 参见龙宗智：《英国对沉默权的改革以及对我们的启示》，载《法学》，2000（1）。

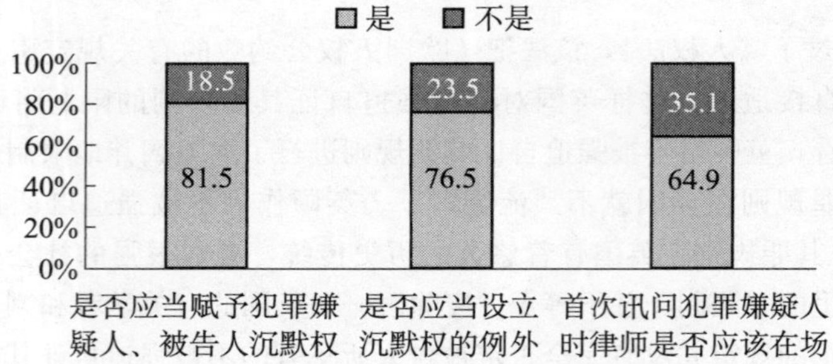

图 12—3 法官关于沉默权的意见调查结果

而最高人民法院在“刑事诉讼证据规则”的调研课题中，对于在我国如何保护被告人供述的自愿性的问题也进行了调查，在收回的关于如何保障犯罪嫌疑人、被告人供述与辩解自愿性的 1 790 份有效答卷中，有 22%的被调查者认为应当在我国的刑事诉讼中确立沉默权制度；有 17%的被调查者认为应当通过律师介入调查并行使在场权的方式来加以保护；有 13%的被调查者认为应当通过保障被告人的辩解权来加以保护；有 11%的被调查者认为应当通过在讯问被告人时的同步录音、录像方式加以保护；有 9%的被调查者认为应当通过告知被告人诉讼权利，坚持被告人自主供述的方式加以保护；另有 28%的被调查者认为可通过引入诉辩交易、追究违法取证者的责任等方式加以保护。（参见图 12—4）

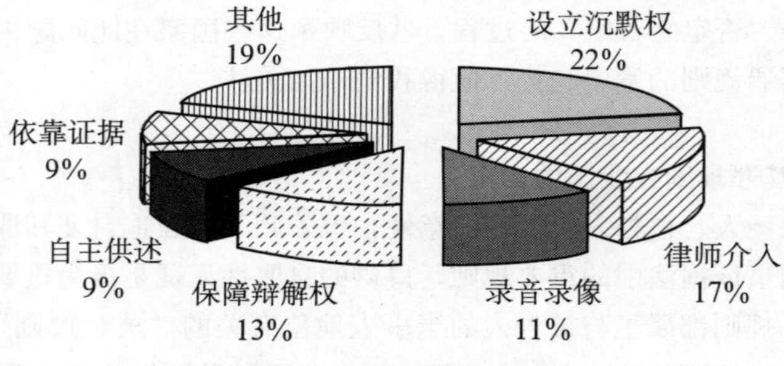

图 12—4

应当说，口供的自愿性不仅涉及被告人供述这一证据种类的效力，更涉及诉讼模式、诉讼程序和诉讼理念等一系列理论问题，不被强迫自证其罪和自白任意性是口供补强规则的基础，缺少了口供自愿性，补强证据也就失去了证明的对象。

我们认为，为了保证不被强迫自证其罪和自白任意规则在我国的真正实现，需要落实一系列具体保障措施。具体而言：

1. 确立无罪推定的理念。犯罪嫌疑人、被告人不是诉讼的客体，不是被拷打审讯的对象，而是具有尊严的诉讼主体。只有确立犯罪嫌疑人、被告人的独立诉讼地位，自白任意规则才有可能真正实现。

2. 废除犯罪嫌疑人、被告人“如实陈述”的义务。我国《刑事诉讼法》第 118 条规定，“犯罪嫌疑人对侦查人员的提问，应当如实回答”，这既是一种有罪推定，也违背基本诉讼原理，体现了口供中心主义，为讯问人员的刑讯逼供提供了法律上的借口。

3. 对“坦白从宽，抗拒从严”的刑事政策予以重新界定，实行“自首应予鼓励，坦白应当从宽，沉默受到保护，抗拒依法从严”的做法，把“坦白从宽”刑法化，以防止“坦白”悖论的发生；沉默不是“抗拒”的法定情形，不能因被追诉者的沉默而加重处罚。①

4. 在证据调查方法上，人类社会已由传统的“神证”、“人证”发展到物证和科技证据的时代②，这就要求我们在证据调查方法上实现由传统的以人证调查为主到以物证为主的转变，着眼于口供以外证据的调查。

5. 辩护律师在侦查讯问过程中到场参与。在场律师的职责和权利主要包括：(1) 旁听审讯；(2) 对于侦查人员违反法律规定的讯问行为提出纠正意见；(3) 如果意见不被接受，还可以代为嫌疑人申诉和控告。侦查人员讯问犯罪嫌疑人时通知辩护律师到场，可以有效遏止侦查人员的刑讯逼供行为，监督讯问的合法进行，起到一种“见证人”的作用，也可以在心理上给予被告人以安慰，保障供述的自愿进行。

6. 对讯问过程进行全程录音或者录像。采用录音、录像的手段将审讯犯罪嫌疑人的全过程真实地记录下来，不失为提高审判外口供可采性的一个好办法，英国在这方面的一些做法颇值得借鉴。在我国许多地区，已经基本具备了录音、录像的条件。对所有讯问过程进行录音、录像，能够有效防止侦查人员的非法讯问，保障口供的真实性，同时也为非法取证的调查提供了证据。

7. 羁押场所与公安机关相分离。当前大部分刑事案件的侦查工作由公安机关负责，而看守所作为刑事拘留、逮捕这两项审前羁押的执行机关，直接隶属于公安机关，导致看守所作为羁押执行机关难以对公安机关的讯问活动予以有效的监督。如果将看守所从公安机关剥离出来，并由羁押场所对未决犯进行定期医疗检查和作医疗纪录，就能有效制约公安机关违法讯问行为。

8. 侦查人员出庭作证。由于实行证明责任倒置，犯罪嫌疑人、被告人庭审前的口供笔录推定为不具有自愿性，那么在辩护方就被告人庭前供述的可采性提出质疑的情况下，侦查人员应当出庭作证，证明讯问行为的合法性以及被告人供述的自愿性。这是对侦查人员违法取证的有效约束，通过对质更好地查明犯罪嫌疑人、被告人庭前口供的自愿性问题。

9. 完善非法证据排除规则。对于违反任意性获得的口供，一律排除。只有建立制裁制度，才能保证自白任意性的实现。

10. 全面落实直接言词原则。审判人员亲自接触被告人，听取被告人的陈述及其辩护人发表的辩护意见，真正做到开庭审理，以庭审中经过质证的证据定案，防止间接审理，避免庭审流于形式，切实做到以被告人当庭作出的自愿供述为采信的标准，为被告人口供的自愿性提供最后一道司法保障。

综上所述，不被强迫自证其罪和自白任意性规则不是一项孤零零的制度，只有全面落实上述制度和措施，才能真正保障犯罪嫌疑人、被告人的供述不被强迫，能够在“明知、明智、理性”的情况下陈述案情，实现自白的任意性，落实刑事证明标准，体现刑事司法的民主和文明。

---

① 对此的具体论述，参见房保国：《你有权保持沉默》，199～212页，上海，上海社会科学院出版社，2001。

② 参见何家弘主编：《证据调查实用教程》，42页，北京，中国人民大学出版社，2000。

四、只有口供能够定案吗
——补强证据规则

（一）补强证据规则的性质

本章前文的刘涌案，一方面体现了非法口供能否排除的问题，另一方面也凸显了口供在刑事诉讼中的地位和作用。我们需要反思，如果只有被告人口供，没有其他证据，或者是其他证据非常薄弱的情况下，能够对被告人定罪吗？与此类似的是，2002 年的牡丹江"辩诉交易"案件也说明了同样的问题。

2002 年 4 月 11 日，黑龙江省牡丹江铁路运输法院开庭审理一起故意伤害案，基本案情是：2000 年 12 月 18 日晚，被告人孟广虎在黑龙江省绥芬河火车站北广场内，因车辆争道与吊车司机王玉杰发生争执，随后，孟广虎和王玉杰等数人发生争吵。孟感到自己势单力薄，于是打电话叫来 6 人，与王玉杰等人大打出手。混战中，被害人王玉杰脾脏破裂、小腿骨折，经法医鉴定为重伤。公安机关没能抓获与孟广虎同案的其他犯罪嫌疑人。从司法鉴定来看，致使王玉杰小腿骨折、脾脏破裂的主要凶器是铁棍，而孟广虎只承认打了王两拳。因当时场面混乱，王玉杰也无法指证是谁殴打致其受伤。

控辩双方对重伤后果是否应由孟广虎承担产生分歧。辩护方认为，基于本案其他犯罪嫌疑人在逃，无法确定被害人的重伤后果是何人所为，认定由孟广虎承担具体的重伤责任"事实不清，证据不足"。控诉方则认为，虽然无法判定被害人重伤后果具体是何人所为，证据收集也困难重重，但被告人孟广虎找人行凶造成被害人王玉杰重伤，理应由他承担全部或主要责任。

经公诉方提议，双方同意法院试用辩诉交易的方式审理此案，被告人孟广虎承认导致被害人重伤的行为是自己实施的，愿意承担赔偿责任，公诉人则建议法院从轻处罚。最后，法院对控辩双方的"辩诉交易"予以确认，以故意伤害罪判处被告人孟广虎有期徒刑 3 年，缓刑 3 年。无论是公诉人、辩护人，还是被害人、被告人，都对这一审判结果表示满意。[①]

这个案件提出的证据法问题在于：如果只有被告人认罪的口供而没有其他证据，能否定案？如果有被告人认罪的口供，那么其他证据需要"补强"到何种程度才能定案？法院"辩诉交易"的方式是否违背单一口供不能定案的规则？等等。

人类社会的证据制度经历了从神示证据制度、法定证据制度到自由心证证据制度的转变。在现代自由心证的证据制度中，法律主要对证据资格进行规范，规定传闻证据排除、非法证据排除等关于证据可采性的规则，而对证据的证明力则一般不作规定，全部委诸裁判者的自由裁量。

然而，补强证据规则就是一项限定证据证明力的规则，要求对特定证据进行"补强"，否则不能直接定案。因此，补强证据规则不是一项可采性规则，而是证明力的判定规则。一般意义上讲，补强证据规则（rule of corroborative evidence），是指某一证据能够证明案件事实，但没有完全的证明力，不能单独作为认定案件事实的依据，必须有其他证据以佐证方式补强其证

---

① 参见余佰春：《中国诉辩交易第一案》，张景义等：《聚焦国内辩诉交易第一案》，载"人民网"、"人民法院网"等。

明力，才能作为本案定案根据的一项证据规则。其中，能够证明案件事实的证据，是主要证据；补强证据又称佐证，它不能证明案件事实，但可用来证明主要证据的可靠性，增强或保证主要证据的证明力。

补强证据规则主要适用于言词证据。根据对象的不同，补强证据规则在广义上又分为口供的补强和其他证据的补强两种情况。对于其他证据的补强，涉及三大诉讼法的内容。在英美法系国家的证据法中，涉及对叛国罪、伪证罪、特定性犯罪的证明，以及某些宣誓证言和儿童提供的未经宣誓的证言的证明等诸多情形。[①] 我国民事诉讼法司法解释也规定了特定证据不能单独定案的规则。[②] 补强证据规则属于数量规则的一种，而数量规则是指某一证据有弱点，须与其他证据合并提出的规则。

然而，本章所论述的“补强证据规则”主要是从狭义上谈的，也就是说只限于刑事案件中口供的补强证据，这也是补强证据规则中最主要、最复杂的情形。

对于被告人的自白，分为在法庭上的自白和在法庭外作出的自白两类。英美法系国家由于实行辩诉交易制度，一般规定对于被告人在法庭上的自愿自白，不需要补强证据，直接可以作为认定被告人有罪的证据使用；而对于法庭外的自白则需要补强。在大陆法系国家，则一般要求无论是法庭上的自白还是法庭外的自白，都需要补强证据。例如，日本《刑事诉讼法》规定了“不论自白是否在审判庭上作出”，根据这一规定在法律上可以明确，法庭自白也需要补强证据；在日本通说认为，其宪法上也要求法庭上的自白需要有补强证据。

许多国家和地区都就口供的补强证据要求作了规定，例如，日本《宪法》第 38 条第 3 款规定：“任何人如对其不利的唯一证据为本人口供时，不得定罪或科以刑罚”。日本《刑事诉讼法》第 319 条又进一步明确要求：“不论是否被告人在公审庭上的自白，当该自白是对其本人不利的唯一证据时，不得认定被告人有罪”。我国台湾地区“刑事诉讼法”第 156 条规定，“被告之自白，不得作为有罪判决之唯一证据，乃应调查其他必要之证据，以察其是否与事实相符”，体现了被告人自白不能单独定案的原则。

在英美证据法中，“与政府证明被告人供述（自白）的可采性的责任相关的普通法的规则是，一个未经补强的供述，即使是自愿的，也不足以支持有罪认定。在大多数司法管辖区，除非政府方提出证明犯罪行为发生的其他的独立的证据，供述是不具有可采性的”，也就是说，

---

① 其中：(1) 对叛国罪的证明，美国《宪法》第 3 条第 3 款规定，叛国罪的认定需要有两名证人对同一明显行为作证，或者经过被告人在公开的法庭上供认其所犯的罪行；(2) 对伪证罪的证明，在对伪证罪或假证罪以及英国 1911 年伪证法所规定的任何其他同类罪行的起诉中，如果只有一名证人证明某人作了伪证，那么不能依据这一证言判处某人犯伪证罪，必须有其他证据予以补强；(3) 对某些性犯罪的证明，在对妇女和儿童的某些性犯罪中，如果只有一个证人的证言，不能认定被告人犯有这样的罪行，除非该证言在某些实质的细节上还有其他控诉证据补强其证明力；(4) 儿童提供的未经宣誓的证言，需要其他证据补强；(5) 某些宣誓证言，即使是在那些法律没有要求必须有补强证据的性犯罪案件中，法官依照惯例也应当提醒陪审团在接受那些未经补强的证据时应当慎重；(6) 根据英国 1960 年道路交通法的规定，某些车辆在公路上超速行驶会构成犯罪，但是不得仅依据一位证人认为司机超速行驶的证言就判处被告人有罪，还需要其他证据进行补强。参见卞建林主编：《刑事证明理论》，389～390 页，北京，中国人民公安大学出版社，2004。

② 例如，我国最高人民法院《民诉证据规定》第 69 条规定：下列证据不能单独作为认定案件事实的依据：(1) 未成年人所作的与其年龄和智力状况不相当的证言；(2) 与一方当事人或者其代理人有利害关系的证人出具的证言；(3) 存有疑点的视听资料；(4) 无法与原件、原物核对的复印件、复制品；(5) 无正当理由未出庭作证的证人证言。该条规定的也是特定证据证明力的“补强”要求。

对于被告人法庭外的供述，必须要有其他证据进行补强。

我国也是明确承认口供补强规则的典型国家。我国现行《刑事诉讼法》第 53 条规定："对一切案件的判处都要重证据，重调查研究，不轻信口供。只有被告人供述，没有其他证据的，不能认定被告人有罪和处以刑罚；没有被告人供述，证据确实、充分的，可以认定被告人有罪和处以刑罚。"尽管以前《关于适用普通程序审理"被告人认罪案件"的若干意见（试行）》，将被告人认罪的案件事实部分的审理大大地简化，但是并没有改变"单一口供不能定案"的基本原则。可以说，现行《刑事诉讼法》在第 53 条中对口供的证明力进行了严格的限制，规定口供不能单独成为定案的证据，必须有其他证据的"补强"。在我国，并没有区分被告人口供是在法庭上作出的还是在法庭外作出的。而我们认为，这两种情况下的口供都需要补强。《办理死刑案件证据规定》则区分了庭上口供与庭外口供，要求对被告人供述和辩解的审查，应当结合控辩双方提供的所有证据以及被告人本人的全部供述和辩解进行。被告人庭前供述一致，庭审中翻供，但被告人不能合理说明翻供理由，或者其辩解与全案证据相矛盾，而庭前供述与其他证据能够相互印证的，可以采信被告人庭前供述。被告人庭前供述和辩解出现反复，但庭审中供认的，且庭审中的供述与其他证据能够印证的，可以采信庭审中的供述；被告人庭前供述和辩解出现反复，庭审中不供认，且无其他证据与庭前供述印证的，不能采信庭前供述。

因此，前述牡丹江市铁路运输法院试点的案件实际上就存在仅以被告人口供即定案的问题。该案中，孟广虎基于利害的考虑，主动承认犯罪，但从法院认定事实和定罪处罚来说，是不可以只凭被告人的口供而定罪的。这也就意味着，"辩诉交易"在我国当前法律中根本就不存在立法基础，如果仅仅根据被告人有罪的供述而定案，违反了口供补强规则。

（二）补强证据规则的功能

就刑事诉讼中补强证据规则的功能和作用，学者们给予了高度的评价。例如，日本有学者认为，补强证据规则可以"防止法官轻信自白而造成冤案；间接地防止强制自白"①。我国台湾地区大部分的学者认为，"为防止侵害人权，禁止采取依强制方法所取得之自白，设定保障自白任意性之规定，且为避免采取虚伪之自白，以至裁判错误，并设有补强证据之规定"②。新中国的第一部刑事诉讼法就规定了口供的补强规则。曾参与立法工作的官员这样回忆："规定要重证据，重调查研究，不轻信口供。还规定只有被告人供述没有其他证据的，不能认定被告人有罪和处以刑罚；没有被告人陈述，证据确实充分的，可以认定被告人有罪和处以刑罚。这条是很要紧的，是为了防止逼供。后面一段话是公安部同志提出写上的。他们有经验，在实践证明是正确的。"③

补强证据规则的功能可以总结为：

一是确保口供的真实性。由于口供具有易变性、反复性的特征，其中真真假假，真假混杂，所以对口供的真实性我们很难准确地加以主观的判断。在仅仅具有口供的案件里，这种口供的真实性，更是无法得到很好的保障，因此需要其他的证据对口供的真实性予以佐证。

---

① ［日］田口守一：《刑事诉讼法》，刘迪等译，247 页，北京，法律出版社，2000。

② 陈朴生：《刑事证据法》，590 页，台北，三民书局，1979。

③ 顾昂然主编：《社会主义法制和立法工作》，200 页，北京，中国政法大学出版社，1989。

二是保证准确地认定案件事实。如果只要有被告人自愿承认犯罪的口供就可以直接定案，那么很有可能会导致认定事实的错误，最终出入人罪。口供补强规则是在所获取的口供程序合法的基础上进一步解决口供内容的真实性问题，因为即使是合法取得的任意性自白，也有可能因被告人某种心理动机而出现虚假。

三是防止过于偏重口供的倾向。在我国，口供长期以来被视为"证据之王"，为了取得口供从而破案，办案人员往往会采取各种各样的方法。而按照我国《刑事诉讼法》第53条的规定，口供完全是可有可无的证据，定案不能以口供而转移，因此口供补强规则有助于防止实践中对口供的过于依赖。

四是防止刑讯逼供，发挥证据规则保障人权的功能。当没有其他证据而被告人又不招认的时候，警察可能就会因口供补强证据规则的存在而丧失以非法方法获取被告人口供的动力，同时也有利于防止警察由于懒惰、方便等原因而仅仅将侦查的重点放在获取被告人的口供上的做法，促使警察去调查事实、收集其他证据，从而达到间接防止刑讯逼供的目的。

（三）补强证据规则的适用

口供补强规则是对口供证明力的一种限制，不能将直接证据等同于主要证据，将间接证据当作补强证据使用。补强证据与间接证据是不同的，补强证据具有独立存在的形式。补强证据规则包含许多操作性的规定，例如，如何对口供的证明力进行限制，补强的范围是什么，对补强证据有哪些要求，等等，我国《刑事诉讼法》对此并没有作出具体的规定，需要进一步完善。

1. 补强的范围

在日本，就犯罪事实在什么范围内需要自白的补强证据，存在着罪体说和实质说的对立。罪体说认为，对罪体需要补强，这是一种通说。关于罪体的概念，有三种观点：（1）罪体是侵害客观的法益；（2）罪体是犯罪行为引起的侵害法益；（3）罪体包括作为犯罪行为人的被告人。而实质说认为，补强的范围只要能够保证自白的事实的真实性即可，不是像罪体说那样在形式上限定范围，而是主张推认的事实达到合理的程度即可。

日本的判例认为，一是补强自白的证据不必是自白所涉及的全部犯罪构成事实，能够保证自白所涉及事实的真实即可；二是认定被告人和犯人的同一性，不需要补强证据；三是在认定无证驾驶的事实时，除了被告人对驾驶行为和无驾驶证作出自白之外，还需要补强证据。以上主要是关于法庭外自白的问题，法庭上的自白则可以根据实质说来理解。①

我们认为，我国口供补强规则的范围，应当既包括被告人法庭外的口供，也包括法庭上的供述，补强证据既要证明口供的真实性，又要证明案件事实的真实性。当然，这里所说的案件事实，指的是被告人口供中指认的犯罪事实，对于被告人口供中没有提到的事实，不需要补强证据证明。

2. 补强的程度

关于补强证据在什么程度上有证明力，在日本有绝对说和相对说。绝对说认为，补强的程度是补强证据本身的证明力程度问题；而相对说认为，补强的程度是与自白的证明力相关的证

① 参见［日］田口守一：《刑事诉讼法》，刘迪等译，254～255页，北京，法律出版社，2000。

明力程度问题。就法庭外自白，通常以绝对说为标准；对法庭上自白，通常以相对说为标准。[①]

我们认为，我国的补强证据的证明力，应当与口供证据放在一起考虑，对口供中供述的事实，应共同证明到刑事诉讼证明标准的程度（例如，达到排除合理怀疑或者内心确信）。

3. 补强证据的证据能力

补强证据也必须具备自身的证据能力，符合客观性、相关性、合法性等证据自身属性的要求。从种类上说，补强证据既可以是直接证据，也可以是间接证据；既可以是原始证据，也可以是传来证据；既可以是物证、书证，也可以是证人证言、被害人陈述，还可以是其他证据种类。从程序上说，补强证据也必须遵守证据运用的一般规则，如非法证据排除规则、传闻证据排除规则等。[②]

在来源上，用被告人供述以外的证据来补强的证据，应当是具有可采性的证据。关键的问题在于，什么才是被告人供述以外的证据呢？日本判例指出，像被告人的日记、笔记等，如果是在没有意识到侦查的情况下写成的，那么可以认为是有补强证据的证据能力；被告人的行为，如逃跑、毁灭证据、拒绝身体检查等，除了应当是供述的以外，有补强证据的证据能力。但是，被告人法庭上的供述不可以作为法庭外自白的补强证据，因为无论是法庭上的供述还是法庭外的自白，在本质上都是被告人的口供，是不可以用来相互“补强”的。

4. 补强的条件

补强证据规则的适用，应当符合以下一系列条件：一是某一证据已具证据能力，这是前提。二是某一证据的品质有弱点，这是基础。三是该弱点足以严重影响证据的证明力，这是关键。四是要克服该证据的弱点，必须补充一定数量的其他证据补强其证明力。[③]

同时，补强证据规则应当有科学的证据调查程序作为保障。日本《刑事诉讼法》第301条规定，如果把自白作为证据，必须先调查自白的其他补强证据，接下来才能请求调查自白，也防止法官先入为主。调查补强证据的程序应当独立于调查自白的程序。

5. 共犯自白是否需要补强

对于共犯自白的证据能力问题，日本学界有充分的探讨，并将其具体分为：(1) 共犯人作为共同被告人在法庭上作出供述的证据能力，(2) 共犯人作为共同被告人的证人资格，和 (3) 共犯人法庭外供述的证据能力等三种情况。而对于共犯人的自白是否需要补强的问题，日本学界有三种观点：

一是积极说（补强证据必要说），认为：(1) 从防止轻信自白的观点看，本人的自白和共犯人的自白没有区别；(2) 从可能发生错判的观点看，共犯人的自白是危险的；(3) 作出自白的人被认定为无罪，但又根据共犯人的自白来认定他有罪，这个结论不符合常识。

二是消极说（补强证据不要说），认为：(1) 自白之所以需要补强证据，是因为自白不经

---

① 参见［日］田口守一：《刑事诉讼法》，刘迪等译，255页，北京，法律出版社，2000。

② 参见卞建林主编：《刑事证明理论》，388页，北京，中国人民公安大学出版社，2004。

③ 在三大诉讼中，这种弱点是多种多样的，例如证人是未成年人、有利害关系者、无正当理由不出庭作证者，视听资料有疑点，书证有改动或者书证、物证和视听资料无法与原件、原物核对等。不足以严重影响证明力的弱点，例如证人表达能力的强弱、复制技术的高低、无关紧要的改动、能合理排除的疑点等，有这些弱点的证据，不需要适用补强规则。参见王胜全：《补强证据规则的适用分析》，载《人民法院报》，2005－08－12。

过反询问也有证据能力，因为被告人可以对共犯人进行反询问，所以共犯人的自白不能与被告人的自白同等看待；（2）自白一方无罪，而否定犯罪的未自白一方有罪时，自白比经过反询问的供述的证明力弱，是当然和合理的。

三是折中说，认为共犯人的自白是在法庭上作出时，不需要补强证据，但法庭外自白需要补强证据。①

我们认为，对于共犯口供是否需要补强的问题，积极说也就是补强证据必要说较为合理。因为补强证据规则的目的就是防止依赖口供单独定案，保障事实的准确认定，防止为获取口供而实施刑讯逼供，而共犯的自白本质上也属于口供的范畴，如果仅凭几名共犯的口供就定案是非常不慎重的。

五、“直接来自马嘴”——传闻证据规则

在前述刘涌案件以及在我国司法实践的大量案件中，被告人口供难以排除并且被广泛使用，关于口供的笔录和证人证言庭外的笔录也被广泛地采纳。就此，我们需要反思，这种法庭外的笔录证据具有证据能力吗？为什么我国没有实行传闻证据规则？

事实上，传闻证据规则适用的对象不仅是证人证言，而且包括犯罪嫌疑人、被告人供述和被害人陈述等言词证据。对于法庭外的陈述原则上要予以排除。传闻证据排除规则是英美证据法的典型证据规则之一，也是最复杂、最令人迷惑的一项证据规则。它最早形成于17世纪下半叶，尽管传闻证据本身不具备可采性，但是它能够作为佐证使用；在18世纪，传闻证据排除规则得到巩固，一些学者也开始对传闻证据排除规则进行专门研究；在19世纪，传闻证据排除规则的许多例外情况开始得以确立。

（一）丑陋的证人——“直接来自马嘴”

美国有一个经典的例子。一位检察官在处理一个形象极为丑陋的目击证人时，别出心裁地采用了过于创新的方法。由于这个证人外观非常丑陋，神经质，而且吐字不清，因此其作证可能会给陪审团留下很坏的印象。检察官是这样来解决问题的，他告诉这个丑陋的证人：“你到法院后不要去法庭附近的任何地方，你直接去地下室，在那里等候，不要让任何人看见你。”

随后，检察官安排了一位他所能找到的最能吸引人、最善于表达的人上了证人席，但这个人对案件事实一无所知，因而也使得辩护律师无法就案件事实进行交叉询问。在法庭上，检察官在询问这个能吸引人的证人时说：“在地下室，你能找到一位本案的目击者。我给你一些问题，你去问他，你现在就去地下室，把我的问题向他提出，然后回到这里，把目击者的回答告诉陪审团。”②

上述案例是一个关于传闻证据的离奇但有助于说明问题的例子，检察官为了防止丑陋的证人对陪审团产生不良影响，安排了一位最能吸引人的人出庭，这明显违背了交叉询问规则，辩

---

① 参见［日］田口守一：《刑事诉讼法》，刘迪等译，259页，北京，法律出版社，2000。

② ［美］乔恩·R·华尔兹：《刑事证据大全》，何家弘等译，106页，北京，中国人民公安大学出版社，2004。

护律师无法就感知能力、记忆力、是否诚实以及语言表达能力等方面的真实情况对原始证人进行质询，这个出庭证人的证言属于传闻证据而不能被法庭采纳。

对此，美国有一句极为流传的俗语，即“直接来自马嘴”，就是对传闻证据非常恰当的形容。这句话可能源自赛马场的赌徒，这些赌徒们对自己的赛马预测极为自信，因为他们得到了“直接来自马嘴”的信息。[①] 法院审理案件也是一样，事实认定者要接触原始证人，直接获取第一手资料，而不是经由第二或者第三个人的转述来了解案情。

(二) 传闻证据的界定

对于传闻证据的定义，美国《加利福尼亚州证据法典》第 1200 条第 1 款规定：“‘传闻证据（hearsay evidence）’是一种陈述（statement）”，第 225 条规定：“‘陈述’是指（1）以口头或书面语言所作的表达，（2）一个人有意作出的用以代替口头或书面语言表达的非语言行为”。美国《联邦证据规则》也作出了类似的规定，将“传闻”界定为“陈述人并非在审判或听证作证时作出的，作为证据提供用以证明所主张事项之真实性的陈述”，而这里的“陈述人”是指作出某项陈述的人，“陈述”是指一个人的（1）口头或书面主张，或者（2）该人意欲作为一项主张的非语言行为。

按照上述定义，传闻证据包括以下几项要素：(1) 存在一项陈述，即一个口头或书面的主张，或者意欲作为一项主张的非语言行为；(2) 该陈述是由陈述人作出的；(3) 该陈述是陈述人并非在审判或听证作证时作出的；(4) 该陈述是陈述人用来证明所主张事项之真实性的。例如，李四说：“张三告诉我，2007 年 3 月 1 日晚上 6 点钟，他正在家中”，如果争论点是 2007 年 3 月 1 日晚上 6 点钟被告人张三是否在家，那么李四的话就是标准的传闻；然而，如果争论点是 2007 年 3 月 1 日晚上 6 点钟被告人张三是否说过这样的话，那么李四的证言就不是传闻。也就是说，被告人的庭外陈述是否被提出以证实包含于其中的主张之真实性，是衡量证言是否属于传闻的重要尺度。

但是，下列情况下的陈述不属于传闻：

一是证人的先前陈述。陈述人在审判或听证中作证，并就该陈述受到交叉询问，并且该陈述：(1) 与陈述人的证言不一致，且是在审判、听证或其他程序，或在询证存录中经宣誓如作伪证愿受处罚后作出的，或者（2）与陈述人的证言一致，而提供该证言是为了反驳对陈述人近期的捏造、不当影响或动机的明示或暗示的指摘，或者（3）是在对某个人进行感知后所作的人身辨认。

二是对方当事人的自认。该陈述被提供用以反对一方当事人，并且是：(1) 当事人自己以个人或代理人身份作出的陈述，或者（2）当事人已经明确表示采用或相信其真实性的陈述，或者（3）得到当事人授权的某人就该主题所作的陈述，或者（4）当事人的代理人或雇员在代理或雇佣关系存续期间就代理或雇佣范围内的事项所作的陈述，或者（5）当事人的合谋犯罪人在合谋过程中为促进合谋所作的，对于陈述的内容应当加以考虑，但仅此不足以确定当事人授权、代理和雇佣关系及其范围，或者陈述人和该陈述所反对的当事人之间合谋和参与关系的

① 参见［美］乔恩·R·华尔兹：《刑事证据大全》，何家弘等译，116 页，北京，中国人民公安大学出版社，2004。

存在。

三是非人证据，例如汽车雷达测速仪、停车计时器等显示的结果是否属于传闻证据？由于这些仪器与人不同，不存在说谎的动机，仪器的科学性可以被证人解释，而证人要受到对方律师的交叉询问，因此这些仪器显示的结果不属于传闻证据。

（三）传闻证据规则的理论基础

传闻证据，除非法律或判例有例外规定，否则不具有可采性，这就是传闻证据排除规则或者简称为传闻证据规则。例如，日本《刑事诉讼法》第 320 条“排除传闻证据的原则”就规定，除了例外情形，“不得以书面材料作为证据代替公审期日的供述，或者将以公审期日外其他人的供述为内容所作的供述作为证据”。

关于传闻证据规则的理论基础，有两个层面的支撑。一个层面是，排除传闻证据的目的主要是保障证言的准确性、可靠性，保障控辩双方对原始证人交叉询问的权利；另一层面是，排除传闻证据也是为了维持诉讼的直接审理原则，保障裁判者对原始证人亲自听审，通过观察他们的表情、姿势、态度等获得准确的印象，正确认定案件事实。

对于法庭外的证言，普遍存在严重的证言危险（testimonial dangers）或者说是传闻危险（hearsay dangers）。具体说来①：一是叙述性危险，也就是陈述人使用他们不熟悉的语言，或者讲话时不小心或因疏忽疏漏了关键词语，可能出现叙述方面的问题；二是歧义性危险，如果陈述者使用的词语有多种解释，那么就要结合具体语境来理解；三是诚实性危险，也就是陈述者不能如实地说明自己真正相信的事情，欺骗法庭；四是感知危险，即陈述者通过各种感觉器官准确获得印象的程度；五是记忆危险，也就是陈述者能否准确地回忆起所感知事件的细节。

正是由于庭外陈述者的证言存在如此多失真的危险，所以就要求原始的证人出庭作证，让其在法庭上经宣誓后，亲自陈述所感知的事情，让陪审团能够观察到庭上证人的行为举止，使证人能够接受对立双方的交叉询问。交叉询问“无疑是迄今为止为发现真实所发明的最伟大的法律引擎”（威格莫尔语），“传闻存在的问题是，它剥夺了被告对作出争议陈述的人进行交叉询问的机会”，尽管交叉询问并非揭露潜在传闻危险的唯一办法，但是“对活生生的证人进行交叉询问，在就证人的证言品质向陪审团提供相关信息方面，确实是一个有效的手段”②。交叉询问能够将证言危险降到最低，排除传闻证言的目的就是保障事实认定的准确性。

之所以传闻证据排除规则存在诸多例外，乃是因为这些例外情形能使证言危险中的一种或者几种最小化。因此，传闻证据规则例外的理论基础也主要是证言的可靠性。美国《联邦证据规则》第 802 条规定了传闻证据排除的 29 个例外和 8 个豁免的情形，根据这些例外和豁免，许多种类的传闻陈述便可被采纳了。之所以采纳传闻证据，就是因为在这些例外或传闻的情况下，证言危险或者说证言失真的可能性较小，没有必要全部排除从而影响事实的认定。

在此，就存在一个传闻证据与对质条款的关系问题。按照美国宪法第六修正案对对质条款的经典表述：“在所有的刑事起诉中，被告人应当有权……同反对他的证人对质”，为了保障被

---

① 参见［美］罗纳德·J·艾伦等：《证据法》，3 版，张保生、王进喜、赵滢译，462～463 页，北京，高等教育出版社，2006。

② ［美］罗纳德·J·艾伦等：《证据法》，3 版，张保生、王进喜、赵滢译，466 页，北京，高等教育出版社，2006。

告人对质权利的真正行使，就需要原始证人出庭作证。因此，传闻证据规则是保障被告人对质权利得以实现的重要手段。那么，在传闻证据大量豁免和例外的情形下，不要求传闻陈述人出庭作证，事实上是直接威胁了被告人的对质权。

在"俄亥俄州诉罗伯茨"（Ohio v. Roberts）案件中，美国最高法院认定，对质条款以两种不同的方式，对具有可采性的传闻证据的范围的确定发挥着限制作用。"与宪法起草者青睐的面对面指控相一致，宪法第六修正案确立了一个必要性规则。在一般案件中，检控方要么必须提供希望使用其陈述来反对被告人的陈述人，要么必须证明该陈述人不能出庭。""为了实现其根本目的，即在事实认定程序中增大准确性，保证被告人以有效的手段来检验不利的证据，该条款仅仅支持有着'没有严重背离一般规则之理由'的这种可靠性的传闻证据"。然而，在1992年的"怀特诉伊利诺伊州"（White v. Illinois）案件中，最高法院放弃了不能出庭的要求。对大多数传闻证据，对质条款仅仅要求对传闻陈述是否属于"稳固确立"的传闻例外进行调查，而对于不稳固的"其他例外"情形则需要"特别的可靠性保证"①。

另外，对于"双重传闻"的情形，也就是传闻中的传闻，例如，张三说，他听李四说自己实施了抢劫，张三又把听到的事情向王五说了，那么王五的证言就是双重传闻的情形，为了保证证言的可靠性和对方的交叉询问权，美国《联邦证据规则》第805条规定："对于包含在传闻中的传闻，如果该合成陈述的每个部分都符合这些规则中规定的传闻规则例外，则该传闻并不根据传闻规则来加以排除"。也就是说，双重传闻也是传闻因而一般应予以排除，但如果存在豁免或者例外情形，则同样可以采纳。

（四）传闻证据规则的例外

传闻证据规则在发展过程中出现了大量例外的情形，正如塞耶所指出的，"法律已经呈现出这样的形态，即形成一套基本的排除规则；接着对这些规则又形成了一系列例外……"②。可以说，传闻证据排除的豁免和例外情形如此之多，使得该规则的适用更加复杂和扑朔迷离。

以日本为例，规定了传闻证据排除的三大类例外情形：

一是被告人以外的人书写的供述书或者记录该人的供述而由供述人签名或盖章的书面材料。以下列情形为限，可以作为证据：（1）关于记录在法官面前所作供述的书面材料，由于供述人死亡、精神或身体的障碍、所在不明或现在国外而不能在公审准备或公审期日供述时，或者供述人在公审准备或公审期日作出与以前的供述不同的供述时。（2）关于记录在检察官面前所作的书面材料，由于供述人死亡、精神或身体的障碍、所在不明或现在国外而不能在公审准备或公审期日供述时，或者在公审准备或公审期日作出与以前的供述相反或实质上不同的供述时。但以存在以前的供述比公审准备或公审期日的供述更可信赖的特别情况时为限。（3）关于前两项所列书面材料以外的书面材料，由于供述人死亡、精神或身体的障碍、所在不明或现在国外而不能在公审准备或公审期日供述，并且其供述为证明犯罪事实的存在与否所不可缺少时。但以其供述是在特别可以信赖的情况下作出时为限。

---

① ［美］罗纳德·J·艾伦等：《证据法》，3版，张保生、王进喜、赵滢译，667～669页，北京，高等教育出版社，2006。

② 转引自［美］罗纳德·J·艾伦等：《证据法》，3版，张保生、王进喜、赵滢译，466页，北京，高等教育出版社，2006。

二是被告人所书写的供述书或者记录被告人的供述而由被告人签名或盖章的书面材料，以其供述是承认对被告人不利的事实为内容或者是在特别可以信赖的情形下作出时为限，可以作为证据；但以承认对被告人不利的事实为内容的书面材料，即使该承认并非自白，也适用非法证据排除的规定，在怀疑是非出于自由意志的行为时，不得作为证据；记录被告人在公审准备或者公审期日的供述的书面材料，以可以认为其供述是出于自由意志的行为时为限，可以作为证据。

三是其他书面材料。以下列情形为限，可以作为证据：（1）户籍副本、公证书副本及其他公务员（包括外国公务员）就其职务上可以证明的事实所书写的书面材料；（2）商业账簿、航海日志以及其他在通常的业务过程中写成的书面材料；（3）除前两项所列情形以外，其他在特别可信赖的情形下写成的书面材料。

可见，日本关于传闻证据规则的例外，一般情况以供述人死亡、精神或身体的障碍、所在不明或现在国外而不能在公审准备或公审期日供述等客观不能到庭的情形为限，对被告人的供述则强调供述的自愿性，对其他书面材料则限于可信赖的情形。

而在美国，《联邦证据规则》则将传闻证据排除的例外分为两种情况：一是陈述者可否作证无关紧要，即无作证的必要性，即使不作证也不影响证言的真实性；二是陈述者不能到庭作证，即客观上无法亲自出庭。具体说来：

1. 陈述者可否作证无关紧要的例外

所谓陈述者可否作证无关紧要，是指将这些陈述运用于陪审团事实认定的过程中，即使陈述人没有受到对方的交叉询问，也是足够可靠的。按照采纳传闻证据的“可靠性方法”（reliability approach），如果一些传闻陈述的某些方面，例如其内容、来源、作出这些陈述的环境等，揭示了证明陈述人证言品质没有“可靠性”的一些担心，那么是可以采纳的。例如关于陈述者事发时的心理状态的陈述，既不存在感知力问题，也不存在记忆力问题，传闻的两种主要风险在这种陈述中都不存在，那么关于心理状态的陈述就可以采纳为证据。

陈述者可否作证无关紧要的例外，包括的情形是很多的，诸如：

（1）表达感觉印象。陈述者感受有关事件或情况时当场作出或者随即平静作出的描述或解释该事件或情况的陈述，不得作为传闻证据排除。

（2）刺激的发泄。陈述者因受某事件或情况刺激处于极度兴奋状态中所作的与该令人吃惊的事件或情况有关的陈述，可以采纳为证据使用。

（3）当时存在的精神、感情或身体状态。陈述者关于当时存在的心理状态、感情、知觉或身体状态，如意图、打算、动机、内心情感、疼痛或身体健康的陈述，但不包括以记忆和信念来证明被记忆或被确信的事实的陈述，除非其与实施、撤销、识别、终止陈述者的愿望相关，否则可以采纳为证据。例如，某人对医生说：“哎哟，我又疼起来了！”这种陈述不存在记忆力问题，基本上是诚实的，因为病人一般不会故意给医生传递错误的信息。

（4）出于医疗诊断或治疗目的的陈述。描述医疗史、过去或现在的症状、疼痛，或知觉、病因的发端或一般症状、外部根源的陈述，限制在与诊断或治疗的合理相关的范围内。

（5）被记录的回忆。它被限定为。一是关于证人曾经知道的某种事情的备忘录或记录；二是对于这种事情，证人目前缺少使他能充分准确地作证的足够记忆；三是以往的记录能证明证人是在对事情的记忆十分清晰的情况下作出的，并正确反映了证人对事件的了解。

（6）关于日常行为、活动的记录。

（7）在日常行为、活动的记录中缺乏记载。

（8）公共记录或报告。法院对其可靠性进行审查时，要遵循以下四条指导原则：一是报告所依据的调查必须得到了及时的处理，二是要对调查主持者的专业技能和经验进行了考察，三是要考虑是否应当进行听证的问题，四是要审查动机问题。

（9）重要统计资料，指的是公共机关按照法律要求制作的关于出生、胎儿死亡、死亡或婚姻的各种记录或数据统计。

（10）缺乏公共记录或没有记载。

（11）宗教组织的记录。

（12）婚姻、洗礼和类似证明。

（13）家庭记录。

（14）反映财产利益的文件记录。

（15）文件中反映财产利益的陈述。

（16）在陈年文件中的陈述。

（17）市场报告，商业出版物。

（18）学术论文。

（19）关于个人或家庭历史的名声。

（20）关于边界和一般历史的名声。

（21）性格方面的名声。

（22）先前定罪的判决。

（23）关于个人、家庭或一般历史或边界的判决。

2. 陈述者不能到庭作证的例外

这里的“不能到庭作证”不仅是指由于死亡、疾病等客观方面的原因不能到庭作证，也包括陈述者主张反对自我归罪的特权等其他情形。“不能到庭”的原因主要有：（1）被法院以特免权为由裁定免除陈述人就其陈述的主题作证；（2）尽管法院命令陈述人就其陈述的主题作证，但其坚持拒绝就此作证；（3）陈述人作证说对自己陈述的主题缺乏记忆；（4）因死亡或当时存在身体上或精神上的疾病或衰弱，陈述人不能在听审过程中出庭或作证；（5）陈述人缺席听审，并且该陈述的提出者不能通过传票或者其他合理手段使陈述人出庭。有上述情形之一者，都属于陈述者“不能到庭作证”。

此类例外主要包括以下四种情形：

（1）先前记录的证言。这项例外有四个基本的条件：一是先前记录的证人证言必须是经过宣誓或正式确认的；二是该证人必须在前一程序中因一方当事人的请求或针对一方当事人而被提出，并已对该当事人通过直接询问、交叉询问、再询问的形式进行审查，另一方当事人也获得过同等的机会进行审查，现在该证言又被提出；三是两个审判程序中所涉及的必须是实质相同的争论点；四是先前记录的证言被作为证据提出时，必须是该特殊证人不能出庭提供证言。①

（2）临终陈述。该项例外有六个必要条件：一是庭外陈述者必须是谋杀的受害者，而不是

① 参见［美］乔恩·R·华尔兹：《刑事证据大全》，何家弘等译，119～120页，北京，中国人民公安大学出版社，2004。

第三者；二是受害者在作陈述时，必须是已经知道死亡临头，并且知道死亡在即而已无法挽救；三是受害者在其临终陈述中，必须能够直接准确地说明事实真相；四是受害者的陈述必须是与其即将死亡的直接原因有关的内容，而不是在时间上相距较远的事实；五是受害所陈述的必须是事实，而不是意见或推测；六是在陈述者的陈述被作为证据提出时，陈述者已经死亡。当然，美国《联邦证据规则》第 804 条第 2 款将临终陈述的例外扩大到民事案件，而不再限于谋杀案件，同时受害者的陈述被作为证据提出时受害者已经死亡。①

（3）对己不利的陈述。此项例外事实上包括当事人承认和非当事人有损利益的陈述两种情况，对于非当事人于己不利的陈述，需要具备以下要件：一是有损陈述者的所有权或金钱利益或其他重大利益；二是陈述作出之时，陈述者意识到陈述有损其利益；三是依据个人经验就事实所作的表达，而不是推测或意见；四是陈述者没有说谎的动机；五是在审判或听证时，陈述者不能被作为证人提出。②

（4）关于个人或家史的陈述。

对于上述“陈述者可否作证无关紧要”和“陈述者不能到庭作证”两类例外，美国《联邦证据规则》又都规定了“其他例外”的情形，但是这些“其他例外”必须符合以下三项条件才可以成立：一是该陈述作为证明重要事实的证据提供；二是该陈述对于待证明的问题来说，较提供者通过其他合理努力所能获取的其他证据来说更容易检验；三是采纳这些陈述作为证据更符合证据规则的一般目的和司法利益。但是要求提供者在审判、听证前向对方当事人充分透露，并向对方当事人提供公正的机会来准备面对它，告知准备提供这类陈述的意图和其中的详细情况，包括陈述者的姓名和地址，否则此类例外的陈述不得采纳。

3. 对传闻证据规则例外的批评和改革建议

对传闻证据规则的批评主要集中在其豁免和例外的分类结构的复杂性上，以及这种复杂的结构对于传闻证据规则的贯彻是否必要。

按照传闻证据规则例外的“可靠性理论”假定，传闻证据的传统模式认为，证人的宣誓、行为举止和交叉询问被认为能够减少证言危险，使庭上证言比庭外陈述更为可靠。根据传闻证据具有缺陷的观点，通过类型化的传闻例外和豁免而采纳它的两个主要正当理由是**可靠性和必要性**：传统传闻政策的目标，是采纳比质量一般的传闻更为可靠的传闻，或采纳对于诉讼争议的合理解决似乎必需的传闻。

然而，“可靠性理论”并不奏效，并没有实现其传统的目标，许多看上去不可靠的传闻都被采纳了，许多看上去可靠的传闻也许被排除了。由此有两种改革建议：第一种方法是将传闻规则变成《联邦证据规则》第 403 条的平衡检验规则，审判法官被赋予自由裁量权，采纳法官认为因其更可信而具有证明力的传闻证据，排除因其更不可信而更缺乏证明力的庭外陈述；第二种极端的方法是全部废除排除规则，传闻的可采性仅仅根据《联邦证据规则》第 401 条由其相关性及《联邦证据规则》第 403 条危险性来规制，不考虑陈述人的可信性。然而，这两种建议都没有得到联邦证据规则起草咨询委员会的认可。

---

① 参见［美］乔恩·R·华尔兹：《刑事证据大全》，何家弘等译，121～123 页，北京，中国人民公安大学出版社，2004。

② 参见［美］乔恩·R·华尔兹：《刑事证据大全》，何家弘等译，131 页，北京，中国人民公安大学出版社，2004。

美国西北大学艾伦教授提出，在民事诉讼中不再需要传闻规则，因为它带来了太大的成本："虽然许多传闻规则的例外都常常被人们注意到，却很少有人注意证据开示制度对该规则所带来的观念上的冲击。特别是在民事案件中，在刑事案件中也越来越多，证据开示的形式正在取代传闻规则"；"像其他的社会实践一样，也应当要求传闻规则降低其耗费，只有其在成本上具有正当性的情况下，才应当对之予以维持"。除艾伦教授之外，还有几位提出在民事案件中更为自由地采纳传闻证据的建议的教授，这种采纳需要以给对方足够的通知为前提。

然而，在刑事案件中传闻证据应当区别对待，对质条款确实对刑事案件中的传闻证据改革形成了限制。"大多数立法者、法院、律师和评论者都赞同，刑事被告人在人身自由方面的权益分量更重一些，因而要求检控方提供当场证人"。帕卡教授则分析了刑事起诉中独一无二的传闻风险问题。

这场关于传闻证据改革的争论表明：传闻证据对我们的审判证明制度的价值基础——对外行事实认定者的推论性推理活动的依赖，对证明活动的对抗性控制，以及松懈的司法控制——提出了根本性的挑战。①

（五）我国为何没有实行传闻证据规则

在我国，奉行"实事求是"的证据制度，在法律上只要能在一定程度上证明案情，都可以作为定案的根据。张三说，他听李四说了某种情况，在我国对于张三的证言予以采纳是不存在问题的，或者说在许多情况下还作为"证据相互印证"的例证。我们更多地强调证据的"客观性"和"关联性"，只要一项证据是"可靠如实"的就可以采信。传闻证据规则的问题，并没有引起我国司法界和理论界的普遍重视。

然而我们需要反思，为什么在英美如此发达的证据规则，在中国就不起作用了呢？我们分析，理由可能有四：

第一，传闻证据规则本身的例外情形太多，致使许多情形下采纳传闻证据不会产生太大的问题。例如上述日本和美国关于传闻证据例外的规定，只要是由于客观原因陈述人不能出庭作证，或者说证言内容显然真实可靠而没有出庭的必要，那么传闻证据都可以采纳。因此，传闻证据规则大量例外情形的存在，就使得排除传闻证据变得不是那么迫切和必要了。

第二，在我国的诉讼程序中，侦查和司法机关一般是会尽力找到原始证人的。一方面，侦查机关在找到破案线索之后，比如说找到了张三，张三说听李四给他说了什么情况，这时我们的侦查人员一般会按图索骥，直接找到目击证人或者是作案者；另一方面，我国法院的法官职权较大，可以主动调查取证，如发现相关证言的内容还没查证属实，可以主动进行调查。因此，尽管在法院审判中，证人作证会存在一定的"传闻"证言，但是问题并不是很突出。

第三，在我国法庭的对抗性不足，交叉询问机制没有完全建立起来。传闻证据规则的重要初衷是保障当事人交叉询问的权利，然而在我国，对抗制没有真正建立，询问证人的规则不健全，通过交叉询问来发现真相的机制尚未真正确立。

第四，在我国，绝大多数证人不出庭，排除传闻证据更是无法操作。我国当前证人的出庭

---

① 参见［美］罗纳德·J·艾伦等：《证据法》，3版，张保生、王进喜、赵滢译，675～682页，北京，高等教育出版社，2006。

率非常低，90%以上的证人不出庭。既然许多证人根本不到法庭来，那么意图通过直接审理，直接接触证人观察其表情、动作、态度等来发现真相更是无稽之谈。所以证人不出庭也导致了我国“书面传闻证言”的发达。

以上是我国没有确立传闻证据规则的部分重要理由。但是，“现实的不一定就是合理的”，许多因素、机制是需要我们建立和改进的，这同时也说明，传闻证据规则在我国的真正实施，还有一段很长的路要走。

2013年1月1日生效的现行《刑事诉讼法》及其司法解释没有确立传闻证据规则，仅仅是要求公诉人、当事人或者辩护人、诉讼代理人对证人证言有异议，且该证人证言对案件定罪量刑有重大影响，人民法院认为证人有必要出庭作证的，证人应当出庭作证。证人当庭作出的证言，经控辩双方质证、法庭查证属实的，应当作为定案的根据。证人当庭作出的证言与其庭前证言矛盾，证人能够作出合理解释，并有相关证据印证的，应当采信其庭审证言；不能作出合理解释，而其庭前证言有相关证据印证的，可以采信其庭前证言。经人民法院通知，证人没有正当理由拒绝出庭或者出庭后拒绝作证，法庭对其证言的真实性无法确认的，该证人证言不得作为定案的根据。

六、文书材料必须提交原件吗
——最佳证据规则

最佳证据规则是英国普通法上最古老的证据规则之一，也曾经是美国证据法上的灵魂支柱之一。其本意是指，查明某一特定的有关案件事实，只能采用能够寻找到的最为令人信服的、最有说服力的最佳证据方式证明。[①] 但发展到今天，最佳证据规则失去了其原意，适用范围仅限于书证，要求文书材料必须提供原始证据。

（一）最佳证据规则的界定和意义

最佳证据规则（best evidence rule）又称为原始证据规则（the original writing rule），是指以文书材料的内容证明案情时，必须提交原件。根据这条规则，原始的文书材料，无论对“文书材料”作如何广义的解释，都优先于它的复制品（次级证据），或者回忆其内容所作的口头陈述。正如在“赫济格诉斯韦夫特公司”案（Herzig v. Swift & Co.，146 F. 2d 444，第二巡回法院，1945年）的判决中所说的，“最佳证据规则在其现代的应用中仅指这样一条规则，即一份文书材料的内容必须通过引入文书本身来证明，除非对原始文书的缺失提出令人信服的理由”[②]。

最佳证据规则只适用于文字材料。美国《联邦证据规则》第1002条规定：“为证明文字、录音或照相的内容，要求提供该文字、录音或照相的原件，除非本证据规则或国会立法另有规定。”但是，随着科技的发展，这里的“文字”、“录音”、“照相”的含义要作广义解释。

1. “文字”和“录音”，包括文字、字母、单词、数字或其替代物，即通过书写、打字、

① 参见宋世杰：《证据学新论》，287页，北京，中国检察出版社，2002。

② ［美］乔恩·R·华尔兹：《刑事证据大全》，何家弘等译，421页，北京，中国人民公安大学出版社，2004。

印刷、影印、照相、磁脉冲、机械或电子录音或其他形式的数据汇编记载下来的。

2.“照相”，包括普通摄影、X射线胶片、录像带和电影胶卷。

而对于最佳证据中“原件”的含义，要注意区分：(1) 文字或录音的“原件”指的是该文字或录音材料本身，或者由制作人或签发人使其具有与原件同样效力的副本、复本；(2) 照相的“原件”包括底片或由底片冲印的任何胶片；(3) 如果数据储存在电脑或类似设备中，任何从电脑中打印或输出的能准确反映有关数据的可读物，都是“原件”。

但是，并非所有的文书材料都是写在纸上的，从最佳证据规则适用的对象看，它不仅指一份文件，还可能是带编号的警官徽章、一块刻有碑文的墓碑，也可能是刻字的订婚戒指，或带序号的发动机的主要部分，所以，对文书材料要作广义的理解。不过，最佳证据规则毕竟只适用于文书材料，比如，一张粉末法显现的指纹照片可以作为证据使用，起诉方就不必向法庭提供指纹所在的客体。“原始性”是诉讼当事人力求达到的，是案件本身的复杂性所要求的，最佳证据规则不适用于证人证言的录音，或者被告人供述的笔录，因为一个耳闻证人的证言或者被告人供述的人，可以在法庭上通过复述来作证，而不需要当初的录音或笔录。①

要注意，最佳证据规则并不适用于案件中所有的文书材料，只有那些与案件中重大争议问题相关的文书材料才适用，对于仅具有边缘性或次要性的文书材料，不适用这一证据规则。例如，一个证明被告人曾经招供的证人作证说，招供日期是在案发的第二天，他说他能确定是这个日期，因为他在当天的地方报纸上读到了这起案件的报道。那么，证人提到的这份报纸仅是附带的或边缘化的证据，法庭上无须出示报纸本身，更不必追究记者报道这起案件的原始材料。而判断一项文书材料是否是次要的证据，法庭需要考虑的因素包括：一是它看起来是否是案件中重大争议点的核心；二是它相关部分的复杂情况；三是有关文书材料内容本身是否真正存在着争议。②

最佳证据规则的理论基础很简单，就是当书写文件、录制品或影像被提供用以证明其内容时，原件的可靠性极有可能大于复制件的可靠性。“在自由的证据开示规则和现代电子复制技术产生之前，该规则被用来预防不完全或者欺骗性的证明。通过要求原件的所有者提出原件，该规则能够防止提出篡改过的复制件和扣押件的行为”，“该规则之现代正当理由，已经从预防欺诈扩展到这样的认识，即书写文件在法律中占有中心地位。当就书写文件的内容存在争议时，与关于某事件或其他情况的口头证言相比，关于书写文件所含措辞的口头证言存在更大的错误风险。人的记忆并非经常能够回忆起书写文件所包含的准确措辞，当就这些措辞存在争议时，只有书写文件本身或者真实的复制件才能提供可靠的证据”③。因此，最佳证据规则之所以要求书证必须提交原件，主要目的是防止证据传播环节的增加，而影响书证的可靠真实性。

---

① 参见［美］乔恩·R·华尔兹：《刑事证据大全》，何家弘等译，421～422页，北京，中国人民公安大学出版社，2004。

② 参见［美］乔恩·R·华尔兹：《刑事证据大全》，何家弘等译，421页，北京，中国人民公安大学出版社，2004。

③ ［美］罗纳德·J·艾伦等：《证据法》，3版，张保生、王进喜、赵滢译，683页，北京，高等教育出版社，2006。

（二）最佳证据规则的例外情形

按照最佳证据规则的要求，当事人在法庭出示的文书材料应当是原件，只有在特定情况下才允许采纳复制品和其他相关证据。

1.“复制品”的效力。复制品是指通过与原件同样印刷，或者以同一字模或通过照相手段制作的副本，包括放大或缩小制品，或者通过机械或电子的再录，或者通过化学的重制，或者通过其他相应手段准确复制原件的副本。对于复制品的可采性，美国《联邦证据规则》第1003条规定，“复制品可以与原件在同等上采纳”，但是下列情况除外：一是对复制品是否忠实于原件产生疑问的；二是以复制品替代原件采纳将导致不公正的。可见，《联邦证据规则》在大多数情况下允许证据提出者提出复制件，而不是原件，但对复制件的使用规定了两条例外。

2.“次级证据”（secondary evidence）的效力。一份重要文书材料的原件，例如一封信的原本，不能在审判期间作为证据提出，那么采用这封信的次级证据（也称“第二手证据”）时必须符合以下三个条件：一是能够证明原件在某个时候曾确实存在；二是能够证明存在过的原件是真实的；三是提出不能提供原件的正当理由。

就“不能提供原件的正当理由”所包含的情况，《联邦证据规则》第1004条和第1005条规定如下：

第一，原件遗失或者毁坏。所有原件均已遗失或者毁坏，但提供者出于不良动机遗失或者毁坏的除外。

第二，原件无法获得。不能通过适当的司法程序或行为获得原件。

第三，原件在对方掌握之中。原件处于该材料的出示对其不利的一方当事人的控制中，已通过送达原告起诉状或其他方式告知该当事人在听证时该材料的内容属于证明对象，但该当事人在听证时不能提供有关原件。

第四，附属事项。有关文字、录音或者照相与主要争议无紧密联系的情形。

第五，公共记录。官方记录的内容，或者经过授权记录、保存并已确实记录、保存的文件（包括各种数据汇编）的内容，如果其他方面允许采纳，那么可以通过提供按照鉴定规则证实无误的副本加以证明，或者由曾与原件作过比较的证人证明无误，如果此类副本经合理努力仍不能获得时，可以提供能证明该材料内容的其他证据。

另外，篇幅过长或者体积过大的文字资料、录音或照相不便在法庭接受审查时，可以用图表、摘要或者计算分析的方式出示，也就是通常所说的“摘要证人”（summary witness），通常由一位会计总结出记录，但是对方当事人应能够在合理的时间和地点进行审查。法庭也可以命令将它们在法庭上出示。

在不能提出原件所援引的上述例外原因得到证明后，第二手证据或者说次要证据可以被采纳。法官应对这项预先争执点作出决定，适用最佳证据规则经常会发生下面的争执点，即对于在审理时对方当事人提出的文书是不是原件，以及到底有没有原件发生争议。《联邦证据规则》第1008条“法庭和陪审团的职能”规定，“当证明有关文字、录音或照相内容的其他证据的可采性按照最佳证据规则取决于满足一定事实条件时，关于该事实条件是否已经具备的问题一般由法庭按照最佳证据例外的规则来确定”。

但是，下列争议——（1）所称文字资料是否存在过；（2）在法庭上出示的其他文字、录音或照相是否是原件；（3）其他证明该材料内容的证据是否正确反映了有关内容——则应与确定其他事实争议一样，留待事实裁判者或者说陪审团来确定。因此，要注意法官和陪审团在适用最佳证据规则时的不同职权。

（三）最佳证据规则在我国的实施

我国虽然没有“最佳证据规则”的称谓，但是相关规则还是有的，即被称为“原始证据优先”的规则。最高人民法院《关于适用〈中华人民共和国刑事诉讼法〉的解释》第69、70、71条和最高人民检察院《人民检察院刑事诉讼规则（试行）》第233条对此作了规定，《民事诉讼法》及其司法解释也有类似的内容。

我国现行“原件证据规则”的内容是：

1. 据以定案的书证应当是原件。取得原件确有困难的，可以使用副本、复制件。书证有更改或者更改迹象不能作出合理解释，或者书证的副本、复制件不能反映原件及其内容的，不得作为定案的根据。书证的副本、复制件，经与原件核对无误、经鉴定为真实或者以其他方式确认为真实的，可以作为定案的根据。

2. 据以定案的物证应当是原物。原物不便搬运，不易保存，依法应当由有关部门保管、处理，或者依法应当返还的，可以拍摄、制作足以反映原物外形和特征的照片、录像、复制品。物证的照片、录像、复制品，不能反映原物的外形和特征的，不得作为定案的根据。物证的照片、录像、复制品，经与原物核对无误、经鉴定为真实或者以其他方式确认为真实的，可以作为定案的根据。

3. 对物证、书证应当着重审查以下内容：物证、书证是否为原物、原件，是否经过辨认、鉴定；物证的照片、录像、复制品或者书证的副本、复制件是否与原物、原件相符，是否由二人以上制作，有无制作人关于制作过程以及原物、原件存放于何处的文字说明和签名。

4. 调取物证应当调取原物。原物不便搬运、保存，或者依法应当返还被害人，或者因保密工作需要不能调取原物的，可以将原物封存，并拍照、录像。对原物拍照或者录像应当足以反映原物的外形、内容。调取书证、视听资料应当调取原件。取得原件确有困难或者因保密需要不能调取原件的，可以调取副本或者复制件。调取书证、视听资料的副本、复制件和物证的照片、录像的，应当书面记明不能调取原件、原物的原因，制作过程和原件、原物的存放地点，并由制作人员和原书证、视听资料、物证持有人签名或者盖章。

5. 书证的副本、复制件，经与原件核实无误或者经鉴定证明为真实的，或者以其他方式确能证明其真实的，可以作为证据使用。书证有更改或者更改迹象不能作出合理解释的，或者书证的副本、复制件不能反映书证原件及其内容的，不能作为证据使用。物证的照片、录像或者复制品，书证的副本、复制件，视听资料、电子数据的复制件，应当附有关制作过程及原件、原物存放处的文字说明，并由制作人和物品持有人或者物品持有单位有关人员签名。

6. 2014年7月2日发布的《办理网络犯罪案件适用刑事诉讼程序若干问题的意见》规定了收集电子数据的原始证据优先规则：（1）收集、提取电子数据，能够获取原始存储介质的，应当封存原始存储介质，并制作笔录，记录原始存储介质的封存状态，由侦查人员、原始存储介质持有人签名或者盖章；持有人无法签名或者拒绝签名的，应当在笔录中注明，由见证人签名或者盖章。有条件的，侦查人员应当对相关活动进行录像。(2) 具有下列情形之一，无法获取原始存储介质的，可以提取电子数据，但应当在笔录中注明不能获取原始存储介质的原因、原始存储介质的存放地点等情况，并由侦查人员、电子数据持有人、提供人签名或者盖章；持有人、提供人无法签名或者拒绝签名的，应当在笔录中注明，由见证人签名或者盖章；有条件的，侦查人员应当对相关活动进行录像：1) 原始存储介质不便封存的；2) 提取计算机内存存储的数据、网络传输的数据等不是存储在存储介质上的电子数据的；3) 原始存储介质位于境外的；4) 其他无法获取原始存储介质的情形。

对于我国现行的"原件证据规则"，我们应当注意以下几点：

首先，我国将最佳证据规则的精神不仅适用于书证，而且扩大适用到物证，要求收集、调取的物证一般应当是原物，只有在原物不便搬运、不易保存或者依法应当返还被害人时，才可以拍摄足以反映原物外形或者内容的照片、录像。这应当说是具有进步意义的，因为限制物证复制品的使用，对于发现事实真相是有好处的。

其次，我国现有规定没有对原件和正本加以区分。因为在我国，正本是和副本相对应的，有时书证原件的法律效力不如正本的法律效力高，当然有些书证不存在正本、副本的问题，所以我们认为，从用语准确而言，我国应当规定：收集、调取的书证应当是原件、正本，只有在取得原件、正本有困难时，才可以使用副本或者复制件。

最后，我国就复制品、复制件使用的情形规定得过于模糊，仅仅规定在"取得原件确有困难时"，什么是"确有困难"却无法界定，法官的自由裁量权过大，从而可能导致"原件证据规则"难以严格执行。

另外，2015 年 2 月 4 日生效的最高人民法院《关于适用〈中华人民共和国民事诉讼法〉的解释》，确立了对方持有书证拒不提供时的处理规则：(1) 书证在对方当事人控制之下的，承担举证证明责任的当事人可以在举证期限届满前书面申请人民法院责令对方当事人提交。申请理由成立的，人民法院应当责令对方当事人提交，因提交书证所产生的费用，由申请人负担。对方当事人无正当理由拒不提交的，人民法院可以认定申请人所主张的书证内容为真实。(2) 持有书证的当事人以妨碍对方当事人使用为目的，毁灭有关书证或者实施其他致使书证不能使用行为的，人民法院可以依法对其处以罚款、拘留。

七、"亲亲相为隐"具有合理性吗
——证人特权规则

证人特权规则是指证人在特定情况下可以免除作证的义务。在中国，长期以来人们在抱怨证人作证难的同时，却忽视了对证人合法权益的保障；人们在一味追求证人出庭作证率的过程中，又淡漠了与此相关联的社会关系的保护。因此，关注和重视证人权益，加强对与此相关联的社会关系的保护，实现利益价值选择的均衡，乃是摆在我们面前的重要课题。为使本节的阐述不流于抽象，我们拟从几则具体的案例谈起：

例 1：一天深夜，小偷甲趁乙出差之机，潜入其家中行窃。行窃过程中，乙与其妻丙突然返回，甲见无处藏身，只得钻进乙的床底躲避。正逢乙、丙密谈行贿受贿之事，甲俱听耳中。事后，乙、丙东窗事发。问：甲可否作为此案的证人？

例 2：某县一青年女工 A，在下夜班途中被一蒙面大汉强奸。时有老头 B 路过，发现此景，迅速报案。公安人员及时赶到，将此强奸犯抓获，最后发现，此人竟是老头 B 的亲生儿子。问：此时老头 B 还应否作证？

例 3：小丁、小毛、小虎、小朱几个小孩一起玩过家家游戏，小丁不慎将燃起的火柴蹭到小毛身上。小毛全身烧伤，于是起诉小丁，要求赔偿。小丁、小毛、小虎、小朱皆 5 岁。问：小虎、小朱能否作为本案的证人？

例 4：涉嫌贩毒的布什马特，聘请律师莱克斯为其辩护人。在两人的接触中，布什马特告诉律师莱克斯，两年前他还曾参与了对一家银行的抢劫。不久，布什马特的抢劫一事事发。问：莱克斯律师可否作为布什马特抢劫一案中的证人？

例 5：一日，某报头版头条公开报道——某著名演员 W 患有艾滋病，舆论随之哗然。演员 W 即以侵犯名誉权为由，对某报社及其记者提起诉讼。然该记者称，此消息系从另一报社记者 Y 处获知。于是，演员 W 向法院申请记者 Y 出庭作证，追问其消息来源。而庭审中，Y 答曰：我乃记者，此系职业秘密，恕不奉告。问：记者 Y 应否作证？

例 6：某 K 到一外科医生 D 处整容，D 问：为何整容？答曰：面目不佳，老公不悦，故为美容也。岂料，整容后其夫更不满意，K 遂到法院起诉离婚。问：医生 D 能否作为本案的证人？

例 7：一日，某忏悔者到神父面前忏悔。神父曰：你为何忏悔？答曰：我罪孽深重呀！十年前我曾亲手杀死了一个人。问：神父能否揭发该人的罪行？

综上观之，几则案例足以引起我们的深思。证人作证特权问题，是一个迫切需要解决的理论与实践问题，具有重大的研究价值与现实意义。

（一）证人作证特权的界定

“证人作证特权”（privilege witness）又称为证人“豁免权”、“作证特免权”或者“证言拒绝权”，是特指负有作证义务的证人，在特殊情形时，有权依法免除作证义务。其核心内容在于，“一个证人可依法对已掌握的有关案情的事实不予陈述，拒绝法庭对其进行调查询问以及提供有关的证据材料”[①]。

可见，依此定义，证人享有“作证特权”的前提，在于他/她[②]首先应是个“证人”，也就是应当具备证人的资格。这点非常重要，因为如果一个人连“证人”都不是，又何以谈“作证特权”呢？同时，这个证人还必须是“负有作证义务的”。这是不是意味着还存在着“不负有作证义务”的证人？我们认为，这是存在的。哪些人？就是被免除作证义务的人——这难免有循环论证之嫌。但不能作如此字面的理解，因为如果肯定了“不负作证义务”的证人的存在，实际上就是肯定了知道案情的“证人”可与其“作证义务”相分离的观点。

而按照传统理论，证人的适格性与可强迫性是相一致的，或者至少是“相联系”的。[③] 凡是证人，都有义务作证，这是我们的一贯立场。比如我国《刑事诉讼法》第 60 条第 1 款明确

① 毕玉谦：《民事证据法判例实务研究》，113 页，北京，法律出版社，1999。

② 这里用“他/她”的同时，表明了作者倾向于证人只能是“自然人”而不能是“单位”的观点。

③ 参见常怡主编：《民事诉讼法学》，189 页，北京，中国政法大学出版社，1999。

规定："凡是知道案件情况的人，都有作证的义务。"[①] 但果真如此吗？我们不以为然。因为证人的适格性（competency）的关键，主要是解决证人能力或者证人资格的问题，也就是哪些人有权作证。一般认为，自然人只要具备四个条件，就有资格作证：（1）有感受和记忆能力；（2）能正确表达；（3）亲自耳闻目睹了案件事实；（4）理解宣誓作证的义务。[②] 而证人的可强迫性（compellability），是指对适格的证人可以强迫其出庭作证，而对于拒不出庭作证的，法律将给予一定的惩戒。在证人的适格性与可强迫性的关系上，一般学者认为："证人的适格性是可强迫性的前提，不具有适格性的人，就不具有可强迫性；具有可强迫性者，必须是适格的证人。"这实际上是同义反复，对问题的另一方面——"具有适格性的证人，未必可以强迫作证"避而未谈。我们认为这是不全面的，事实上，证人的适格性与可强迫性是可以分离的，"证人作证特权"就是这种分离的体现。

另外，关于"证人作证特权"的性质[③]，有学者认为，它是一种"公法上的抗辩权"，并阐述道："将证言拒绝权的性质界定为公法上的权利，其实就是将证言拒绝权限定为法定权利，只要符合法律规定的情形出现，就有可能行使该权利。这样规定的目的，一可以排除证人等基于民事实体法上意思自治等原则将私法权利扩大为公法权利，二可以明确该权利的重要性质，禁止证人滥用该权利。"[④] 我们认为，这种将"证人作证特权"的性质界定为"公法上抗辩权"的做法，有失偏颇。毫无疑问，证人作证涉及公共利益，它具有公法上的属性，但同时它又会体现出私法上的特点，这在民事案件中表现得尤为突出。比如，在一货物买卖合同纠纷中，某享有作证特权的证人，就可以通过与一方当事人的讨价还价来决定自己是否放弃作证特免权。因此，"证人作证特权"的任意处置性，一定程度上也显示了这种权利的私权性质。所以，"证人作证特权"——较恰当地说，兼具公权与私权的特性。

（二）证人作证特权的体现

证人作证特权的内容，主要表现为以下几个方面：

1. 公务特权。证人有权就有关公务秘密的问题拒绝回答。例如，英国法律规定，本国国王（或元首）、外国国王（或元首）、驻外大使、高级专员和外交官，不能被迫作证；日本《民事诉讼法》第 272 条、第 273 条和第 274 条对此也予以有条件的承认，该法规定"以官吏或曾为官吏的人为证人而就其职务上的秘密进行询问时，法院应得到该监督官厅的许可"，以内阁总理大臣、其他国务大臣、众议院、参议院议员或曾任其职务的人为证人，而就其职务上的秘密进行询问时，法院应得到内阁或众议院、参议院的许可。而在德国，以法官、公务员或其他

---

① 这是我们强调证人应出庭作证的立法依据，但事与愿违，我们越是对证人的要求苛刻，证人作证的现状就越不尽如人意。

② 前文中的例 3，实际上涉及的就是证人资格问题，也就是年幼（年仅 5 岁）的小孩能不能作证的问题。我们认为，这是可以的。因为，虽然 10 周岁以下的未成年人系无行为能力人，对复杂事物的性质不能作出准确的判断与陈述，但仍能进行一些与其智力水平相当的社会活动，对一些易于理解的事物应当允许其作证，比如当事人的性别、衣服的颜色、气味的香臭等。本案中，小虎、小朱作为事故的目睹者，对于火灾的肇事人，是应当有清醒认识的，所以他们可以作为本案的证人。

③ 这实际上也与证据法的性质有关。

④ ［日］兼子一、松浦馨、新堂幸司、竹下守夫：《条解民事诉讼法》，997 页，日本，弘文堂，1986。转引自刘荣军：《论证人的证言拒绝权》，载《法学》，1999（5）。

从事公务的人为证人时，询问关于职务上应守秘密的事项，以及是否许可其作证的问题，适用公务员法中的特别规定。我国台湾地区对此也有类似的规定。

在美国，联邦政府根据透露的证据会给美国国防或美国国际关系造成损害危险的恰当可能性，有权拒绝提供证据或者阻止任何人提供证据。在“合众国诉雷诺兹”（1953 年）一案中这一点表现得尤为突出：三个非军方观察员在一架军用飞机坠毁事故中遇难，他们的妻子对联邦政府提起诉讼，试图获取空军正式的事故报告（其中一些数据与空军正在试验的电子装备有关）。最后，最高法院未予支持，最高法院说：军事和国家机密特免权已“在证据法中得到充分的确立”，这项特免权的存在“从未受到怀疑”[①]。

可见，对从事公务的人员在职业活动中获取的秘密予以特殊保护，免除其就此作证的义务，这是世界各国的普遍做法。

2. 拒绝自陷于罪的特权。如果证人提供证言，有可能使自己或自己的亲属受牵连以至受刑事追究或被判有罪时，就可以免除该证人提供证言的义务。这一原则是被告人所享有的“拒绝自证其罪特权”（privilege against self-incrimination）的延伸，它最早起源于 1215 年的英国大宪章，后在世界各国中得到普遍确立。

日本《民事诉讼法》第 280 条规定：“关于可以使证人或下列的人招致刑事上的追诉或处罚的证言，证人可以拒绝，关于可以使这些人蒙受耻辱的证言亦同：一、证人的配偶、四亲等内的血亲或三亲等内的姻亲或与证人曾有此等亲属关系的；二、证人的监护人或受证人监护的；三、证人作为主人而侍奉的人。”德国《民事诉讼法》第 384 条规定，当对某些问题的回答，将会对证人或证人的有关亲属引起不名誉或使其因犯罪或违警行为而有受追诉的危险时，该证人有权拒绝作证。我国台湾地区“民事诉讼法”第 307 条第 3 款也声明，因证人作证，足以致证人或与证人有配偶、前配偶、未婚配偶或四亲等内之血亲、三亲等内之姻亲或曾有此亲属关系的人，或有监护关系的人将受到刑事追诉或蒙受耻辱的，有权拒绝作证。

证人所享有的拒绝自陷于罪的特权不仅适用于民事、刑事审判程序、大陪审团调查程序（美国），而且适用于行政的、立法机关的听证、调查程序。[②] 这种特权的特点表现为：（1）在适用主体上，较为宽泛，既适用于证人，又适用于证人的亲属[③]；（2）在适用事由上，既有可能是招致刑事追诉或处罚的事项，也包括名誉上受损（disruption）的情形，还有财产上权益受到侵害的情况。可见，证人享有拒绝自陷于罪的特权，对证人权益保障的力度是很大的。

前文中的例 1 实际上就反映了这个问题，倘若小偷甲作为乙、丙贪污、受贿一案的证人，就很可能使他自己处于不利的境地——盗窃行为被发现，自身受到牵连。因此，有必要赋予甲拒绝自陷于罪的特权，对其作证义务予以豁免，以避免作证而对自身造成的不利影响。

3. “亲亲相为隐”的特权。这是指夫妻之间或者特定亲等的亲属之间，不得就从对方获知的信息作证或作不利于对方陈述。如德国《民事诉讼法》第 383 条第 1 款规定，凡证人遇以下婚姻关系或亲属关系的，有权拒绝作证：（1）系当事人一方的未婚配偶；（2）系当事人一方的配偶，包括婚姻关系已不存在的；（3）系现在或者过去是当事人一方的直系血亲或直系姻亲，

① ［美］乔恩·R·华尔兹：《刑事证据大全》，何家弘等译，298～299 页，北京，中国人民公安大学出版社，2004。

② 参见崔敏、张文清主编：《刑事证据的理论与实践》，341 页，北京，中国人民公安大学出版社，1992。

③ 在视被告人为证人的英美法系国家，当然地也适用于被告人，因为被告人本身就享有沉默权。

或三亲等以内的旁系血亲，或二亲等以内的旁系姻亲。而菲律宾新《证据规则》第130节第25条“父母子女的特权”中规定，任何人都不得被强迫作证反对其父母及其他直系尊亲属、子女及其他直系卑亲属。而在一个有数位被告的诉讼程序中，证人虽只与该数位证人中之一人有亲属关系，但仍有拒绝作证的权利。我国台湾地区对有关身份关系的规定更为宽泛。[①] 证人凡有下列情形之一者，得拒绝作证：(1) 现为或曾为被告或自诉人之配偶、五亲等内之血亲、三亲等内之姻亲或家长、家属者；(2) 与被告或自诉人订有婚约者；(3) 现为或曾为被告或自诉人之法定代理人或现由或曾由被告或自诉人为其法定代理人者。我国香港地区，根据《诉讼证据条例》的规定，拒绝作证权主要体现在夫妻之间，任何诉讼事件，都不得强使夫或妻泄露婚姻期间所收其配偶之通讯。而在美国，婚姻特权包括拒绝提供不利对方的证据权和夫妻间的谈话守秘权，但能够证明夫妻间交谈内容的其他证人，可以在法庭中予以披露。可见，赋予夫妻和特定亲属之间的作证特权，是世界各国证据立法的普遍趋势。这对于维持人们正常的伦理道德观，不无益处。

反观前文中的例2，实际上就存在这样的问题：老头B要么不作证——这违背了他证人的作证义务；要么作证——指控自己的亲生儿子，但这在情感上又是不能接受的。因此，倘若确立了“亲亲相为隐”的免证规则，我们就可以说，知道案件事实和必须出庭作证是可以相分离的，老头B虽然目睹了案情，但无须作证，因为法律免除了他的作证义务。

4. 职务上的特权。这是指证人由于职务上或业务上的保密义务而享有的作证特权，它是基于保护特定职务上的社会关系而产生的。至今，在美国享有作证特权的职务关系有：律师与其当事人、医生与病人、心理治疗人员与病人、神职人员与忏悔者，甚至新闻记者、告发人都享有特权（不得暴露提供情报人身份的特权）。而加拿大《证据法》第41条和第42条，也分别规定了对因职业关系所获得的应当受到保密的事项以及律师与委托人之间的保密事项，证人享有拒绝作证权。

在日本，医师、牙科医师、助产士、护士、律师、代办人、公证人、宗教在职人员或担任过这些职务的人，对由于受业务上的委托而得知的有关他人的秘密，有权拒绝提供证言。原联邦德国刑事诉讼法典对职务上特权规定的范围更宽、更具体：除上述情形外，法定代理人、专利代理人、宣过誓的会计员和查账员、税收顾问和指定的税收代理人、药剂师等，对因其身份被告知或得知的秘密事项，可以拒绝作为证言提供。

正是基于对特定领域社会关系的保护，像律师、医生、神职人员等借助其特殊身份而获知有关事项的，在法庭作证时应当予以豁免，否则，不利于这些行业的发展和职业群体信赖感的形成。前文例4、例5、例6、例7等情形，就可适用这种作证特免权的规定。

综上所述，“公务特权”、“拒绝自陷于罪”的特权、“亲亲相为隐”的特权、“职务上的特权”，是证人作证特权的重要体现。世界各国在具体做法上可能有所差异，但立法中所包含的基本精神是相同的。

(三) 证人作证特权的正当化分析

通过上文的论述，我们知道，证人作证特权是一种相对权，而不是绝对权，它并不是不受

① 参见柯葛壮：《刑事诉讼法比较》，220页，福州，福建人民出版社，1999。

限制的，而是要受到法官、相对人或社会公共利益等多方面的制约，世界各国在此问题上的大量"但书"规定，即是明证。[①]

应该说，国家为了保护公共利益和诉讼的顺利进行，维护社会正义，普遍规定了证人负有作证的义务；为确保证人作证义务的履行，又都规定了当证人拒绝作证时，国家可以采取一定的硬性手段强制其作证，这种立法的初衷是可以理解的。但在现实中又是容易产生流变的。因为，"这一强制性规定必然会对证人的自由权利构成一定的限制。尽管我们从确保社会公正的角度来审视这一规定，或者即便从一般的个人利益与社会利益的平衡来看，都不会去怀疑立法的目的。然而，同样在证人权利和社会、法律利益的比较之间，在法律强制之下的证人作证对他们自身造成的损害也是令人十分惊讶的。这不得不使我们对良好意图支配下制定的法律在适用于社会现实时，法律的妥当性是否还能保全产生深刻的怀疑"[②]。毕竟，当我们在保护一种社会利益的同时，不宜忽视其他利益的保障，还应照顾各种利益的均衡，也就是说，当我们维护一项社会正义的时候，还应考虑会不会造成另一种不公正。

证人作证特权，就是这种利益均衡的产物。也就是说，它是为了克服片面强调证人作证义务所带来的消极影响而诞生的，它重视证人利益和与此相关的特定社会利益，它珍视人与人之间关系的和谐，它反对对证人动辄施暴（如惩以"藐视法庭罪"），更反对为了追求某种形而上学的"案件利益"，而牺牲更大的社会整体利益或者某种更值珍视的社会关系。或者说，证人作证特权的目的，在于促进某种社会关系的发展。借用华尔兹先生的话说，这种特免权存在的一个基本理由是："社会期望通过保守秘密来促进某种关系。社会极度重视某些关系，宁愿为捍卫保守秘密的性质，甚至不惜失去与案件结局关系的重大情报（例如，很难想象有什么事情比'律师—当事人'特免权更能阻碍事实的查明）。"[③] 或许说，这正是证人作证特权的最大价值所在。

应当承认，片面强调证人出庭作证义务的立法在实践中所产生的消极影响，是很难靠"不公开审判"等一般制度性措施予以预防的。[④] 唯有彻底确立证人作证的特权制度，才能真正地制约前述消极影响。

首先，证人作证特权制度的价值，在于它是对证人人权保障的体现。应该从宪法和宪政的角度来考虑这个问题，因为任何人所享有的拒绝自证有罪的特权（no person shall be compelled in any criminal case to be a witness against himself），表面上是个诉讼权利问题，实际上是个涉及公民的宪法性权利和国家根本利益的问题，它不仅适用于被告人，而且适用于证人；不仅适用于刑事案件，而且在"民事诉讼、民事程序、行政诉讼以及行政程序中，只要某人的证言有被用来在未来的刑事案件中证明他有罪的倾向时，他也同样享有这项权利"。或者说，"如果某一证言本身就带有明显的对提供证言的人自证有罪的倾向，根据法律规定，毫无疑问，他享有

---

① 如对于"职务上的特权"，日本《刑事诉讼法》规定，本人已经承诺揭露秘密内容时，或者认为只是为了被告人的利益而滥用拒证权时（被告人为本人时除外），以及出现其他法院规定的事由时，证人不得拒绝提供证言。

② 刘荣军：《论证人的证言拒绝权》，载《法学》，1999（5）。

③ ［美］乔恩·R·华尔兹：《刑事证据大全》，何家弘等译，283页，北京，中国人民公安大学出版社，2004。

④ 我国不公开审判主要针对"国家秘密"和"个人隐私"的案件等两种情形，但在案件涉及"国家秘密"、"个人隐私"时，证人仍需作证，这很难避免对社会伦理道德的侵犯和对证人职务利益的违反。

拒绝自证有罪的权利"[①]。"拒绝自陷于罪"的作证特免权，就是这种权利的体现。

应当说，处于对立的诉讼结构中，任何人都没有义务协助对方追究自己的责任。在美国，证人所享有的"拒绝自陷于罪"的特权，通常被认为是一项"基本的"、"非常重要的"权利，英国等一些法学家也主张，这是最重要的个人特权之一。他们认为，"这项特权的确立，是为了纠正政府官员为取得证据不惜采取任何强迫手段，以使人受到刑事惩罚的传统做法，是为了加强政府官员承担证明被告人有罪的责任感。同时，证人享有此项特权，可以消除后顾之忧，毫无顾忌地提供证言"[②]。可见，"豁免"的功能，就在于消除证人被刑事追究的危险，让证人大胆作证。而要做到这点，两项配套措施的实施尤为重要：一是罪行豁免制度（transactional immunity），二是证据禁用制度（use immunity）。前者是指如果某人对某事提供了证据，或者在与此案相关的问题上作过证，则永远不再就此事对该证人提起刑事诉讼；而后者乃指，经许诺豁免而取得的证言或其他证据材料，以及以此为线索找到的其他证据，不得在将来任何刑事诉讼中作为于他不利的证据而使用。

由此观之，前文的例1中，小偷甲享有拒绝自陷于罪的特权，但如果要求他作证，那么除非免除他盗窃的刑事责任，或者对他在作证过程中暴露出来的盗窃线索和相关证据，不予采信[③]，否则不能强迫他作证。当然，在许多国家，对"罪行豁免"的措施很少采用，但"证据禁用"的实施却较为广泛。

其次，证人作证特权制度的价值，还在于它体现了对人文精神的关怀和亲情关系的尊重，以及对正常社会伦理道德观的维持。证人作证特权制度，不仅保障证人的利益，而且还延及对其亲属的保护。这与我国古代所形成的"亲亲相为隐"原则非常类似，所谓"《春秋》之义，为亲者讳"[④]，"父为子隐，子为父隐，直在其中矣"[⑤]。对于共同生活的亲属，以及"大功以上亲及外祖父母、外孙，若（及）孙之妇、夫之兄弟及兄弟妻"之间"有罪相为隐"的，"皆勿论"。应该说，除去其中封建性的东西，它是非常有道理的。因为强制性地要求一个人揭发自己的父母、兄弟姐妹或者配偶、子女，这在心理上是无论如何也很难接受的，即使"这种类型中的人被强迫陈述时，其证言的价值亦不高，这种强行迫害家庭隐私的方式无法使其价值合理化"——由于每个人都是"血性动物"，具有情感，让一个人昧着自己的良心来指控自己的亲人，这无异于是对人性的摧残。所谓"大义灭亲"，这是很难做到的。[⑥] 倘若"亲亲不得隐"，那么必然是夫妻之间相互提防，父母兄弟之间相互猜疑，生怕有朝一日，现在的陈述成为不利于己的证据，正所谓人人自危，亲人之间的亲情、信任丧失殆尽，社会的伦理道德观念很难维持。而这又必然会危及社会最基本的构成单位——家庭的安定、团结和友爱，进而危及整个社会的稳定与有序。鉴于此，世界各国普遍规定了"亲亲相为隐"的作证特权规则，这不啻反映

---

① 王以真主编：《外国刑事诉讼法学参考资料》，428页，北京，北京大学出版社，1995。

② 崔敏、张文清主编：《刑事证据的理论与实践》，341页，北京，中国人民公安大学出版社，1992。

③ 按照我国《刑法》规定，对犯罪嫌疑人检举其他犯罪的，可以按照"立功"处理。

④ 《论语·子路》。

⑤ 《汉书·济川王传》。

⑥ 我们在赞扬"大义灭亲"的同时，也不得不对"大义灭亲"者本人的人格产生怀疑——比如，亲手杀死自己的父亲，又于心何忍？当然，在现代文明司法下，按照利益规避原则，想"大义灭亲"，也是很难做到的，因为一个有利害关系的人，是无权参与案件审理的。

了世界人民的共同心声。在前文例 2 中，老头 B 完全可以以自己的儿子涉嫌犯罪为由，拒绝作证。

最后，证人作证特权的制度价值，还在于它体现了对特定社会关系的保护和对社会公共利益的维护。众所周知，一个社会的有效运转，依赖于各个行业的存在与健康发展。但如果允许律师可以出示当事人的证据，医生可以透露病人的隐私，神父可以告发忏悔者的罪行，这无异于监守自盗，其结果将是：当事人不敢请律师，病人或忏悔者不敢向医生或神父吐露真情，生怕他们哪天变成了“便衣警察”，转而告发自己，这实际上将会使整个律师、医院、宗教行业的存在与发展，名存实亡，形同虚设。

所以，为了整个社会行业群体与职业道德感的形成，为了有效维护社会公共利益，有必要作出证人“职务作证特权”的规定，即“以职务上业务上有守秘密之义务，恒规定于有关职务或业务之法令，或依交易惯例如此，若强令违背法令规定或交易惯例之秘密义务，而为陈述，自非事理之平，故法律亦许其拒绝证言。职务上或业务上之秘密，如公务员、律师、会计师、宗教师、医师、药剂师、助产士等或曾居此地位之人，依法令或委托之意旨或交易之惯例，有负秘密义务者，均得拒绝证言”①。虽然“律师—当事人”特免权的“益处都是间接的和理论上的；他的障碍是直接的和具体的”②，但仍有实施的必要。前文中的例 4、例 5、例 6、例 7 就反映了这个问题。③

应当说，证人作证特权的正当化根据在于追求各种价值目标的均衡，但在实际操作中又会产生一系列的问题。比如，承认证人作证特权，有时会导致真正有罪的人难以被追究（如前文例 2 中，对强奸指控就少了一个目击证人）或实际的案件客观情况难以被发现，这是不是意味着放纵犯罪、保护恶人？这与我们一贯倡导的“客观真实”与“实事求是”原则是不是相矛盾？

应当说，证人作证特权制度，就是“以牺牲发现真实为代价，来换取法律所保护的更重要的国家、社会以及个人价值、利益的实现”，在“保护知情人的私人利益与提供事实真相的冲突中，从现实的要求出发，保护知情人的现实利益在一定程度上，要比查明案件真相更有价值”④。因此，证人作证特权原则一旦在我国真正确立，它势必会对人们的一些传统思想观念造成冲击。

（四）我国证人作证特权制度的反思与立法建议

长期以来，我们片面强调国家本位、整体利益，往往忽视了对个体权益、局部利益的保障；由于长期受一种形而上学立法思想的指导，我们的法律条文往往简单、粗糙、缺乏可操作

---

① 王甲乙等：《民事诉讼法新论》，397 页，台北，广益印书局，1983。

② ［美］乔恩·R·华尔兹：《刑事证据大全》，何家弘等译，283 页，北京，中国人民公安大学出版社，2004。

③ 当然，对于前文例 5 中记者的“秘密特权”，这是一直存在争议的。例如，法国《刑事诉讼法》第 109 条就规定：“新闻记者作为证人被传唤就其执行职务收集到的信息作证时，有权不泄露其消息来源。”而本案中，我们认为，记者 Y 的信息来源是否可靠构成了本案裁判名誉侵权是否成立的基础，所以记者 Y 不能行使拒证特权。具体分析，参见［英］丹宁勋爵：《法律的正当程序》，李克强等译，29～33 页，北京，法律出版社，1999。

④ 刘荣军：《论证人的证言拒绝权》，载《法学》，1999（5）；毕玉谦：《民事证据法及其程序功能》，58 页，北京，法律出版社，1997。

性。三大诉讼法中关于证人作证的规定就是一例：它们皆要求凡是知道案情的人，都有作证的义务，然而证人的权利却与义务脱节，仅规定证人的作证义务，而缺乏相应的权利保障，且对证人科加的义务较为苛刻，还没有相关例外可以援用；仅有的一点点关于"证人权利"的苍白宣示，在实践中也很难奏效。可以说，立法上的先天性不足和把证人仅仅视作一个义务客体而不是权利主体的观念[①]，是造成当前证人出庭作证难的两个重要因素。

就是在这种立法思想的指导下，我国关于证人作证特权的规定几乎阙如，就是已有的规定，也是千疮百孔，漏洞百出。[②] 许多该立的法未立，许多该制定的规定未制定。就拿"亲亲相为隐"的作证特权来说，世界各国和地区（包括我国台湾地区）都有相关的规定。我国本是文明的"礼仪之邦"，人们非常重视亲情关系的和谐，照理我们应该对此作出规定。但相反，我国只规定了不论是何人、何时、何地，只要知道案情，都有义务作证。"这样过分僵化的规定，在案件事实查明的同时，也损害了证人及其他相关公民的私人利益"[③]，它不仅与世界各国普遍的做法相悖，而且与我国极度重视亲情的历史文化传统不相合拍——难以理解的是，我们的立法者当初为什么会作出这样"绝情"的规定?[④] 事实上，这里有一种思想在作怪——即做什么事都要讲究"实事求是，该怎么办就怎么办"。这其中深层次的根源就是我们仅仅把诉讼活动视为一种发现客观真实的认识活动，以为查明了客观真实，就维护了社会正义。但往往事与愿违，这样做的结果有时非但不能实现真正的正义，还极可能造成另外一种不公。

鉴于我国立法的缺陷和不完善，我们认为，今后我国的刑事证据立法，"不应该单纯强调证人的作证义务，甚至过分强调立即采取制裁措施强制证人作证。相反，应该客观、冷静地看待证人作证义务与权利保障之间是否存在失衡状态，承认证人在符合法律精神前提下的拒绝提供证言的权利"[⑤]。当然，我们不能盲目地照搬国外的做法，而应结合我国的实际，借鉴国际上的经验，制定出适合我国国情的证人作证特权规则，以加强对证人及其相关社会权益的保障。

从中国政法大学证据科学研究院组织的调研结果来看，有近六成法官认为需要赋予特定人作证的特免权，而四成法官认为不需要。对于赋予特免权的特定群体，特定亲属的比例最高，达到 82.79%；律师次之，接近五成；再其次是医护人员。（参见图 12—5、图 12—6）

因此，在我国将来制定的刑事证据规则中，应该有"证人作证特免权"的一席之地。可喜的是，2013 年 1 月 1 日起生效的现行《刑事诉讼法》第 188 条规定："经人民法院通知，证人没有正当理由不出庭作证的，人民法院可以强制其到庭，但是被告人的配偶、父母、子女除

---

① 参见陈建军、罗正明：《对新刑诉法关于证人条件及其权利保障问题的几点思考》，载《长沙电力学院社会科学学报》，1997（4）。

② 我国三大诉讼法中对于涉及"国家秘密"、"个人隐私"案件的处理，仅仅是规定"不公开审理"，而不是可以"拒绝作证"。《律师法》第 38 条规定，"律师应当保守在执业活动中知悉的国家秘密、商业秘密，不得泄露当事人的隐私"，但何谓"隐私"未能很好地界定。

③ 齐树洁：《论完善我国民事诉讼证人制度》，载樊崇义主编：《诉讼法学新探》，365 页，北京，中国法制出版社，2000。

④ 这种"绝情"的规定在我国其他诉讼制度中也有所体现。比如，我国关于回避事由之一"近亲属"的规定，范围就明显过窄，它把婆媳关系、甥舅关系、表兄弟关系等中国人自认为较近的一些亲属关系排除在外，明显地具有不合理性。具体内容，参见胡锡庆主编：《诉讼法专论》，第六章"诉讼制度比较论"，北京，中国法制出版社，2000。

⑤ 刘荣军：《论证人的证言拒绝权》，载《法学》，1999（5）。

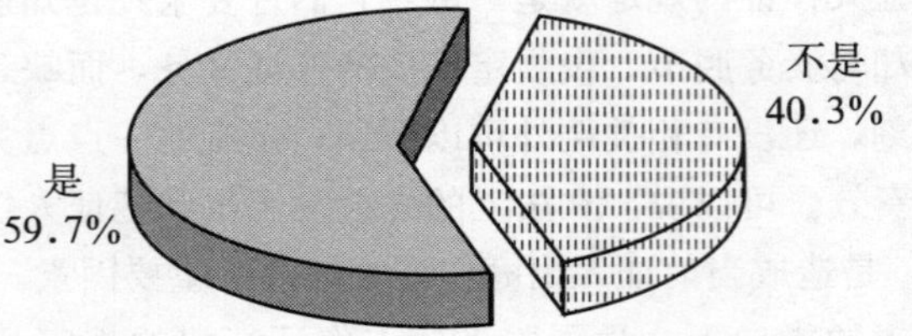

图 12—5　法官是否认为应当赋予某些特定人作证的特免权

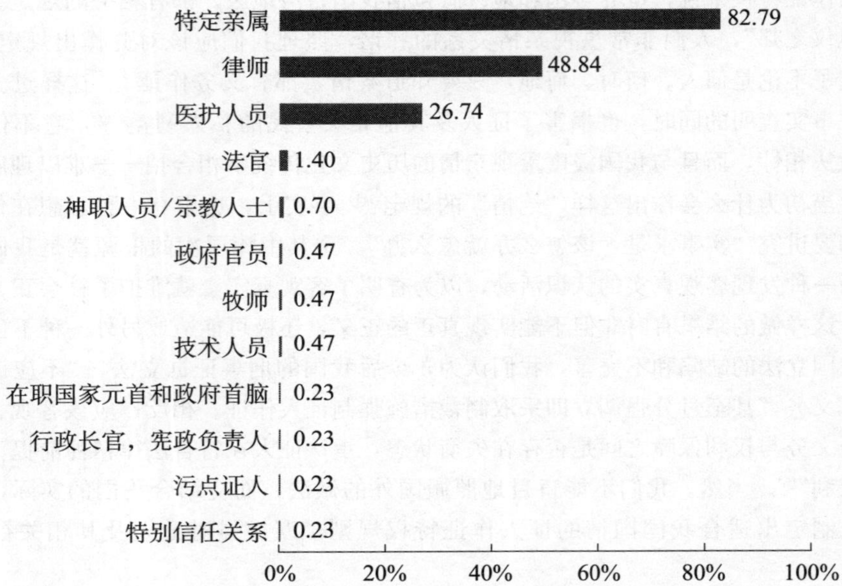

图 12—6　哪些人应该被赋予作证的特免权

外。”该条吸收了“亲亲相为隐”的成分，部分确立了“证人作证特免权”。但是，这一规定对于其他方面的作证特免权没有提及，同时对于被告人的配偶、父母、子女不能“强制其到庭”，并不意味着不能“强制其作证”，同时在一定程度上也剥夺了被告人对不出庭证人的质证权。因此，该规定是非常有局限性的。

问题与思考

1. 如何理解刑事证据规则的性质、体系与功能？

2. 非法证据排除规则的种类包括哪些？

3. 我国现有的非法证据排除规则有何缺陷？如何认识现行《刑事诉讼法》及其司法解释对我国刑事非法证据排除规则的发展？

4. 不被强迫自证其罪规则在我国如何实现？

5. 补强证据规则的性质和功能是什么？

6. 传闻证据规则的例外有哪些?
7. 最佳证据规则的含义是什么?
8. 证人特权规则具有合理性吗?

阅读文献

1. ［美］乔恩·R·华尔兹. 刑事证据大全. 何家弘等译. 北京：中国人民公安大学出版社，2004

2. ［美］罗纳德·J·艾伦等. 证据法. 3版. 张保生，王进喜，赵滢译. 北京：高等教育出版社，2006

3. ［日］田口守一. 刑事诉讼法. 刘迪等译. 北京：法律出版社，2000

4. 黄朝义. 刑事证据法研究. 2版. 台北：元照出版公司，2000

5. 蔡墩铭. 刑事证据法论. 台北：五南图书出版公司，2000

6. 林钰雄. 刑事诉讼法. 北京：中国人民大学出版社，2005

7. 卞建林主编. 刑事证明理论. 北京：中国人民公安大学出版社，2004

8. 刘善春，毕玉谦，郑旭. 诉讼证据规则研究. 北京：中国法制出版社，2000

9. 陈瑞华. 刑事诉讼的前沿问题. 北京：中国人民大学出版社，2005

10. 宋世杰. 证据学新论. 北京：中国检察出版社，2002

11. 陈瑞华. 从“证据学”走向“证据法学”. 法商研究，2006 (3)

12. 房保国. 证人作证豁免权探析. 法律科学，2001 (4)

13. 房保国. 刑事证据规则实证研究. 北京：中国人民大学出版社，2010

14. 陈瑞华. 刑事证据法学. 北京：北京大学出版社，2012

第十三章

民事诉讼有哪些特殊的证明规则

引　言

民事诉讼与刑事诉讼、行政诉讼有很大的不同，尤其是与刑事诉讼，其差异就更加明显。三大诉讼的差异也体现在证据制度上。在民事诉讼中，为了促进当事人和解，使诉讼更有效率，民事诉讼法规定了举证时限、证据交换等制度。在民事诉讼领域，法律、司法解释对无需证明的事实、法院对证据的职权收集、举证责任的承担，也有特殊的规定。特别是举证责任的承担还涉及许多实体法的规定。因此需要在学习中对这些内容特别注意，正确把握其特点及制度运用。

关键术语

举证期限　新证据　证据交换　证明对象　经验法则　推定的事实　自认制度　职权收集证据　合同案件举证责任的承担　侵权案件举证责任的承担　举证责任倒置

【案例】

甲（供应商）与乙在几年前就某商品的经销达成了协议，约定每月结算一次销售款项，并支付给提供商品的供应商甲。几年后，甲提出其中有一笔款项并未支付，而付款方乙则认为已经支付，双方之间发生争议。随后，甲向法院起诉，要求乙给付款项并承担违约金。法院受理此案后，确定举证期限为45天。举证期限过了以后，被告又提出一份书证，用以证明已经支付的事实。为何没有在举证期限内提出？被告的回答是，因为自己原来不知道这份材料具有证明自己主张的价值，所以在举证期限内没有提出。原告认为，证据材料早就为被告一方持有，现在举证期限已过，被告不能再向法院提出。原告还提出关于违约金双方另有约定的事实主张，虽没有证据证明，但被告予以承认。另外，在实体抗辩中，乙认为已经超过诉讼时效，诉讼请求不能成立。对此，法院要求乙予以证明，并告知如不能证明，该主张便不能成立。但乙认为，甲也应当证明没有超过诉讼时效，如果甲没有证明，则表明诉讼已过时效。法院回答：甲没有提出关于诉讼时效的主张，因此不需要证明。乙认为，既然提起诉讼，则表明甲当然认为没有超过诉讼时效，因此甲必须对此加以证明。而且没有超过诉讼时效的事实也是诉讼请求所依据的事实。

问：1. 被告能否再向法院提出该证据?

2. 法院在认定违约金时，能否在没有其他证据的情况下，根据被告的承认作出肯定违约金的判决?

3. 是否已过诉讼时效的事实究竟应当由谁承担举证责任?

一、举证时限制度

所谓举证时限，是指在诉讼中，法律规定或法院指定的当事人能够有效举证的期限。这里所谓“举证”，就是指向法院提出证据，而不是提出证据加以证明的意思。

举证时限是一种限制当事人诉讼行为的制度。举证时限对当事人举证的有效性和法院的裁判有一定的影响。根据不同的司法政策要求和制度设计，其影响大小有所不同。2002年最高人民法院《民诉证据规定》有关举证时限的规定是，如果当事人没有在法律规定或法院指定的期限内向法院提交证据的，视为当事人放弃举证权利。对当事人逾期提交的证据材料，人民法院在审理时将不组织质证（对方同意的除外）。由于《民诉证据规定》规定了作为裁判依据的证据必须质证，因而不予质证也就间接地否定了逾期证据作为裁判依据的可能性。只有所谓新证据才不受举证时限的约束。

过去，在没有举证时限制度时，虽然法院也可以指定当事人提交证据的期限，但该期限没有法律效力，即使超过指定期限，当事人提出的证据仍然具有证据效力，法院不能拒绝采纳。

举证时限的法律后果是使当事人在举证期间逾期后所提出的证据失去证据效力，体现为法院在裁判时不能以该证据作为依据。但应当注意，逾期提出的证据没有证据效力这一点并不是绝对的，按照《民诉证据规定》和《民事诉讼法》的规定，对于诉讼中出现的新证据，当事人在辩论终结前都可以提出。不少人认为，只要超过举证期限，所有证据都一概不能提出，这是一种错误的理解。

举证时限制度建立的主要根据是民事诉讼诚实信用原则。根据诚实信用原则，当事人应当诚实信用地实施诉讼行为，不能以不正当的目的实施影响诉讼公正或效率的诉讼行为。当事人没有正当理由，以诉讼上的“突然袭击”为目的，故意迟延提出证据的，就是违反诚实信用原则的行为。

举证时限制度设立的目的在于以下三点：(1) 促使当事人积极举证，提高诉讼效率。更准确地讲，应当是提高庭审效率。通过提高庭审效率，来实现诉讼效率。在诉讼实践中，影响庭审效率的一个重要原因是，没有在庭审前限制当事人举证的期间，在诉讼中，当事人可以随时提出证据，导致反复开庭进行事实调查，无法提高庭审效率。举证时限制度有助于促使当事人在开庭前完成举证事项，提高庭审效率。(2) 有利于防止证据上的“突然袭击”。(3) 有利于法院对诉讼争点问题和证据进行整理。允许当事人随时提出证据，就必然造成证据上的“突然袭击”，从而迟延诉讼，也影响法院尽早对诉讼争点和证据进行整理。从以上三点看，有利于法院对诉讼争点和证据进行整理应当是其最主要的目的。因为举证时限仅仅在于促使当事人在开庭审理前提出证据，但部分证据实际上是无法在开庭审理前提出的，例如在开庭审理中发现和需要提出的证据。举证时限制度是与证据交换制度紧密联系在一起的，证据交换的目的也是为了有利于焦点问题和证据的整理，当然焦点问题的整理和证据整理也是为了提高庭审的效率。我们不能期望通过举证时限制度使当事人把所有裁判需要的证据全部提出来，也不可能全部提出，因为诉讼是一个典型的博弈过程，双方之间某些证据的提出，需要根据对方的行为才能决定，在诉讼开始阶段是不可能全部提出的。

在理解举证时限制度的目的时，我们还应当注意以下两个问题：

其一，举证时限制度的适用依然必须服从于民事诉讼制度的目的，而不能与民事诉讼制度的目的相违背。民事诉讼制度的目的应当是公正地解决纠纷，因此在适用举证时限制度时，应当服从民事诉讼制度的目的。注意这一点，有利于我们在适用举证时限制度的有关规定时，能够以诉讼制度的目的为指导，更好地、更合理地加以适用，尤其是在制度规定存在模糊、矛盾的情况下。例如，我们在理解何谓“新证据”这一问题时，就存在是“从宽”，还是“从严”理解的问题。如果从诉讼制度的目的来看，从公正审理纠纷出发，就应当“从宽”，而不是“从严”。

其二，举证时限制度是以“举证失权”的效果来促使当事人积极举证，但应当注意的是，这种限制主要是针对那些以迟延诉讼为目的而故意不提出证据的人，对于那些无此故意的人就不应当强加举证失权的效果。有的人必然会提出，是否故意很难加以判断。既然很难判断，在一般情况下，就应当“从宽”处理，而不是“从严”处理，不妨采用“无过错推定原则”，因为一般而言，当事人总是希望提出证据对自己的主张加以证明，而不是相反。

2002 年出台最高人民法院《民诉证据规定》后，对举证时限制度的宣传、解读、认识不够，导致了人们对举证时限制度的误识，造成举证时限制度适用中的偏差，从而形成社会对举证时限制度的普遍不理解，以至于 2012 年在修订《民事诉讼法》时对举证时限制度进行了大幅度调整。调整后实际上是将举证时限作为一般举证要求，而非针对庭前准备的特定举证要求和义务。一般举证时限上的要求，原本就是法院的基本职权——诉讼指挥权——的体现。法院可以根据具体情形确定提出证据的时限，无须专门予以规定。需要规定，且真正有意义的是庭前程序的举证时限。具有某种程度的举证失权效果的举证时限制度，才能够促使当事人提出证据、交换证据，进行证据整理和争议焦点整理，有利于促进和解、调解，提高庭审效率。由于《民事诉讼法》修订中的这种大幅度调整，举证时限实际上成了一种道德要求，丧失了法律上的制约作用，举证时限的上述意义便几乎不复存在。最高人民法院《关于适用〈中华人民共和国民事诉讼法〉的解释》（本章以下简称《民诉法司法解释》）第 102 条规定：“当事人因故意或者重大过失逾期提供的证据，人民法院不予采纳。但该证据与案件基本事实有关的，人民法院应当采纳，并依照民事诉讼法第六十五条、第一百一十五条第一款的规定予以训诫、罚款。”当事人提交的证据只有与案件基本事实有关，才有实际意义，而根据该条规定，只要与案件基本事实有关，法院就必须采纳；而且训诫在实践中几乎没有意义，罚款则又难以实施。因此，这样的举证时限制度也就失去了意义。

二、证据交换制度

1. 证据交换的概念

我国民事诉讼中的证据交换，是指于诉讼答辩期届满之后，开庭审理以前，在人民法院的主持下，当事人之间相互明示其持有证据的行为或过程。对于比较复杂的民事案件，为了提高开庭审理的实效，民事诉讼程序中一般都要设置开庭审理前的程序。审理前的准备程序中主要的事项之一就是让当事人提出证据，相互了解证据信息，从而明确诉讼的争点，为开庭审理做好准备。证据交换由当事人启动，即经当事人申请，人民法院可以组织当事人进行证据交换。

我国目前的证据交换制度吸收了国外民事诉讼中的类似制度，如美国的证据开示制度，但又与美国的证据开示不同，主要表现为以下两点：其一，我国的证据交换是在人民法院的主持下进行，美国证据开示制度主要内容之一也是当事人之间的证据交换，但该证据交换一般不是在法院主持下进行；其二，美国的证据开示制度包括了在一定条件下的当事人强制性开示，即通过某种方式要求对方提供证据信息，而我国的证据交换不包括强制性开示。

2. 制度背景

证据交换制度的建立是民事审判实践的需要。随着程序正义的重要性越来越为人们所重视，民事审判的公开性也显得日益重要，其具体体现是：民事诉讼开庭审理和证据质辩的实在化。但由于没有完善的开庭审理前准备程序，直接将证据在开庭中提出并予以质证、认定，加重了庭审的负担，直接影响了庭审的效率，不利于当事人的诉讼防御，往往使正式庭审程序成为预审程序。要提高庭审的效率，就必须有证据交换制度，使当事人双方能够在开庭审理前了解对方的证据，也便于法院对双方争议的焦点和证据问题进行整理。1993 年最高人民法院《全国经济审判工作座谈会纪要》就提倡在开庭前当事人进行证据交换和核对。在以后的最高人民法院的司法解释文件中也多次提到进行证据交换。在审判实践中，各地法院根据最高人民法院的这些文件精神相继试行证据交换制度，积累了一些经验。最高人民法院正是根据民事诉讼的需要和实践经验的积累，在《民诉证据规定》中明确了证据交换制度，使证据交换规范化和合法化，进一步完善了《民事诉讼法》。

3. 证据交换制度的作用

证据交换制度的作用主要体现在四个方面：(1) 有助于诉讼争点的整理，明确争点所在。在诉讼实践中，仅仅通过起诉状和答辩状的内容往往难以明确争点，对争点进行整理。因为争点的明确需要借助于当事人双方的证据，在没有较充分地交换证据的情况下，也就无法较全面地了解争点，不能把握诉讼当事人双方的争点，便不能集中进行审理。(2) 有助于进行证据整理。证据整理就是当事人和法院三方都能够了解证据资料的种类、证据的证明对象、证据的来源等，以便于当事人实施证据抗辩，便于法院组织质证和进行认证。(3) 有利于防止诉讼上的“突然袭击”。诉讼上的“突然袭击”因为有违诚实信用而被认为有损程序正义。通过证据交换就可以使当事人充分了解对方的证据，更好地进行证据抗辩准备。(4) 有助于促进当事人在开庭前进行和解，提高纠纷解决的效率和减少成本。证据交换能够使当事人清楚了解请求和抗辩依据的事实，在事实明确的情况下，当事人可估量胜诉的可能性并及时进行和解。

4. 证据交换制度的构成

按照最高人民法院《民诉证据规定》，证据交换制度的构成可以从以下几个方面来看：

(1) 证据交换制度的启动。证据交换被认为是法院的诉讼管理的事项，因此证据交换在我国是由法院组织进行的。当然，当事人可以在举证时限内向法院提出申请要求交换证据。当事人没有提出证据交换申请的，若法院认为证据较多或者属复杂疑难案件的，应当进行证据交换。对于简单案件当事人双方同意进行证据交换的，法院应当允许。

（2）考虑我国的具体情况和诉讼观念，证据交换须在审判人员的主持下进行。由审判人员对证据进行整理，将没有异议的证据记录在卷。这些证据在开庭中可免予质证。对有异议的证据，按照需要证明的事实分类记录在卷，并记载异议的理由。通过证据交换，法院可确定双方当事人争议的主要问题。

（3）证据交换的期间和时间。对于证据较多或者属复杂疑难案件的，证据交换的期间应当在答辩期间届满后，开庭审理前。如果将证据交换期间的开始时间提前至提交起诉状和提交答辩状期间届满前，则因为此时当事人双方之间对各自的主张还没有较充分的了解，会起不到证据交换效果。若在开庭审理开始后进行证据交换，又失去了证据交换的意义。

应当注意的是，证据交换与举证时限有密切的关系。即证据交换期间受证据时限期间的限制。证据交换期间不能长于举证时限期间。因此，人民法院组织当事人交换证据的，交换证据之日就是举证期限届满之日。当事人申请延期举证，经法院准许的，证据交换的时间就要相应顺延。交换制度的有效性取决于举证时限制度，如果举证时限制度没有约束性，证据交换制度便难以发挥作用。

关于证据交换时间的确定有两种方式：一种是当事人协议；另一种是法院指定。当事人协商的需要经过法院认可。当事人可以协商在证据交换期间中的任何时间进行证据交换。

当事人收到对方交换的证据后提出反驳并提出新证据的，人民法院应当指定新证据的交换时间，并通知当事人在指定的时间内进行交换。

（4）证据交换的次数。一般不超过两次，法院认为确有必要的，可再次进行证据交换。

（5）与举证失权的关系。如果当事人没有在举证时限内进行证据交换，则会因为在该期间内没有提出证据而导致举证失权，无正当理由的，该证据将不能作为裁判的依据。

（6）证据交换是为了做好开庭前的准备。因此，开庭以后提出的新证据不需要再交换，法院可根据审理情形进行质证和认证。第二审程序中也不需要进行证据交换。

5. 证据交换内容的限制

证据交换是双方当事人彼此之间证据信息的交流，一般而言，只要是本案证据都应当进行交换，并使对方了解证据的内容。但并非所有证据材料都一律要公开其内容。也就是说，证据交换在内容上应当有所限制。这种情形下，证据交换就限于证据资料的大概情形。对于哪些应当有所限制，《民诉证据规定》虽然不便规定，但从正当性考虑可以包括：（1）涉及国家机密的；（2）涉及商业秘密的；（3）涉及个人隐私的；（4）证据交换违背其目的的；（5）交换将损害特定社会信赖关系（如律师与当事人的关系、医患关系、宗教关系、亲情关系等）的；（6）基于其他保密特权的规定而不便交换的；等等。拒绝交换该证据材料的当事人应当向法院予以说明，并出示相应的证据。这方面内容在今后《民事诉讼法》修改中应加以明确。

三、证明对象与无需证明的事实

（一）证明对象

民事诉讼中的证明对象主要是事实，但个别情况下也包括部分法规。经验法则是否属于证明对象，理论上存在争议。以下分别就这三个方面加以阐述。

1. 事实

理论上可以将事实分为主要事实、间接事实和辅助事实。构成法律要件的事实称为“主要事实”。证明主要事实的事实称为“间接事实”。用于证明证据能力或证明力的事实称为“辅助事实”。根据现代民事诉讼的要求，当事人没有提出的权利主张，法院不能进行审理和裁判；当事人没有主张该法律要件事实的，法院没有义务对是否存在该事实进行调查，该事实的存在与否应当由当事人加以证明，成为当事人证明的对象。法院不得将没有出现在当事人辩论中的主要事实作为裁判依据。但间接事实和辅助事实不受此限制，即使当事人没有对此加以陈述，法院也可以将其作为裁判的依据。因为间接事实和辅助事实是判断主要事实的手段，处于与证据同等的地位，其存在与否由法官判断。

2. 法规

作为法律专家的法官应当知晓案件所适用的法律，即使不知，也可以依职权进行调查了解。因此，一般情况下，案件所适用的法律是否存在及其内容，并不需要当事人加以证明。但对外国法、地方性法规以及习惯规则，法官则未必了解，因此就需要当事人对此加以证明。一般而言，当事人也更容易了解。

3. 经验法则

经验法则，是指人们从生活经验中归纳获得的关于事物因果关系或属性状态的法则或知识。经验法则既包括一般人日常生活所归纳的常识，也包括某些专门性的知识，如科学、技术、艺术、商贸等方面的知识。不仅人们在生活中会运用经验法则进行逻辑推理判断，在审理案件中，法官也要运用经验法则进行裁判。关于经验法则是否属于证明的对象，理论上存在争议。一种观点认为，经验法则相对于作为小前提的事实而言处于大前提的地位，等同于法律法规，因此属于法院依职权调查的对象，而不是当事人证明的对象。另一种观点认为，是否能成为证明对象不能一概而论，属于日常生活领域内的经验法则，因为为一般人所知晓，因此无需加以证明，对于不为一般人所知晓的专门知识领域的经验法则，则应当加以证明。最高人民法院《民诉证据规定》和《民诉法司法解释》持后一种观点。

(二) 无需证明的事实

1. 众所周知的事实。众所周知的事实，是指在一定范围内为人们所知晓的事实。这里所指一定范围内为人们所知晓，当然包括了案件审理的法官，既然是众所周知的事实，自然无需加以证明。在案件审理中，是否属于众所周知的事实由审理案件的法官判断。在诉讼中，允许对方当事人提出相反的证据证明当事人所主张的众所周知的事实的不真实性。

2. 自然规律及定理。所谓自然规律，是指客观事物在特定条件下所发生的本质联系和必然趋势的反映。所谓定理，是指在科学上，于特定条件下已被反复证明属于发生一定变化过程的必然联系，因而被人们普遍采用作为原则性或规律性的命题或公式，如几何定理。因为自然规律和定理已经为人们所认识并反复验证，所以无需加以证明。既然是自然规律和定理，也就可能提出反证加以推翻，能够被推翻的，也就不是自然规律和定理。

3. 推定的事实。推定可以分为两类：事实上的推定和法律上的推定。所谓事实上的推定，是指法官利用已知的事实为前提，以经验法则推论待证事实的过程或行为，又称为“裁判上的推定”。这种推定也就是《民诉证据规定》所指出的，根据已知事实和日常生活经验法则所进行的推定。事实上的推定必须具有四个基本条件：一是存在可以作为推定前提的事实；二是作为推定前提的事实必须是真实的；三是需要推论的事实无法直接证明；四是需要有推定的桥梁——经验法则。推定之所以可以免除当事人的证明，就是因为经验法则反映了已知事实与推定事实之间的高度盖然性联系。

法律上的推定又分为两类：法律上的事实推定和法律上的权利推定。所谓法律上的事实推定，是指法律规定以某一事实的存在为基础，并直接根据该事实认定待证事实的存在与否。由于法律上的事实推定，直接由法律规定了因为某事实的存在便可认定待证事实的存在，因而当事人对待证事实无需加以证明。所谓法律上的权利推定，是指法律对某种权利或法律关系是否存在直接加以推论的情形。例如，日本民法规定，各共有人应有部分不明确的，推定为各共有人均等占有。但法律上的权利推定并不是一种证据规则，因为作为证据规则的证明对象必须是事实，而不是权利。

对于事实上的推定，由于其具有高度盖然性，因而当当事人提出足够的证据证明推定的事实不能成立时，推定无效。法律上的推定实际上是一种直接推论，因此，只要作为前提的事实成立，推定就能成立。

4. 已为人民法院发生法律效力的裁判所确认的事实。这里所指为裁判所确认的事实，是指本案所涉及的事实已经在其他案件审理中被法院确认。由于该事实已被确认，而确认该事实的裁判又已经发生法律效力，因而无需加以证明。如果本案诉讼的当事人有相反的证据足以推翻已为生效判决所认定的事实的，主张该事实的当事人仍然要负证明责任。因为前诉法院对事实的认定对后诉法院没有拘束力，只有对诉讼标的的裁判才有拘束力。对已经生效判决所确认的事实，当事人在后诉中无需加以证明的理由在于：该事实既然已经经过前诉法院的认定，如果再要求当事人加以证明，必将增加当事人证明的负担，这种免除证明的效果与法院判决的既判力没有直接关系，这一点应当特别加以注意。

5. 已为仲裁机构的生效裁决所确认的事实。仲裁机构的生效裁决与法院生效裁判具有同样的法律效力，因此，已为仲裁机构的生效裁决确认的事实也对诉讼中的事实具有预决效力。与前述第 4 点中的情况相同，如果在本案诉讼中当事人有相反的证据足以推翻该认定的事实的，主张该事实的当事人仍然要负证明责任。

6. 已为有效公证文书所证明的事实。公证文书是公证机关依照法定程序对有关法律行为、法律事实以及文书加以证明的法律文书。《民事诉讼法》第 69 条规定："经过法定程序公证证明的法律事实和文书，人民法院应当作为认定事实的根据，但有相反证据足以推翻公证证明的除外。"

7. 自认的事实。所谓自认，是指一方当事人对另一方当事人主张的案件事实予以承认。当事人所承认的事实就是自认的事实。

自认制度，是指在一方当事人对对方当事人主张的事实承认后，将免去主张该事实的当事人对此的证明责任，也免除了法院对该事实的调查核实，法院将以该事实作为裁判依据的制度。自认制度设置的目的在于减少诉讼成本。自认制度的主要根据是民事诉讼的处分原则。

自认的对象仅限于事实，法律法规、经验法则、法律解释、法律问题都不是自认的对象。不能因为对方承认当事人主张的经验法则，该经验法则就被视为真实存在并约束法院。就具体事实而言，自认的对象又仅限于主要事实，对于间接事实和辅助事实不发生自认效力。

自认制度与诉讼证明有密切的关系：自认是为了免去当事人的证明和法院的调查认定，因此，一般而言，自认的对象仅限于当事人提出的事实主张，而不包括权利主张。因为证明的对象是事实，而不是权利。当然在许多场合，对事实的承认，其后果就是对权利的承认。但在逻辑上，自认仍然不是直接针对权利主张的，尽管有时权利主张与事实主张的区别并不是那么明显。

自认应有的法律效果表现在，承认对方事实主张的当事人要受自己承认行为的约束，法院也要受该承认行为的约束。在对方已经承认的情况下，法院应当以该自认的事实作为裁判的依据。法院在一审中以当事人承认的事实为依据作出判决后，承认该事实的当事人在第二审中，不能在无正当理由的情况下，以证据推翻承认，二审法院仍然应当以一审承认事实为依据作出判决。只有在以下情形下，承认才没有约束力：(1) 作出承认的当事人在法庭辩论终结以前撤回承认，并且该撤回是经对方当事人同意的；(2) 有充分的证据证明其承认行为是在受胁迫下作出的，且与事实不符；(3) 承认是在重大误解情况下作出的，且与事实不符。

自认制度适用的案件范围是有限的，涉及身份关系的案件不能适用自认制度。因为自认制度的基础是当事人的处分权，对于当事人的处分权受到限制的案件，自认制度的适用也自然受到限制。身份关系的案件，如涉及收养关系、婚姻关系等的案件。在这些案件中对于涉及身份关系的事实主张，不能因为对方当事人的承认而免除主张者的证明责任。身份关系的案件涉及人身权利，这是当事人自己不能任意处分的。

对一方当事人陈述的事实，另一方当事人既未表示承认也未否认，经审判人员充分说明并询问后，其仍不明确表示肯定或者否定的，视为对该项事实的承认。

当事人委托代理人参加诉讼的，代理人的承认视为当事人的承认。但未经特别授权的代理人对事实的承认直接导致承认对方诉讼请求的除外；当事人在场但对其代理人的承认不作否认表示的，视为当事人的承认。

在适用自认制度方面，实践中比较容易引起争议的问题是：一审中一方当事人对另一方当事人的事实主张予以承认，一审法院根据该事实作出了判决，后承认该事实的一方当事人提出上诉，在上诉审理中拿出证据推翻该承认，则二审法院能否否定原一审法院的判决？对此不外乎两种意见：一种意见是，二审法院应当根据上诉人提出的证据否定原一审法院的判决；另一种意见是，不应当否定原一审法院的判决。笔者认为，第二种意见是对的。在第一审审理中，上诉人已经承认了对方的事实主张，这一诉讼行为对当事人和法院都是有约束力的，当事人不能否定。在一审判决之后，只有当事人能够证明其在一审中的承认是基于受到对方当事人的胁迫或因重大误解而作出时，才能否定承认的法律效力。二审法院在二审中也同样受一审承认的约束。有的人认为，上诉人拿出了证据证明一审中的承认不符合事实，就应当根据证据证明的事实，而不是根据承认的事实判决，否则有悖“以事实为根据”的原则。这种观点不能成立，因为当事人对自己的权利有处分的自由，当事人应当清楚自己承认行为的后果，根据诚实信用原则，当事人不能随意否定自己的诉讼行为，导致整个审理程序的无效。如果上诉中，当事人能够轻易否定一审的承认，则自认制度很难发挥其作用。与此相关的问题是，一审、二审法院依据当事人的承认作出了判决，当事人又提出证据证明承认的事实与实际不符，提起再审要求改判，法院是否应当予以支持？笔者认为，不应当支持，其理同上。诉讼程序必须具有稳定性和严肃性，同时还具有规则的游戏性。在这里，也提出了我们应当如何正确理解“以事实为根据”这一原则的问题。

2015 年《民诉法司法解释》虽然规定：“一方当事人在法庭审理中，或者在起诉状、答辩状、代理词等书面材料中，对于己不利的事实明确表示承认的，另一方当事人无需举证证明。”但另一方面又规定，“自认的事实与查明的事实不符的，人民法院不予确认”。这一规定否定了自认对自认人的约束力。一旦自认人想否认自认，即可主张自认的事实与实际不符，推翻自认。如果自认可以被任意推翻，则自认的意义也就丧失了。试想，如果自认没有约束力，不仅违法诚实信用原则，而且使对方当事人必须收集准备相应的证据，证明自己的主张，则自认减低证明、调查成本的意义也就不复存在。

四、人民法院调查收集证据

人民法院调查收集证据包括两种情形：一种是根据自己的需要依职权主动调查收集证据；另一种是根据当事人的申请调查收集证据。

（一）法院主动调查收集证据

《民事诉讼法》第 64 条中规定，人民法院认为审理案件需要的证据，人民法院应当调查收集。由于**民事诉讼贯彻处分原则、辩论原则和平等原则，因而作为裁判依据的证据原则上应当由当事人提出，在当事人收集证据确有困难时，可以向法院提出申请，由法院代为收集证据，所以一般情况下，法院不宜依职权主动收集。**一般情况下法院主动收集证据将违背当事人平等原则、处分原则和辩论原则。因此应当对《民事诉讼法》所规定的“审理需要”进一步明确加以限制。依照《民诉证据规定》，“人民法院认为审理案件需要的证据”是指以下情形：（1）涉及可能有损国家利益、社会公共利益或者他人合法权益的事实；（2）涉及依职权追加当事人、中止诉讼、终结诉讼、回避等与实体争议无关的程序事项。第二类证据所涉及的事项与实体争议无关且关系诉讼的进行，因此属于法院职权调查事项。

（二）根据当事人申请调查收集证据

《民事诉讼法》第 64 条规定，当事人及其诉讼代理人因客观原因不能自行收集的证据，人民法院应当调查收集。《民诉法司法解释》进一步明确此种情况下虽然人民法院应当收集，但必须有当事人的申请，并满足一定条件。这样的规定符合民事诉讼的处分原则和辩论原则。

申请法院调查收集证据的条件是：

1. 实质要件方面（必须属于以下几种情形之一）：

（1）涉及可能损害国家利益、社会公共利益的；

（2）涉及身份关系的；

（3）涉及《民事诉讼法》第 55 条规定诉讼的；

（4）当事人有恶意串通损害他人合法权益可能的；

（5）涉及依职权追加当事人、中止诉讼、终结诉讼、回避等程序性事项的。

2. 形式要件方面：

（1）提出申请的人必须是当事人本人或其代理人。

(2) 须提交申请书。当事人申请法院调查收集证据的，在程序上须向法院提出书面申请。申请书应当载明被调查人的姓名或者单位名称、住所地等基本情况，所要调查收集的证据的内容，需要由人民法院调查收集证据的原因及要证明的事实。

人民法院调查收集证据，应当由两人以上共同进行。调查材料要由调查人、被调查人、记录人签名、捺印或者盖章。

五、民事诉讼中举证责任的承担

(一) 民事诉讼举证责任承担的原则

由于民事诉讼中的举证责任具有两种含义——行为意义上的和结果意义上的，因而举证责任的承担也就存在着两种意义上的举证责任的承担问题，行为意义上举证责任的承担比较简单，即"谁主张，谁举证"。而作为结果意义上的举证责任的承担，就比较复杂。结果意义上的举证责任承担的实质意义在于，确定什么事实处于真伪不明时，谁应当承担相应不利后果。

《民诉法司法解释》第 91 条规定，人民法院应当依照下列原则确定举证证明责任的承担，但法律另有规定的除外：(1) 主张法律关系存在的当事人，应当对产生该法律关系的基本事实承担举证证明责任；(2) 主张法律关系变更、消灭或者权利受到妨害的当事人，应当对该法律关系变更、消灭或者权利受到妨害的基本事实承担举证证明责任。①

上述承担原则的理论基础是德国学者罗森贝克的举证责任分配理论（规范说——Die Normentheorie)。罗森贝克的举证责任分配的原理和原则是，"如果没有一定的法规可以适用，则无法获得诉讼上请求效果的当事人，应就该法规要件在实际上已经存在的事实予以主张和举证。""简而言之，各当事人应对有利于自己的规范要件加以主张和举证。"罗森贝克将实体法规范分为三大类：权利产生的规范、权利妨碍的规范、权利消灭规范，并进一步规定举证责任的承担，即主要适用相应规范的当事人应当对相应规范所依据的事实加以证明，不能证明时，则不能适用该法规。相应的**举证责任分配的原则是：主张权利产生的人，应当对权利产生的要件事实加以证明；主张权利妨碍的人，应当对权利妨碍的事实加以证明；主张权利消灭的人，应当对权利消灭的事实加以证明。**在此前提下，所谓的举证倒置，也就是相对于这一原则的倒置，而不是简单化的"谁主张，谁举证"的倒置。如果将这一原则适用于侵权案件的举证责任分配，则是主张侵权损害赔偿请求权的人，应当对侵权损害赔偿请求权产生所依据的法律要件事实加以证明。而反驳这些要件事实的对方当事人不承担举证责任。这些要件事实处于真伪不明的状态时，主张存在侵权损害赔偿请求权的人要承担不能证明的败诉后果。否认要件事实的一方当事人提出证据加以证明反驳对方，一方面是基于诉讼权利，另一方面也基于行为意义上举证责任的要求。

应当注意的是，举证责任的承担在有法律、法规和司法解释的规定时，应当按照法律、法规和司法解释的规定，在没有法律规定时，应当按照举证责任的原则，而不是按照法官的意志随意决定举证责任的承担。在适用举证责任的原则时，一个很重要的前提是分清什么是权利产生的要件事实，什么是权利消灭的要件事实，什么是权利妨碍的要件事实。权利产生的要件事

① 《民诉法司法解释》的该项规定中使用"妨害"一词并不准确，应为"妨碍"。

实就是实体法所规定的特定权利产生的基本条件，理论上每一项权利都有其产生的要件。例如，侵权损害赔偿请求权产生的要件是：加害人有过错；有损害事实存在；加害人的行为违法；加害行为与结果之间存在因果关系。这些要件事实就是主张侵权损害赔偿请求权的当事人应当加以证明的，如果这些事实不能证明时，当事人的请求权便不能成立。

（二）合同纠纷案件举证责任的承担

合同纠纷案件举证责任承担依然要适用上述原则。最高人民法院 2002 年《民诉证据规定》将这一原则加以具体化，即根据合同纠纷案件的不同情形，明确规定了举证责任的承担。

1. 在合同纠纷案件中，主张合同关系成立并生效的一方当事人对合同订立和生效的事实承担举证责任。

按照法律要件分类说的方法，主张合同关系成立以及生效的事实属于权利产生的事实，因此主张合同关系成立以及生效的当事人，应当对合同关系成立以及生效的事实承担举证责任。否认合同关系成立以及生效的当事人不承担举证责任。尽管否认此事实的当事人也可以提出否认该合同关系成立以及生效的主张，并提出证据加以证明，但如果关于合同关系成立以及生效的事实处于真伪不明的状态时，其不利后果由主张合同关系成立以及生效的当事人承担。

2. 在合同纠纷案件中，主张合同关系变更、解除、终止、撤销的一方当事人对引起合同关系变动的事实承担举证责任。

与上同理，关于合同关系变更、解除、终止、撤销的事实属于权利妨碍或权利消灭的事实，因此主张合同关系变更、解除、终止、撤销的当事人就要对相应的事实加以证明，如果不能证明，该当事人的相关主张就不能成立，并应承担相应不利后果。同样，否认合同关系变更、解除、终止、撤销的对方当事人，无需承担举证责任，也就是不会承担不能证明的不利后果。

3. 在合同纠纷案件中，对合同是否履行发生争议的，由负有履行义务的当事人承担举证责任。

按照法律要件分类说的理论，合同义务的履行是合同相应权利消灭的原因，因此主张合同履行的，应当对已经履行的事实加以证明，不能证明的，则当事人关于合同已经履行的事实主张便不能成立，法院因此会作出对其不利的判决。按照最高人民法院《民诉证据规定》的规定，在借贷合同纠纷争议中，如果一方有按照协议交付标的物的义务，但双方之间就该义务的履行发生争议时，有交付标的物义务的一方当事人要承担证明已经履行义务的举证责任，如果不能证明已经履行的，法院将认定没有履行该义务。

（三）侵权纠纷案件举证责任的承担

关于侵权纠纷案件举证责任的承担，同样适用举证责任承担的一般原则。即主张侵权损害赔偿请求权的当事人应当对其请求权产生的法律要件事实承担举证责任，也就是要对民法关于损害赔偿的要件事实——加害人行为违法、加害行为与结果之间存在因果关系、加害人有过错、存在损害事实——加以证明。相反，加害人如果主张妨碍权利产生的事实予以抗辩时，加害人就应当对该事实的存在加以证明。例如，《中华人民共和国侵权责任法》（以下简称《侵权责任法》）第 73 条就规定，从事高空、高压、地下挖掘活动或者使用高速轨道运输工具造成他人损害的，经营者应当承担侵权责任，但能够证明损害是因受害人故意或者不可抗力造成的，不承担责任。被侵权人对损害的发生有过失的，可以减轻经营者的责任。在这类侵权纠纷的诉讼中，如果存在受害人故意造成其损害的事实时，受害人就不能享有要求加害人给予损害赔偿的权利。受害人故意造成损害的事实就属于妨碍权利产生的事实。主张该事实的当事人就应当对该事实承担举证责任。尽管受害人在诉讼中为了维护自己的权益，也有可能主动证明自己不存在故意造成损害的情形，并且没有能够证明，但只要对方也没有能够证明，从而受害人故意造成损害的事实处于真伪不明的状态时，受害人就会胜诉，相反加害人将败诉。

（四）民事诉讼中举证责任的倒置

民事诉讼中的举证责任倒置，有两种含义：一种含义是指举证责任的承担与“谁主张，谁举证”的原则对立或相反；另一种含义是相对于结果意义上的举证责任承担的原则而言倒置，即是法律要件分类说的对立，不同于该原则的举证责任分配就是举证责任的倒置。2002 年最高人民法院《民诉证据规定》第 4 条所规定的一些情形就属于举证责任倒置。例如，医疗侵权案件和环境污染侵权案件中关于因果关系的举证责任承担，就属于举证责任倒置（但《侵权责任法》在医疗损害赔偿责任部分中没有规定过错和因果关系的举证责任倒置。一般认为这意味着立法者否定了《民诉证据规定》关于医疗侵权案件举证责任倒置的做法）。《侵权责任法》第 66 条规定，因污染环境发生纠纷，污染者应当就法律规定的不承担责任或者减轻责任的情形及其行为与损害之间不存在因果关系承担举证责任。该条中关于因果关系的举证责任承担的规定就属于侵权责任案件一般举证责任的倒置。但《民诉证据规定》第 4 条中规定的有些特殊侵权案件，如饲养动物损害案件的举证责任的承担，就不属于举证责任倒置。《民诉证据规定》第 4 条第 5 项规定；“饲养动物致人损害的侵权诉讼，由动物饲养人或者管理人就受害人有过错或者第三人有过错承担举证责任”。受害人有过错或第三人有过错都属于妨碍权利的事实，应当由主张者承担举证责任（《侵权责任法》第 78 条规定，饲养的动物造成他人损害的，动物饲养人或者管理人应当承担侵权责任，但能够证明损害是因被侵权人故意或者重大过失造成的，可以不承担或者减轻责任）。

还应当注意的是，在实行举证责任倒置的案件中，也并非对所有事实的举证责任的承担都实行了倒置，通常仅是对部分事实的举证责任的承担实行了倒置。在我国，对什么案件、对何种事实的证明实行举证责任倒置，应当按照法律、法规和司法解释的规定，不是由法官自由裁量决定的。

案例解答

1. 被告可以向法院提出该证据，不存在证据失权的问题。虽然最高人民法院关于民事诉讼法的司法解释已经出台，但 2002 年《民诉证据规定》中关于何谓“新证据”的解释依然有效。只要属于“新证据”就可以向法院提出。所谓“新证据”包括当事人在举证期间没有发现的证据，这里的所谓“没有发现”，包括提出人没有意识到该物的证据价值。而且，按照现行的司法解释，对逾期证据提出的限制更加放宽，只要该证据与主要事实有联系都可以提出。本案中，该证据无疑与案件的主要事实存在联系，因此被告可以向法院提出，法院也应当纳入审查质证的程序。

2. 可以。理由是：被告的承认是一种自认。根据《民诉法司法解释》第 92 条第 1 款的规定，当事人对对方当事人主张的事实予以承认的，提出事实主张的当事人无需对该事实加以证明。因此法院应当根据自认的事实作出判决。

3. 按照民事诉讼举证责任的分配原则（《民诉法司法解释》第 90 条规定），诉讼时效已过的事实属于权利消灭的事实，因此主张该事实的当事人应当对该事实的证明承担举证责任，即如果诉讼时效是否已过的事实处于真伪不明，关于诉讼时效已过的事实主张便不能成立。

问题与思考

1. 举证时限的意义是什么？
2. 如何确定举证期限？
3. 证据交换的目的是什么？
4. 为什么要限定法院依职权收集证据的范围？
5. 举证责任承担的原则是什么？
6. 举证责任承担原则的理论依据是什么？
7. 合同案件是如何确定举证责任的？
8. 侵权案件是如何确定举证责任的？

阅读文献

1. 何家弘，刘品新．证据法学．北京：法律出版社，2004. 293 以下
2. 张卫平．民事诉讼中举证迟延防止对策分析．法学家，2012（5）
3. 张卫平．探究与构想．北京：清华大学出版社，2003. 131 页以下
4. 张卫平．民事诉讼法．北京：法律出版社，2013. 218 页以下
5. ［德］罗森贝克．证明责任论．北京：中国政法大学出版社，2002

第十四章

行政诉讼有哪些特殊的证明规则

引言

关于行政诉讼的特殊证明规则，最高人民法院《行诉证据规定》作了比较集中、全面的规定，本章的论述围绕该规定展开。行政诉讼的证明责任实行所谓的“倒置”原则，有关被诉行政行为合法性的证明责任由被告行政机关承担，原告不能证明被诉行政行为违法的，并不意味着被诉行政行为合法，被告的证明责任并不免除。行政诉讼的原告也要承担一定的证明责任，在不作为、行政赔偿案件中，应当提供曾经提交过申请、自己遭受损害的事实。被告提交的证据原则上必须是在作出行政行为之前调查收集的，被诉行政行为作出之后调查收集的证据不能证明其行为合法，这就是所谓的行政案卷排除规则。行政诉讼的证明标准是多元化的，对于那些影响公民权益的重大复杂的行政案件，应当适用“案件事实清楚、证据确实充分”的标准，对于一般的行政案件则适用“优势证据”标准。另外，在证明程序方面，行政诉讼也有一些特殊的规则。

关键术语

行政诉讼被告的证明责任　行政诉讼原告的证明责任　行政案卷排除规则　行政诉讼的证明标准

【案例】

村民A（受害人）与本村供销点经理胡某为20元钱债务发生纠纷，胡某便向乡派出所报案。派出所接到报案后向A发出传唤证，A在其叔叔B的陪同下来到派出所。在A接受派出所询问时，B留在乡政府大门口等候。约十分钟后，派出所工作人员出来问B:“你侄儿是否有病?”B即到派出所办公室，见A右手抓住椅子的边，左手发抖，脸色转青，眼睛发愣，呼吸困难，说不出话来。经乡卫生院院长刘某观察，决定就近送医院抢救。A在送医院抢救的途中死亡。在处理A死亡及家属的善后工作中，R县公安局以A曾患过肾病为由，认定A系肾病发作死亡，公安机关对此不负任何责任。在A家属一再要求进行尸检的情况下，R县公安局拒不进行尸检、法医鉴定，责成受害人家属将其尸体送殡仪馆火化。A的家属不服，向C市公安局申请复议。C市公安局复议后认为：R县公安局在没有进行尸检、法医鉴定的情况下，便认定A属肾病死亡依据不足；但乡派出所对A违反治安管理行为传唤是合法的，调查中也未发现派出所民警有违法行政的行为，也无证据证实A是派出所民警殴打致死。根据《国家赔偿法》有关规定，作出维持R县公安局不负赔偿责任的决定。A的家属以A死亡前的症状符合电警棍电击后的特征、公安机关无证据证实A的死亡不是派出所民警行为所致为由，向C市中级人民法院提起行政诉讼，请求公安机关履行法定职责，查清A死亡的真相并予以赔偿。法院审理过程中有“不赔偿”、“全部赔偿”和“酌情赔偿”三种观点。最后，县公安局与赔偿请求人达成协议，酌情赔偿3.5万元。

本案的处理结果发人深省。被害人在接受被告讯问的过程中死亡，因被告不及时保全证据、进行尸体鉴定而导致主要案件事实无法查清，被告及其上级机关C市公安局都以没有证据证明被告的工作人员实施了侵害行为为由，驳回了受害人家属提出的赔偿请求。最后，被告只承担了部分赔偿责任。从证明责任倒置的角度来看，我们对这样的处理结果表示怀疑。**按照证明责任倒置的一般规则，被告承担提供反向事实的证明责任，也就是说，应当举证证明自己没有实施侵害行为、因果关系不成立等项事实；否则，则应承担举证不能的不利后果，人民法院应当认定被告实施了侵权行为、因果关系成立。**受害人的亲属因法律意识淡薄，在保管证据方面也存在一定的过错。但是，从证明责任倒置分配给被告以及被告负有保管证据的职责这两点来看，受害人亲属的过错微乎其微，对于事实认定和案件的实体处理后果是没有影响的。按照这种证据法上的分析，全额赔偿才是正确的处理结论。

一、行政诉讼的证明责任为什么由被告承担

行政诉讼的证明责任原则上由作为被告的行政机关承担。对此，《行政诉讼法》第34条规定：“被告对作出的行政行为负有举证责任，应当提供作出该行政行为的证据和所依据的规范性文件。”《行诉证据规定》第1条规定：“根据行政诉讼法第三十二条和第四十三条的规定，被告对作出的具体行政行为负有举证责任，应当在收到起诉状副本之日起十日内，提供据以作出被诉具体行政行为的全部证据和所依据的规范性文件。被告不提供或者无正当理由逾期提供证据的，视为被诉具体行政行为没有相应的证据。”以上规定是被告承担证明责任的主要依据。对此，我们可以从如下方面来理解：

（一）被告承担证明责任的原因

有关法律之所以规定由被告承担证明责任，主要是因为：

首先，有助于督促行政机关依法行政，保护公民的合法权益。这是《行政诉讼法》第1条所明确规定的行政诉讼的目的。让行政机关在诉讼中承担更多的责任，有利于促进行政机关依法行政，严格遵守先取证、后裁决的规则，从而防止其实施违法行为和滥用职权；同时，有利于保护原告的合法权益，当被告不能证明其具体行政行为合法，法院又不能放弃审判时，应作出有利于原告的裁判，防止自然人、法人或者其他组织的合法权益遭受不法行政行为的侵害。

其次，从行政程序的角度来看，行政机关在行政程序中必须遵循“先取证，后裁决”原则，这是行政行为合法有效的程序要件，它意味着**行政机关作出决定之前必须收集足够的证**

据。**行政机关只有达到了这个要求，才能在行政诉讼中切实履行自己的证明责任。**这里值得注意的问题是：如果公民没有提供足够的证据证明被诉行政行为违法，那么，被诉行政行为就一定是合法的吗？答案是否定的。被诉行政行为是否合法的关键不在于公民的举证，而是在于被告行政机关的举证，因为被诉行政行为是它作出的，它应当了解和掌握有关的证据，否则，就说明被告在没有充分、确实证据的情况下就作出被诉行政行为了。

再次，从举证的能力来看，行政机关依法享有调查取证的职权，有权要求公民提供必要的协助，也能够请求其他国家机关给予必要的职务协助，因此，行政机关是能够在作出被诉行政行为之前调查收集到必要的证据的。相比较之下，公民、法人或者其他组织的取证能力比较弱小，让他们收集证据证明被诉行政行为违法，远比被告证明被诉行政行为合法困难得多。

最后，这是公正的价值追求的结果。证明责任分配的主要目的是公正地解决在案件事实无法查明时由谁来承担败诉责任的难题。在此时，诉讼机制的目的不只是追求已经成为过去的案件真实，而是从公平正义的角度考虑，由哪一方当事人承担举证责任有助于实现公民个人私权利与行政机关公权力之间的平衡配置与平等武装。同时，适当加重行政机关的证据负担，由行政机关来承担案件事实不明的败诉风险，有助于加强对行政权的法律约束，实现建设现代服务型法治政府的理想目标。

（二）行政诉讼被告承担的是什么样的证明责任

上面解释了行政诉讼被告承担证明责任的原因，接下来的问题是：行政诉讼被告承担的是什么样的证明责任？也就是说，这种证明责任的性质、范围、标准、后果是什么？

首先，**行政诉讼被告承担的是说服性质的证明责任**。说服责任与推进责任是证明责任的基本分类，两者的区别表现在：说服责任的证明对象主要是实体法事实，而推进责任的证明对象主要是程序法事实；说服责任的证明标准比较高，包括“案件事实清楚、证据确实充分”、“排除合理性怀疑”、“优势盖然性”等，而推进责任的证明标准是合理的可能性，相对来说比较低；从诉讼后果来看，说服责任是一种败诉的风险负担，当事人不能履行说服责任的，就要承担相应事实不能查明的不利后果，推进责任只是当事人承担的一种推动诉讼进行的程序义务，对诉讼后果没有必然的、决定性的影响。按照这种比较分析，行政诉讼被告不能提供充分、确凿的证据证明被诉行政行为合法的，人民法院就应当作出撤销、变更、违法确认、赔偿等对被告不利的裁判。

其次，**行政诉讼被告承担的是一种单方性质的证明责任，它并不因为原告的举证情况的变化而转移或者免除**。对此，《行诉证据规定》第6条规定：“原告可以提供证明被诉具体行政行为违法的证据。原告提供的证据不成立的，不免除被告对被诉具体行政行为合法性的举证责任。”①

民事诉讼的证明责任是一种有条件的、相对的证明责任，仅仅在当事人不能履行证明责任导致案件事实不能查明的情况下，才承担败诉的诉讼后果。换言之，民事诉讼证明责任是否发生作用取决于案件事实是否能够在法定的期限内得到证明，如果得到证明，或者人民法院依职权查明了，那么，证明责任则对诉讼后果没有影响。与此不同，**行政诉讼的证明责任是绝对**

① 对应现行《行政诉讼法》第37条。

的、无条件、单方面性质的，它不以案件事实是否能够在法定期限内查明或者证明为前提，无论人民法院是否依职权查明了案件事实，无论原告的举证情况如何，被告的证明责任都不受影响。只要被告所提供的证据不能充分证明被诉行政行为合法，那么，人民法院就要作出对被告不利的裁判。

再次，**行政诉讼被告承担的是一种全面性的证明责任。**凡是能够用来证明被诉行政行为合法性的证据，原则上都应当由被告提供，原告的举证或者人民法院依职权调查取证只能用来核实或者反驳被告的举证，而不能用来支持被告的举证，更不能用来证明被诉行政行为合法。换言之，**在行政诉讼过程中，作为裁判基础的要件事实原则上全部来自被告的举证，被告的举证是行政诉讼证明的主导方面，而原告的举证和人民法院的查证只能是补充性、核对性、反驳性的。**与此不同，在民事诉讼的证明过程中，要件事实是由双方当事人分别从不同的角度证明的，当事人的举证往往是片面的、对立的，但对法官来说却同等重要。

最后，**行政诉讼被告承担的是一种倒置性质的证明责任。**所谓“倒置”，是相对于“谁主张，谁举证”，即原告对其诉讼主张承担证明责任的一般分配原则而言的。在行政诉讼过程中，原告主张被诉行政行为违法，但并不对此承担说服性质的证明责任。这就意味着，原告不能证明被诉行政行为违法的，被告的证明责任并不因此免除。

这里值得特别注意的是证明责任倒置的两种分类：

一是全面的证明责任倒置与部分的证明责任倒置。所谓全面的证明责任倒置，在行政诉讼中是指裁判的要件事实都由被告证明，例如有关被诉行政行为合法性的要件事实，全部由被告来证明。所谓部分的证明责任倒置，是指被告只对裁判的部分要件事实承担证明责任，例如在行政赔偿案件中，被告只对侵权行为是否违法、是否与损害之间有因果关系的事实承担证明责任，至于损害的事实，原则上由原告承担证明责任。

二是法定的证明责任倒置与裁量的证明责任倒置。前者是指有关的法律和司法解释明确规定由被告承担证明责任，后者是指法官根据案件的实际情况、当事人的举证能力和公平与诚信的原则，裁量决定证明责任的倒置。在行政诉讼中，有关被诉行政行为合法性的事实的证明属于法定证明责任倒置的情形，而有关侵权行为是否存在与因果关系和损害的事实的证明，则属于裁量的证明责任倒置的情形。在一般的行政侵权案件中，这三种事实通常由被害人承担证明责任；但在行政强制、尤其是限制人身自由的案件中，被害人处于被告的监控之下，没有能力收集证据，让受害人承担证明责任，显然不可能、也不公正，因此，上述三种事实仍然应当由被告行政机关承担证明责任，也就是说，在这类案件中，法官应当裁量决定由被告行政机关承担全部的证明责任，在案件事实不能查明的情况下，应当作出不利于被告的认定。

按照上述四个方面的分析，我们可以对本章的案例作一个比较清晰的评价了。本案性质上属于人身强制侵权案件，在接受讯问期间，被害人的身体处于乡派出所的全面控制之下，公安人员应当对被害人的人身安全承担全面的看管责任，而被害人恰巧是在接受讯问过程中遇害的，被害人到底是因疾病发作死亡还是因侵害行为死亡，公安人员最清楚，他们有条件也有义务制作记录，保管尸体（物证），进行尸体鉴定，以充分、确凿的证据证明在讯问过程中，公安人员确实没有实施侵害行为，死亡纯属受害人自己的疾病所导致。但是，在本案中，R县公安局在受害人死亡后，不但不及时进行尸体鉴定，反而责令受害人家属火化尸体，致使本案最为重要的物证毁灭，案件事实无法查明。在这类行政侵权案件中，法官应当裁量决定实行全面的证明责任倒置，由被告R县公安局对侵权行为是否存在与因果关系这两项事实承担全面倒置的证明责任。由于本案的事实因尸体火化而不可能查明，C市人民法院应当根据证明责任倒置的原则，支持被害人亲属提出的事实主张，认定受害人系遭受被告R县公安局侵害而死亡的事实成立，判令被告R县公安局承担全部的赔偿责任。

二、证明被诉行政行为合法性的证据应当来自何处

在明确了行政诉讼被告承担证明责任的原因、性质、范围和后果之后，接下来的一个问题是：行政诉讼被告在履行证明责任时，应当注意哪些事项？对此，《行诉证据规定》从多个方面作了具体的规定。除了遵循举证时限和证据形式的要求之外，最为重要的就是所谓的行政案卷排除规则了。

所谓行政案卷排除，是指在行政诉讼过程中，用来证明被诉行政行为合法性的证据只能来自行政机关在作出被诉行政行为之前制作的行政案卷，行政案卷之外的证据原则上只能证明被诉行政行为违法。

（一）什么是行政案卷

行政案卷是行政机关将在行政行为作出过程中收集或者制作的一切具有法律意义的材料，按特定的逻辑顺序和技术标准，进行系统、完整、全面、客观的编排，在行政行为生效之前最终形成的法律卷宗。

关于行政案卷的制作要求，学界从特征的角度进行了颇有意义的研究。第一种观点认为包括真实性、封闭性、排他性、公开性、唯一性；第二种观点认为包括程序性、唯一性、封闭性、客观性、整体性、多样性、相关性；第三种观点认为包括开放性、关联性、封闭性、排他性。我们认为，从行政诉讼证据规则体系建构的角度来看，对行政案卷特殊性的认识既要考虑到三大诉讼所共有的一般证据规则，也要注意到行政案卷排除规则在整个行政诉讼证据规则中的核心地位。除了证据法上的客观性、相关性和合法性这三个基本的要求之外，行政案卷的制作应当特别注意符合如下要求：

1. 完整性。这是指行政案卷应当全面地记载有关行政行为作出过程的一切具有法律意义的情况，没有遗漏或者缺漏。正如行政行为本身作为一个独立的法律行为应当具备完整的内容和健全的形式那样，行政案卷也应当具备完整的内容和规范的形式。

完整性首先意味着行政机关应当在行政案卷中把作出行政行为过程中出现的一切具有法律意义的情况都记载下来，例如作出行政行为的主体、目的、方式、内容、效力等方面的情况，其中尤其是与行政行为的法定事实要件有关的证据材料等，不论这些材料的来源与形式如何，凡是与行政行为合法性相关的一切材料原则上均应收集，并且应按照行政行为的作出过程和法律逻辑性的要求，井然有序地编入行政案卷之中。

“法律意义”是确定是否将某个材料纳入行政案卷之内予以编制的首要标准。不仅是那些能够证明行政行为合法性的证据材料应当纳入行政案卷的范围，那些可能证明行政行为违法性的证据材料也应当纳入行政案卷的范围。行政机关在制作行政案卷中有意遗漏后一种证据材料的，可能构成事实不清、证据不足这一撤销行政行为的理由。

与此相对，那些内容、形式和范围都不稳定和成熟，只具有临时预备或者准备的性质，因而没有法律意义的细枝末节事实，没有必要纳入行政案卷的记载范围。那些经过法定的质证程序，被认定为属于过于重复的证据材料也不能纳入行政案卷之中。在法律上属于另外一个行政行为的证据材料因而应当另案处理的，除非与本案具有前提性或者预决性的实质联系，否则不能纳入本案的行政案卷之中。

除了封面、目录、格式等外在形式之外，行政案卷的主要内容包括：

(1) 事实的调查与认定。首先是行政机关依职权调查收集证据材料的有关情况。行政机关应当在案卷中注明取证的内容、时间、地点、来源，尤其是取证程序的有关情况。其次是当事人举证和质证的有关情况，包括在作出行政决定前相对人提供证据的情况、证据交换的时间和内容、质证过程的有关情况、当事人补充提供证据的有关情况等。再次是行政机关作出事实认定的结论、理由、方法、标准和过程，这是行政案卷中的精华部分。

(2) 法律的解释与适用。行政机关在该部分应当载明作出行政行为所依据的法律、法规、规章的有关条文或者有关的规范性文件，以及行政机关对有关法律依据的理解和解释等。

(3) 过程性和辅助性材料。也就是在作出行政行为的过程中出现的其他一切具有法律意义的材料，其中主要是有关法定程序进展情况的材料、可以公开的会议记录等。

如果行政案卷记载的材料不能客观、充分地反映行政行为从立案、调查、决定到执行等所应遵循的法定程序的，即构成行政案卷的内容不完整。这在法律上可能构成“违反法定程序”和“证据不足”两种撤销的理由。

2. 逻辑性。这是指行政案卷中有关材料的收集、制作和编排不仅应当符合行政行为的实际作出过程，具备法律程序性，而且应当符合法律适用原理方面的、内在自我连贯一致的逻辑，即法律逻辑性。

行政案卷是行政行为作出的过程的一面镜子。行政行为的作出过程是一个在法律的调整下进行的、连续不断的、有始有终的事实发现过程和法律适用过程，这个完整的过程可以划分为若干不同的阶段或者步骤，不同阶段具有不同的任务、内容、时间、方式等方面的要求，它们的实际进行情况都应具有相应的案卷记载。行政行为的法定程序限定了行政案卷所记载材料的先后顺序，案卷材料的不同部分应当按照行政行为的作出过程进行收集、制作和编排，不能缺少，更不能颠倒顺序。

行政行为的作出过程也是法律的适用过程，具有其内在固有的逻辑性。这种逻辑性或者表现为前后不同阶段之间的衔接、转换、替补等关系，或者表现为不同案件事实之间的内在有机联系，或者表现为相关法律规范之间的法律推理关系。在考察行政案卷的逻辑性方面，一切法律逻辑的方法和标准都是可以适用的。行政机关可以采取自己认为适合的任何方式编制案卷，但必须确保所制作案卷的不同材料、不同部分，围绕着行政行为的合法性这一核心，相互之间形成演绎、因果等方面的法律逻辑关系。

为了符合逻辑性的要求，行政机关必须注意确保案卷材料的形成过程应当与行政行为的作出过程同步，既不能超前，也不能落后，两者时间差必须保持在微小的、合理必要的范围之内。两者之间的时间差一旦超过合理必要的限度，便会破坏案卷的内在逻辑的一致性，甚至根本无法形成这种内在逻辑的一致性了。

3. 封闭性。这是指行政案卷在行政行为作出后即告最终形成，此后便保持自己的稳定性，原则上不因任何后来出现的情况而改变或者被更改。

封闭性首先表现在材料的相关性方面。只有那些与行政行为的合法性相关的、具有法律意义的材料才能被纳入行政案卷，这就意味着并非行政行为作出过程中出现的一切材料都要纳入案卷之中，更非一切情况都要在案卷中反映出来。

封闭性其次表现在行政案卷形成的时间性方面。自行政行为的立案程序开始，到被诉行政行为最终生效为止，是行政案卷形成时间的界限之所在。这意味着，在行政行为最终生效之前，行政机关应当收集一切必要的证据材料，在此之后，原则上禁止行政机关继续进行任何形式的调查收集证据的活动。

封闭性再次表现在行政案卷的稳定性方面。如同行政行为的作出，行政案卷的制作、形成也是一个过程，不可能一蹴而就。而且，案卷一旦形成，就应当保持稳定不变的品质。在行政行为作出之前，经过当事人同意、主管领导批准、加盖修改印章并且说明理由，行政机关可以更改行政案卷中既成的部分；但在行政行为作出并且送达当事人之后，行政案卷即告最终形成，行政机关即不得以任何理由更改案卷了。

就行政行为的合法性审查而言，违法更改案卷的行为构成“违反法定程序”；情节严重从而对行政行为的合法性具有实质影响的，构成撤销的理由。

4. 规范性。这是指行政案卷的内容与格式应当符合有关法律设定的基本要求。行政案卷内装载的材料多种多样，有笔录、记录、纪要、公文，也有视听资料、图像资料、实物资料等，不同的资料有不同的制作、分类、编辑、保管规范。不仅如此，还有行政程序法规范、证据法规范、行政公文处理规范、政府信息公开规范、档案管理规范等，都在行政案卷这里紧密地交织在一起了。由此看来，行政案卷的制作是一个“麻雀虽小，五脏俱全”的复杂系统工程。对行政机关来说，行政案卷的规范化程度是考验自己依法行政水平的最好标尺，因为案卷的规范性是反映行政行为合法性的最为直接的一面镜子。

对行政机关来说，认真制作笔录是确保行政案卷规范性的必要措施。从执法实践来看，笔录实际上是行政案卷的主角，行政程序的各个阶段都离不开笔录。行政机关制作笔录时必须全面、客观，一切能反映案件真实情况的内容都必须记入笔录，笔录应当交由当事人或者证人核对，对于当事人或证人提出笔录有遗漏或差错的，应当允许当事人或证人进行补充或者更正，但应当注意遵循特殊的规范。行政机关工作人员和当事人都应当在笔录上签字；当事人无正当理由拒绝签字的，应当注明有关的情况。

对法院来说，行政案卷的规范性意味着行政行为合法性审查负担的减轻。行政机关在执法过程中严格制作行政案卷，不仅有助于防止行政执法的随意性，而且有助于减轻司法审查的负担。

行政案卷制作不规范的，性质上属于违反法定程序的一种情形，构成撤销理由。

5. 保密性。这是指除非符合相关法律规定的条件、范围和方式，行政案卷记载的材料和信息不得向当事人、利害关系人或者社会公开。这是行政案卷制作、保管和使用等环节中的一项重要要求。

首先，保密性的要求与行政案卷的完整性要求可能发生冲突。在行政行为作出过程中出现、形成或者制作的许多信息和材料对认定和支持行政行为的合法性具有重要的意义，按照完整性的要求，应当编入行政案卷之中，但是，这必然与职务秘密的保守、公文的保密性等要求相冲突。

其次，保密性的要求可能与当事人知情权保障原则发生冲突。在行政行为作出过程中，除了听取意见、有效参与之外，保障当事人知情权的一种有效措施是阅卷权。保密性意味着当事人只能查阅到部分案卷，只能部分地知情。这就造成行政行为作出过程中的信息不对称，这对当事人有效参与行政过程、作出理性的选择是极为不利的。从当事人知情权保障的角度来看，凡未经当事人质证的证据材料不得作为本案的定案证据使用，而这又进而影响到行政案卷的完整性。

面对上述矛盾，实践中采取的一种折中办法是将可以公开与不可以公开的材料分门别类，分别制作正卷与副卷。副卷也称为内部卷，仅在国家机关内部公开，法院在审查行政行为合法性时可以查阅并且复制，但必须遵循保密的规定。这里引发的问题是：副卷是否是法定行政案卷的组成部分？我们认为，答案应当是否定的。这是因为，相对于行政行为合法性的证明而言，内部案卷在证据法上没有合法的证据效力；尤其是就相对人知情权保障原则而言，内部卷在行政程序法上没有合法的地位，因此不能成为法定行政案卷的组成部分。

(二) 什么是行政案卷的排他性

所谓排他性，是指行政案卷在依法形成后即具有排他性的效力。排他性是行政案卷在证据法上的核心特征，是行政案卷在被诉行政行为合法性审查方面发挥作用的关键所在。

关于行政案卷的排他性，美国《联邦行政程序法》第 556（e）条从“唯一性”的角度作了典范性的规定：“证言的记录、证物连同裁决程序中提出的全部文书和申请书，构成按照本编第 557 节规定作出裁决的唯一案卷。”

具体而言，行政案卷的排他性表现在以下几个方面：

1. 一案一卷，不允许一案同时存在两个以上的案卷。这是指在行政程序过程中，有关一个行政行为作出过程的全部材料只能形成一个能够起有效证明作用的案卷，在同一个行政程序中不允许形成或者存在两个以上的、对同一个行政行为的合法性都能起有效证明作用的行政案卷，尤其不允许存在由不同的法律主体分别制作、分别保管、各自对行政行为的作出过程从不同的角度起有效证明作用的案卷。简言之，就是“一案一卷”，“一个行政行为，一份行政案卷”。

行政案卷的制作者只能是主管行政机关，其他任何法律主体，包括当事人、第三人、代理人、参与人等，都只是行政案卷的材料来源，而不能成为行政案卷的制作者。除了行政机关在行政程序中依法制作的行政案卷之外，除非被纳入行政机关制作的案卷之中，其他任何法律主体制作的所谓“案卷”都没有作为法定行政案卷的资格，因而没有任何证据法上的证明效力。

一个值得思考的问题是：人民法院在审查行政行为合法性的过程中必然形成自己的一套司法案卷，那么，相对于行政行为合法性的证明而言，行政案卷与司法案卷之间是什么关系呢？两者都可以用来证明被诉行政行为的合法性吗？我们认为，答案应当是否定的。这是因为，行政行为的合法性只能由行政案卷来证明，这是行政案卷排除规则之不可动摇的核心要求。按照这一核心要求，法院所制作的司法案卷的主体部分仍然是行政案卷，当法院判决维持行政行为时，所依据的也——只能——是行政案卷。因此，就被诉行政行为的合法性正向证明而言，法院制作的司法案卷没有——也不应当有——独立的证据资格和证明效力。

2. 明确限定案卷材料的形成时间。这是指可以被纳入行政案卷之中予以制作或者编排，从而起有效证明作用的材料，必须在行政行为作出之前形成并且确定下来。在行政行为作出之后才得以形成或者能够确定下来的一切材料都不能被纳入本案的行政案卷之中。

行政案卷与行政行为的作出过程是同步的，行政行为的最终作出即意味着案卷制作过程的终结与完整案卷的最终形成。任何行政案卷都是在特定的时空范围内形成的，它所记载的也只是特定时空范围内所发生的事实或者收集、调取以及当事人提供的证据。在行政行为最终作出、行政程序结束之后形成的证据材料，已经超过了本案的时空范围，本质上不是本案的材料，当然不能被纳入本案的案卷之中了。

就行政案卷的形成而言，时间是一个关键性的因素。一般而言，立案应当是行政行为得以作出的开始时间，而行政行为的最终生效则是行政行为作出过程的最终结束时间。行政行为一旦作出，送达当事人后并且生效，那么，即意味着有关的法律事实状态因此确定下来了，它们正是、也只有这种事实材料才能成为行政案卷的内容。

对行政机关来说，时间性意味着：在行政行为送达生效之后，如果行政机关继续调查，发现了新的证据和法律问题的，本质上属于另案处理问题。若是用来证明本案的行政行为，那么，只能用来证明其违法。

对相对人来说，时间性意味着：必须在行政行为作出以前，向行政机关完整、全面地说明自己的事实主张，提供一切有利于自己的证据材料，或者提供该证据材料的线索。相对人在行政程序中应当提交而没有提交的证据材料，失去有效的证明力，即不能用来证明自己的主张。若是相对人没有提交有关证据材料的过错在于行政机关，例如行政机关没有给予必要的指导和说明，甚至有意隐瞒该证据的，那么，相对人在诉讼过程中提交该证据材料则构成行政案卷之外的因素，性质上属于行政案卷的遗漏，后果是事实不清或者证据不足，只能用于撤销或者变更被诉行政行为。

3. 行政机关只能根据案卷之内的材料作出行政行为。这是指行政机关在作出行政行为时不能考虑案卷之外的因素，而只能以该案卷已经记载的材料为依据。为此，行政机关在行政行为作出过程中应当尽可能地收集一切相关的材料，在作出行政行为时应当把一切考虑因素在行政案卷中反映出来。行政机关不得在案卷以外接纳任何新的证据，不得隐瞒那些实际上已考虑但在案卷中却没有反映出来的因素。之所以如此，是因为如果行政行为不以案卷为根据，那么听证程序很有可能失之于一种表面的行为，毫无实际意义。

行政机关为了在作出行政行为之前收集到一切可能相关的证据材料，必须切实履行说明和指导的义务，为当事人的举证提供必要的指导；认真听取当事人的意见，充分激发和有效利用当事人举证的积极性。

4. 案卷之外的材料只能起反向的证明效力。这是指用来正向地证明行政行为合法性的证据材料必须全部来自行政案卷，行政案卷之外的材料只能用来证明行政行为的违法性。对法院而言，审查被诉行政行为合法性的材料可以有多种来源，但用于认定被诉行政行为的合法性的证据只能出自行政案卷中已记载的证据。法院不得接受行政机关在行政行为作出后或在诉讼程序中收集到的证据，法院也不能主动调取证据以支持被诉行政行为的合法性。对此，《行政诉讼法》第 40 条作了明确的规定。

（三）证明被诉行政行为合法性的证据为什么只能来自行政案卷

首先，这是“先取证，后裁决”的一般法理要求。按照一般的法理，任何国家机关在作出影响公民权益的决定之前，都必须调查收集到足够的证据，以确保决定有可靠的事实基础。如果行政机关在作出行政行为之后再收集证据，尤其是在被起诉到法院之后再调查收集证据，无异于“先定后审”、“先入为主”。这在法理和情理上都是站不住脚的。

其次，这是确保当事人知情权和质证权的要求。行政机关在作出行政行为之前，将有关的证据整理入案卷的一个重要实践意义是，有助于当事人了解行政机关到底收集到了哪些证据，行政机关在作出决定时到底考虑了哪些因素，这就为当事人在行政程序和行政诉讼程序中进行举证和质证奠定了基础。否则，当事人无从了解行政机关据以作出决定的事实根据和考虑的因素是什么，无法展开有效的举证和质证。

最后，这是维护和监督行政机关依法行使行政职权的需要。在行政诉讼中，人民法院要有效审查被诉行政行为的合法性，一个必要的前提是掌握有关的证据，而且，这些证据必须是在被诉行政行为作出之前收集到的，内容和形式都是最终确定的。如果允许行政机关在作出行政行为之后再调查收集证据，这意味着人民法院审查被诉行政行为的事实根据始终处于不确定的状态。无论在法理上还是司法实践上，这都是不能允许的。

（四）行政案卷排除规则的具体要求有哪些

关于行政案卷排除规则，《行政诉讼法》和《行诉证据规定》作了比较全面细致的规定，要点是：

1. 证据应当在被诉行政行为作出之前形成并得以调取。按照制作案卷的一般要求，行政机关作出行政行为之前应当将所收集的所有证据编入案卷之中，行政行为作出之时就是行政案卷内容最终确定之时。这一时间限制实际上是行政案卷最终形成的截止日期。在行政诉讼中，这意味着行政机关的举证限于作出被诉行政行为之前收集到的证据，在被诉行政行为之后发现的证据原则上只能用来证明被诉行政行为违法。对此，《行政诉讼法》第 34 条规定，被告提供的是作出被诉行政行为时的证据和所依据的规范性文件。《行诉证据规定》第 1 条规定，被告应当“提供据以作出被诉具体行政行为的全部证据和所依据的规范性文件”。

2. 除非原告提出了新的事实主张和证据，并且经人民法院许可，行政机关在行政诉讼过程中不得补充取证。对此，《行政诉讼法》第 35 条规定，在行政诉讼过程中，被告不得自行向原告、第三人和证人调查收集证据。《行诉证据规定》第 3 条规定：“原告或者第三人提出其在行政程序中没有提出的反驳理由或者证据的，经人民法院准许，被告可以在第一审程序中补充相应的证据。”

3. 被诉行政行为的合法性只能用案卷之内的合法证据予以证明，行政案卷之外的证据，无论来自行政复议机关还是其他途径，都不得作为证明被诉行政行为合法的根据。对此，《行诉证据规定》分别从如下三个角度作了规定：

（1）被告在作出被诉行政行为时没有收集的或者没有作为被诉行政行为根据的证据都不能用来证明被诉行政行为合法。对此，《行诉证据规定》第 60 条规定：“下列证据不能作为认定被诉具体行政行为合法的依据：（一）被告及其诉讼代理人在作出具体行政行为后或者在诉讼程序中自行收集的证据；（二）被告在行政程序中非法剥夺公民、法人或者其他组织依法享有的陈述、申辩或者听证权利所采用的证据；（三）原告或者第三人在诉讼程序中提供的、被告在行政程序中未作为具体行政行为依据的证据。”

（2）行政复议机关调查收集的证据也不能用来证明被诉行政行为合法。对此，《行诉证据规定》第61条规定：“复议机关在复议程序中收集和补充的证据，或者作出原具体行政行为的行政机关在复议程序中未向复议机关提交的证据，不能作为人民法院认定原具体行政行为合法的依据。”

（3）人民法院的调查取证也应当受行政案卷排除规则的限制。对此，《行诉证据规定》第23条第2款规定：“人民法院不得为证明被诉具体行政行为的合法性，调取被告在作出具体行政行为时未收集的证据。”①

4. 原告应当在被诉行政行为作出之前向被告行政机关提供必要的证据，在行政程序中应当向行政机关提交而没有提交，又无正当理由的，人民法院在诉讼过程中也不予采纳。行政案卷排除规则的约束力是双向的，只有原告在行政程序中将必要证据提交给行政机关，行政机关才能在作出行政行为之前形成完整的案卷。原告的举证权利不是绝对的、无条件的，在行政程序中故意隐瞒或者拒绝提交有关的证据，而在诉讼过程中再提出的，属于滥用举证权利的行为。对此，《行诉证据规定》第59条规定：“被告在行政程序中依照法定程序要求原告提供证据，原告依法应当提供而拒不提供，在诉讼程序中提供的证据，人民法院一般不予采纳。”

5. 被告掌握了有利于原告的证据而拒绝向人民法院提交的，人民法院应当作出有利于原告的认定。前提是，原告应当提出初步证据并且合理说明，被告持有有利于原告的证据但被告坚决不提供该证据且不能作出合理的说明。从范围来看，这是行政案卷排除规则的全面性要求，即：行政机关的调查取证应当是全面的，案卷的内容和范围也应当是全面的，向人民法院的举证也应当是全面的。被告隐匿自己掌握的有利于原告的证据，无异于断章取义、以偏概全。对此，《行诉证据规定》第69条规定：“原告确有证据证明被告持有的证据对原告有利，被告无正当事由拒不提供的，可以推定原告的主张成立。”

（五）行政案卷排除规则是否有例外

答案应当是肯定的。行政案卷排除规则的适用并非是绝对的，而具有一系列的例外。

现行《行政诉讼法》增加规定了如下两种例外：

1. 原告或者第三人在审理过程中提出了新的理由或者证据。对此，《行政诉讼法》第36条第2款规定：“原告或者第三人提出了其在行政处理程序中没有提出的理由或者证据的，经人民法院准许，被告可以补充证据”。《行政诉讼法》之所以作出这种规定，是因为在行政处理程序中，当事人的举证权与行政机关的调查权之间是相互依赖、平衡制约的关系，原告和第三人理性地行使其举证权、履行其提供相关证据的义务，是行政机关全面调查和认定案件事实、作出正确决定的前提，原告或者第三人有权利也有义务全面提供证据、充分说明理由，而全面地调查和认定案件事实既是行政机关的职权，也是其职责所在。在原告或者第三人提出了新的证据或者理由的情况下，允许行政机关补充调查相关的证据，才有利于全面客观地查明案件事实。

---

① 对应现行《行政诉讼法》第40条第1款。

2. 被诉行政机关涉及第三人合法权益，应当由第三人举证的情况。对此，《行政诉讼法》第 34 条第 2 款规定："被告不提供或者无正当理由逾期提供证据，视为没有相应证据。但是，被诉行政行为涉及第三人合法权益，第三人提供证据的除外"。按照该条规定，如果人民法院在审理过程中发现本案涉及案外的公民、法人或者其他组织的合法权益，需要通知其以第三人身份参加诉讼，第三人在参加诉讼过程中提供了新的证据材料或者证据线索，可能对案件事实的认定造成实质性影响的，人民法院应当准许行政机关补充调查收集证据。

学理上还提出了如下四种例外：

1. 非正式行政程序的有限例外。美国最早在 1946 年的《联邦行政程序法》中明确规定了行政案卷排除规则，但该法将该规则的适用范围限定在经过正式听证程序作出的裁决或者制定的规章。鉴于大多数行政行为都是根据比较简便的非正式行政程序作出的，因此行政案卷排除规则实际上变成了一个例外的证据规则。这种情况持续了很长一段时间，一直到正当程序的原则性地位确立之后才得以改变。按照正当程序的要求，任何人在受到惩罚或其他不利处分前，应当得到公正的听取其意见的机会。非正式程序虽然比较简单，但从保障相对人的知情权、质证权、陈述权和申辩权的正当程序要求来看，行政案卷排除规则成为一道必不可少的重要保障。就我国的实际情况而言，我们认为，只有在通过简易程序作出行政行为的案件中才可适当松动行政案卷排除规则的要求，允许行政机关考虑案卷之外的非实质性事实因素。但是，不论该行政行为采取什么样的行政程序，一切对行政行为合法性有实质意义的情况，必须记载在行政案卷之中，或者至少在行政案卷中以某种适当的方式——例如笔录——反映出来，这应当是行政案卷排除规则所能容忍的底线。

2. 官方认知事实的例外。作为诸多案件的共同背景的那些事实，例如国家机关公报公布的事实、一定区域内的居民众所周知的事实、不言而喻或无须证明的事实等，以及作为专业必不可少的知识背景的公理、原理等，不需要在行政案卷中明确地列举出来，除非因此产生了实质性的争议。

3. 案件事实不成熟的例外。那些预测性、风险性很强的事实或者情况总是处于不确定的状态，当案件涉及的事实在可预期的时间内不可能形成，只能根据预测作出行政行为时，允许行政机关在作出行政行为之后继续调查新的情况，采纳新的证据，用于支持已作出行政行为的合法性。

4. 协议约定的例外。如果行政机关与相对人就一时难以确定、非经重大成本支出不可能查清的事实状态达成了共识，以此共识的事实认定为基础作出了行政行为，而在行政行为作出之后出现了新的事实状态的，允许行政机关考虑这些——在行政案卷之外——新出现的事实状态，调查、收集必要的证据，用于补正或者修改已经作出的行政行为。

三、行政诉讼原告是否应当承担一定的证明责任

在回答这个问题之前，有必要梳理一下有关的法律规定和司法解释。《行政诉讼法》第 37 条规定："原告可以提供证明行政行为违法的证据。原告提供的证据不成立的，不免除被告的举证责任"。该条确立了原告的举证权。第 38 条规定："在起诉被告不履行法定职责的案件中，原告应当提供其向被告提出申请的证据，但有下列情形之一的除外：（一）被告应当依职权主

动履行法定职责的；（二）原告因正当理由不能提供证据的。在行政赔偿、补偿的案件中，原告应当对行政行为造成的损害提供证据。因被告的原因导致原告无法举证的，由被告承担举证责任。”第49条从起诉条件的角度规定，原告在起诉时应当“有具体的诉讼请求和事实根据”。《行诉证据规定》第4条规定：“公民、法人或者其他组织向人民法院起诉时，应当提供其符合起诉条件的相应的证据材料。在起诉被告不作为的案件中，原告应当提供其在行政程序中曾经提出申请的证据材料。但有下列情形的除外：（一）被告应当依职权主动履行法定职责的；（二）原告因被告受理申请的登记制度不完备等正当事由不能提供相关证据材料并能够作出合理说明的。被告认为原告起诉超过法定期限的，由被告承担举证责任。”第5条规定：“在行政赔偿诉讼中，原告应当对被诉具体行政行为造成损害的事实提供证据。”上述规定并不完全一致，不过，将它们综合起来考察立法本意，可以得出肯定的结论：行政诉讼原告在行政不作为、行政赔偿、行政补偿等类型的案件中应当承担一定的证明责任。下面从不同的层面解读《行政诉讼法》的立法本意。

（一）行政诉讼原告为什么要承担一定的证明责任

从国外行政诉讼的情况来看，原告都要承担一定的证明责任，只是在范围、标准、后果等具体的做法方面各有千秋。从理论和实践的角度来看，行政诉讼原告承担证明责任的原因是：

1. 有助于实现行政诉讼的目的。《行政诉讼法》第1条规定：“为保证人民法院公正、及时审理行政案件，解决行政争议，保护公民、法人和其他组织的合法权益，监督行政机关依法行使行政职权，根据宪法，制定本法。”根据该条规定，保护公民、法人或者其他组织的合法权益，监督行政机关依法行使行政职权是行政诉讼的两大目的。这两个目的既是要求被告就被诉具体行政行为的合法性和合理性承担证明责任的根据，同时也是要求原告对特定的案件事实承担证明责任的根据。

从保护公民、法人或者其他组织合法权益的角度来看，原告承担证明责任是其实体权利主体和程序主体地位的体现和要求。作为实体权利主体，原告在主张和行使其法定实体权利时，应当明知并且积极造就法律规定的各项条件，这是保护自己合法权益的当然要求，也是权利主体地位的体现。例如，原告申请行政机关颁发经营许可证，应当积极造就法律规定的许可条件。相比较之下，在人民法院、行政机关和原告这三个保护主体中，原告应当是原始的、首要的保护主体。这一点体现在行政程序中，就是公民应当作为相对人积极参与行政程序，履行行政程序证明责任，对行政行为施加影响；体现在行政诉讼中，就是作为诉讼当事人，参与审理程序，履行证明责任，提供充分的证据证明自己的权利合法。

从监督行政机关依法行使行政职权的角度来看，原告也是对被告行政机关进行监督的主体之一，在特定情况下履行证明责任也是原告监督主体地位的体现和行使监督权利的要求。除了保护自己的合法权益之外，监督行政机关依法行使职权也是原告提起行政诉讼的应有含义。为了有效行使监督权利，承担证明责任是一个必要的条件。

2. 这是由行政诉讼的司法审查性质决定的。从行政案件的处理和行政实体法的实施过程来看，行政程序是第一审程序，行政诉讼是上诉审程序，行政诉讼是行政程序的延续。在证明责任的分配方面，行政程序与行政诉讼同样具有连贯性和一致性。公民在行政程序中作为相对人承担证明责任，在行政诉讼中作为原告也应当对同样的案件事实承担同样的证明责任。从行政程序的角度来看，法律有关法定申请条件的规定，实际上就是有关申请人行政程序证明责任的规定。该证明责任体现在行政诉讼中，即称为原告（申请人）针对符合法定条件事实的证明责任。

3. 这是司法证明对抗性的体现。无论是实行职权主义模式还是当事人主义模式的诉讼程序，对案件事实的证明而言，当事人之间的对抗都是必要的。尤其是在当事人主义模式的诉讼程序中，法官对案件事实的了解完全取决于当事人的举证，因此公民、法人或者其他组织无论是在行政程序中作为相对人，还是在司法审查中作为原告，都要承担一定的说服责任。

4. 作为原告的公民、法人或者其他组织具有一定的举证能力。证明有关案件事实的证据事实上为哪一方当事人所掌握和控制，由哪一方当事人承担证明责任所造成的困难最小。从行政执法和行政审判的实际情况来看，原告掌握和控制着对自己有利的一些证据，由他们承担相应的证明责任是合乎法理的。在一些证据由被告提供会给被告造成巨大的困难，而由原告提供则比较容易时，正如行政许可案件和不作为案件中经常出现的情况那样，审判人员根据实际情况确定由原告承担证明责任是司法正义和司法效率的要求。当然，在诉讼进行过程中，需要法官根据实际情况判断哪一方当事人举证的困难最小，并据此确定由该方当事人承担证明责任。法官在证明责任的分配方面，应当享有一定的裁量权。

5. 有助于防止原告滥用诉权，认真对待自己的诉讼权利。由原告承担一定的证明责任，有助于培养公民的证据意识，促使他们认真、理智地行使权利。公民在享受权利的同时必须承担义务，履行义务是体现权利的严肃性、明确权利主体的必然要求，证明责任是这种义务的种类之一。承担证明责任的前提是收集和掌握证据，赋予原告证明责任实际上是要求原告在行使权利的过程中注意收集一切必要的材料，做到言之有据、行之有据。通过这样的过程，公民可以认识到权利与义务的一致性，过滤、控制自己的不理智行为。证明责任实际上是公民约束的一种有效途径。在起诉时，原告就应当提供被诉行政行为存在的证据；在被告提出了证明被诉行政行为合法性的充分证据之后，如果原告不提出有效的反证，就会承担败诉的后果。例如，行政机关已经证明被诉行政行为主体合法、适用法律法规正确、符合法定程序、确认相对人合法之后，原告主张被告滥用职权，即应当提供充分的证据证明可能存在滥用职权的情况；否则，人民法院即应当维持被诉行政行为。

6. 有助于平衡公正和效率的诉讼价值。效率是行政诉讼的价值之一，是证明责任的设置和分配必须考虑的因素。作为一种裁判规则和诉讼制度，证明责任的设置和分配应当有利于人民法院及时查明案件事实，正确处理案件。哪一方当事人举证对查明行政案件的真实情况有利，就可以确定由哪一方当事人承担相应的证明责任。如果由原告举证更有利于查明案件的特定事实，就应当为其设置相应的证明责任。

诉讼公正是指证明责任的设置和分配应当符合权利义务相一致的原则。原告行使实体请求权、行政程序参与权和行政诉讼诉权，应当履行相应的义务，承担和履行证明责任即是其中之一。在具有举证能力的情况下，赋予原告一定的证明责任，也是诉讼公正的要求。

（二）行政诉讼原告承担的是什么样的证明责任

行政诉讼原告应当承担证明责任，这是肯定的，已经成为学界和实务界的共识。问题是：原告承担的是什么性质的证明责任；它的范围、标准和后果如何。

首先，**行政诉讼原告承担的证明责任原则上是推进责任，仅仅在有明确的法律依据或者有充分的法理根据的情况下，才承担说服性质的证明责任。**从前文列举的有关规定来看，我们可以发现，《行政诉讼法》和相关的司法解释在规定原告的举证责任时，采用的是“可以提供”、“应当提供”、“举证权利”等术语，而没有像规定被告的证明责任那样，采用“举证责任”的法律术语。这就表明，司法解释之所以规定原告的证明责任，是为了指导原告正确地行使诉讼权利，推动诉讼程序的顺利进行，而不是要将原告的举证与诉讼后果必然地联系起来，更不是要提高原告举证的证明标准。由此看出，法律和司法解释为原告设定的证明责任原则上只是推进责任。

那么，行政诉讼原告是否在任何情况下都不承担说服性质的证明责任呢？答案是否定的。原告不承担说服性质的证明责任只是原则，并非没有例外。如果我们细致地考察《行政诉讼法》第 38 条第 2 款、《行诉证据规定》第 5 条有关行政赔偿案件中原告举证的规定，就会发现，对侵权行为存在的事实、因果关系事实和损害的事实，原告可能承担说服性质的证明责任——如果不能提供充分的证据，就会败诉。这里尤其要注意的是，并非在所有的行政赔偿案件中，原告都要对上述三项事实承担说服性质的证明责任。例如在行政强制侵权，尤其是人身强制侵权的案件中，对损害的事实、侵害行为和因果关系是否存在的事实，原告只承担推进性质的证明责任，说服性的证明责任完全由被告承担（全面的证明责任倒置），本章开始时介绍的案例就是这方面的典型。

其次，**原告承担的是有限的证明责任。**从司法解释来看，原告的证明对象主要是程序法事实，其提出的证据主要是证明起诉符合受理条件，例如被诉行政行为存在、与被诉行政行为存在利害关系、没有超过法定期限等。在起诉被告不作为的案件中，原告应当提供其在行政程序中曾经提出申请的证据，但被告应当依职权主动履行法定职责的或者因被告受理申请的登记制度不完备等正当事由不能提供相关证据材料并能够作出合理说明的情形除外。如果被告认为原告起诉超过法定期限的，由被告承担举证责任。

在实体法事实方面，原告原则上只承担反驳性的推进责任，也就是通过提供证据，反驳被诉行政行为的合法性。即使原告不能提供这种证据，被告的证明责任也不免除，仍然要提供充分、确凿的证据证明被诉行政行为的合法性。对此，《行诉证据规定》第 6 条规定：“原告可以提供证明被诉具体行政行为违法的证据。原告提供的证据不成立的，不免除被告对被诉具体行政行为合法性的举证责任。”该司法解释与《行政诉讼法》第 37 条规定的旨趣一致。

原告对实体法事实承担说服性证明责任的一个典型的例外情况是行政赔偿诉讼。原告可能对被诉具体行政行为（侵权行为）存在的事实、损害的事实以及因果关系事实承担说服性质的证明责任，否则，就可能败诉。

再次，**原告承担的证明责任具有明显的裁量性。**行政诉讼被告承担的主要是法定的证明责任，法官没有裁量的余地。与此不同，行政诉讼原告是否承担证明责任以及承担证明责任的具体范围，在很多情况下需要法官根据特定的事实主张，如是否对原告有利、原告的举证能力大小、案件公正审判的需要、诉讼效率等具体因素进行具体的裁量。《行诉证据规定》虽然没有明确规定法官分配证明责任的裁量权，但是也没有明确排除该权力。从法官必然享有裁量权这一实践的规律来看，对法律没有明确规定的情形，应当认为，法官是可以裁量决定由原告承担证明责任的。

最后，**行政诉讼原告承担的证明责任具有明显的权利性质。**无论是《行政诉讼法》，还是有关的司法解释，都比较突出原告举证的权利性质。尤其是对涉及被诉行政行为违法性的事实，原告没有举证的义务，而只享有举证的权利。对于涉及被诉行政行为违法性之外的其他有利于自己的事实，原告是“应当”举证，也就是说，原告承担举证的义务，但是，这种义务与诉讼后果之间并不具有必然的联系。这一点与被告的证明责任不同，后者的义务性质是主要的方面。

（三）行政诉讼原告在履行证明责任时需要注意遵循哪些规则

首先，原告应当遵循举证时限的要求，按照司法解释和法院指定的期限提交证据。对此，《行诉证据规定》作了比较具体的规定。逾期提交证据的，可能被人民法院视为放弃举证权利或者不予采纳。对此，本书在有关司法证明的时效性部分作了比较细致的分析，这里不赘述了。

其次，原告应当遵循有关证据形式的要求。《行诉证据规定》第 10 条至第 19 条和第 40 条比较全面地规定了当事人提交证据的形式要求，例如翻译文本、原件与复制件等。违反形式要求提供的证据没有作为定案证据的资格，因而谈不上证明的效力。

最后，在没有举证能力而又掌握了线索的情况下，原告可以申请人民法院调取有关的证据。对此，《行诉证据规定》第 23 条规定：“原告或者第三人不能自行收集，但能够提供确切线索的，可以申请人民法院调取下列证据材料：（一）由国家有关部门保存而须由人民法院调取的证据材料；（二）涉及国家秘密、商业秘密、个人隐私的证据材料；（三）确因客观原因不能自行收集的其他证据材料。”第 24 条规定：“当事人申请人民法院调取证据的，应当在举证期限内提交调取证据申请书。调取证据申请书应当写明下列内容：（一）证据持有人的姓名或者名称、住址等基本情况；（二）拟调取证据的内容；（三）申请调取证据的原因及其要证明的案件事实。”第 25 条规定：“人民法院对当事人调取证据的申请，经审查符合调取证据条件的，应当及时决定调取；不符合调取证据条件的，应当向当事人或者其诉讼代理人送达通知书，说明不准许调取的理由。当事人及其诉讼代理人可以在收到通知书之日起三日内向受理申请的人民法院书面申请复议一次。人民法院应当在收到复议申请之日起五日内作出答复。人民法院根据当事人申请，经调取未能取得相应证据的，应当告知申请人并说明原因。”

四、行政诉讼的证明标准有哪些特点

行政诉讼证明标准的特点是多层次性，不同类型的案件适用不同的证明标准。

（一）主要证据确实、充分标准

《行政诉讼法》第 33 条第 2 款规定：“以上证据经法庭审查属实，才能作为认定案件事实的根据。”第 70 条规定：“主要证据不足的”，“人民法院判决撤销或者部分撤销……行政行为”。将这两条规定结合起来考察，可以发现《行政诉讼法》为被诉行政行为的合法性审查确立了“主要证据确实、充分”的证明标准。对行政诉讼而言，这是最为严格的证明标准，仅仅适用于被告履行说服责任的情形。根据《行政处罚法》和《行政诉讼法》的有关规定，该标准适用于重大、复杂的行政案件，尤其是限制公民人身自由、适用听证程序作出行政行为的案件。《行政处罚法》规定，听证程序适用于吊销营业执照、责令停产停业和处以较大数额罚款的案件。可以看出，听证程序对当事人的权益和公共利益的影响较大，有关案件的性质也比较严重。被告行政机关适用这种程序作出行政行为的，有关事实的认定即应当采取这种标准。在诉讼过程中履行证明责任的，也是如此。

（二）优势盖然性标准

优势盖然性标准，又称为优势证据标准。关于其具体含义有形式上和实质上的两种理解：形式主义的理解着眼于当事人的举证，比较当事人举证分量的大小，认为就特定的事实主张而言，只要一方当事人提交的证据在证明力上大于另一方当事人的举证，法院即应当认定占据了举证优势的一方当事人提出的事实主张。实质主义的理解着眼于本案全部证据的证明力，比较某种事实主张成立的可能性与不成立的可能性大小，凡是经考量本案当事人的全部举证和质证情况，确信一种事实主张成立的可能性大于不成立的可能性的，即认定该事实主张成立。

在行政诉讼中，优势盖然性标准是说服责任的一般证明标准，适用范围比较广泛，有关通过普通程序和简易程序作出的行政行为的案件都可以适用该标准。

（三）合理可能性标准

合理可能性是指某种事实主张不能完全确定，但符合情理，它类似于英美法系国家的表见证据标准。这里的关键在于对“合理”的含义的理解。“合理”的程度要求，因案件涉及的问题的严重性不同而有所差异，但是从百分比的角度来看，其上限为50%的可能性，下限为30%的可能性，如果低于30%，则这种可能性已不是合理的了；如果高于50%，则这种可能性是一种较为确定的可能性。总而言之，合理可能性是指能够使法官内心相信某件事的发生是可能的，但不能完全排除怀疑。

合理可能性的证明标准主要适用于原告的举证。这是因为，行政诉讼原告举证的主要目的不是说服法官形成确信，而是动摇法官对被告主张事实的确信。例如，原告在提起诉讼时应当证明其符合法定起诉条件，在被告履行说服责任的过程中，原告为了避免败诉，也应当积极举证以反驳被告的举证，这些情形中适用的都是该证明标准。

就被告而言，合理可能性标准主要适用于采取临时紧急措施的案件。行政机关采取这种措施的目的是保全证据或制止违法，通常是因为案件的情况较为紧急，有证据证明有采取适当措施的必要性，但又不可能采用一般的行政程序作出决定，因而需要立即采取临时的控制措施。待事态平息或者在以后的调查程序中发现没有必要采取这种措施时，即予以变更或者解除。临时紧急措施的证明标准虽然较低，但错误的风险也因此增加。

问题与思考

1. 如何理解行政诉讼被告的证明责任？
2. 行政案卷具有哪些特点？

3. 行政案卷排除规则有哪些具体的要求？
4. 行政诉讼的原告为什么要承担一定的举证责任？
5. 行政诉讼原告的证明责任有哪些特点？
6. 如何理解行政诉讼证明标准的适用范围？

阅读文献

1. 高家伟．行政诉讼证据的理论与实践．北京：工商出版社，1998
2. 吕利秋．行政诉讼举证责任．中国政法大学博士学位论文，2000
3. 徐继敏．行政证据通论．北京：法律出版社，2004
4. 徐继敏．行政程序证据规则与案例．北京：法律出版社，2011
5. 中国证据法网．www. evidencelaw. net

第十五章

如何审查评断证据

引　言

审查评断证据是收集和提交证据的延续，是认定案件事实的前提。它包括证据能力与证明力的审查评断两个方面，后者更为重要。从内容上看，证明力的审查评断可分为证据可靠性的审查与证据证明价值的评断两个方面；从步骤来看，证明力的审查评断要先从单一证据入手，而后考察一组证据，乃至全案证据。我国对全案证据证明力的审查评断，存在两种模式。

关键术语

证据的审查评断内容　证据证明力的审查评断标准　证据可靠性的审查　证据证明力的评断　印证证明　证据锁链

【案例】

村民甲女与乙男 1985 年结婚，婚后感情尚可，并育有二女一子。1994 年前后，甲女与同村村民丙开始通奸，直至故意杀人罪案发。案发后不久，丙因病死亡。公诉机关指控，2002 年 7 月 26 日中午 12 时许，乙坐在炕上取茶叶放入白搪瓷缸中，用开水冲茶饮用。喝过茶水后，乙突然感到不适倒在炕上，经抢救无效于当日中午死亡。当晚 9 时许，村民丁等六人到甲家中帮忙料理丧事，乙的侄女戊在当日乙喝茶用的白搪瓷缸中加入新水，招待来人饮用。随后，村民丙也来帮忙，见白搪瓷缸中的茶水混浊，便将茶水残渣倒在院子里一土台上，从乙家屋内茶叶筒内取出新茶冲泡，招待客人。约一个小时后，村民丁等 6 人喝过戊倒的茶水后分别出现头晕、恶心、呕吐等中毒症状，经抢救脱险。后经法医鉴定，死者乙胃内容物、肝组织及从现场提取的丙倒掉的茶叶渣中均检出"毒鼠强"成分。

一审法院以故意杀人罪判处甲死刑，剥夺政治权利终身。甲不服，提起上诉。二审法院以该案事实不清、证据不足为由，裁定撤销原判发回重审。一审法院重审后，以甲犯故意杀人罪改判无期徒刑，剥夺政治权利终身。此后，甲第二次上诉，二审法院再次裁定发回重审。一审法院再次重审后仍对甲判处无期徒刑。2005 年 2 月，甲第三次提出上诉，辩称自己没有投毒杀夫，原判定性错误，请求宣告无罪。在本案多次审理中，控辩双方的证据基本上是确定的，主要包括尸检报告、现场勘查笔录、鉴定意见、被告人供述与辩解、物证以及证人证言等。正是因为公诉机关、被告人以及一、二审法院对这些证据的审查评断出现了不同的认识，本案中才出现了三次一审、三次上诉、两次改判仍不能审结的情况。请结合本案，阐述司法人员及其他诉讼参与人应当如何审查评断证据。

一、审查评断证据的内容

顾名思义，**审查评断证据是指司法人员等在诉讼过程中对证据进行分析、研究和判断，找出它们与案件事实之间的客观联系，确定其证据能力有无和证明力大小的一种特殊活动。**在司法实践中，侦查人员、公诉人员、审判人员、行政执法人员、律师以及当事人等对于用于定案的证据，均存在一个如何审查评断的问题。因此，审查评断证据是一项重要的基础性工作，实际上是认定案件事实进而适用法律的前提。

在不同的司法和执法等与法律事务有关的活动中，审查评断证据的规则并不完全一致，但审查评断证据的内容则基本统一。一般来说，法官对证据的审查评断有着严格的规则，即前述第十一章所述的认证规则，而侦查人员、公诉人员、行政执法人员、律师以及当事人等对证据的审查评断则不存在专门的法律规则；但是，实际上各种诉讼参与人对证据的审查评断是一体化的，法官的认证规则对其他主体审查评断证据则具有重要的参考意义。

当今各国普遍采用证据裁判主义，司法人员等对证据的审查评断也往往集中于证据能力与证明力两个方面。前者指的是什么材料应该被准许作为证据进入司法程序的问题，后者指的是所采纳的那些材料能否定案的问题；前者反映了证据的社会属性，它需要司法人员等结合各国的具体证据规则完成，后者反映了证据的自然属性，一般留待司法人员等予以自由判断；前者主要针对单个证据而言，后者则不仅针对单个证据，而且要针对一组证据乃至全案证据。

具体到我国，学理的通说认为，**审查评断证据能力需要适用证据的客观性、关联性和合法性三项标准，审查评断证明力则适用证据的确实性和充分性两项标准。**相应地，我国现行立法也分别确立了一些审查评断证据能力和证明力的规则。前者主要包括非法证据排除规则、测谎鉴定意见排除规则、骨龄鉴定意见的可采性规则、电子数据的可采性规则、民事诉讼的最佳证据规则、行政案卷外证据排除规则与特定人员的作证特免权规则等；后者则主要包括补强证据规则、复制品、复制件证明力规则及证据证明力高低的确认规则等。不难看出，在我国司法实践中，**对证据的审查评断可归结为一条作业流水线，即“收集和提交证据→审查评断证据能力→审查评断证明力→认定案件事实”**，其中每一环节中既要参照学理标准，亦要遵守法定规则。（参见图 15—1）

两相比较，对证明力的审查评断显然要困难得多，有关的规则亦缺乏可操作性。以本章开篇的案件为例，各级法院对其中尸检报告、现场勘查笔录、鉴定意见、被告人供述与辩解、物证以及证人证言等的证据资格问题是容易作出判断的，即除了被告人供述与辩解因涉嫌刑讯逼供而存疑外，其他材料均可充当证据使用。但是，各级法院在这些证据能否证明被告人就是杀人者的问题上，则难以达成一致意见。由此可见，许多疑案的形成是由于审查评断证明力出现

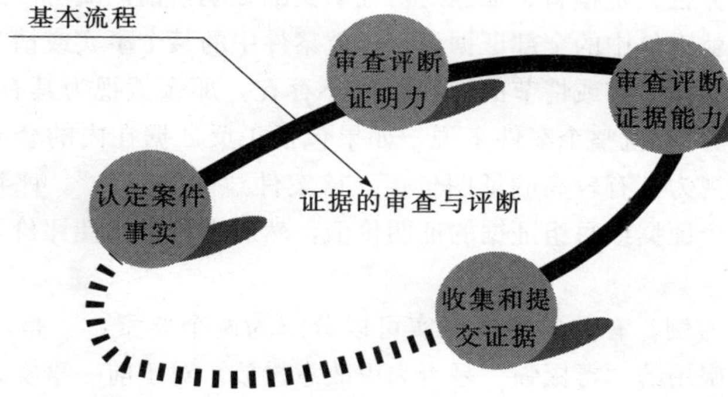

图 15—1

困难而造成的。基于此，并考虑到前述章节对如何判断证据能力已有详尽论述，本章将重点围绕对证明力的审查评断而展开。

二、审查评断证据证明力的标准

我国现行三大诉讼法的有关条款规定，法院作出肯定性判决的条件之一是“证据确实、充分”。由此不难看出，**我国现行法律规定的证据证明力标准为确实性标准与充分性标准。**这两项证明力的标准为我国学术界所公认。然而，什么是证据确实？又如何理解证据充分？仅有学理上的解读显然不够，还必须同大量的司法实例与经验结合起来。[①]

这里所说的证据确实性，实际上是指证据的真实可靠程度。司法实践表明，用于定案的证据通常处于一种“亦黑亦白”的灰色状态。如果用数学比例来表示，某一证据被认为100%虚假，这种情形是可能存在的，那么这样的证据材料因无客观性而丧失证据资格；某一证据被认为100%真实，这种情形则不可能存在，因为人们对真理的认识具有相对性；大量的证据会处于N%真实的情况（其中0<N<100），N越大则其证明力越大，反之亦然。因此，**证据的确实性标准指的是证据的一种实质意义上的真实性，也称为可靠性。**

那么，哪些因素会影响到证据的可靠性？司法实践中没有定规，但这一问题大体上能分解为如下小问题：证据是如何形成的，或者是由谁提供的？证据所反映的人、事、物有多大的可信度？证据自身内部、证据相互之间是否存在矛盾？等等。例如在本章开篇的案例中，尸检报告、现场勘查笔录、鉴定意见与物证就具有很高的可靠性，而被告人供述与辩解因存在如下疑点而不具有可靠性：（1）甲未能供出投毒的灭鼠药的来源；（2）甲供述投毒杀人是为了与丙结婚生活，但两人发生不正当性关系已有十多年，双方都有家庭子女，均未提出过离婚，且甲自幼左臂残疾，婚后日常生活需要乙帮助，时至案发前，甲才产生杀死乙而与丙结婚的动机，原因不合情理；（3）甲投毒的过程得不到其子女的证言印证等。

---

① 现行《刑事诉讼法》第53条第2款规定：“证据确实、充分，应当符合以下条件：（一）定罪量刑的事实都有证据证明；（二）据以定案的证据均经法定程序查证属实；（三）综合全案证据，对所认定事实已排除合理怀疑。”这实际上是将刑事诉讼中的确实性标准与充分性标准细化为三项。这一调整思路值得我国《民事诉讼法》与《行政诉讼法》借鉴。

这里所说的**证据充分性，是指有关证据对待证事实的证明价值。**既可以是就单个证据或单组证据而言，也可以是就案件中的全部证据而言。就案件中的某个事实或情节来说，如果某个证据或证据组合足以证明该事实或情节的存在或者不存在，那么就视为其有较高的证明价值，该事实或情节“证据充分”；就整个案件来说，如果包括正反证据在内的全部证据足以证明案件的真实情况，那么就视为其有较高的证明价值，该案件“证据充分”。评判全案证据的证明价值，必须首先把握每个证据或每组证据的证明价值，然后进行整体性评价，从而为全案决策提供依据。

仍以本章开篇案件为例，有关的待证事实可以分解为两个要素：一是乙是否服用“毒鼠强”中毒死亡，二是乙服用的“毒鼠强”是否为甲故意投放。对于前一事实，不仅有尸体检验报告证实，而且有现场勘查笔录、刑事科学技术鉴定意见佐证，足以认定；但对于后一事实，一旦排除了可靠性不强的有罪供述外，便属于没有证据支持的情形。换言之，本案中虽有充分的证据证明杀人方式，却没有充分的证据证明杀人者。有关法院之所以出现误判，问题正是出在评断全案证据的证明价值方面。

三、单一证据证明力的审查评断

证据证明力的审查评断是司法人员等对案件中各种证据的认识活动，应该由浅入深、从个别到整体，循序渐进地进行。因此，不论是侦查人员、公诉人员、审判人员、行政执法人员、律师还是当事人，他们对证据证明力的审查评断都往往是从单一证据开始的。事实上，物证、书证、视听资料、电子数据、证人证言、当事人陈述、鉴定意见以及笔录 8 种法定证据的审查评断各有自己的侧重点。以下便从司法实践经验出发略作梳理。（参见图 15—2）

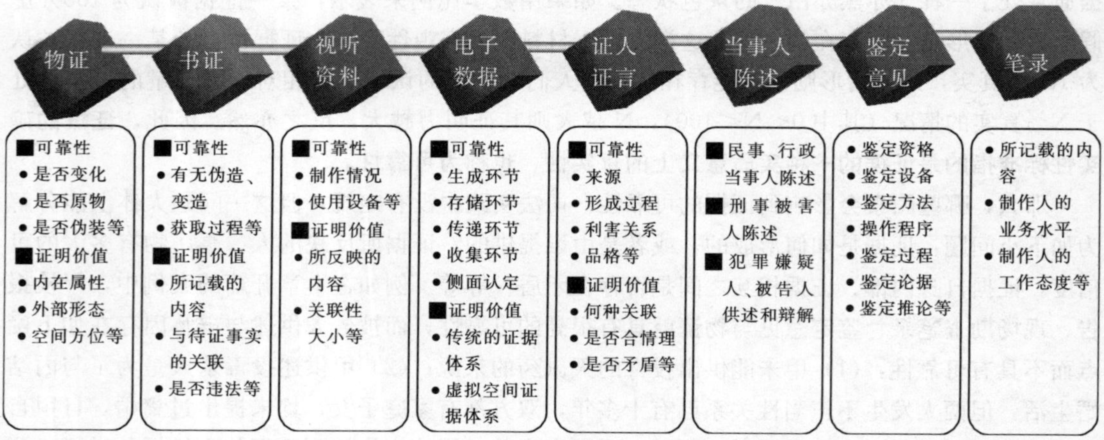

图 15—2

（一）物证证明力的审查评断

物证与其他法定证据相比，在证明力上所体现的客观性比较强，属于一种“哑巴证据”。由这一本质属性所决定，其一般不能直接用来证明案件事实，而需要与其他证据结合起来发挥证明作用。

1. 审查物证的可靠性

审查评断物证是否真实可靠，主要是判断该物证是否具有客观性。物证最重要的特征在于，以其本身所固定的外部特征、形状、品质、状态等来证明案件事实；但是，由于受到各种客观因素或环节的影响，以及来自人的主观因素的影响，物证这一客观属性的反映程度往往被限制或被阻碍，从而影响了其证明力的大小与强弱。因此，在审查评断物证的可靠性时应注意：（1）要查明为待证事实所要求的物证的本质特征或内在属性，是否已发生了实质性的变化，以及是否达到了足以影响其证明力的程度。（2）要查明物证是否为原物。一般而言，物证具有不可替代性。司法证明中如采用的是复制品或替代品，则其证明力将受到影响。当然，基于法律上规定的特殊情形而使用复制品或替代品的，则可作为例外来对待。（3）要确认物证是否经过伪装。凭空伪造的物证将影响其证据能力，而对物证进行不当修饰或伪装则将导致其证明力下降。

司法实践表明，物证出现伪造通常因以下两种原因：其一，犯罪嫌疑人或民事、行政诉讼的当事人基于逃避法律的制裁或受利已主义驱使，对物证加以伪造或变造；其二，基于诬告、陷害他人或为实现某种利益而告发他人或使他人处于不利境地的目的，伪造或变造物证。例如，在民事诉讼中，当事人基于胜诉欲望的驱使而故意改变原物形状、规格、品种，甚至用他物来冒充、替代原物。结合这些司法经验，能够较为准确地预断物证有可能遭到伪造。

当估计某物证有被伪造的可能后，通常除了肉眼识别外，还可以借助一些必要的方式与手段，如辨认、鉴定以及简单比对等。辨认是辨认人通过自己大脑中的印象判断与案件事实有关的物证是否是他所曾经感知过的活动。辨认的过程一般分为感知、记忆和辨识三个阶段，其中辨识阶段是整个辨认过程的关键环节。辨识以辨认人大脑中的表象再现为基础。当辨认人看到辨认对象时，将即刻把有关信息输入自己的大脑中，在储存的记忆表象中进行对比和查找，然后得出是否为同一的辨认结论。警犬辨认是一种特殊的辨认。鉴定是在无法借助人的大脑来识别、判断某些物品或痕迹（也即辨认）时，由司法人员等决定聘请专家对有关物证进行分析、鉴别后提供结论性意见的活动。如果司法人员等发现物证与其他证据出现矛盾时，还应当进行全面的、细致的比对分析，包括比较该物证与其他证据之间存在矛盾的根源所在，确认究竟是其他证据缺乏可靠性，还是物证本身的问题。

2. 评断物证的证明价值

评断物证的证明价值如何，主要是认定物证本身及其与其他证据构成的组合，与案件事实的关联程度如何，即认定某一物证的内在属性、外部形态、空间方位等能否足以影响到特定的案件事实所呈现的实际状态。凡某一物证以内在属性、外部形态、空间方位等来体现对案件事实的存在产生有效影响，便是具有证明价值的物证。

司法实践表明，物证对案件事实的影响分为直接的方式和间接的方式。凡是物证以其存在便足以影响认定案件事实的重要部分或其中一部分的，为具有直接的关联性；而凡是物证以其存在有助于查明案件事实，或构成发现案件事实的线索的，则为具有间接的关联性。在间接方式下，物证只有与其他证据结合起来，相互印证，构成证据组合，才能达到证明案件事实的目的。但通常来说，单一的物证不能起证明案件事实的作用，必须与包括其他物证在内的证据互为依存条件、互为证明关系，才能体现某一物证的证明价值。

（二）书证证明力的审查评断

书证的证明力主要涉及该书证是否属实，以及其中所载明和表达的内容与案件事实具有何种程度的关联。例如，如果某一诉讼涉及当事人之间是否存在购销特定货物的法律关系，一方当事人提出了双方签订的购销合同书证，那么该书证的证明力便表现为其有无伪造，以及其内容与买卖法律关系的关联程度。

1. 审查书证的可靠性

司法实践表明，造成书证缺乏可靠性的原因主要有：其一，制作人出于种种目的故意歪曲事实；其二，制作人对书证所载明的内容事项缺乏了解或认识不全面，使得书证内容不能客观地反映实际情况；其三，制作人在制作书证的内容时受到暴力胁迫或利益驱使的不良影响；其四，各方当事人对某一事实在认识或表述上存在分歧，其中一方在记载或表述时擅自断章取义，删除了对其不利的有关内容。基于此，审查书证的可靠性应当从制作、保管和获取的环节入手。

（1）应当识别书证有无伪造、变造的痕迹，必要时可以根据书证的保管情形进行全面衡量。所谓伪造就是模仿他人的笔迹或以其他手段制造假书证，所谓变造就是以涂改、加字、减字、剪贴等手段改变书证内容。识别方法通常是，对书证的笔迹、印章进行鉴定，也可以向书证的记录人、保管人进行查询、核对，还可以根据书证相关手续是否正常、完备进行评估。

（2）应当审查书证的获取过程，包括该书证是由什么人提供的、是在什么条件下提供的、所提交的是否是原件、在提取过程中是否遭到破坏等。司法人员等应当安排书证的制作者及其他相关人员对所提交的书证进行辨认，以确保书证的可靠性。

2. 评断书证的证明价值

（1）应当查明和确认有关书证所记载、表述的内容的确切含义。书证的内容是以文字、符号或图案等作为表现形式的，若书证内容前后存在矛盾之处或模糊之处，则必然影响到对书证内容的正确理解或识别，进而影响到对该书证与待证事实之间关联性的判断。对书证内容的审查重点是其是否为有关人员的真实意思表示。这可以通过询问当事人或书证制作人来进行。当双方当事人对该书证所载明和表述的内容存在不同的理解或解释时，司法人员等可以要求双方当事人就争议事实所表述的内容进行解释、说明，乃至辩论。有时制作者疏忽大意也可能造成书证的内容不能反映客观事实。

（2）应当查明和确认书证与待证事实是否存在内在的、必然的关联性。在实际生活中，有些书证所记载的内容与案件事实之间的关系显得牵强附会或模棱两可。因此，对于此类书证与案件事实所涉及内容的关联性，必须结合其他证据考察是否相互衔接、印证，才能作出确认。

（3）应当查明和确认书证的内容是否与国家法律、法规相抵触。基于种种复杂的原因，国家机关、企事业单位、人民团体所制作的书证在内容上可能会出现与国家法律相抵触的情形，个人所制作的书证更是如此。

（三）视听资料证明力的审查评断

视听资料的最大优势在于能够借助音色、音调、音质以及动态连接性的图像等直观逼真地再现案件事实的原貌。由于它具有客观性强、可靠性大的特点，因此**在特定条件下，只要视听资料被确认有证据资格，它便可以作为直接认定案件事实的根据。**但是，视听资料也有其固有的缺陷，即它对客观物质材料的依赖程度极高，而且在产生、收集、保管过程中又极易受到各种主观因素的影响和侵袭。因此，应当根据这些本质属性和基本特点，扬其所长、避其所短，对视听资料认真地加以审查评断。

1. 审查视听资料的可靠性

（1）应当对视听资料的制作主体、方式、形成的时间、地点、条件及周边环境加以审视、查明，即确认有关视听资料是由何人录制、摄制、输入的，以及制作的具体地点、时间和当时的具体环境状况。例如，对于录音、录像资料，应当查明当事人的有关言词陈述是出于自愿或真实意思表示，还是在生命、财产、名誉、尊严等受到现实威胁或潜在危害的情况下被迫作出的；应当查明刑事被告人、犯罪嫌疑人所作口供是否系在刑讯逼供下获得的。

（2）应当对制作、存储视听资料的有关技术设备的性能加以审视、查明。视听资料是一种对技术条件要求很高的证据，其真实可靠性的大小，同技术设备、仪器和有关装置的品质和性能有直接的关系。通常借助性能可靠、灵敏度高、品质优良的技术设备、仪器和有关装置，才能获得可靠性强的视听资料。因此，对有关设备或装置进行技术检验以验证其性能品质的优良及可靠性，是司法人员等对视听资料可靠性加以确认的有力手段。

2. 评断视听资料的证明价值

（1）是对视听资料所反映的内容加以审视、查明。如果某一视听资料的保真状况受到时空环境因素的制约，则其内容也可能被来自主观人为和客观外界的因素破坏和侵蚀，从而降低其证据价值。司法人员等可以采用重播、定格、慢放、放大等技术方法，对视听资料的保真状况进行审查、鉴别，必要时还可以借助专业技术鉴定手段，如声纹鉴定等，加以评断。

（2）就视听资料与案件事实之间的关联性大小进行认定。如果某一视听资料具有真实可靠的保障，但它与案件事实之间的关联性很小，那么它本身的证明力仍然不够。

（四）电子数据的审查评断

电子数据是一种新型的证据，它具有存储形式特殊、传递速度快捷与解读机制间接等特点。这使得对电子数据的审查评断需要做一些特殊的考量。

1. 审查电子数据的可靠性

（1）应当审查电子数据的生成环节。例如，电子数据是在正常的活动中按常规程序自动生成还是人工录入的；生成或录入电子数据的系统是否被非法人员控制，系统的维护和调试是否处于正常控制下；自动生成电子数据的程序是否可靠；由人工录入电子数据时，录入者是否是在严格的控制下、按照严格的操作规程、采用可靠的操作方法合法录入；等等。

（2）应当审查电子数据的存储环节。例如，存储电子数据的方法是否科学；存储电子数据的介质是否可靠；存储电子数据的人员是否公正、独立；存储电子数据时是否加密，所存储的电子数据是否会遭受未经授权的接触；等等。

（3）应当审查电子数据的传递环节。电子商务纠纷中的电子数据通常要经过网络的传递、输送，其间任何一个环节都可能大大降低电子数据的证明力，因此认证时要考虑传递、接收电子数据时所用的技术手段或方法是否科学、可靠，传递电子数据的“中间人”如网络运营商等是否公正、独立，电子数据在传递的过程中有无加密措施、有无可能被非法人员截获等。

（4）应当审查电子数据的收集环节。作为证据的电子数据或是由司法机关在调查、侦查活动中依职权取得的，或是由当事人从自己的利益出发自行收集的，还可能是由普通个人在无意中收集到的。不同来源的电子数据，其可靠性往往不同；即使是同种来源的电子数据，也可能因各种原因而具有不同的可靠性。因此，法官应当审查：电子数据是由谁收集的，收集电子数据者与案件有无利害关系；司法机关收集电子数据的过程中是否遵守了法律的有关规定；司法机关以秘密方式收集、提取电子数据时是否经过授权，是否符合法定的秘密取证程序；收集、提取电子数据的方法（如备份、打印输出物等）是否科学、可靠；面对网络中浩如烟海的电子数据，收集者在决定对其进行重组、取舍时，所依据的标准是什么，所采用的方法是否科学、可靠，所经历的过程是否客观、合法；等等。

（5）通过特殊的机制从侧面认定电子数据的可靠性。这主要分为三种情况：1）通过认定某一电子数据所依赖的计算机系统具有可靠性，而推定该电子数据具有可靠性；2）通过认定某一电子数据系由对其不利的一方当事人保存或提供的，而推定该电子数据具有可靠性；3）通过认定某一电子数据系在正常的业务活动中生成并保管的，而推定该电子数据具有可靠性等。

2. 评断电子数据的证明价值

电子数据是否具有足够的证明价值，包括两个方面的问题：其一，一个电子数据或其组合的证明价值是否足以证明该事实或情节的存在或者不存在；其二，电子数据等全案证据的证明价值是否足以证明案件事实。对前一问题，主要从以下几方面入手：（1）所提出的电子数据欲证明什么样的案件事实？（2）该事实是否是案件中的实质性问题？（3）所提出的电子数据对解决案件中的争议问题有多大的实质性意义？

对于后一问题，则要考察是否构成电子数据定案的完整证据体系。这一证据体系又可分为两种形式：（1）若干份电子数据同传统证据如物证、书证、证人证言等相印证，构成一个虚拟空间与物理空间证据相结合的锁链。（2）若干份电子数据相印证，构成一个虚拟空间证据相结合的锁链。这需要尽可能围绕电子数据的形成过程收集取证，将电子数据衍生出来的各种附属信息证据、关联痕迹证据组合起来。例如，某个贩毒团伙通过电子邮件进行联系，那么至少可以将发件人电脑中留存的电子邮件及其他电子信息、发件人所使用代理服务商电脑中留存的电子邮件及其他电子信息、收件人电脑中留存的电子邮件及其他电子信息以及收件人所使用代理服务商电脑中留存的电子邮件及其他电子信息一并收集，审查它们之间能否印证。如果相互能印证的，就构成一个证据体系；反之亦然。

（五）证人证言证明力的审查评断

1. 审查证人证言的可靠性

（1）应当从证人证言的来源方面展开审查。证人证言的来源涉及该证人对案件事实的了解是在场亲睹，还是道听途说。如果证人证言是直接来源于证人亲身的感受，显然就具有较强的可靠性；如果证人证言是间接来源于他人的转述，则在可靠性方面显然有所削弱，进而也会影响到证明力。需要指出的是，之所以在我国来源于他人转述的证言只是降低证明力，并不丧失证据能力，是因为我国尚未确立、也不宜确立英美法系的传闻证据排除规则，而更适宜构建大陆法系盛行的直接言词原则。

（2）应当审查证人证言的形成过程。即使一个如实提供证言的人，其陈述的内容也有可能不符合客观事实。这主要是因为，证言的形成要经历一个主观能动地反映客观的感知、记忆和陈述的过程。在感知阶段，证人在生理、心理、神志、精力上是千差万别的，而且证人的社会经历、出身、知识结构等所构成的观察、识别能力会影响感知的效果；在记忆阶段，证人的记忆力与遗传因素、年龄、职业、健康状况具有直接的关系，证人是否积极主动记忆、是否保持高度的注意力以及记忆经历时间的长短等也对记忆力的长久性与准确性产生很大影响；在陈述阶段，证人对发现的客观事物加以再现的表达能力并不相同，这种表达能力通常与证人的语言文字水平和逻辑思维模式具有密切关系，也会影响证人证言的陈述效果。

(3) 应当审查证人与案件当事人或案件本身是否具有利害关系。狭义上的利害关系仅指证人在诉讼中具有直接利益；而从广义上讲，这种利害关系应包括亲属关系、朋友关系以及相互敌视的对立关系等。如果存在这些关系，就有可能影响证人证言的可靠性，以致削弱证言的证明力。

(4) 应当审查评断证人的品格、操行、年龄。品格和操行是指人所享有的为社会所广泛认知的声誉和一贯的处事方式。一般来说，凡是品格、操行一贯优良的证人，其证言则具有更大的真实、可靠性；反之，其证言的真实、可靠性较弱，即证明力不强。年龄对证人证言可靠性的影响是两面的，比如说年幼的证人既可能是“童言无忌”说出实情，也可能是受成人煽动夸大其词；年长的证人既可能不受他人蛊惑，也可能“老于世故”不讲真话。对此不能一概而论，不能机械地考虑证人的身份、地位、荣誉、年龄等因素，而应当针对具体情况具体分析。

2. 评断证人证言的证明价值

这主要是查明、确认证人证言所表达的内容与案件事实有何种关联性、是否合乎情理以及与其他证据所证明的方向是否一致。如果证人证言与案件事实本身关联性不强，即使在内容上是符合客观事实的，也无证据价值。如果同一个证人的证言前后有变化，或者不同证人的证言相互不一致，或者证人证言与其他证据有矛盾，尤其是在案件关键情节上有出入，那就说明该证人证言可能有问题。在排除矛盾之前，不能轻易采信。司法人员等要注意审查评断证人或其他人对矛盾之处作何种解释、解释得是否符合情理，还要注意证人证言与其他证据能否相互印证。

(六) 当事人陈述证明力的审查评断

1. 民事、行政诉讼当事人陈述证明力的审查评断

民事诉讼和行政诉讼当事人往往是有关案件事实的实际参与人，切身感知的案件情况较多，也最了解案件事实过程中的基本情况。但是，由于当事人自身与案件有着直接的利害关系，其陈述就不可避免地带有片面性或倾向性，既可能扩大某些对自己有利的事实，也可能缩略对己不利的事实，还可能提供虚假的陈述。并且，由于受到本身感知能力、记忆能力或表述能力上的限制，即使当事人愿意如实陈述有关事实，也未免能够达到一种理想的效果。因此，当事人陈述通常缺乏可靠性。为此，将当事人陈述作为证据使用时，应当细致地加以审查评断，以决定其证明力的大小与强弱。

(1) 应当从发生争议的民事法律关系、行政法律关系方面，审查评断当事人陈述所具有的证明力。即从当事人陈述的具体内容上进行审查，着重查明其与案件事实的关系，是否符合案件事实所涉及实体法律关系的发生、发展和消灭的实际过程，有无自相矛盾或可疑之处，是否

合情合理。

（2）应当审查评断当事人陈述与其他证据有无矛盾，是否能够相互印证。为此，不仅要审查一方当事人陈述与其提供的其他证据是否存在相互抵触的情形，还要审查该当事人陈述与对方当事人陈述及其所提供的其他证据是否存在矛盾之处。如有矛盾，应查明发生矛盾的症结所在，以便决定其证明力的大小与强弱。

2. 刑事被害人陈述证明力的审查评断

刑事被害人陈述主要包括以下两种情况：其一是与作案人有直接接触或者在犯罪现场目睹犯罪行为发生的被害人所作的陈述。这类情形常见于伤害、抢劫、强奸等暴力犯罪案件中。由于被害人与作案人有过直接的接触，所以了解作案人的许多具体情况，如性别、年龄、身份、衣着装束、相貌特征、言谈举止、体形、口音，以及在搏斗中给作案人身上造成的伤痕或在衣物上留下的污迹等；有时被害人在案发后的一定时间内还能够辨认出谁是作案人，这种指认可以作为一种直接证据，其优势甚为显著。其二是与作案人没有直接接触或没有目睹犯罪行为发生的被害人所作的陈述。如受害人外出时家中被盗的案件中，受害人往往了解犯罪的时间、地点、后果、赃物特征等情况，可以为查清案件事实提供重要的情况和线索。

这种证据在证明方式上具有直接性、具体性、生动性和形象性。但是，其自然属性在特定情形下会受到社会属性的严重制约。例如，在一些诸如杀人、强奸、抢劫等恶性暴力案件中，被害人因自身直接遭受犯罪行为的侵害，往往在案发时处于精神高度紧张状态，从而影响了正常的观察思辨能力，导致心理上的错觉、幻觉或思维混乱。有的受害人顾虑重重，如担心事后遭到报复，特别是在强奸案中，不少妇女因顾及名誉、前途或家庭关系而不敢揭露真情；有的出于无比痛恨、难以抑制复仇心态而有意夸大犯罪事实和情节；个别情况下，有的面对受害事实，并不实事求是地协助公安司法机关追查作案人，而是借机诬告陷害他人……凡此种种，说明被害人陈述这一证据具有相当的复杂性。因此，对此种证据，应当认真审查评断，既不能对其不加重视，又不能对其盲目轻信。

（1）应当审查评断被害人陈述内容的来源。即要查明被害人陈述的内容是他自己直接看到的、听到的、感受到的，还是以间接方式道听途说或向他人打听到的。倘若为被害人耳闻目睹，应查清是在何种情况下感知的，并且应查明被害人当时的精神状态如何，以及在当时的环境条件下是否可以看到、听到或以其他方式感知到；倘若在犯罪行为发生时被害人并不在现场或当时处于昏迷状态，只是事后听他人所说，就应查明是在何时、何地、何种情况下听到的，并且要尽可能找到原陈述者作为证人进行核实、佐证。

（2）应当审查评断被害人的检举、控告是在何种情况下发生的。即应当查明被害人陈述是自愿作出的，还是在他人指使、动员、劝说甚至强迫下作出的。这些具体情形将对证明力产生重要影响。

（3）应当从被害人陈述的内容是否符合情理、是否前后一致等方面来审查。即从被害人陈述的内容所涉及的犯罪地点、时间、环境、手段、情节、目的、步骤和造成的后果上，分析是否违反逻辑、有悖情理、是否矛盾、能否自圆其说等，由此决定其证明力的大小与强弱。

（4）应当从被害人与被告人之间的关系方面进行审查评断。即应当查明被害人与被告人之间是否素不相识，以前是否存在仇怨或平时关系如何，是否具有亲属关系、抚养关系、朋友关系或隶属关系等。这些因素在相当程度上将会决定其证明力的大小与取舍。

(5) 应当从被害人的品格修养与一贯表现上进行审查评断。即应查明被害人的思想品德如何，平时为人是否诚实。倘若被害人一贯品行不佳、为人狡诈、口是心非，则应对其陈述加以审慎考虑。当然，对此方面的审查也不能一概而论，应当具体问题具体分析，结合其他环境因素综合考虑。

3. 犯罪嫌疑人、被告人供述和辩解证明力的审查评断

犯罪嫌疑人、被告人供述和辩解具有真伪并存的特点。一方面，犯罪嫌疑人、被告人是刑事案件中的当事人，对自己是否实施犯罪行为或者采取何种具体方式实施犯罪行为最为清楚。当犯罪嫌疑人、被告人作出有罪供述时，便能够直接、详尽地反映实施犯罪行为的动机、目的以及采取的作案手段、过程和详细情节；即使犯罪嫌疑人、被告人作出无罪或罪轻的辩解，通常也会提出有关的具体事实根据及相应解释。因此，凡经查实的供述或确有根据的辩解，都能够起到直接认定案件事实的证明价值。另一方面，也正因为犯罪嫌疑人、被告人在诉讼中处于一种特殊的地位，案件的结果与其存在直接的利害关系，因此他可能为达到逃避责任、掩盖罪行的目的，采取避重就轻或嫁祸于人的手段，甚至编织、捏造案件事实。因此，对犯罪嫌疑人、被告人的供述与辩解不可轻易相信。

(1) 应当对犯罪嫌疑人、被告人供述和辩解的动机进行审查评断。犯罪嫌疑人、被告人供述与辩解的动机往往是多方面的。有的慑于法律威严而真诚悔罪投案自首，彻底坦白、交代全部犯罪事实；有的面对确凿、充分的证据，感到无可奈何、无法抵赖，而被迫供认犯罪事实；有的避重就轻，只供认其中一部分涉及轻罪的犯罪事实，而隐瞒另一部分涉及罪重的犯罪事实；有的只交代自己的罪行，而不揭发同案犯的罪行；有的为了达到争取宽大处理的目的，"坦白"、"交代"并非自己所实施的犯罪行为。可见，犯罪嫌疑人、被告人供述与辩解的动机如何，很大程度上决定了这种证据的真伪成分。因此，应当认真审查犯罪嫌疑人、被告人是在何种情况下，出于何种动机作出供述与辩解的，从而在证明力上作出相应的取舍。必要时，在征得犯罪嫌疑人、被告人同意后，可以进行测谎以辅助判断。

(2) 应当对犯罪嫌疑人、被告人口供的逻辑性、合理性进行审查评断。犯罪嫌疑人、被告人口供的真实程度如何，往往反映在所供述内容是否存在内在逻辑性、是否符合日常情理上。对此，应当结合犯罪嫌疑人、被告人的具体情况，从犯罪时间、地点、动机、目的、手段、后果以及其他环境因素等方面分析是否存在实施犯罪行为的可能、是否有违反形式逻辑和一般社会经验之处、是否存在可疑之处或矛盾之处，从而对口供的真实程度加以辨别与确认。

(3) 应当审查评断犯罪嫌疑人、被告人供述和辩解同其他证据之间的关系。如果对犯罪嫌疑人、被告人的口供审查评断只停留在对其本身的认定上，而不将口供与本案其他证据结合加以比对印证，进行综合分析判断，那么，便不能确定口供的真假如何以及价值大小。因此，只有将口供与其他证据联系起来全盘考虑，才能分辨其真假程度以及确定其证明力的大小强弱。只有在查明犯罪嫌疑人、被告人的口供与其他证据相互印证时，才能将其作为认定案件事实的根据。

(七) 鉴定意见证明力的审查评断

在司法实践中，为了解决与案件事实有关的各种专门性问题，司法人员等常常需要求助于各行各业的专家，用多种技术手段进行科学鉴定，为确认与待证事实有关的专门性问题提供必

要的依据。但是，**鉴定人不是科学的法官，鉴定意见也不是最后的审判结论，司法人员必须对其证明力加以审查评断。**虽然这种审查评断有点“外行审查内行”的意味，但依然不容忽视。

1. 应当审查评断鉴定人是否具有鉴定资格，所使用的技术设备是否先进，采取的方法和操作程序是否规范、实用，技术手段是否有效、可靠。一些科学技术鉴定要求有精良的设备、先进的技术条件，并且要采用最优的、实用的科学方法，这是决定鉴定意见证明力强弱的一种特殊要求。例如，在涉及因采用先进的医疗设备、仪器或技术所引起的医疗责任事故或者因采用新型发明专利或因采用高科技产品而引发的合同纠纷和产品质量的诉讼案件中，实施的医疗事故鉴定或产品质量鉴定。

2. 应当审查评断鉴定人在鉴定过程中，在检验、实验的程序规范或者在检验方法上是否符合有关法定标准或行业标准的要求。这些标准包括《医疗事故处理条例》、《精神疾病司法鉴定暂行规定》、《扣押、追缴、没收物品估价管理办法》、《人体轻伤鉴定标准（试行）》、《人体重伤鉴定标准》、《刑事技术鉴定规则》、《道路交通事故处理程序规定》、《交通事故痕迹物证勘验》、《公共安全行业标准—新生儿尸体检验》、《人民检察院法医工作细则（试行）》、《人体轻微伤的鉴定标准》、《司法鉴定执业分类规定（试行）》、《司法鉴定程序通则》、《关于涉案物品价格鉴定分级管理实施办法》、《关于涉案物品价格鉴定复核裁定管理办法》、《海运进口商品残损鉴定办法》、《进出口商品重量鉴定管理办法》、《病残儿医学鉴定管理办法》、《道路交通事故受伤人员伤残评定》、《职业病诊断与鉴定管理办法》、《职业病危害事故调查处理办法》以及《医疗事故技术鉴定暂行办法》，等等。

2012 年 11 月，司法部颁布了《笔迹鉴定规范》、《篡改（污损）文件鉴定规范》、《文件材料鉴定规范》、《文书鉴定通用规范》、《印章印文鉴定规范》、《法医临床检验规范》、《视觉功能障碍法医鉴定指南》、《精神障碍者司法鉴定精神检查规范》、《精神障碍者刑事责任能力评定指南》、《精神障碍者服刑能力评定指南》、《血液中碳氧血红蛋白饱和度的测定分光光度法》、《生物检材中河豚毒素的测定》、《血液中铬镉砷铊和铅的测定》、《道路交通事故涉案者交通行为方式鉴定规范》、《录像资料鉴定规范》、《录音资料鉴定规范》、《男子性功能障碍法医学鉴定规范》、《尿液中 D9-四氢大麻酸的测定》、《亲权鉴定技术规范》、《生物检材中巴比妥类药物的测定液相色谱—串联质谱法》、《生物检材中苯丙胺类兴奋剂、度冷丁和氯胺酮的测定》、《生物检材中单乙酰吗啡、吗啡、可待因的测定》、《生物检材中乌头碱、新乌头碱和次乌头碱的 LC-MSMS 测定液相色谱-串联质谱法》、《声像资料鉴定通用规范》、《特种文件鉴定规范》、《听力障碍法医学鉴定规范》、《血液、尿液中 154 种毒（药）物的测定液相色谱-串联质谱法》、《血液、尿液中毒鼠强的测定气相色谱法》、《血液中氰化物的测定气相色谱法》、《血液中乙醇的测定顶空气相色谱法》、《印刷文件鉴定规范》、《油漆鉴定规范》、《朱墨时序鉴定规范》等三十多项司法鉴定技术规范。它们对于审查评断鉴定人的鉴定程序和鉴定方法同样具有重要指导意义。

3. 应当审查评断鉴定意见的论据是否充分，推论是否合理，论据与结论之间是否存在矛盾。如果属于认定种属相同或者认定同一的结论，其符合点是否能够作出种属认定或者同一认定的结论，对检验或实验中出现的差异点是否都能作出合乎逻辑或有根据的解释。由于鉴定意见涉及不同领域的专门知识和技能，法官仅就鉴定意见本身进行审查，难度较大，这就需要将鉴定意见与案件的其他证据结合起来，一并加以对照、分析和比较。如果其中存在相互矛盾或似有抵触之处而认为鉴定意见可能有误的，应当通知原鉴定机构启动补充鉴定或复核鉴定，也可以另行指定或聘请其他鉴定机构或鉴定人员重新鉴定。

(八) 笔录证明力的审查评断

勘验笔录、检查笔录、辨认笔录、侦查实验笔录以及现场笔录虽然有着不同的内涵，但有一些共性，即均属于司法人员等所制作的具有保全其他证据性质的材料。对其证明力的审查评断，也有一些共性。

1. 应当审查评断各种笔录所记载的内容是否具有客观性、完整性和准确性。例如，笔录上所记载的物证、痕迹、场地环境情况等与从现场收集到的实物证据是否吻合；采用文字记录以及绘图、现场录像、拍照等方式所反映案件事实的各个部分是否相互照应，有无相互抵触的情形；现场所记录的重要情况有无遗漏之处，所使用的文字表述是否确切，记录的数字是否准确无误；笔录所表述的内容有无推测、臆断之嫌；另外，笔录是现场制作的还是事后补救制作的，凡是事后补救制作的勘验笔录，应当由提供者作出必要的解释，以便对其可靠性加以确认。必要时，可以重新组织勘验、检查、辨认、侦查实验工作。

2. 应当审查评断笔录制作人的业务水平与工作态度如何。勘验、检查、辨认、侦查实验及现场笔录，是制作人员的敬业精神、工作态度、业务素质、技术水平等情况的综合反映和检验。凡工作勤奋、作风踏实、精益求精、素质优良、技术精湛的制作人员所完成的笔录，一般客观性、可靠性就会较高，具有较强的证明力；反之，工作态度一贯松弛、作风拖拉、业务素质不高、技术能力不强的制作人员所完成的有关笔录，其反映案件事实的可靠性就会较低，在证明力上就会较弱。

四、全案证据证明力的审查评断

对单一证据证明力进行审查评断后，司法人员等随即要转入对一组证据证明力，乃至对全案证据证明力的审查评断。尤其后一任务至关重要。它也被称为综合审查评断，即对案件所有证据的综合分析与研究，看其内容和反映的情况是否协调一致，能否相互印证和吻合，能否确实充分地证明案件的真实情况。

这一种审查评断不仅要注意审查全案证据的真实可靠性，更要注意评断全案证据的证明价值。换言之，综合审查评断不仅要认真判断证据是否确实，更要认真判断证据是否充分。基于司法理性主义，当代西方国家在这一问题上普遍实行自由心证，强调充分发挥司法人员等的主观能动性；**我国习惯上则带有“印证证明”的特点，反对依靠孤证定案的做法，强调不同证据之间相互印证才能定案。**如前所述，直接证据与间接证据是一种基本的证据分类，相应地，我国实践中对全案证据证明力的审查评断也就流行以下两种比较固定的模式：

(一) 以直接证据为主的审查评断模式

直接证据是指能够直接证明案件主要事实的证据。它具有直接性和单独性两大特点。所谓直接性，就是根据主观的知觉、感觉等直感作用来证明案件主要事实，有人称之为以知觉求真实，或以感觉求真实，即不需要经过复杂的推理判断的中间论证环节；所谓单独性，就是只凭一个证据来证明案件主要事实的方法，不需要有其他证据的配合就具有对案件主要事实的证明作用。然而，这种直接性、单一性是就其与案件主要事实的关系而言的，并不排斥利用直接证据定案的案件中通常还会使用到其他证据的情况。那种认为单一直接证据便能够证明主要案件事实的片面观点，混淆了对案件主要事实的证明与对证据本身的证明，容易陷入盲目追求孤证定案的误区。

在司法实践中，通常遇到的情况是支撑证明案件主要事实的有一个是直接证据，而其他的都是间接证据。这时，就要重点考察这些间接证据能否佐证直接证据，分别考察有关间接证据与该直接证据之间、直接证据与案件主要事实之间是否存在足够的关联度。这种审查评断全案证据证明力的方法可称为“两步法”，如图 15—3 所示。

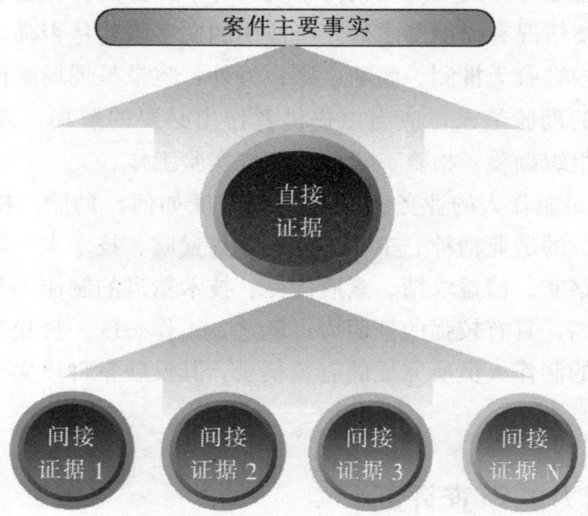

图 15—3

诚然，在一些疑难案件中，有时也会遇到只有一份直接证据或多份同类的直接证据，而缺乏必要间接证据佐证的情况。这时就必须十分慎重地确定全案证据是否确实充分，而不宜勉强定案。这通常包括以下几种情况：(1) 在刑事诉讼中只有被告人供述，没有其他证据的；(2) 在共同犯罪案件中，只有各个被告人的供述，没有其他证据的；(3) 在刑事案件中只有被害人陈述，没有被告人供述及其他证据的；(4) 在刑事案件中只有证人证言，而没有其他证据的；(5) 在民事、行政案件中，只有当事人陈述，而没有其他证据的；(6) 在民事、行政案件中，只有直接书证，而没有其他证据的。

对于上述第一种情况，根据我国现行法律的规定，应该认定现有证据的证明力不够，肯定不能定案，必须查找其他的证据予以补强。对于其他的情况，可以考虑从两方面着手审查其可靠性：(1) 从该证据本身入手，通过审查其细节和内在属性，验证其是否可信，进而赋予其证明力。如对于上述第二种情况，若干共犯的口供实际上发挥着证人证言的作用，如果情况表明他们均是自愿作出口供的，且相互之间在细节上能够印证，那么就可以认为具有足够的证明力，能够定案；对于上述第三、四、五种情况，如果相关的被害人陈述、证人证言、当事人陈述反映的是只有目击现场的人才知道的细节，那么这些被害人陈述、证人证言、当事人陈述也就具有足够的证明力，能够定案。(2) 从寻找补强证据入手，通过其他证据来证明这些直接证据是否可靠，进而赋予其证明力。如对于上述第三、四、五种情况，不仅可以传唤被害人、证人、当事人直接上庭作证，而且可以许可当事人举出这些人的“品格证据”对其进行攻击或支持，进而否定或强化直接证据的证明力；对于上述第六种情况，可以通过笔迹鉴定、当事人及证人辨认等方式来确认或否定其可靠性，进而确定其证明力。

(二) 以间接证据为主的审查评断模式

在现代司法证明活动中，间接证据在数量上通常大大超过直接证据。相比直接证据而言，间接证据在实际办案中所起的作用有时不但毫不逊色，甚至更为重要。这就需要以间接证据为主，审查评断全案证据的证明力。

运用间接证据证明案件事实的过程是颇为复杂的。**任何单一的间接证据都无以证明案件主要事实，只有若干间接证据相互组合，形成一个相互依赖、相互联结的证据体系，进行紧凑高效的多次推理，方能起到实际的证明作用。**这个由间接证据组成的证据体系通常被形象地比喻为证据锁链。这种审查评断全案证据证明力的方法又可称为“锁链法”，如图 15—4 所示。

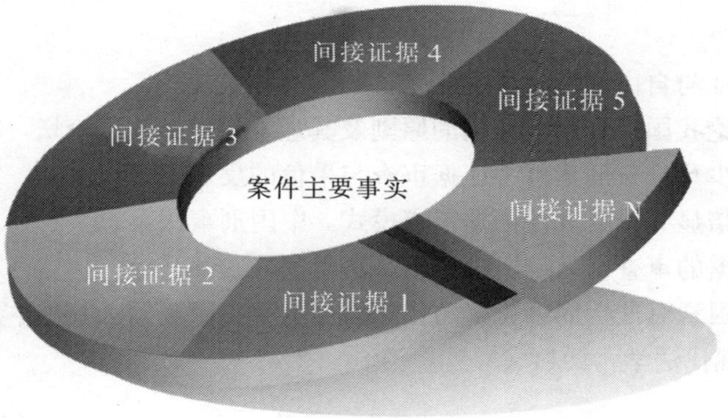

图 15—4

由上可见，间接证据必须一环扣一环，环环相扣，若缺少其中的任何一环，对案件主要事实的证明便有可能无法实现。对此，我国学者普遍认为，以间接证据为主定案的锁链必须达到一定的标准，这些标准包括：(1) 每一个间接证据，都必须查证属实。凭借虚假的间接证据，肯定得不出符合案件真实情况的结论。(2) 间接证据必须与案件事实存在客观联系，对证明案件有实际意义。只有存在客观联系，才能保证以间接证据为依据的推理的正确性。对据以定案的每一个间接证据的关联性，都要作出肯定性的判断。(3) 间接证据之间必须协调一致，不得存在矛盾。在矛盾排除前，不能勉强定案。(4) 每个或每组间接证据必须能够证明案件的某个事实要素或情节，只有把能证明各个事实要素或情节的证据按照它们之间的联系排列起来，才能据以定案。如果间接证据相互不能结合，或者虽有联系、但仍不能证明案件中某些必须证明的情节，这样的间接证据再多，也不能据以定案。(5) 运用间接证据组成的证据体系得出的结论必须是肯定性的，并具有排他性。间接证据的证明体系不仅要表明这一结论是有根据的，而且还要表明这一结论是非常肯定的，其他任何结论都是不可能的。只有这样，间接证据才能雄辩地证明案件事实。

从上述标准不难看出，此类证据与案件事实之间的联系是间接的，而且往往是不明显的。因此，**审查评断间接证据的要点不仅在于其真实可靠性，更在于其证明价值**，即其究竟能证明什么案件事实以及证明的确定程度。

问题与思考

1. 如何理解证据的审查评断在司法证明中的基础地位？
2. 阐述证据可靠性的审查与证明价值的评断之间的关系。
3. 结合形式逻辑原理，论证证据证明力审查评断的基本步骤和模式。
4. 比较直接证据与间接证据证明力审查评断的异同。

阅读文献

1. 龙宗智．印证与自由心证．法学研究，2004（2）
2. 刘金友．试论我国审查判断证据的原则及其理论根据．政法论坛，2004（2）
3. 赵合理，周少华．死刑案件中证据审查与采信的反思．现代法学，2004（4）
4. 樊崇义，赵培显．论客观性证据审查模式．中国刑事法杂志，2014（2）
5. 何家弘．证据的审查与认定原理论纲．法学家，2008（6）
6. 刘磊．案外因素对催生刑事冤案的作用力分析——以美国 1 188 件冤案的结构性分布与案外成因为参鉴．现代法学，2014（3）

第十六章

如何确定司法证明的标准

引 言

研究司法证明的标准，应当首先明确证明标准的概念。证明标准是司法证明必须达到的程度和水平。证明标准与证明目的有所区别。在案件事实的性质上，存在着客观事实与法律事实、客观真实与法律真实、绝对真实与相对真实、实质真实与形式真实四对基本范畴。而证明标准的性质是法律真实，证明标准的目的是客观真实。法律真实为证明标准的多元化提供了制度性基础。英美法系，刑事、民事诉讼的证明标准有别，而且呈多元化；大陆法系的证明标准在"内心确信"的表述之下，因证明对象不同而有差异。我国法定的证明标准存在一元化的缺陷，应当以法律真实为基础，走向多元化。(参见图 16—1)

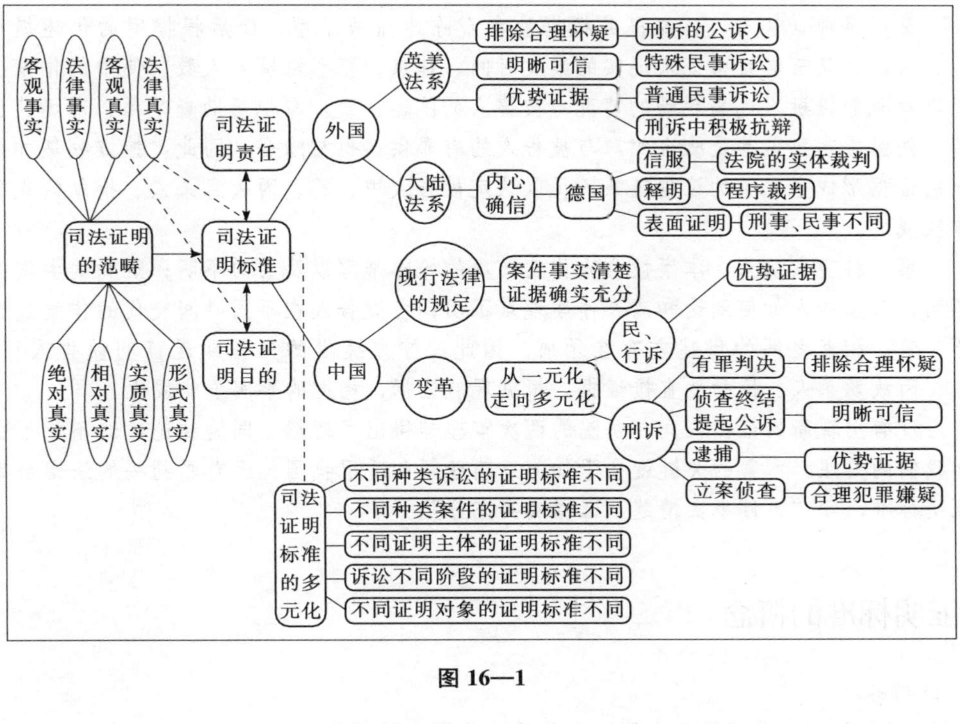

图 16—1

关键术语

证明标准　证明目的　客观真实　法律真实　排除合理怀疑　优势证据　内心确信　证明标准的多元化

【案例】

2011年，被告人甲与被害人丁之间发生债务纠纷，此后丁多次向甲追讨欠款。甲遂对丁产生怨恨，与同案人乙、丙商定杀死丁，并各自准备作案工具。2013年8月4日下午6时，乙携带手枪1支，丙携带铁水管1根，先在某堤坝上埋伏；甲也携带1支手枪，以还钱为名将丁骗至该地点。丙持铁水管殴打丁，甲与乙各持手枪向丁的头、腹、胸部射击。随后，甲等3人劫取丁的财物逃离现场。丁经医治无效死亡。

公诉机关举出的证据主要包括：第一，三名目击证人证明了案发的时间、犯罪嫌疑人人数、枪声的次数等，且证言基本吻合；第二，现场勘查笔录和现场照片；第三，现场遗留物及被告人丙对遗留物的辨认；第四，被害人临终陈述，指出是甲以及两个不认识的男青年用枪打他；第五，法医关于被害人死亡原因的鉴定意见；第六，被告人的供述。

一审法院根据以上证据判处被告人甲死缓，乙无期徒刑，丙有期徒刑15年。后三人同时上诉，省高级人民法院发回重审，原审法院再次作出一审判决，分别判处被告人甲、乙、丙无罪。

本案被告人甲、乙、丙的无罪判决引起了激烈争议，主要有以下两种观点：

第一种观点认为，公安机关根据被害人陈述抓获了甲，而后根据甲的供述抓获乙、丙，并且三名目击证人证实的案发时间、地点、犯罪嫌疑人人数、使用的作案工具以及犯罪嫌疑人逃离现场的情况与被害人的陈述一致，与现场勘查笔录、现场遗留物、法医鉴定意见等是吻合的，与被告人的有罪供述也相吻合。因此，控方收集和举出的证据形成了完整的证据链条，足以认定被告人甲、乙、丙故意杀人、抢劫的犯罪事实成立。

第二种观点认为，本案被告人作案使用的枪弹来源以及去向不明；赃物的去向亦不明；三被告人如何到达和离开作案地点不明；各被告人在不同时间交代的作案过程不一致，相互之间的供述亦存在矛盾。因此，控方提供的证据缺乏证明被告人甲、乙、丙故意杀人、抢劫的直接证据。根据现有证据，指控的事实不能成立。

没有出现新的证据，同一法院的两次审理却得出了迥然不同的结论，这不能不引起我们的关注。本案的关键就在于如何正确理解和适用我国关于有罪判决的法定刑事证明标准，即"案件事实清楚，证据确实充分"。

一、证明标准的概念

1. 证明标准

"证明标准"这一术语是舶来品，在英美法系国家的证据法中一般以"standard of proof"、

“the degrees of proof”等词汇表述，**指的是运用证据对案件事实进行证明应当达到的程度和水平，是案件事实得到证明时对证据的质和量所提出的具体要求。简言之，证明标准就是司法证明必须达到的程度和水平。**

证明标准对诉讼活动具有指导意义。首先，证明标准是衡量诉讼当事人（包括刑事诉讼中的公诉方）是否完成法律所要求的证明责任的尺度，因而可以引导负有证明责任的当事人积极有效地收集证据和提供证据；其次，证明标准是衡量法官对案件事实的认定是否达到法律要求的尺度，因而可以指导法官对证据的审查与评断。

2. 证明标准与证明任务、证明要求

在我国，就证明标准存在过一些与之相类似的说法，如证明任务、证明要求。有些学者认为证明标准与证明任务、证明要求的含义相同。如“诉讼中的证明任务，或称证明要求，是指诉讼中对案件事实证明所要达到的程度或标准”①。但也有一些学者认为证明标准与证明任务、证明要求不是同义词、不能混用，其理由是：“要求”、“任务”与“标准”的内涵不一样，“要求”意指希望达到或者满足某种愿望，而要实现这种愿望，往往需要树立具体的参照物作为标准；“任务”系指某一主体被指定（或法定）担任的工作，或者被指定（或法定）承担的责任。证明任务是主体的责任，证明标准是一个客观尺度，证明标准虽然是证明任务是否完成、证明要求是否达到的参照物，但任务和要求不等于标准本身。② 我们认为，语言是约定俗成的，只要人们在使用中不会造成误解和歧义，没有必要过分苛求字面含义与概念内涵的统一。在人们长期的使用过程中，已经赋予了证明要求、证明任务与证明标准相同的含义，没有必要硬性区分。在通说已经基本摒弃证明任务、证明要求等术语的今天，接受并使用证明标准的术语是合适的。

3. 证明标准与证明目的

在证据法中，证明目的是与证明标准相近，而又容易混淆的一个概念。**证明目的，是指证明主体追求的目标，是司法证明活动的标的。**证明目的和证明标准之间的关系表现在以下几个方面：首先，证明目的是确立证明标准的基础或依据；证明标准是证明目的的具体化。其次，证明目的贯穿整个诉讼过程中，是证明主体始终要追求的目标；证明标准则主要是司法人员在作出批捕、起诉、判决等决定时考虑的问题。再次，在整个诉讼过程中，证明目的应该是贯穿始终的，是不发生变化的；但是在不同的诉讼阶段，证明标准则可以有所区别，例如，刑事诉讼过程中的批捕阶段、起诉阶段、判决阶段的证明标准就不完全相同。又次，在各种案件中，证明目的都应该是一样的；但是在不同种类的案件中，证明的标准可以有所不同，例如，刑事案件和民事案件的证明标准就有所不同。最后，无论判决的结果性质如何，证明目的都应该是不变的；但是证明标准则可以有所不同，例如，死刑案件和非死刑案件的证明标准应当不同。

由此可见，司法证明的目的是就行为过程而言，体现了证明活动的追求和方向，是带有一定理想色彩的目标；司法证明的标准则是就行为结果而言的，是根据一定的价值理念和需要确定的，是法律认可的具有现实性品格的衡量准则。在具体案件的司法证明活动中，司法证明的

---

① 陈一云主编：《证据学》，2版，115页，北京，中国人民大学出版社，2000。

② 参见徐静村：《我的“证明标准”观》，载陈光中主编：《诉讼法理论与实践》（上），199页，北京，中国政法大学出版社，2002。

目的不是必须实现的，而司法证明的标准则是必须满足的。

4. 证明标准与证明责任

证明标准与证明责任关系密切，是法定证明责任的卸除标准。在诉讼过程中，依据证明标准就能够判断当事人的证明责任能否解除。当事人提供的证据达到了证明标准，我们便说，当事人履行完毕他的证明责任，这意味着，当事人不会因为该特定待证事实的证明问题受到诉讼中的不利益；反之，如果当事人提供的证据未能达到证明标准，我们便说，当事人的证明责任没有能够履行完毕，这意味着，当事人将因为该特定待证事实的证明问题而受到诉讼中的不利益。所以，证明标准和证明责任本质上是一物两面的概念，它们是从不同的角度就同一个诉讼现象进行考察所得出的不同概念。证明责任是从诉讼主体角度观察的证明标准，实质上是证明标准的主体化；证明标准是从诉讼客体角度观察的证明责任，实质上是证明责任的客体化。证明责任回答的问题是，就特定的待证事实，应当由谁提供证据加以证明；证明标准回答的问题是，就特定的待证事实，当事人应当提供多少证据加以证明。证明责任确定了提供证据的主体，证明标准确定了提供证据的内容。证明标准是在证明责任的基础上才产生的概念，证明责任在诉讼过程到达某个特定的时间点或状态点，便呈现出了证明标准的诉讼价值。没有真正意义上的证明责任制度，便没有真正意义上的证明标准制度。没有证明标准，证明责任便是毫无内容、毫无目标、毫无约束性的空中楼阁。由此，证明责任和证明标准便成为一对相匹配的概念，形影相随，密不可分。这一点，我们从美国《加利福尼亚州证据法典》第 115 条对“证明责任”的解释即可得知，该条规定：“……证明责任可以要求一方提出有关事实存在或不存在的合理怀疑，或一方通过优势证据，或通过清楚和令人信服的证明，或通过超出合理怀疑的证明来确认一个事实的存在或不存在。”

二、证明标准的性质

如何科学地界定司法活动中的证明标准，这首先是一个非常重要甚至深奥的理论问题，因为我们必须在认识论的层面上确定证明标准的性质。而为了明确证明标准的性质，必须对司法证明活动中的几对范畴进行分析。

1. 客观事实与法律事实

客观事实与法律事实是关于案件事实性质的一对重要范畴。**客观事实即客观存在的事实。就司法证明活动而言，是指确实在客观世界中发生的案件事实。法律事实是法律意义上的事实，是由法律规范所调整或认可的，可以引起一定法律后果的事实。在司法活动中，法律事实指由证据证明的案件事实，是经过人的主观活动明确或确认的案件事实。**

法律事实是以客观事实为基础的，是由客观事实决定的。但是，法律事实并不完全等同于客观事实。在任何案件中，在任何司法活动中，法律事实和客观事实都存在着质和量的差异。在质上，法律事实是由证据证明的事实，而用证据证明是一种人的行为，带有主观性，所以法律事实并不完全是客观的东西，其或多或少都会掺杂一定的人的主观因素或作用。在量上，一般来说，案件中客观事实的数量都会大于法律事实的数量，因为并非所有与案件有关的客观存在或发生的事实都可以由证据证明，都可以成为法律事实。

2. 客观真实与法律真实

客观真实与法律真实是以客观事实与法律事实为基础的一对范畴，但是客观真实和法律真实的概念并不完全等同于客观事实和法律事实的概念。客观事实和法律事实回答的是“什么是司法证明中的事实”的问题；客观真实和法律真实回答的是“司法证明中的认识怎样才为真实”的问题。

所谓**客观真实，是指司法活动中人们对案件事实的认识完全符合客观的实际情况，即符合客观标准的真实。所谓法律真实，是指司法活动中人们对案件事实的认识符合法律所规定或认可的事实，是法律意义上的真实，是在具体案件中达到法律标准的真实。**

法律真实是建立在客观真实基础之上的真实，是包含有客观真实内容的真实，但法律真实并不等于客观真实。按照客观真实的要求，司法证明的结果都是符合客观实际情况的，必须是完全正确的，不能有任何误差。而法律真实是法律认可的真实，其中既包含符合客观实际情况的内容，也可能包含不符合客观实际情况的内容。众所周知，法官认定案件事实离不开证据，但证据中存储的与案件事实有关的信息并不等于客观存在的案件事实，它可能是真实的，也可能是虚假的，还有可能是真假混杂的。即便是法官采信的证据，往往也包含有不真实的成分。法律真实就是建立在这种证据基础之上的真实。

但法律真实并不属于主观真实的范畴。所谓主观真实，是说司法活动中人们对案件事实的认识符合主观的标准，是脱离客观事实情况的真实。换言之，检验一个认识是否真实的标准不是客观实际情况，而是主观认识，是用权威性的认识去检验具体司法证明中的认识。法律真实不是这种意义上的真实。

3. 绝对真实与相对真实

司法证明是人的活动，因而就存在着认识结论是否真实以及在何种程度上真实的问题。绝对真实和相对真实即是关于这个问题的一对范畴，是由客观真实和法律真实衍生出来的。所谓**绝对真实，就是指司法证明所确认的案件事实完全符合客观发生或存在的事实，是100%的真实。所谓相对真实，是指司法证明所确认的案件事实只是一定程度上符合客观发生或存在的事实，不是100%的真实，可能只是90%、80%或51%的真实。**

人类的认识能力具有相对性，司法证明的结果也具有相对性。只有在无限发展的认识进程中，人类的认识能力和司法证明的结果才能摆脱相对性的约束，进入绝对真实的王国。换言之，绝对真实不是在一次具体的认识活动中完成的，而是在无限发展的认识进程中实现的。司法人员对案件事实的认定属于认识的“个别实现”，因此，在任何一个具体案件中，司法人员对案件事实的认定都不可能是100%的“真实”，而只能是不同程度的“真实”。而正确的判决也并不一定要求所有案件细节都达到100%的真实。当然，相对真实与绝对真实也并不是完全对立或者截然分开的，相对真实中总会或多或少地包含着绝对真实的内容。正是在这个意义上讲，司法证明的结果中也包含有绝对真实的内容。

4. 形式真实与实质真实

所谓**实质真实，是指证明活动的结果在实质上符合客观真实，是实质内容的真实。**所谓**形式真实，是指证明活动的过程和形式符合证明规律的要求，是形式所表见的真实。在诉讼活动中，司法证明的形式真实通常表现为程序的正当与合理，因此又可称为程序真实，或程序意义上的真实。**

实质真实和形式真实，在一定程度上反映着司法证明活动的内容与形式之间的关系。二者是对立的统一。在具体的司法证明活动中，处理实质真实和形式真实的关系，主要有三种基本模式：第一种模式为实质真实决定形式真实，实质真实被奉为司法证明中唯一的而且是神圣的目标。这种模式强调的是结果意义上的真实。第二种模式为实质真实和形式真实相互融合、不可分割，二者在功能上是互补的，在地位上是对等的。这种模式强调的是过程意义上的真实。第三种模式为形式真实决定实质真实。司法证明的内容确定之后，形式的合理与否、程序的正当与否，就成为决定的因素。这种模式强调的是程序意义上的真实。

5. 证明标准的性质

以司法证明活动中的案件事实的性质是客观事实还是法律事实为基础，关于司法证明标准的性质，存在着客观真实和法律事实、绝对真实和法律真实、实质真实和形式真实三对范畴。其中，最重要的一对范畴即是客观真实和法律真实。与之相对应，对于司法证明标准性质的认识，也存在着客观真实说、主观真实说、法律真实说等学说。客观真实说认为，诉讼活动中对案件事实的证明，应该达到客观真实的程度。主观真实说认为，法官通过证据认定的案件事实属于主观认识的范畴，其认定结果只能是一种主观真实。法律真实说认为，诉讼活动中被证明的案件事实是在法律程序中所确定的事实，同时包含着主观性、客观性和法律性三种性质，是一种法律上的真实。

我们认为，一切案件都是发生在过去的事件，法官不可能目睹案件发生的过程和结果。在刑事诉讼过程中，受主、客观条件的限制，要使法官认定的案件事实完全符合客观发生的案件事实，几乎是不可能的。法官只能根据控辩双方或原、被告双方在法庭上提交的证据，遵照法律程序，通过合理的推理、判断，认定案件的事实情况。法官认定的事实是在法律程序中确定的事实，是建立在客观证据的基础之上确定的事实，在这里，证据是“事”，案件事实的真实与否是“是”，这正是一个实事求是的过程。同时，诉讼证明是一种法律活动，它不仅要追求证明的真理性，还要追求证明的正当性。尊重法律和法律程序，正是证明活动具有正当性的表现。某些证据规则的存在，即在客观上限制了真实的发现。此外，证明标准的确定还需要在不同的价值取向之间寻求平衡。

司法证明的结果应当是法律真实，法律真实是司法证明活动必须达到的真实；而客观真实则是司法证明的目的，是司法证明活动要追求的真实。任何一个国家的法律都必须为司法活动规定具有现实意义的证明标准。**司法证明的标准不能是难以实现的客观真实，而应是切实可行的法律真实。**据此，用法律真实界定司法证明的标准是比较合适的。它既形象地描述了法官认定的案件事实的性质，又准确地体现了司法证明标准所要求的正当性与合理性。

但法律真实只是界定了司法证明标准的性质，并没有具体回答诉讼活动中的证明标准是什么。各国对于司法证明标准的具体表述并不一致，甚至在同一国家，对于不同种类诉讼、不同种类案件、诉讼不同阶段、不同证明主体、不同证明对象的证明标准的表述也存在着差异。

三、证明标准的多元化

在一个国家的证据制度中，证明标准应否分为不同的等级或层次，这是一个值得研究和讨论的问题。在这个问题上存在着两种观点或做法：一种是“一元化”的标准，一种是“多元化”的标准。所谓“一元化”标准，就是指在一个国家的诉讼活动中只有一种统一的证明标准。**所谓“多元化”标准，就是指在一个国家的诉讼活动中有多种证明标准，证明标准可以根据案件性质的不同和诉讼阶段的不同有所区别。**采用“多元化”的证明标准，有利于诉讼活动中各种价值目标的平衡，也有利于司法人员对证明标准的掌握和运用。法律事实和法律真实为证明标准的多元化提供了制度性基础，也就是说，在理论上有了可能。

1. 不同种类诉讼证明标准的差异

不同种类的诉讼活动可以适用不同的证明标准。一般来说，**刑事案件有罪判决的证明标准应该高于民事案件的证明标准**（参见图 16—2）。在英美法系国家，刑事诉讼中作出有罪判决的证明标准的表述是“排除合理怀疑”，而民事诉讼中的证明标准的表述是“优势证据”。关于“排除合理怀疑”和“优势证据”的差别，美国学者华尔兹解释道：“这两种标准可以用一个简单方法来说明：在 1 至 10 分的评分表上，超出合理怀疑的证明需要 9 分，而优势证据只需要 6 分。”[①] 为何刑事诉讼中有罪判决的证明标准要高于民事诉讼的证明标准？这在很大程度上是因为案件性质的不同。刑事诉讼解决的是被告人的刑事责任问题，往往关涉人的生命、自由；而民事诉讼解决的是当事人之间的民事权利义务关系，关涉的通常是财产责任。错误的刑事判决比错误的民事判决带来的后果更为严重，会导致生命的剥夺和自由的丧失，而生命的剥夺和自由的丧失不像财产的转移一样可以得到回复。因此，在刑事诉讼中说服裁判者比在民事诉讼中说服裁判者对证据质和量的要求就更高，这也是程序正义的要求。

至于行政诉讼，其客体是被诉行政行为的合法性，直接涉及公共利益和公民、法人或者其他组织的财产权和一定范围的人身权。相比而言，行政诉讼客体对公共利益和个人利益影响的严重程度比民事诉讼的高，比刑事诉讼的低。因此，**行政诉讼的证明标准应当高于民事诉讼，低于刑事诉讼。**

2. 不同种类案件证明标准的差异

案件的种类不同，适用的证明标准可以不同。对于刑事案件，英国学者塞西尔·特纳指出：“犯罪的性质越严重，必要的证据最低要求就越高。”[②] 例如，**死刑案件的证明标准应当高于非死刑案件的证明标准**，这是由死刑案件犯罪性质严重、判决结果事关人的生命所决定的。在美国，认为死刑案件较非死刑案件应当适用更高证明标准的观点为一些人士所主张，这些人士还提出了排除任何怀疑（beyond any doubt）、排除一切怀疑（beyond all doubt）、排除一切可能的怀疑（beyond all possible doubt）等多种表述。在联合国有关死刑的法律文件《关于保护死刑犯权利的保障措施》中，对于死刑案件适用的证明标准规定为“明确和令人信服的证据并且对事实没有其他解释余地”。所谓“对事实没有其他解释余地”，实际上就是要求证明事实的排他性和绝对肯定性，这显然高于“排除合理怀疑”的证明标准。

此外，**特殊民事案件的证明标准可以高于一般民事案件的证明标准。**例如，美国联邦最高法院在 1966 年所作的一个判决中确立了适用于特殊民事案件的证明标准，即“清楚的、明确的和令人信服的标准”。这个标准低于刑事诉讼中适用的“排除合理怀疑”的证明标准，但高于一般民事案件中适用的“优势证据”的证明标准。

---

① ［美］乔恩·R·华尔兹：《刑事证据大全》，何家弘等译，北京，中国人民公安大学出版社，2004。

② ［英］塞西尔·特纳：《肯尼刑法原理》，王国庆等译，549 页，北京，华夏出版社，1989。

图 16—2

说明：由于刑事诉讼与民事诉讼证明标准的差异，辛普森在刑事诉讼中被判无罪，但在其后的民事诉讼中被判“有罪”。

3. 诉讼不同阶段证明标准的差异

在我国，一个公诉案件有罪判决的作出，大抵要依次经过立案侦查、逮捕、移送审查起诉、提起公诉和判决等几个处理阶段。而在刑事诉讼过程中，立案侦查的案件可能被撤销案件，犯罪嫌疑人被逮捕的案件可能并不移送审查起诉，侦查终结移送审查起诉的案件经审查后可能作出不起诉的决定，提起公诉的案件被告人可能被判无罪。无论从程序的角度，还是从实体的角度来看，当刑事诉讼活动随着诉讼阶段不断推进时，后一阶段对证据的质和量的要求应当高于前一阶段对证据的质和量的要求，也就是说，**立案侦查的证明标准应当低于逮捕的证明标准；逮捕的证明标准应当低于侦查终结移送审查起诉的证明标准；侦查终结移送审查起诉的证明标准应当低于提起公诉的证明标准；提起公诉的证明标准应当低于作出有罪判决的证明标准**。这是符合诉讼进程和证明的客观规律的。

4. 不同证明主体证明标准的差异

在刑事诉讼中，证明主体不同，证明标准应当有所不同。例如，在英美法系国家的刑事诉讼中，证明被告人有罪的责任由公诉方承担，被告方不承担证明自己无罪的义务，在法庭上可以不用举出任何证据。公诉方对被告人罪行的证明必须达到“排除合理怀疑”的程度，如果法官或陪审团对被告人的罪行存在任何合理的怀疑，都应当判被告人无罪。但在例外的情形下，也就是在被告方提出积极抗辩的情形下，被告方对抗辩事实承担说服性的证明责任，必须举出证据予以证明，但不用像公诉方那样达到“排除合理怀疑”的证明程度，只需要达到“优势证据”的证明程度即可。

5. 不同证明对象证明标准的差异

证明的对象不同，证明标准也可以有所不同。一般来说，实体法事实的证明标准要高于程序法事实的证明标准；案件主要事实或犯罪构成要件事实的证明标准要高于案件次要事实的证明标准。例如，有些国家和地区的法律把证明分为严格证明和自由证明。前者是指对某些案件事实的证明必须达到很高的程度，需要符合较高的证明标准，如"案件事实清楚、证据确实充分"或者"排除合理怀疑"。后者是指对某些案件事实可以采用较低的证明标准，例如有基本的"心证"就可以了。

四、英美法系国家的证明标准

在英美法系国家，刑事诉讼的证明标准与民事诉讼的证明标准是不同的。刑事诉讼中认定被告人有罪的证明标准是排除合理怀疑，英文表述为"beyond reasonable doubt"，也可译为"超出合理怀疑"。民事诉讼的证明标准是优势证据，英文表述为"preponderance of evidence"，与之并用或换用的通常还有"balance of probability"（"盖然性平衡"）和"preponderance of probability"（"盖然性优势"）等。然而，即便同为英美法系国家典型代表的英国和美国，关于证明标准的适用也存在一定的差别。例如，在美国，除了"排除合理怀疑"和"优势证据"的证明标准外，对于特殊的民事诉讼还适用"明晰可信"（clear and convincing proof）的证明标准。

1. 排除合理怀疑

"排除合理怀疑"是英美法系国家在刑事诉讼中认定被告人有罪时适用的法定证明标准。按照这一标准，公诉方必须在法庭上运用证据排除合理怀疑地证明被告人实施了所指控的罪行。只要公诉方的证明没有达到排除合理怀疑的程度，或者说裁判者对被告人有罪的证明还存在合理的怀疑，就应该在认定案件事实时作出有利于被告人的推定或解释，就应该判被告人无罪。

排除合理怀疑证明标准的形成有一个较长的历史过程。据美国学者威格莫尔考证，英国最早在判例法上确立"排除合理怀疑"的证明标准是在18世纪的初期，但那时仅适用于死刑案件，而对其他刑事案件并未作如此要求。直到1798年在苏格兰首府都柏林审判的叛乱案中，"排除合理怀疑"始作为一个固定的名词，一直沿用至今。①

至于什么是"合理怀疑"，制定法很少有明确的回答，法官在审理案件时所做的指示差异很大，学者们也都各有不同的理解。但制定法、法官和学者们有一个共识：无论如何解释，这都是一个很高的证明标准，但是并非要求排除一切怀疑，而是要求排除确有理由、确有根据的怀疑，不是无中生有、主观臆测的猜疑。律师们则常用一个例子来解释"合理怀疑"可能出于无以名状的感知，就如可能出于理性的思考一般：有个猎人看到远远的地方有个像是鹿的东西，他瞄准那个东西，突然心头感到一阵不适。他不知为什么，所以犹豫了一下，仿佛有声音告诉他不可以扣扳机。当他决定扣扳机的时候，远端的东西晃了一下，猎人才看清楚那原来是

① 参见汤维建、陈开欣：《试论英美证据法上的刑事证明标准》，载《政法论坛》，1993（4）。

个小女孩。①（参见图 16—3）

图 16—3

说明：由于检察官在杰克逊“娈童”案中不能“排除合理怀疑”地证明杰克逊的罪行，所以陪审团宣告杰克逊无罪。

2. 优势证据

“优势证据”是英美法系国家在民事诉讼中采用的证明标准。所谓“优势证据”就是指，诉讼一方的证据证明某事实主张为真的可能性大于其为假的可能性。按照这一标准，法官或陪审团通过对证据的审查，认为一方主张的案件事实为真的概率高于另一方主张的案件事实，就应该判前者胜诉。至于具体的概率要求，有人认为，只要概率达到 51%，就构成了“优势证据”的证明；但是也有人认为，这种标准所要求的证明概率一般都应该在 60%至 70%。不过，这里有一点是非常明确的，那就是“优势证据”的证明标准低于“排除合理怀疑”的证明标准。

此外，在刑事诉讼中，虽然证明被告人有罪的责任由公诉方承担，被告人没有证明自己无罪的义务，但在例外情形下，也就是在被告人提出积极抗辩的情形下，如主张自己的行为是正当防卫，对抗辩事实的证明也应当适用“优势证据”的证明标准。

3. 明晰可信

“明晰可信”标准适用于特殊的民事诉讼，如涉及刑事犯罪的民事诉讼。民事诉讼涉及刑事犯罪时，虽然其犯罪事实与刑事诉讼的事实相同，但民事诉讼的目的不在于追究罪行而在于明晰民事法律关系的权利与义务。因此，在该民事诉讼中对犯罪事实的证明上，不需达到“排除合理怀疑”的程度，只需达到略低的证明程度——“明晰可信”标准，就可认定事实为真。

① 参见［美］艾伦·德肖微茨：《合理的怀疑》，高忠义、侯荷婷译，107 页，台北，商周出版社，2001。

至于哪些特殊的民事诉讼适用“明晰可信”标准，美国各州因实体法规定不同而范围不尽一致，通常是指涉及以下内容的民事诉讼——诈欺、不当影响（undue influence）、生前口头契约、灭失遗嘱的内容、口头契约的履行、书面协议事项的撤销或变更，以及因诈欺、疏忽或不合格而发生的行政行为。

需要指出的是，美国各地法院对这一标准的用语也不尽相同。如美国联邦最高法院在1966年那个确立特殊民事诉讼证明标准的判决中所用的术语即是“清楚的、明确的和令人信服的标准”。但不论采用何种用语，都是要求事实裁判者内心必须相信诉争事实大有可能(highly probable)，即具有一种高度的可能性。

五、大陆法系国家的证明标准

关于大陆法系国家的证明标准，我国学者通常概括为“内心确信”。法国1808年的《重罪审理法典》第一次用立法的形式对内心确信的证明标准作了明确规定。自此之后，法国的刑事证明标准基本上沿袭之。法国现行《刑事诉讼法》第353条规定：“在重罪法庭休庭前，审判长应责令宣读下列训示，并将内容大写书写成布告，张贴在评议室最显明处：法律并不考虑法官通过何种途径达成内心确信；法律并不要求他们必须追求充分和足够的证据；法律只要求他们心平气和、精神集中，凭自己的诚实和良心，依靠自己的理智，根据有罪证据的辩护理由，形成印象，作出判断。法律只向他们提出一个问题：你是否已形成内心确信？这是他们的职责所在。”

1808年法国《重罪审理法典》确立的内心确信的证明标准产生了广泛而深远的影响，包括德国、日本、苏联以及现在的俄罗斯等大陆法系国家和地区普遍采用了这一标准。

“内心确信”和“排除合理怀疑”是当今世界上最具代表性的关于刑事诉讼证明标准的两种表述方式。二者的要求在实质上是一致的，具有明显的同一性，表现在：第一，它们要求达到的证明程度是相同的，即在信念上确信，并且这种确信是出于良知或者是真诚地形成的，是理性的。第二，无论“排除合理怀疑”，还是“内心确信”，都并不是完全主观和任意的，它们也都要求据以形成确信的证据基础。第三，都要通过这种要求，来防止法官或陪审团错误地认定案件事实。虽然二者的实质内容相同，但它们体现了不同的思维方式。“内心确信”是对证明标准的正向表述；“排除合理怀疑”是对证明标准的反向表述。不过，在诉讼证明中，只有“排除合理怀疑”，才能达成“内心确信”；而要达成“内心确信”，又必须“排除合理怀疑”。此二者互相渗透，互相贯通，是同一证明标准的两种不同表述。如果说二者之间有所区别的话，即是内心确信的表达方式更为强调证明标准的主观方面，而排除合理怀疑的表达方式则同时强调了证明标准的客观基础，注意了主、客观的平衡。同时，这种表达方式更为接近事实认定的实际过程。①

大陆法系国家的证明标准虽然可以概括为“内心确信”，但**大陆法系国家的证明标准往往也是多元的。这种多元化通常并不是按诉讼性质区分的，而是因证明对象的不同而有区别。**

以德国为例，证明标准有三个：信服、释明和表面证明。信服标准适用于法院的实体裁

① 参见江伟主编：《证据法学》，271页，北京，中共中央党校出版社，2002。

判，释明标准适用于程序裁定，而表面证明标准适用于初步的认定。其中，信服是指法官对当事人主张的案件事实的完全信服。完全信服的基础既不是优势的可能性，也不是绝对的确定性，而是指法官作出裁判时没有合理怀疑的状态。为此，当事人对主张的案件事实的证明需要达到排除合理怀疑程度，需要排除任何合理的可能性。释明是指法官确信当事人主张的事实具有相当的可能性。该标准适用于法律明确规定的情况，主要是程序事项或者主张，例如法官回避、诉讼费援助、诉讼耽误、扣押、临时处置等。释明标准比完全信服标准低，但也要求达到优势可能性的程度；既可以通过举证的方式达到，也可以通过替代宣誓的保证方式达到。而表面证明标准则比较复杂，其具体适用因民事诉讼和刑事诉讼而异。

六、我国的证明标准

（一）刑事诉讼的证明标准

1. 案件事实清楚，证据确实、充分

（1）有罪判决的证明标准

现行《刑事诉讼法》第 195 条规定："在被告人最后陈述后，审判长宣布休庭，合议庭进行评议，根据已经查明的事实、证据和有关的法律规定，分别作出以下判决：（一）案件事实清楚，证据确实、充分，依据法律认定被告人有罪的，应当作出有罪判决；（二）依据法律认定被告人无罪的，应当作出无罪判决；（三）证据不足，不能认定被告人有罪的，应当作出证据不足、指控的犯罪不能成立的无罪判决。"据此，**一般认为《刑事诉讼法》规定的有罪判决的证明标准是"案件事实清楚，证据确实、充分"。**但是，何谓"案件事实清楚，证据确实、充分"？在 2010 年《办理死刑案件证据规定》颁布施行前以及 2012 年修改《刑事诉讼法》之前，立法解释和司法解释对此均没有作出明确的解释或规定，理论界和实务界的认识也不完全一致。有些学者对"案件事实清楚，证据确实、充分"从总体上进行把握，认为这一标准可作如下理解：1）据以定案的证据均已查证属实。这是指作为定案根据的每一个证据都具有证据的本质属性，即客观性、关联性和合法性。2）案件事实均有必要的证据予以证明。这是指司法机关所认定的对解决争议有意义的事实均有证据作为根据，没有证据证明的事实不得认定。3）证据之间、证据与案件事实之间的矛盾得到合理的排除。办案中收集到的证据可能与其他证据和案件事实有矛盾，这时，必须继续收集证据，深入调查研究，有根据地排除矛盾，弄清事实真相。绝不可置矛盾于不顾，勉强作出结论。4）对案件事实的证明结论是唯一的，排除了其他的可能性。以上四点必须同时具备，才能认为是达到了"案件事实清楚，证据确实、充分"的标准。① 另一些学者在此基础之上，进一步认为"案件事实清楚，证据确实、充分"要求证据间的相互印证性和不矛盾性、证据锁链的闭合性、证明结论的唯一性和排他性，以及司法人员在此基础上形成的内心确信。②

有些学者则把"案件事实清楚，证据确实、充分"拆开来理解，认为：所谓案件事实清

---

① 参见陈一云主编：《证据学》，2 版，118 页，北京，中国人民大学出版社，2000；樊崇义等：《刑事证据法原理与适用》，291～292 页，北京，中国人民公安大学出版社，2001；江伟主编：《证据法学》，278～279 页，北京，中共中央党校出版社，2002。

② 参见徐静村：《我的"证明标准"观》，载《诉讼法论丛》，第 7 卷，13～14 页，北京，法律出版社，2002。

楚，是指凡与定罪量刑有关的事实和情节，都必须查清。至于那些不影响被告人定罪量刑的细枝末节情节，则没有必要都搞清楚。所谓证据确实、充分，是对定案证据的质和量的总的要求。“确实”是对定案证据质的方面的要求，其含义首先是指据以定案的单个证据必须查证属实；其次是指经查实的单个证据必须具有证明力，也就是和待证待查的犯罪事实之间存在客观联系，可以据此推论出犯罪事实。“充分”是对定案证据量的方面的要求，指具有上述质的属性的证据在数量上必须符合法律关于定罪的要求。其含义首先是指所有证据在总体上已足以对犯罪实施者得出确定无疑的结论，并排除其他一切可能；其次是指属于犯罪构成各要件的事实均有相应的证据加以证明。[①] 上述不管哪种观点都提到证明结论的唯一性或者排除其他一切可能，但这仅是学者的看法，并没有得到立法和司法解释的认可。

虽然此前的立法和司法解释均未对“案件事实清楚，证据确实、充分”作出明确的解释和规定，但最高人民检察院 1999 年颁布的《人民检察院刑事诉讼规则》第 286 条第 3 款具体规定了属于“证据不足”的情形：据以定罪的证据存在疑问，无法查证属实的；犯罪构成要件事实缺乏必要的证据予以证明的；据以定罪的证据之间的矛盾不能合理排除的；根据证据得出的结论具有其他可能性的。这是从反面对 1996 年《刑事诉讼法》规定的证明标准的内涵的一种阐释。此外，《办理死刑案件证据规定》第 5 条第 2 款对死刑案件中的“证据确实、充分”规定的条件是：定罪量刑的事实都有证据证明；每一个定案的证据均已经法定程序查证属实；证据与证据之间、证据与案件事实之间不存在矛盾或者矛盾得以合理排除；共同犯罪案件中，被告人的地位、作用均已查清；根据证据认定案件事实的过程符合逻辑和经验规则，由证据得出的结论为唯一结论。在此基础上，现行《刑事诉讼法》第 53 条第 2 款对“证据确实、充分”作出了明确规定：“证据确实、充分，应当符合以下条件：（一）定罪量刑的事实都有证据证明；（二）据以定案的证据均经法定程序查证属实；（三）综合全案证据，对所认定事实已排除合理怀疑。”现行《刑事诉讼法》首次采用“排除合理怀疑”的表述，为法官综合全案证据，对案件事实最终形成确定无疑的内心确信提供指引。《刑事诉讼法》的这一规定，合理吸收了前述司法解释对于证据确实、充分的具体衡量标准的规定，对于统一司法实务部门对证明标准的认识具有重要的意义。

此外，**根据《刑事诉讼法》的规定，立案侦查的证明标准是“认为有犯罪事实需要追究刑事责任”，逮捕的证明标准是“有证据证明有犯罪事实”，侦查终结移送审查起诉、提起公诉和作出有罪判决的证明标准是“证据确实、充分”。**

（2）刑事和解的证明标准

刑事和解，准确地讲应是公诉案件的当事人和解。2012 年《刑事诉讼法》修改之前的几年，在构建和谐社会和贯彻宽严相济刑事政策的背景下，我国各地多家公、检、法机关在实践中探索和试点在公诉案件中鼓励当事人和解的办案方式，并取得了积极的效果。刑事和解迅速成为理论界和实务界的热门话题，并最终被现行《刑事诉讼法》规定为四种特别程序之一，即“当事人和解的公诉案件诉讼程序”。刑事和解的入法体现了立法者对实践探索及其价值的认可，并希望通过法律上的明确规定对其具体操作予以规范。

根据现行《刑事诉讼法》，并总结实践中的经验，可以得出，刑事和解是指对于加害人

① 参见陈光中主编：《刑事诉讼法学（新编）》，165～166 页，北京，中国政法大学出版社，1996。

（包括犯罪嫌疑人、被告人）自愿认罪的案件，加害人与被害人在平等、自愿的基础上进行对话、协商，通过赔礼道歉、经济赔偿、劳务补偿等，在当事人之间达成和解，从而化解加害人与被害人之间的矛盾，修复被犯罪破坏的社会关系；办案机关在当事人达成和解协议的基础上，综合案件情况，特别是犯罪的危害性、加害人悔过、赔偿及被害人态度等因素，作出相对较为宽缓的处理，包括不起诉以及从轻、减轻或者免除刑事处罚。

刑事和解是否需要以“案件事实清楚，证据确实、充分”为前提？或者说，刑事和解的证明标准是什么？在2012年《刑事诉讼法》修改前，理论界和实务界对于适用刑事和解时案件事实清楚的程度存在争议，观点有四：第一，认为能够进行刑事和解的前提之一是案件事实清楚，只有案件事实清楚才能确定加害人所应当承担的责任，才能进行刑事和解。例如，南京市检察院2006年6月出台的《南京轻罪案件公诉政策运用指导意见（试行）》的规定。有的地区，例如苏州市平江区公安局、检察院、法院三家联合制定的《关于公检法机关在刑事和解工作中进一步加强配合与监督的若干意见（试行）》甚至指出，事实不清、证据不足的案件，不得适用刑事和解程序。第二，认为只要基本事实清楚即可适用和解。例如湖南省检察院《关于检察机关适用刑事和解办理刑事案件的规定（试行）》的规定。第三，认为刑事和解对证据和事实的要求是“有证据证明有犯罪事实”。例如烟台市《关于推行平和司法程序实施意见》第3条的规定。第四，认为只要当事人自愿，就应当允许和解。① 其中，主张刑事和解的前提应是案件事实清楚的学者的理由如下：公诉案件的利益争端存在于加害人、被害人和公共政府之间。与自诉程序以纠纷解决为基本取向，只要能恰当地调和自诉人与被告人之间的利益冲突就可以对案件事实本身在所不问不同，公诉程序蕴含了公共利益的追诉愿望，责任的确定与承担必须以明确的案件事实为前提。以审查起诉阶段的和解为例，刑事和解是不起诉裁量的前置程序，在公诉机关的权威性决定作出之前，必须对案件事实有清楚的确认。②

在2012年修改《刑事诉讼法》之后，最高人民法院2012年颁布的《关于适用〈中华人民共和国刑事诉讼法〉的解释》、最高人民检察院2012年颁布的《人民检察院刑事诉讼规则（试行）》、公安部2012年颁布的《公安机关办理刑事案件程序规定》对适用刑事和解的案件的证据和事实条件进行了规定。根据最高人民法院《关于适用〈中华人民共和国刑事诉讼法〉的解释》第496条以及最高人民检察院《人民检察院刑事诉讼规则（试行）》第510条规定，和解的公诉案件应当事实清楚，证据确实、充分。公安部《公安机关办理刑事案件程序规定》第324条中“公安机关应当审查案件事实是否清楚”的规定，也体现了和解的公诉案件应当事实清楚，证据确实、充分。据此，根据上述解释性规定，刑事和解的证明标准是案件事实清楚、证据确实充分。

（3）证据合法性及非法证据排除的证明标准

2010年颁布施行的《非法证据排除规定》就控方对被告人审判前供述合法性的证明标准进行了规定。根据《非法证据排除规定》第7条的规定，对被告人审判前供述的合法性的证明

---

① 例如，有学者主张，存疑的刑事案件同样可以实行刑事和解。参见刘品新：《查明真相：刑事和解的必要前提？》，载《检察日报》，2006-07-26。还有学者主张，有的案件证据不充分，但犯罪嫌疑人自己承认，如果适用和解，刚好解决了证据不充分的问题，所以，条件过严也不好。参见李建明等：《刑事和解适用的案件范围和条件》，载《国家检察官学院学报》，2007（4）。

② 参见向朝阳、马静华：《刑事和解的价值构造及中国模式的构建》，载《中国法学》，2003（6）。

责任，由控方承担。根据第10、11、12条的规定，**控方对被告人审判前供述合法性的证明须达到的证明标准是“证据确实、充分”。**排除非法取得的被告人审判前供述的证明标准则是公诉人不提供证据加以证明或者已经提供的证据不够确实、充分。辩护方在例外情况下负有对证据合法性的证明责任，即如果检察人员认为辩护人提出的未到庭证人的书面证言、未到庭被害人的书面陈述是非法取得的，那么，作为举证方的辩护人应当对其取证的合法性予以证明，但《非法证据排除规定》对辩护方所须达到的证明标准没有作出规定。

现行《刑事诉讼法》合理吸收了《非法证据排除规定》的内容并有所发展，进一步明确了非法证据的范围、排除后果和适用程序。不过，现行《刑事诉讼法》并没有对证据合法性的证明标准加以规定，而是对非法证据排除的证明标准作出了规定，即第58条规定：“对于经过法庭审理，确认或者不能排除存在本法第五十四条规定的以非法方法收集证据情形的，对有关证据应当予以排除。”据此，对于非法证据排除的证明标准，现行《刑事诉讼法》的规定比《非法证据排除规定》的规定适用范围更广泛、可操作性更强。首先，从适用对象来看，前者针对《刑事诉讼法》第54条规定的所有形式的非法证据，包括非法言词证据和非法实物证据，即非法取得的犯罪嫌疑人、被告人供述，证人证言，被害人陈述，物证和书证；而后者仅仅针对非法取得的被告人审判前供述。其次，两者都规定了排除非法证据的证明程度，但是具体内容不同。前者是确认或者不能排除存在非法取证行为；后者是公诉人不提供证据加以证明或者已经提供的证据不够确实、充分。根据现行《刑事诉讼法》的规定，只要法庭不能确信证据系合法取得的，不管是已经确认证据系非法取得，还是怀疑取证非法的，在处理结果上都是一样的，对合法性有争议的证据应当予以排除。这是对《非法证据排除规定》规定的“已经提供的证据不够确实、充分”的补充和完善，使得非法证据排除的证明标准更有可操作性。不过，现行《刑事诉讼法》对辩护方所提出的非法证据的排除所需达到的证明标准没有作出规定。

2. 基本事实清楚，基本证据确实、充分

2001年4月13日，最高人民法院在关于严厉打击犯罪活动的“通知”中强调，要在证明标准问题上实行“两个基本”原则，即案件审判要保证基本事实清楚，基本证据扎实。过去，彭真同志曾在“全国五大城市治安座谈会”上指出：“只要有确实的基本的证据，基本的情节清楚，就可以判。”这个标准在理论上和实务上通常被称为**“两个基本”，即基本事实清楚，基本证据确实、充分。**最高人民检察院原副检察长张穹在2001年发表的《关于“严打”整治斗争中的法律适用问题》一文中，提出要全面理解和适用“两个基本”原则，他说：“‘基本事实清楚、基本证据确凿’是实践中办理刑事案件的证明要求，适用‘两个基本’认定案件，必须达到确定无疑的程度，必须排除其他可能性，保证对被告人定罪量刑的正确。”[①] **所谓“基本事实”，是由刑法规定的，包括具体犯罪构成要件的事实和罪行轻重的事实；“基本证据”就是对上述基本事实起决定性证明作用的证据。**从这个意义上讲，“两个基本”应该是对我国刑事有罪判决的法定证明标准的合理解释和行动指南：它至少面对了这样一个现实，即在诉讼实践中，至少对于相当数量的案件来说，司法人员不可能查明案件的全部细节，也不可能收集到案件的所有证据。但从目前的官方文件来看，这个标准似乎只适用于特定时期的特定案件，即“严打”时期的某些特殊案件。

---

① 张穹：《关于“严打”整治斗争中的法律适用问题》，载《检察日报》，2001-07-23。

3. 结论的唯一性

2010年颁布施行的《办理死刑案件证据规定》对死刑案件的证明标准专门进行了规定，即第5条第1款规定："办理死刑案件，对被告人犯罪事实的认定，必须达到证据确实、充分。"死刑案件所要求的"证据确实、充分"与非死刑案件所要求的"证据确实、充分"有无区别？《办理死刑案件证据规定》第5条第2款对此予以了明确："证据确实、充分是指：（一）定罪量刑的事实都有证据证明；（二）每一个定案的证据均已经法定程序查证属实；（三）证据与证据之间、证据与案件事实之间不存在矛盾或者矛盾得以合理排除；（四）共同犯罪案件中，被告人的地位、作用均已查清；（五）根据证据认定案件事实的过程符合逻辑和经验规则，由证据得出的结论为唯一结论。"据此，与非死刑案件的证明标准相比，《办理死刑案件证据规定》对死刑案件证明标准的界定，多了一个"结论的唯一性"。根据陈光中先生的解读，结论的唯一性，相当于联合国《关于保护死刑犯权利的保障措施》中所规定的"对事实没有其他解释余地"。如果说排除合理怀疑是第二等级的证明标准，则结论的唯一性是第一等级的证明标准，显然高于"排除合理怀疑"的证明标准。也就是说，**死刑案件的证明标准必须是最高、最严的，以确保判处死刑的案件万无一失。**

死刑案件的证明标准要求"结论的唯一性"，是否意味着所有事实的证明均要求达到"结论的唯一性"呢？最高人民法院、最高人民检察院、公安部、国家安全部和司法部有关负责人就《办理死刑案件证据规定》和《非法证据排除规定》的基本精神和主要内容涉及的相关问题回答记者提问时指出，并非死刑案件所有事实都要适用这样的标准，对于不影响定罪量刑的事实，或者对被告人从轻处罚的事实不需达到这样的证明标准即可予以采信。《办理死刑案件证据规定》第5条第3款即明确了"指控的犯罪事实"，包括认定被告人有罪的事实和对被告人从重处罚的事实，必须达到事实清楚，证据确实、充分的程度。该款对指控的犯罪事实的具体内容加以列举："办理死刑案件，对于以下事实的证明必须达到证据确实、充分：（一）被指控的犯罪事实的发生；（二）被告人实施了犯罪行为与被告人实施犯罪行为的时间、地点、手段、后果以及其他情节；（三）影响被告人定罪的身份情况；（四）被告人有刑事责任能力；（五）被告人的罪过；（六）是否共同犯罪及被告人在共同犯罪中的地位、作用；（七）对被告人从重处罚的事实。"这样规定，既可以避免司法实践中因一些细枝末节问题未得到证明而使案件久拖不决，还突出了对指控的犯罪事实的证明必须达到"确实、充分"的证明标准。[①] 据此，**死刑案件并不要求对于所有事实的证明都达到"结论的唯一性"，而只是对于关键事实要求"结论的唯一性"，对于其他事实，例如犯罪目的、犯罪动机等，并不要求"结论的唯一性"。**

《办理死刑案件证据规定》虽然规定了死刑案件证明标准的结论唯一性，但对于关键事实的证明达不到"结论的唯一性"的案件应当怎么办，却没有明确。司法实践中的做法一般是发回重审，而不是疑罪从无。也就是说，司法实践中的做法保证不错杀，但并不保证不错判。

（二）民事诉讼的证明标准

1. 案件事实清楚，证据确实、充分

现行《民事诉讼法》第170条规定："第二审人民法院对上诉案件，经过审理，按照下列

---

① 参见《五部委有关负责人就两个"证据规定"答记者问》，见新华网，发布时间：2010-05-30。

情形，分别处理：（一）原判决、裁定认定事实清楚，适用法律正确的，以判决、裁定方式驳回上诉，维持原判决、裁定；（二）原判决、裁定认定事实错误或者适用法律错误的，以判决、裁定方式依法改判、撤销或者变更；（三）原判决认定基本事实不清的，裁定撤销原判决，发回原审人民法院重审，或者查清事实后改判；（四）原判决遗漏当事人或者违法缺席判决等严重违反法定程序的，裁定撤销原判决，发回原审人民法院重审。”这里的“事实清楚”、“事实错误”、“基本事实不清”均表明《民事诉讼法》规定的证明标准也是“案件事实清楚，证据确实、充分”。

2. 优势证据

最高人民法院《民诉证据规定》第 63 条规定：“人民法院应当以证据能够证明的案件事实为依据依法作出裁判。”第 73 条规定：“双方当事人对同一事实分别举出相反的证据，但都没有足够的依据否定对方证据的，人民法院应当结合案件情况，判断一方提供证据的证明力是否明显大于另一方提供证据的证明力，并对证明力较大的证据予以确认。”据此，在最高人民法院《关于适用〈中华人民共和国民事诉讼法〉的解释》于 2015 年 2 月 4 日施行前，民事诉讼中的证明标准是“优势证据”。

3. 高度可能性

最高人民法院《关于适用〈中华人民共和国民事诉讼法〉的解释》第 108 条规定：“对负有举证证明责任的当事人提供的证据，人民法院经审查并结合相关事实，确信待证事实的存在具有高度可能性的，应当认定该事实存在。对一方当事人为反驳负有举证证明责任的当事人所主张事实而提供的证据，人民法院经审查并结合相关事实，认为待证事实真伪不明的，应当认定该事实不存在。法律对于待证事实所应达到的证明标准另有规定的，从其规定。”第 552 条规定：“本解释公布施行后，最高人民法院于 1992 年 7 月 14 日发布的《关于适用〈中华人民共和国民事诉讼法〉若干问题的意见》同时废止；最高人民法院以前发布的司法解释与本解释不一致的，不再适用。”据此，自最高人民法院《关于适用〈中华人民共和国民事诉讼法〉的解释》于 2015 年 2 月 4 日施行起，在民事诉讼中，除法律另有规定外，证明标准是高度可能性。

4. 排除合理怀疑

最高人民法院《关于适用〈中华人民共和国民事诉讼法〉的解释》第 109 条规定：“当事人对欺诈、胁迫、恶意串通事实的证明，以及对口头遗嘱或者赠与事实的证明，人民法院确信该待证事实存在的可能性能够排除合理怀疑的，应当认定该事实存在。”据此，自最高人民法院《关于适用〈中华人民共和国民事诉讼法〉的解释》于 2015 年 2 月 4 日施行起，在民事诉讼中，对于欺诈、胁迫、恶意串通事实的证明，以及口头遗嘱或者赠与事实的证明，证明标准是排除合理怀疑。

（三）行政诉讼的证明标准

现行《行政诉讼法》第 69 条规定：“行政行为证据确凿，适用法律、法规正确，符合法定程序的，或者原告申请被告履行法定职责或者给付义务理由不成立的，人民法院判决驳回原告的诉讼请求。”第 89 条规定：“人民法院审理上诉案件，按照下列情形，分别处理：（一）原判决、裁定认定事实清楚，适用法律、法规正确的，判决或者裁定驳回上诉，维持原判决、裁定；（二）原判决、裁定认定事实错误或者适用法律、法规错误的，依法改判、撤销或者变更；（三）原判决认定基本事实不清、证据不足的，发回原审人民法院重审，或者查清事实后改判；（四）原判决遗漏当事人或者违法缺席判决等严重违反法定程序的，裁定撤销原判决，发回原审人民法院重审。”据此，**《行政诉讼法》规定的证明标准是“案件事实清楚，证据确凿（实）、充分”。**

（四）我国法定证明标准的缺陷及改革方向

通观三大诉讼法对证明标准的表述可知，虽然司法解释对实践中证明标准的适用有进一步的解读、区分和指导，**但我国《刑事诉讼法》、《民事诉讼法》、《行政诉讼法》所规定的法定证明标准是一致的，即“案件事实清楚，证据确实、充分”。**这既反映了我国证明标准制度的鲜明特点，也折射出其重大缺陷。

这些特点和缺陷主要表现在：(1) 将证明标准定格为“案件事实清楚”，而没有进一步明确究竟是指哪一种“事实清楚”，即是客观真实还是法律真实，是绝对真实还是相对真实，是实质真实还是形式真实，从而导致我国证据法学界的传统观点将证明的目的“客观真实”误作为证明标准的性质，认为司法人员只要依法正确收集和审查判断证据，完全有可能对案件事实作出符合客观实际的认定。(2) 在错误地坚持证明标准的性质是“客观真实”的前提下，实行一元化的法定证明标准，即刑事诉讼、民事诉讼、行政诉讼实行相同的证明标准。然而，刑事诉讼、民事诉讼、行政诉讼的性质不同，所要解决的问题不同，关涉的公民、法人权利的种类和层次也不同，从而决定了法官处理案件所持的慎重态度以及当事人在诉讼过程中的自由意志不同，进而决定刑事诉讼判决、民事诉讼判决和行政诉讼判决对案件事实清楚程度的要求也应当有所区别。实行一元化的法定证明标准是将证明标准的性质定位为客观真实的必然结果。一元化证明标准不同于世界各国的一般规律，既不科学，也不合理。

不过，“两个基本”的提出，尤其是最高人民法院《民诉证据规定》第 63、73 条的规定、《办理死刑案件证据规定》第 5 条、最高人民法院《关于适用〈中华人民共和国民事诉讼法〉的解释》的规定，在一定程度上修正了我国司法证明标准一元化的局面。然而，它们毕竟只是司法解释，效力层级有限，在基本法律没有修改的情形下，既存在着合法性的问题，也无法改变我国司法证明标准法定的一元化的现状。

在将司法证明标准的性质界定为“法律真实”的前提下，在借鉴与参考外国司法证明标准的基础上，我们认为，**我国应当进一步变革当前的法定证明标准一元化体系，实行法定证明标准的多元化**，即：(1) **应当区分刑事诉讼、民事诉讼和行政诉讼的证明标准。**可以将刑事诉讼中有罪判决的证明标准表述为“排除合理怀疑”，将民事诉讼和行政诉讼的证明标准表述为“优势证据”或者“高度可能性”，将民事诉讼中特定事实的证明标准表述为“排除合理怀疑”。(2) **在刑事诉讼中，应当构建层次性的证明标准，即随着诉讼阶段的推进而设置从低到高的证明标准。**可以将立案侦查的证明标准表述为“合理犯罪嫌疑”，将逮捕的证明标准表述为“优势证据”，将侦查终结移送审查起诉和提起公诉的证明标准表述为“明晰可信”，将有罪判决的证明标准表述为“排除合理怀疑”。(3) **应当区分不同种类案件的证明标准。**例如，可以将死刑案件的证明标准表述为“排除一切怀疑”或者“结论的唯一性”，以高于非死刑案件的证明标准“排除合理怀疑”。(4) **应当明确在刑事诉讼中，被告方承担说服性证明责任时的证明标

准低于公诉方证明被告人有罪应当达到的证明标准，可以表述为“优势证据”或者“高度可能性”。

问题与思考

1. 试比较证明目的与证明标准的异同。

2. 如何理解证据法上关于证明标准性质的几种学说，如“客观真实说”、“法律真实说”、“主观真实说”？

3. 试比较英美法系刑事诉讼证明标准“排除合理怀疑”和大陆法系刑事诉讼证明标准“内心确信”的异同与优劣。

4. 试论述辛普森为何在刑事诉讼中被判无罪，在民事诉讼中被判“有罪”。

5. 试论述我国现行证明标准制度的缺陷与完善。

6. 请从证明标准的角度对“赵作海案”进行评析。

7. 刑事和解需要达到什么样的证明标准？

8. 如何理解现行《刑事诉讼法》对于证明标准的表述中的“证据确实、充分”？

9. 如何理解《办理死刑案件证据规定》对于死刑案件证明标准所规定的“结论的唯一性”？

阅读文献

1. 李浩．证明标准新探．中国法学，2002（4）

2. 何家弘．论司法证明的目的和标准．法学研究，2001（6）

3. 樊崇义．客观真实管见．中国法学，2000（1）

4. 张继成，杨宗辉．对“法律真实”证明标准的质疑．法学研究，2002（4）

5. 王圣扬．论诉讼证明标准的二元制．中国法学，1999（3）

6. 韩象乾．民、刑事诉讼证明标准比较论．政法论坛，1996（2）

7. 汤维建，陈开欣．试论英美证据法上的刑事证明标准．政法论坛，1993（4）

8. 廖明．“排除合理怀疑”标准在英美国家的理解与适用．见：何家弘主编．证据学论坛．第7卷．北京：中国检察出版社，2004

9. 李学宽，汪海燕，张小玲．论刑事证明标准的层次性．中国法学，2001（5）

10. 王敏远主编．公法．第4卷．北京：法律出版社，2003

图书在版编目（CIP）数据

简明证据法学/何家弘，张卫平主编．—4 版．—北京：中国人民大学出版社，2016.1
新编 21 世纪法学系列教材
ISBN 978-7-300-22270-7

Ⅰ.①简… Ⅱ.①何… ②张… Ⅲ.①证据－法学－高等学校－教材 Ⅳ.①D915.130.1

中国版本图书馆 CIP 数据核字（2015）第 316613 号

“十二五”普通高等教育本科国家级规划教材
新编 21 世纪法学系列教材
总主编 曾宪义 王利明
简明证据法学（第四版）
主 编 何家弘 张卫平
副主编 高家伟 李学军 刘品新
Jianming Zhengjufaxue

出版发行	中国人民大学出版社		
社 址	北京中关村大街 31 号	邮政编码	100080
电 话	010－62511242（总编室）		010－62511770（质管部）
	010－82501766（邮购部）		010－62514148（门市部）
	010－62515195（发行公司）		010－62515275（盗版举报）
网 址	http://www.crup.com.cn		
	http://www.ttrnet.com(人大教研网)		
经 销	新华书店		
印 刷	北京昌联印刷有限公司	版 次	2007 年 4 月第 1 版
规 格	185 mm×260 mm 16 开本		2016 年 11 月第 4 版
印 张	19.25	印 次	2019 年 8 月第 6 次印刷
字 数	455 000	定 价	39.80 元

《　　　　　　　》※任课教师调查问卷

为了能更好地为您提供优秀的教材及良好的服务，也为了进一步提高我社法学教材出版的质量，希望您能协助我们完成本次小问卷，完成后您可以在我社网站中选择与您教学相关的1本教材作为今后的备选教材，我们会及时为您邮寄送达！如果您不方便邮寄，也可以申请加入我社的**法学教师QQ群：83961183（申请时请注明法学教师）**，然后下载本问卷填写，并发往我们指定的邮箱（cruplaw@163.com）。

邮寄地址：北京市海淀区中关村大街31号中国人民大学出版社411室收

邮　　编：100080

再次感谢您在百忙中抽出时间为我们填写这份调查问卷，您的举手之劳，将使我们获益匪浅！

基本信息及联系方式：※

姓名：__________ 性别：__________ 课程：____________________

任教学校：____________________ 院系（所）：________________

邮寄地址：____________________ 邮编：____________________

电话（办公）：__________ 手机：__________ 电子邮件：__________

调查问卷：※

1. 您认为图书的哪类特性对您使用教材最有影响力？（　　）（可多选，按重要性排序）

   A. 各级规划教材、获奖教材　　B. 知名作者教材

   C. 完善的配套资源　　D. 自编教材

   E. 行政命令

2. 在教材配套资源中，您最需要哪些？（　　）（可多选，按重要性排序）

   A. 电子教案　　B. 教学案例

   C. 教学视频　　D. 配套习题、模拟试卷

3. 您对于本书的评价如何？（　　）

   A. 该书目前仍符合教学要求，表现不错将继续采用。

   B. 该书的配套资源需要改进，才会继续使用。

   C. 该书需要在内容或实例更新再版后才能满足我的教学，才会继续使用。

   D. 该书与同类教材差距很大，不准备继续采用了。

4. 从您的教学出发，谈谈对本书的改进建议：____________________

____

____

选题征集：如果您有好的选题或出版需求，欢迎您联系我们：

联系人：黄　强　联系电话：010-62515955

索取样书：书名：________________________________

书号：____________________________________

备注：※ 为必填项。